이토 히로부미

이토 히로부미

초판 1쇄 발행 2014년 12월 15일
초판 2쇄 발행 2020년 9월 30일

글쓴이 ｜ 이토 유키오
옮긴이 ｜ 이성환
발행인 ｜ 윤관백
발행처 ｜ 도서출판 선인

등록 ｜ 제5－77호(1998.11.4)
주소 ｜ 서울시 마포구 마포대로 4다길 4(마포동 324-1) 곳마루 B/D 1층
전화 ｜ 02)718－6252 / 6257
팩스 ｜ 02)718－6253
E-mail ｜ sunin72@chol.com
Homepage ｜ www.suninbook.com

정가 30,000원
ISBN 978-89-5933-778-1 93910

이토 히로부미

글쓴이 이토 유키오(伊藤之雄)

옮긴이 이성환(李盛煥)

도서출판 선인

: 이토는 한국병합론자이며 교활한 권력자인가

두 얼굴의 이토 히로부미

이토 히로부미伊藤博文는 1841(天保 12)년 9월 2일, 쵸슈長州: 야마구치현에서 태어나 초대 수상(총리대신)을 시작으로 4번 수상을 역임했을 뿐 아니라, 초대 추밀 원황실과 국무에 관한 중요 사항에 대해 천황의 자문에 응하던 합의 조직 옮긴이 의장, 초대 귀족원중의 원과 함께 의회를 구성하는 상원에 해당 옮긴이 의장 등 화려한 경력을 가진 인물이다. 그 사이 대일본제국헌법(명치헌법)을 제정하는 등 일본 국가의 틀을 만들었다. 마지막에는 초대 한국통감을 그만둔 후 1909(명치 42)년 10월 26일에 한국의 민족주의자 안중근安重根에게 저격을 당하여 68세의 생애를 마감하였다(본서에서는 모두 만 연령을 사용함).

이토 히로부미만큼 한국과 일본에서 서로 다른 이미지를 가지고 있는 근대 일본의 정치가는 없다. 한국에서의 일반적인 이토 히로부미에 대한 이미지와 평가는 이렇다. 그는 1905년 11월에 제2차 한일협약을새(보호)조약-옮긴이을 체결하여 한국병합을 본격적으로 진행시켰으며, 한 달 후 초대 한국통감으로 취임했다. 그는 장래 조선의 독립을 도모하기 위해서라며 한국을 보호국화하고 병합을 추진했다. 1910년의 한일병합은 이토를 포함한 일본 정부가 (일관되게-옮긴이)추진해 온 노선이었으며, 안중근의 이토 암살은 병합에 그다지 영향을 미치지 않았다고도 한다.

또한, 최근에는 제2차 이토 히로부미 내각에서 발생한 1895년 10월 명성황후明成皇后: 민비 閔妃 시해사건에도 이토 히로부미가 관련되었다는 이야기까지 나오고 있다. 이토 수상이 사건의 책임자로 지목된 미우라 고로三浦梧桜 조선공사를 배후에서 지도했다는 것이다. 또 일부 연구자는 이토가 명성황후 살해의 배후 조정자라는 것을 '논증했다'고도 주장하기 시작했다. 이토는 병합을 하지 않는다고 하면서 한국을 병합하고, 배후에서 명성황후 살해를 조종하는 등 교활한 권력자로 한국인에게 각인되어 있다.

또 최근 몇 년 전부터는 한일 식민지연구자들 사이에서 이토 통감은 1907년 여름 (고종의─옮긴이)헤이그 밀사사건 전후에 한국병합을 결의했다고 보는 견해가 일반화되었다. 이 견해에 따르면 이토는 그 후에도 '교활하게' 한국의 독립을 이야기하면서 병합노선을 추진했다는 것이다.

한편 최근 일본에서는 이토 히로부미는 번벌藩閥: 명치유신 때 공을 세운 번(藩) 출신의 유력자들이 만든 파벌─옮긴이 관료 중에서 근대 일본의 입헌군주제 형성의 주역으로 평가받고 있다. 폐번치현廢藩置縣1)을 가장 빨리 제기했으며, 군주권이 국가로부터 제약받는 헌법을 만들었으며, 초기 의회 이후는 정당권력에 유화적인 정당정치의 길을 촉진했다. 러일전쟁에 소극적이었던 것처럼, 기본적으로 열강(및 청국)과의 협조외교를 추진하고, 대외적으로도 고압적이지 않았다고 한다. 그러나 한국에서는 이토가 가진 이와 같은 측면은 거의 받아들여지지 않고 있다.

이 책의 목적

이와 같이 한국과 일본, 일본의 식민지 연구자와 정치외교사 연구자 사이에서조차 이토를 둘러싼 견해는 크게 두 가지로 나뉘어져 있다. 그 원인은 한국의 일본 연구자와 일본의 식민지 연구자는 이토가 한국(조선)에 관여하지 않았던 시기의 이토에 관한 사료를 거의 보지 않았기 때문이다. 이토라는 인간을 전체적으로 이해하고 이를 바탕으로 한국통감 시기의 이토를 평가하려는 자세가 결여되어 있다. 그 결과 한국인의 이토에 대한 이미

---

1) 명치유신 직후(1871년, 명치 4년) 중앙 집권화를 위하여 봉건영주가 지배하던 번(藩)을 폐지하고 지방 행정 단위를 부(府), 현(県)으로 통일한 개혁 조치─옮긴이.

지도 충분히 균형 잡힌 것이 아니다.

한국 통감기의 이토에 대한 평가도 마찬가지이다. 한국의 일본 연구자와 일본의 식민지 연구자는 병합이라는 큰 틀을 결정하는 문제에 대해 이토와 야마가타 아리토모山県有朋[2] 원수 및 가쓰라 다로桂太郎 대장, 데라우치 마사타케寺内正毅 대장 등 유력정치가에 관련된 미간행 1차 사료를 거의 보지 않는다. 그렇기 때문에 이토와 야마가타, 가쓰라, 데라우치 등이 펼친 한국 통치를 포함한 내정과 외교에서의 그들의 정책적 차이와 인간관계를 충분히 이해하지 못하고 있다.

본서는 이토 자신과 이토와 직접적으로 관련된 정치가, 가족들의 편지, 일기, 서류 등 1차 사료를 중시하고, 또한 그들의 회상록과 당시 신문, 잡지 보도 등도 두루 살펴, 한국통치 시기도 포함하여 이토의 실상을 탐색하고자 한다. 이 과정에서 이토는 이념을 가진 정치가이며 '강릉강직剛凌強直: 강하고 엄격하고 정직'한 성격의 인물이라는 것을 알게 될 것이다. '강릉강직'이라는 말은 에도막부 말기부터 이토를 아꼈던 기도 다카요시木戸孝允가 1873(명치 6)년에 32세의 이토를 평가한 말이다. 지위와 목숨까지도 언제든지 버릴 각오로 신념을 잃지 않는 태도, (명치—옮긴이)유신에 동분서주한 열정, 그 과정에서 중도에 쓰러져간 동지들에 대한 책임감과도 관련되어 있다.

이토는 제2차 내각을 조직한 1892년 8월 이후의 50세쯤부터 원숙미 넘치는 정치행동을 하게 된다. 그러나 어려움이 많은 한국통감의 자리를 맡아 수명을 단축시킨 것처럼, 그 바탕에는 생애에 걸친 '강릉강직'이 있었다.

이토 사후 100년, 한국병합 100년이 지난 지금, 이러한 이토의 생애와 그 시대를 꼼꼼히 더듬는 것은 명치유신으로 시작되는 격동의 근대 일본과 한

---

2) 야마가타 아리토모(山縣有朋): 이토 히로부미와 같은 쵸슈 출신의 군인·정치가. 일본 육군의 아버지라 일컬어질 정도로 군에 영향력이 컸으며, 정치적으로도 이토 히로부미와 견줄 만한 쵸슈 문벌의 대표적인 인물이다. 즉 명치시대 문관의 이토 히로부미, 육군의 야마가타 아리토모라는 양대 산맥을 형성했다.

국(조선)의 관계를 재검토하고, 넓은 시야에서 현대의 개혁과 한일관계를 생각하는 기회가 될 것이다. 극적인 인생을 살아온 이토라는 인물을 통해 우리는 인간의 성장과 희로애락, 가족애, 청춘의 희망 그리고 원숙기의 자신감과 과신, 다가오는 노년과의 갈등을 간접 체험할 수 있다. 우리 자신의 인생을 재발견하는 기회도 될 것이다.

일러두기

1 이 책의 원본은 저자가 한국어판을 위해 집필한 것으로 일본에서는 아직 출간되지 않았다.

2 일본어를 한국어로 옮기는 과정에서 용어 등은 최대한 원문에 충실하였으나, 독자들의 편리를 위해 한국에서 익숙하게 사용되고 있는 용어로 바꾼 경우도 있다. 예를 들면 일청日淸전쟁, 일로日露전쟁을 청일전쟁, 러일전쟁으로 표기하는 등과 같은 것이다.

3 일본어 표기는 국립국어원의 표기법에 입각하여 일본어 발음을 적고 한자를 병기하였다. 그러나 인명, 지명 등에서 국립국어원의 표기법을 따를 경우 일본어(현지음) 발음과 차이가 클 때에는 현지음에 최대한 가깝게 표기하였다.

4 옮긴이가 추가, 보충한 짧은 설명 등에는 옮긴이라고 표기하였으며, 본문 중에 넣기가 곤란한 것은 옮긴이라는 표기 없이 페이지 하단에 각주로 처리하였다.

5 연대 표기는 서력을 원칙으로 하고 원본에 있는 그대로 일본 연호를 괄호 안에 넣었다.

6. 자료의 근거를 정확히 하기 위해 본문에서 인용 등에 이용한 사료는 번역 없이 일본어 그대로 하였다.

"사람은 성실하지 않으면 아무것도 이룰 수 없다.
성실이란 자기가 하고 있는 일에 친절한 것이다."

이토 히로부미

:

제1부

비상

: 제1장

기도 다카요시[1]의
눈에 띄다

– 쓰카리 촌·하기에서 교토·에도·영국으로

개구쟁이 소년의 성장

이토 히로부미는 1841(天保 12)년 9월 2일, 스오국周防國 구마게군熊毛郡 쓰카리 촌東荷村: 현 야마구치현(山口県) 히카리시(光市)-옮긴이에서 하야시 쥬죠林 十蔵와 고토琴, 후에 고토고(琴子) 부부의 장남으로 태어났다. 쥬죠 부부는 결혼 후 3년이 지나도 자식이 없어, 마을에 있는 덴만구天満宮라는 신사에 기도를 하여 첫 아이를 얻게 되었다. 당시 이토의 아버지는 24세, 어머니는 22세였다. 이토의 어릴 적 아명은 하야시 리스케林 利助였다. 이토는 양력으로 1841년 10월 16일생이다.

아버지 쥬죠의 본가 소자에몽惣左衛門은 쓰카리 촌의 촌장이었고, 쥬죠는

---

[1] 기도 다카요시(木戸孝允): 쵸슈(長州) 번 출신으로 사쓰마(薩摩) 번 출신의 오오쿠보 도시미치(大久保利通), 사이고 다카모리(西郷隆盛)와 함께 명치유신 삼걸이라 한다. 요시다 쇼인의 제자로 쵸슈를 대표하는 존왕양이론자로 활약했다. 명치유신 후에는 판적봉환, 폐번치현을 추진하는 등 오오쿠보 도시미치와 함께 초기 명치정부를 대표하는 정치가였다. 정한론, 대만출병에 반대하는 등 비교적 개명적인 의식이 강했다.

쓰카리 촌의 이토 생가

그 보좌역이었다. 그러나 쥬죠는 논 5단(1,500평—옮긴이), 밭 2단(600평—옮긴이), 산림 6단(1,800평—옮긴이)을 가지고 있었으며, 그리 풍족하지는 않았다(『伊藤博文伝』 상권, 5쪽; 末松謙澄, 『孝子伊藤公』, 12~13쪽). 자작농으로 그럭저럭 생활을 하기에는 약 1정보町步: 3000평의 논이 필요했다.

이토가 태어나기 한해 전에 영국과 청국의 아편전쟁이 시작되었고, 한 돌을 맞기 직전에 홍콩이 영국에 할양되었다. 이토가 12세가 되기 석 달 전에 미국의 페리Matthew Calbraith Perry 제독이 동경만 우라가浦賀에 내항(해 개국을 요구—옮긴이)했다. 이토는 열강의 극동 진출 파도가 밀려오는 시대에 성장한 것이다.

쵸슈 번長州藩1)에서는 이토가 태어나기 전 10년 동안 (도쿠카와)막부 말기 명치유신에 활약한 영걸英傑들이 속속 태어났다. 2년 전에 요시다 쇼인吉田松陰,2) 8년 전에 기도 다카요시木戸孝允, 6년 전에 이노우에 가오루井上馨, 3년 전에 야마가타 아리토모山県有朋, 2년 전에 다카스기 신사쿠高杉晋作, 1년 전에 구사카 겐즈이久坂玄瑞: 금문의 변禁門의 지도자로 할복함 등이 태어났다. 유신과 명치국가를 지도한 이들의 연령은 비슷했으며, 이토는 막내였다. 덧붙여, 하기萩번은 나가토長門와 스오周防 양국(현 야마구치현)과 세 개의 지번支藩을 함께 통치하고 있었으나, 이 책에서는 전체를 쵸슈 번 또는 쵸슈 출신자로 표기한다.

---

1) 쵸슈 번은 현재의 야마구치 현을 중심으로 하는 일본 남서쪽 끝에 위치하고 지역이다. 명치유신 이전 사쓰마 번(薩摩藩, 현 가고시마현)과 함께 막부타도의 중심세력이었으며, 명치유신 후 이토 히로부미, 야마가타 아리토모를 비롯해 많은 정치가를 배출하였다. 그들은 쵸슈벌이라 일컬어지는 정치세력을 형성하여 일본정치를 지배해왔다. 쵸슈 번은 오랫동안 하기(萩)에 번청을 두고 있었기 때문에 하기번이라고도 불렸으며, 스오국(周防国)과 나가토국(長門国)을 영국(領国)으로 하고 있었다. 사쓰마 번과 쵸슈 번을 합쳐서 삿쵸(薩長)라 하며, 두 세력은 협력과 갈등의 긴장 관계 속에서 일본정치를 지배했다.

2) 요시다 쇼인(吉田松陰)은 막부말기의 무사, 사상가, 교육자였으며, 존왕양이론자로서 명치유신의 정신적 지도자, 이론가였다. 한국에서는 대륙침략주의와 정한론자의 효시로 알려져 있다. 이토 히로부미가 그에게 어느 정도 영향을 받았는지 등에 대해서는 구체적으로 알려져 있지 않으며, 이토 히로부미도 쇼인에 대해 언급하는 경우가 거의 없었다.

한편, 이토의 아버지 쥬죠는 1846(弘化 3)년에 파산했다. 소작료로 지불하는 현미가 사라진 것이다. 쥬죠는 건장한 체격에 머리가 좋고, 일 처리도 빨랐으며, 지기 싫어하는 성격이었다. 파산의 원인이 가난한 사람을 돕기 위해서 인지, 천재지변으로 현미가 없어졌기 때문인지, 아니면 탕진을 한 것인지 알 수 없다. 쥬죠는 파산의 굴욕을 견디며 쓰카리 촌에 있기보다 하기萩로 가서 재기의 길을 모색했다. 쥬죠는 아내 고토와 아들 이토를 쓰카리 촌에 있는 처가 아키야마秋山 가에 맡겼다. 이토가 5살 때였다.

하기로 온 쥬죠는 하급 군졸 이토 나오에몽伊藤直右衛門 밑에서 신뢰를 쌓아, 3년 후 아내와 이토를 데려왔다. 이토 나오에몽은 80세가 되었으나 후사가 없었다. 1854년 11월 27일安政 원년 정월 초하루 쥬죠는 이토 나오에몽 부부의 양자로 들어갔다. 부인 고토와 13살의 이토도 나오에몽 집으로 왔다. 이렇게 하여 농민의 자식으로 태어난 이토는 무사 최하층의 졸병 아시가루足輕로 신분 상승을 했다(『伊藤博文伝』 상권, 4~15쪽; 古谷久綱, 『藤公余影』, 20~32쪽; 末松謙澄, 『孝子 伊藤公』, 12~18쪽). 그러면 소년 이토는 쓰카리 촌과 하기에서 어떤 생활을 했을까?

이토보다 9개월 일찍 태어난 친구 하야시 우시노스케林丑之助에 따르면, 쓰카리 촌 시절 두 사람은 스모일본 씨름-옮긴이와 나무타기를 하고, 강에서 낚시와 헤엄을 치면서 놀았다. 스모를 하면 체력이 좋은 이토가 항상 이겼다고 한다. 이토는 어린 시절부터 지는 것을 싫어해 항상 대나무를 허리에 차고 무사 흉내를 내면서 다니는 등 보통의 농민 자식과는 달랐다고 한다. 이토의 남다른 행동은 16세기 후반의 무장인 하야시 아와지노카미 미치오키林淡路守通起가 이토의 조상이었다는 자각에 기인한 것 같다. 하야시 미치오키는 쵸쥬 번주 모리毛利 씨의 가로家老: 번주를 돕는 중신-옮긴이의 호의로 구마게군熊毛郡의 쓰카리 촌 등 5개 촌의 (태수의) 대리인이 되어 쓰카리에 정착했다. 때문에 하야시 가문이 대대로 촌장이나 그 보좌역을 담당하게 되었다. 이토는 8살 때 부모와 함께 하기로 이사하기 전까지 쓰카리 촌의 서당에서 미스미 칸자부로三隅勘三郎에게 글을 배웠다고 회상했다.

그 후 열 한 두 살쯤에 이토는 하기의 쵸슈 번주의 아들이 다녔던 구보 고로자에몬久保五郎左衛門의 숙塾: 사설 서당-옮긴이에 들어갔다. 당시 구보 숙에는 70~80명의 학생이 있었고, 이토는 누구에게도 뒤지지 않았으나, 요시다 도시마로吉田稔麿: 나중에 이케다야 사건 후 자살만큼은 이길 수 없었다. 학구열이 높은 구보 숙장이 독서·시문·습자 등을 열심히 가르쳤기 때문에 쵸슈 번 자제들의 공부에 좋은 영향을 끼쳤다고 이토는 회상했다(『藤公余影』, 26~31·52~54쪽).

소년기에 이토에게는 아버지의 파산이라는 불행한 사건이 있었다. 그러나 부자가 함께 어려움을 극복했기 때문에 이토의 운명이 열렸다. 하기에서 아시가루의 자제가 되었기 때문에 이토는 우수한 숙塾에 들어가 학문적 두각을 나타낼 수 있었고, 쵸슈 번의 무사로서 유신에 참여할 수 있는 길도 열렸다. 그리고 하기로 간 아버지가 3년 후에 어머니와 이토를 부를 수 있었던 것도 이토에게 큰 영향을 미쳤다. 이를 통해 소년 이토는 어려움이 있어도 노력을 하면 반드시 뭔가 이루어진다는 낙천적 인생관과 인간(아버지)을 신뢰하는 성격이 길러졌다고 생각된다. 이토는 오랫동안 기다려서 태어난 외아들로 부모에게 사랑을 받고 자랐다. 하기의 새 할머니도 이토를 아주 귀여워했다.

이토의 낙천적 성격은 그가 정치가로 성공하는 데 큰 자산이 되었다. 후에 이토는 기도 다카요시木戸孝允, 이와쿠라 도모미岩倉具視, 오오쿠보 도시미치大久保利通, 명치 천황 등 출신 배경이 전혀 다른 인물들로부터 신뢰를 얻었다. 이노우에 가오루井上馨와는 평생의 벗이었을 뿐만 아니라, 무쓰 무네미쓰陸奥宗光, 사이온지 긴모치西園寺公望, 하라 다카시原敬 등의 심복도 얻을 수 있었다.

구루바라 료조와의 만남

1853년 7월 미국의 페리 제독이 (도쿄) 우라가浦賀

항에 와서 개항을 요구하고, 이듬해에는 미일화친조약이 체결되어 시모다^{下田}와 하코다테^{箱館, 函館}가 개항되었다. 그 후 막부는 영국, 네덜란드, 러시아, 프랑스와도 같은 조약을 맺었다. 그 사이 막부는 각 번에 동경만 내해와 사가미^{相模: 현 가나가와현}, 보우소우^{房総: 현 지바현} 연안의 경비를 명했다. 쵸슈 번은 사가미의 가마쿠라군^{鎌倉郡} 일부와 미우라군^{三浦郡}을 경비하게 되었다. 1856(^{安政} 3)년 9월, 16살의 이토는 임시로 하급공무원인 데쓰키^{手付}로 사가미국^{相模国} 미야다^{宮田} 오소나에바^{御備場: 봉행소-옮긴이}에 출장을 명받았다. 또래 34~5명과 함께 미야다에 부임하여 임시거처에 주둔했다. 데쓰키는 신분이나 지위가 낮은 사람이 상사를 수행하여 용무를 보는 직무였다.

다음 해 1857년 2월 이토는 미야다에서 토목 감독관인 구루바라 료조^{来原良蔵}를 만나 데쓰키가 되어 그를 수행하게 되었다. 이토의 재능을 알아 본 구루바라는 초소에서 그에게 독서를 가르쳤다. 구루바라는 호탕하고 "극기심이 넘치고 학식이 깊고 참으로 문무의 달인이라 해야 할 인물"이며, 그 만큼 의지가 강한 사람을 보지 못했다고 이토는 후에 회상했다. 이토는 아버지 쥬죠에게 구루바라에게 열심히 독서를 배우고 있으며, 밥을 잘 먹고 건강하며 충실한 생활을 하고 있다고 편지를 보냈다(『藤公余影』, 54~56쪽; 『孝子伊藤公』, 30~35쪽). 사가미 근무는 1년 교대였기 때문에 1857년 가을에 끝났다. 구루바라는 이토가 하기에 돌아가서도 공부에 전념할 수 있도록 요시다 쇼인^{吉田松陰}에게 소개장을 써주었다. 하기로 돌아온 이토는 쇼인이 운영하는 쇼카송 숙^{松下村塾}의 입문을 허락받았다.

요시다 쇼인과
기도 다카요시와의 만남

쇼카송 숙에는 구보^{久保} 숙의 동창이자 이토보다 뛰어난 수재 요시다 도시마로^{吉田稔麿}가 있었다. 도시마로는 다 읽은 책을 이토에게 주었다. 도시마로는 아버지에게, 나는 한 번 읽으면 두 번 다시 읽을 필요가 없기 때문에 무용지물인 책으로 "유용한 인재를 도와주었다"고 말했다고 한다(『伊藤博文伝』 상권, 23~24쪽). 도시마로의 넓은 도량을 보여주는 에피소드이다. 자신보다 뛰어난 도시마로에게 경의를 표해 그로부터 호감을 얻었다고 한다. 이토의 솔직함을 보여주고 있다.

쇼카송 숙은 이토가 들어가기 전 년도부터 하기성 밑 마을의 동쪽 언저리에서 활동을 시작하고 있었으며, 쇼인의 실천적 자세와 열의, 신분을 가리지 않고 입학을 시키는 것으로 평판이 높았다. 이토가 쇼카송 숙에 입학한 다음 해인 1858년 9월, 쵸슈 번은 6명의 청년을 선발해 교토에 파견하여 정국의 흐름을 익히게 했다. 6명 중 4명은 쇼인이 자기 문하생 중에서 추천했다. 이토도 그 중 한명이었다. 쵸슈 번의 젊은 인재로서 주목받게 된 것이다.

쇼인은 이토를 어떻게 보고 있었을까. 같은 해 6월에 문하생 가운데 수재로 알려진 구사카 겐즈이久坂玄瑞에게 보낸 편지에서, "이토의 학문은 거듭 발전 하고 있다. 그는 뛰어난 협상가가 될 것이라"고 평가했다(『吉田松蔭全集』 8권, 64~65쪽). 같은 해 10월에는, 재능은 뒤떨어지고 학문은 미숙하나 성격은 성실 정직하며 검소하다. 나는 이 제자를 매우 사랑한다고 소개했다(「轟木武兵衛に復す」, 앞의 책 4권, 427~428쪽). 교토에 함께 파견된 몇 살 위의 문하생인 스기야마 마쓰스케杉山松介 등과 비교해 16살의 이토를 뒤떨어지고 미숙하다고 쇼인이 평가한 것은 자연스러운 것이다. 쇼인은 사람들로부터 호감을 사고 교섭력이 있는 이토의 성실한 성격을 좋아했던 것이다.

이토는 쵸슈 번에서 선발된 6명 중 한명으로 1858년(安政 5)년 7월부터 10월 초까지 교토에 파견되었다. 그 중의 한 명인 야마가타 아리토모山県有朋와 처음으로 친하게 어울렸다. 이토보다 3살 위인 야마가타는 아직 쇼인의 문하생은 아니었다. 이후 이토는 죽을 때까지 50년 이상 그와 교제를 이어간다.

교토에서 돌아오자 이토는 구루바라 료조来原良蔵가 인솔하는 약 20명의 친구들과 함께 다음 해 1859(安政 6)년 6월까지 나가사키長崎에서 군사 훈련과 포술을 배우며 충실한 나날을 보냈다. 그 후 구루바라는 이토를 처남인 기도 다카요시木戸孝允에게 맡겨 에도東京에서 수업을 받도록 했다. 구루바라의 아내는 기도의 여동생이다. 같은 해 10월, 기도를 따라 하기를 출발한 이토는 11월 중순부터 그와 함께 에도의 쵸슈 번주의 저택에 기거했다. 여기에서 이토는 인간적으로 기도만큼 중요한 이노우에 가오루井上馨를 만났다(『伊藤公直話』, 284쪽). 이노우에와는 평생의 친구로서 후에 정치동맹을 맺기도 했다. 이노우에는 이토 보다 6살 위로 중급 무사 가문에서 태어나 명륜관이라는 번의 학교에서 공부를 했기 때문에 같은 하기에 있으면서도 두 사람은 그때까지 모르는 사이였다.

요시다 쇼인의 영향

이토가 기도를 따라 온 지 며칠 되지 않은 1859(安政 6)년 10월 27일, 요시다 쇼인吉田松陰은 막부에서 사형을 선고 받고, 당일 에도의 고텐마쵸小伝馬町: 현재 니혼바시의 약간 북쪽 감옥에서 처형되었다. 외국으로 밀항을 시도하고 막부정치를 비판했기 때문이다. 29일, 시체를 인수하기 위해 이토는 두 명의 쇼인 문하생과 함께 기도를 따라 고즈카하라小塚原의 에코인回向院으로 향했다. 나무통에 담긴 쇼인의 시체는 알몸으로 머리와 몸통이 분리되어 있고 머리카락이 흐트러진 채로 얼굴은 피범벅이었다.

이를 본 그들은 분개했다. 쇼인의 머리카락을 정리하고 물로 피를 씻은 후 머리와 몸통을 이어 붙이려 하자 막부 관리가 이를 막았다. 그들은 입고 있던 바지와 속옷을 벗어 시체에 입히고 이토의 허리끈으로 묶었다. 그리고 머리를 몸통에 얹어 항아리에 담았다. 같은 달 7월에 처형되었던 하시모토 사나이橋本左内: 에치젠 번사의 무덤 왼쪽에 우선 가매장했다(末松謙澄, 『孝子伊藤公』, 57~58쪽; 『伊藤博文伝』 상권, 31~32쪽). 쇼인이 처형된 직후의 행동으로 봤을 때 18세의 이토는 쇼인을 존경하고 있었다는 것을 알 수 있다.

이토는 쇼인에게 무엇을 배웠을까. 이에 대해 이토가 특별히 언급한 것은 없다. 이토와 쇼인의 사상과 행동을 비교, 생각해 보자. 먼저, 기존의 체제를 거부하고 변혁을 위해 번주와 천황이라는 절대적 존재를 설정하는 논리이다. 쇼인은 번주에 대한 절대 충성의 논리를 확립했다. 번주 모리 다카치카毛利敬親에 대한 단순한 복종이 아니고 그에게 '존왕양이尊王攘夷의 대의'를 깨닫게 하는 것이었다. 쇼인은 막부를 따르고 쵸슈 번과 자기 가문의 안전을 번주의 뜻보다도 우선하는 '속론파俗論派3)'를 적대시했다(桐原健眞, 「吉田松陰における『忠誠』の転回」).

후술 하지만, 이토는 영국에 밀항한 후부터 서구의 근대문명에 압도되어 양이攘夷를 버리고 서서히 쵸슈 번주와 번까지도 상대화하여 천황을 '충성'의 대상으로 했다. 그리고 명치 첫해부터 폐번치현을 주장하고 입헌국가(이토가 말하는 '헌법정치')를 지향했다. 양이를 버리고 번주보다 천황을 '충성'의 대상으로 한 점에서는 쇼인과 다르다. 그러나 쇼인이 있었기 때문에 쵸슈 번에는, 번과 번사 가문의 존속을 절대시하지 않는 사상이 퍼진 것이다. 이토는 서구문명을 만났을 때 번의 의식을 버리고 입헌국가를 만들려고 생각했으며, 또한 빨리 순응할 수 있었던 것이다.

이토가 쇼인에게 배운 것은 다음과 같다. 번주에게 무작정 복종하며 따르는 것이 아니라 '세계의 대세'를 배경으로 바람직한 번주가 되도록 그를 교육하고 자질을 끌어내, 번주와의 신뢰관계를 바탕으로 정치를 해가는 이토의 태도였다. 번주를 천황으로 바꾸어 놓으면 명치유신 후 이토의 천황에 대한 태도가 된다. 이러한 쇼인의 사상과 이를 반영한 쵸슈 번에서의 막부 말기의 정치 체험이 없었다면, 앞으로 서술하겠지만, 군주의 정치관여를

---

3) 에도 시대 후기 쵸슈번(長州藩)에는 개혁파와 보수파로 분열되어 주도권 싸움을 하고 있었다. 후에 개혁파는 정의파로 불리게 되었으며, 막부를 충실하게 따르는 보수파를 속론파(俗論派)로 불러 구별했다.

억제하는 천황제를 구상하고 그것을 대일본제국헌법(명치헌법)에 반영시키기는 매우 어려웠을 것이다.

그 후 이토는 에도(동경)에서 기도를 수행하면서 다른 번의 지사와 교제의 폭을 넓혀갔다. 후에 이토는 이 시절을 "(수행자로서) 심부름만 하는 대우를 받지는 않았다. 기도 공公에게 사랑받고 형제이상의 관계였다"고 회상했다(「木戸孝允」(直話), 『伊藤公全集』 3권, 14쪽). 이토는 1883(문구 3)년 5월까지 주로 에도에 머물면서 기도를 따라 두 번 교토에 가기도 했다.

이사이에 이토는 해외에서 공부하고 싶다는 마음을 가지게 된 것 같다. 1861년 1월 17일(萬延 원년 12월 7일)에 구루바라 료조来原良蔵에게 "작년부터 영어공부를 하고 싶은 마음이 있었다"는 편지를 보냈으며, 문구 원년(1861) 친구에게 보낸 편지에도 영국에 가고 싶다고 적었다(『伊藤博文伝』 상권, 84~86쪽). 양이의 대상인 외국을 충분히 알고 배워서 양이를 해야 한다는 것이 이토의 생각이었을 것이다.

1862(文久 2)년 3월, 사쓰마薩摩 번의 실권을 장악한 시마즈 히사미쓰島津久光는 약 1,000명의 장병을 이끌고 가고시마를 떠나 교토로 갔다. 병사를 이끌고 교토에 온 시마즈 히사미쓰는 공무합체公武合体: 조정과 막부가 일체가 되어 막부체제를 재건하려는 정치운동─옮긴이로 거국체제를 만들려고 했으나, 그의 교토 진입으로 오히려 일본 국내에 존왕양이론이 급속히 고양되었다(佐々木克, 『幕末政治と薩摩藩』 제2장; 高橋秀直, 『幕末維新の政治と天皇』 제2・3장). 이때부터 이토는 이름을 리스케利助에서 슌스케俊輔로 바꿔 사용하게 된다. 그리고 3년 전 쇼인의 죽음과 같은 강하게 기억에 남을 두 가지 사건에 관여하게 된다.

첫 번째는, 1862(文久 2)년 12월 13일, 이토는, 다카스기 신사쿠高杉晋作 일행이 시나가와 고텐야마品川御殿山에 완성된 영국 공사관을 불태울 계획을 하고 있다는 이야기를 듣고 곧바로 함께 참가했다. 이렇게 하여 이토는 기도처럼 번정藩政의 중추에서 활약할 신분과 능력을 가진 다카스기에게도 신뢰를 얻게 되었다. 두 번째는 같은 해 12월 21일 이토는 국학자 하나와 지로塙次郎가 막부로부터 폐제廢帝에 대한 조사[4]를 명받았다는 이야기를 듣고 야마오 요조山尾庸三: 쵸슈 번사, 후에 이토와 함께 영국에 밀항, 工部卿이 됨와 둘이서 하나와의 귀가를 숨어 기다리다가 참살했다(小松綠宛田中光顕書状, 1933년 1월 31일, 『伊藤博文伝』 상권, 977~978쪽).

영국 공사관 방화와 하나와 지로의 참살은 존왕양이 사상의 표현이었다. 같은 해 11월 2일 막부가 천황의 양이를 따르기로 결정해, 양이 결행에 참여하려는 분위기가 이토 주위에 고조되어 있었던 것이다.

이노우에 가오루[5]의
영국 밀항을 권유받다

1863(文久 3)년 3월 20일, 이토는 "존왕양이의 정의正義를 알고" 활동한 공으로 준무사가 되었다. 준무사란 결원이 없어 무사 신분으로 승진할 수 없는 자를 우대하는 의미로 만들어진 계급으로 결원이 있으면 무사로 승진한다. 이토는 준무사가 됨으로써 졸병 아시가루足輕에서 무사에 준하는 신분이 되었다.

1862(文久 2)년 9월, 쵸슈 번은 양이를 위해 영국 회사 소유의 증기선을 구입하여 '진쥬쓰'호壬戌丸라 명명했다. 이노우에 가오루井上馨는 진쥬쓰호 사관의 한 명이었으나, 선원은 모두 항해 기술에 어둡고 실패를 거듭했다. 그래

---

[4] 막부가 고메이(孝明) 천황을 폐위하기 위해 황제 폐위의 전례를 조사하게 했다고 알려진 사건이나, 후에 사실무근으로 밝혀졌다..

[5] 이노우에 가오루(井上馨): 쵸슈 출신으로 이토 히로부미의 평생 동지로서 이토 내각에서 외무대신, 내무대신, 대장상 등을 역임했다. 조선과의 외교관계에 깊이 관여하여, 1876년 특명전권 부사로 조선에 파견되어 조일수호조규를 체결했으며, 1882년 임오군란에 즈음해서는 제물포조약, 갑신정변 때에는 한성조약을 체결했다. 청일전쟁 기간 중에는 조선공사로 부임했다. 재계와도 관계가 깊어 각종 부정사건에 연루되기도 했다.

서 이노우에 가오루는 전년에 하코다테函館에서 영학英學(영어로 하는 학문 또는 영국에 관한 학문-옮긴이)을 공부한 야마오 요조山尾庸三, 이노우에 마사루井上勝 野村弥吉: 후에 철도청장관와 함께 영국에 가서 해군에 관한 공부를 해야겠다고 번 당국에 요청했다.

당시 막부는 일본인의 해외 도항을 금지쇄국정책-옮긴이하고 있었다. 때문에 1863(文久 3)년 4월 18일, 쵸슈 번은 5년간 휴가를 주는 형태로 도항을 허가하고, 번주 모리 다카치카毛利敬親는 수중에 있는 돈으로 한 사람당 200냥씩 주었다(『世外井上公伝』 1권, 42~86쪽). 요컨대 밀항이었다. 그 얼마 전, 이노우에 가오루는 이토에게도 같이 영국에 갈 것을 강하게 권했다. 4월 13일 이토는 이노우에 가오루와 동행하기로 약속했다(『伊藤博文伝』 상권, 86쪽; 『伊藤公直話』, 122~124쪽).

그 후 쵸슈 번은 에도(동경) 번저에 있는 돈으로 양이 실행을 위한 무기를 요코하마에서 구입하기로 했다. 이토는 구입 담당을 명받고 에도로 갔다. 요코하마에서 외국 상인을 만났으나, 전쟁이 나지 않으면 팔겠지만 전쟁이 나면 영국에 빼앗긴다고 했다. 그래서 구입할 수 있는 무기는 없었다(木戸孝允宛伊藤書状, 문구 3년 5월 2일, 『木戸孝允関係文書』〈東〉 1권).

한편, 이노우에 가오루 일행은 영국상인으로부터 영국에 가서 1년 체류하는데 한 사람 당 1,000냥이 필요하다는 이야기를 들었다. 세 사람이 받은 돈을 합친 600냥은 한 사람의 1년 비용도 되지 않는다는 데 놀랐다. 이노우에 가오루는 쵸슈 번의 무기조달자금에서 5,000냥을 변통하여 이토를 포함한 5명이 영국에 갈 것을 제안했다. 이토는 동의하고 5월 12일에 영국배로 출발하게 되었다. 하루 전 이노우에 가오루는 다섯 명이 서명한 고별서에 그간의 경위를 적어 모리 노보루毛利韡 등 번의 중심인물 네 명에게 보냈다.

이토는 별도로 탄원서를 작성했다. 이노우에 가오루 등과 함께 영국에 가는 사정을 적어 번주의 추인을 요청했다. 아버지 쥬죠에게도 3년 안에는 반드시 귀국한다는 편지를 보냈다. 갑작스럽게 이루어진 일이었기 때문에,

이토는 일본인이 만든 형편없는 영어사전 한 권과 가장 좋아하는 라이산요 賴山陽의 『일본정기日本政記』 한 권만 지참했다(『伊藤博文伝』 상권, 94~104쪽; 『世外井上公伝』 1권, 86~90쪽; 『伊藤公直話』, 122~128쪽). 이토는 라이산요의 『일본정기』를 가지고 갈 정도로 역사를 좋아했고, 역사의 거대한 변혁을 이해하는 눈을 가지고 있었다. 이런 자질이 머지않아 역사적 안목을 더해가면서 서구문명과 정치, 제도를 깊이 통찰하는 힘이 되었다.

런던에서의 충격

　　　　　다섯 명은 요코하마를 출항하여 며칠 후 상해에 도착했다. 상해에서 다섯 명은 두 척의 배에 나누어 타고 런던으로 향했다. 이토와 이노우에 가오루井上馨는 '페가수스호'라는 300톤 정도의 작은 범선을 탔다. 영어가 되지 않은 오해 때문인지 승객이 아닌 선원취급을 받았다. 무엇보다 곤란한 것은 선원용 화장실이 없는 것이었다. 설사병에 걸린 이토는 뱃머리에 걸친 판자에 걸터앉아 볼일을 봤다. 심한 파도에 휩쓸리지 않도록 이노우에 가오루는 이토의 몸을 밧줄로 묶었다. 그리고 다른 한쪽은 기둥에 묶어 이토가 볼일을 볼 수 있도록 도왔다.

　이토와 이노우에 가오루는 1863(文久 3)년 9월 23일 런던에 도착했다. 다른 세 명과 합류하여 두 집에 나누어 기숙을 하며 우선 영어 공부를 하기로 했다. 이토, 이노우에 가오루, 엔도는 런던대학 유니버시티 칼리지의 화학교수 알렉산더 윌리엄슨의 집에 머물렀다.

　그들은 영국 학생들과 어울리며 박물관, 미술관 등을 둘러보았다. 해군 시설과 조선소 및 공장 등도 견학했다. 이토는 영국 문명의 진보와 국력의 강대함에 탄복하고 양이攘夷를 버렸다. 이토 일행의 영국행을 도왔던 영국 상인 휴 매디슨에 의하면, 영국에 도착했을 때 다섯 명 가운데 이노우에 마사루만 영어를 약간 할 수 있었다고 한다. 이노우에 마사루는 하코다테에

1863년 영국유학시절
(왼쪽부터 이노우에 가오루, 엔도 긴스케, 이노우에 마사루, 야마오 요조, 이토 히로부미)

서 영어를 배운 적이 있다.

영국인 미트포드(후에 주일 영국 공사관 서기관)에 의하면, 이토의 "날쌔고 용감하고 천진난만한 모습은 마치 매와 같았다". 그리고 그는 모험을 좋아하고 아주 명랑했으며 일에는 정확, 민첩했다고 한다(『伊藤博文伝』 상권, 105~114쪽, 『世外井上公伝』 1권, 90~99쪽). 이처럼 이토는 금방 외국인과 친해지고 신뢰를 쌓는 재능이 있었다. 이토는 소년시절의 체험에서 일본인에 대해 인간을 신뢰하는 낙천적 성격을 길렀다. 스물한 살에 영국으로 간 경험에서 외국인에 대해서도 쓸데없는 벽을 만들지 않는 태도를 자연스럽게 익히게 되었다.

런던대학 유니버시티 칼리지의 학생 명부에 다섯 명의 이름이 남아있다. 그들은 수학, 지질, 광물학, 토목공학, 수리 물리학 등 주로 이과계 강의를 들었다(宮地ゆう, 『密航留學生「長州ファイブ」を追って』, 17쪽). 이과계통의 수업을 들은 것은, 해군에 대해 배우고 싶은 생각뿐만 아니라 그들의 영어 실력으로는 법률과 정치, 역사학 같은 문과계 수업은 불가능했기 때문일 것이다.

이토 일행이 영국을 향해 요코하마를 출발하기 이틀 전 1863(文久 3)년 5월 10일, 쵸슈 번은 시모노세키에서 미국 상선을 포격하는 등 천황의 뜻을 받들어 양이 활동을 시작했다. 같은 해 7월 2일에는 사쓰마薩摩 번도 가고시마鹿児島 만에서 영국 함대와 교전했다. 전년도에 나마무기生麥: 현 가나가와현에서 시마즈 히사미쓰島津久光의 다이묘大名 행렬을 호위하던 사쓰마 번의 무사가 영국인을 살해한 데 대한 보복이었다.

이 일이 있은 몇 달 후에 이토 일행은 기숙사의 영국인으로부터 신문에 실린 기사를 듣고 사건을 알게 되었다. 이토와 이노우에 가오루는 다른 세 명에게는 학업을 계속하게 하고, 일본으로 귀국하여 쵸슈 번의 양이를 중지시키기로 결의했다. 물론 죽음을 각오한 귀국이었다. 이토와 이노우에 가오루는 1864(元治 1)년 3월 중순 런던을 출발하여 6월 10일경에 요코하마

에 도착했다. 두 사람이 영국에 체류한 기간은 겨우 반년 정도였다. 그럼에
도 불구하고 두 사람은 일상회화에 지장이 없을 정도로 영어를 할 수 있게
되었다(『伊藤博文伝』 상권, 115~120쪽; 『世外井上公伝』 1권, 99~102쪽; 『伊藤
公直話』, 130~132쪽).

:제2장

'외교'교섭과
막부타도의 싸움

– 기도 다카요시를 지지하다

영국 군함을 타고 귀향

　　　　　1864(元治 1)년 6월 10일 경에 이토와 이노우에 가오루井上馨가 영국에서 요코하마로 돌아왔을 때, 영국 공사 올콕Rutherford Alcock은 미국, 프랑스, 네덜란드 대표와 4개국이 공동 행동을 취하기 위한 협의를 진행하고 있었다. 군사 행동도 포함한 공동 각서가 6월 19일에 조인되었다.

　이토와 이노우에 가오루는 올콕 공사를 만나러 갔다. 쵸슈 번에 돌아가 자신들이 보고 들었던 영국의 군사력과 부에 대해 보고하고 번주를 설득하여 배외적인 정책을 그만두게 할 자신이 있으니, 야마구치에 가장 가까운 항구까지 영국 군함으로 데려다 줄 것을 제의했다. 영국 등 열강도 불필요한 전쟁을 하지 않고 통상을 확대하고 싶어 했다. 올콕은 두 사람의 제의를 받아들여 6월 18일 포함 한척의 호위를 붙여 군함 '바로사호'에 그들을 태우고 요코하마를 출발했다. 6월 23일에 두 사람을 구니사키国東반도 북쪽의 히메시마姬島: 현 오오이타현까지 데려다 주었다. 이 항해에서 이토는 영국인 어네스트 사토Ernest Mason Satow와 친해졌다. 사토는 이토보다 두 살 어렸으며 당시 주일 영국 공사관 통역생이었다. 그는 청일전쟁 후에 주일공사가 되었다(萩原延寿,『遠い岸』1권, 90~147쪽; 2권,『遠い岸』, 118~136쪽;『伊藤公直話』, 132~136·159쪽;『伊藤博文伝』상권, 120~125쪽). 외국인과 금방 친해지는 재능은 이토의 장점이다. 이토와 비슷한 나이의 사토는 일본에 온지 1년 정도 되었으며, 열심히 일본어를 공부하고 있었다. 그의 일본어가 이토의 영어보다 나았을 것이다.

6월 24일 저녁, 이토와 이노우에 가오루는 야마구치에 도착했다. 25일에는 번의 정사당政事堂에 불려갔다. 가로家老: 번주의 가신 집단의 최고위직-옮긴이 등 유력자 앞에서 서양사정을 보고하고, 양이를 그만둘 것을 영국 미국 프랑스 네덜란드 공사에게 통고하도록 건의했다. 번주는 쇼군과 천황의 명을 따라 행동한다. 교토에 가서 천황을 움직여 볼 작정이니 4개국의 군사행동을 3개월간 늦춰주면 좋겠다는 것이 번의 대답이었다.

한편, 번의 무사들 사이에서는 두 사람을 참살하라는 소리도 높았다. 결국 이토와 이노우에 가오루는 7월 5일에 히메시마로 돌아가 번의 회답을 구두로 (올콕 공사에게-옮긴이)전했다(萩原延寿,『遠い崖』2권, 138~141쪽;『伊藤公直話』, 136~141쪽).

약 1개월 전, 6월 5일 신센구미新選組[6]가 교토의 이케다야池田屋라는 여관을 습격해 사쓰마와 쵸슈의 지사 7명을 살해하고, 23명을 체포했다. 사건이 쵸슈에 전해지자 격분한 나머지 병사를 동원하여 교토에 가야한다는 논의가 작열했다. 쵸슈 번은 작년 8월 18일의 정변에서 사쓰마 번과 아이즈會津 번 등의 공무합체파[7]에 패배하여 교토에서 세력이 약화되어 있었다. 이번을

---

[6] 존왕양이파를 진압하고 교토의 질서를 유지하기 위해 막부가 무용에 뛰어난 낭인들을 모아 조직한 무사집단.

[7] 막부 말기 막부와 조정이 협력하여 막부체제를 재편 강화하려는 정치세력.

기회로 열세를 만회하려는 의도도 있었다. 6월 15일 이후 쵸슈 번의 병사들이 교토로 출발하고, 구사카 겐즈이久坂玄瑞와 이리에 구이치入江九一 일파 그리고 요시다 쇼인吉田松陰의 문하생 도시히데俊秀도 뒤를 따랐다.

이토와 이노우에 가오루가 영국 배로 번으로 돌아왔을 때의 상황은 이러했다. 쵸슈 번 정부는 쉽게 양이를 철회할 수 없었다. 두 사람의 건의는 받아들여지지 않았지만, 이토에게 '외국 함대의 접대'를 명했다. 두 사람에게 영국에 간 위로금까지 주면서 그들의 행동과 입장을 공식적으로 인정하여 앞으로 외국과의 교섭에 대비하려 했다. (영국에 밀항을 할 때 저지른—옮긴이)이토 일행의 '공금횡령'죄는 없어지게 되었다.

그 후 교토로 간 쵸슈 번 병사들은 7월 19일에 무장하여 황거에 쳐들어갔다. 아이즈와 사쓰마 번 등 막부 측 번의 병사들과 궁궐 문에서 교전했다. 쵸슈 번은 병력부족으로 대패했다(금문의 변禁門之變). 이리에는 전사하고 구사카는 부상을 입고 자결했다. 교토에 있던 기도는 다지마但馬: 현 효고현 북부로 도망가 숨었다. 24일, 막부는 쵸슈 번 토벌의 칙명을 받고 서남 지방에 있는 스물한 개의 번에 출병을 명했다.

쵸슈 번의 외교교섭 담당

금문의 변의 패배 소식이 하기에 전해진 직후, 쵸슈 번은 영국 프랑스 미국 네덜란드의 연합함대가 쳐들어온다는 보고를 접했다. 번 당국은 이토 일행을 파견하여 시모노세키 해협의 안전 보장을 교환조건으로 연합함대와의 전쟁을 피하려고 했으나, 접촉이 되지 않아 교섭은 이루어지지 않았다. 1864(元治 원년) 8월 5일, 4개국 연합함대 17척은 시모노세키馬関, 下関를 포격하여 쵸슈 번의 포대를 압도했다. 다음 날 치열한 전투가 벌어졌다. 연합함대는 육전대海兵隊—옮긴이를 상륙시켜 구식 무기로 무장한 쵸슈 번의 군을 격파하고 포대를 점령했다.

8월 7일, 쵸슈 번 당국은 다카스기 신사쿠高杉晉作를 대표로, 이토와 이노우에 가오루井上馨를 통역으로 하는 강화 사절단을 구성했다. 8일, 다카스기 일행은 '유리어러스호'에서 강화교섭을 했다. 대포는 전리품으로 연합함대 측에 넘기는 등의 조건으로 강화가 성립했다. 이토는 혼자 '유리어러스호'에 올라 전에 요코하마에서 히메시마까지 오는 동안 친해진 어니스트 사토우 Ernest Satow: 영국 공사관 통역생를 만나 교섭의 계기를 만들었다. 그 후에도 이토와 사토우는 통역뿐 아니라 협력하여 교섭을 성사시키는 데 노력했다(萩原延寿,『遠い崖』 2권, 143~175쪽;『伊藤公直話』, 159~161쪽;『伊藤博文伝』 상권, 153~160쪽).

8월 14일 4개국 연합함대와 쵸슈 번 사이에 다음과 같은 내용의 강화조약이 체결되었다. (1) 외국 배가 시모노세키를 통행할 때는 극진히 대우한다, (2) 외국 배는 석탄, 음식, 땔감과 물 그 외 필요한 물품을 구입할 수 있다, (3) 파도가 심해 어려움을 당했을 때는 상륙을 허가한다, (4) 포대를 신설하거나 옛 포대에 대포를 설치하지 않는다, (5) 시모노세키에서 외국배에 발포를 했음에도 4개국은 시모노세키를 불태울 권리를 행사하지 않았기 때문에 배상금과 군의 잡비를 일본이 부담한다. 이와 같은 조약의 내용은 에도(동경, 막부)에서 결정한다. 이 교섭에 가로들과 함께 다카스기와 이토도 참가했다(이노우에 가오루는 참가하지 않았음).

쵸슈 번 측, 특히 다카스기는 (1) 양이는 조정 및 막부의 명으로 한 것이므로 배상금은 막부에 청구해야 한다. (2) 쵸슈 번은 방대한 배상금을 지불할 재력이 없고, 또 억지로 배상금 지불을 요구받으면 번주도 제지할 수 없는 많은 번사들이 목숨을 걸고 반대할 우려가 있다. 이러한 점을 들면서 쵸슈 번은 배상금 지불에 저항했다. 이토는 사토우를 갑판 구석으로 데려가 번 내의 상황을 설명하고 막부가 배상금을 지불 하도록 하는 것이 좋을 것이라 했다(萩原延寿,『遠い崖』 2권, 183~192쪽;『伊藤博文伝』 상권, 165~171쪽).

그 후 쵸슈 번은 요코하마에 사절단을 파견하고, 4개국 대표를 차례로 방문하여 배상금의 경감 혹은 면제를 시도했다. 대표는 가로인 이노하라 가즈에井原主計였으며 세 명의 수행원에 이토도 포함되었다. 쵸슈 번의 외교교섭에는 반드시 이토가 한몫하는 형태가 되어가고 있었다. 이토는 영어 실력이 미숙했지만 외국인과 소통은 잘했기 때문이다.

어니스트 사토우의 일기에 그것을 보여주는 두 가지 에피소드가 적혀있다. 하나는 8월 27일에 4개국 함대의 제3함 함장이 이노하라 일행 4명의 사절단을 요코하마까지 보내기 위해 시모노세키를 방문했을 때, 이토는 사토우에게 유럽식 식사 대접을 하기 위해 눈물겨운 노력을 했다. '기분 나쁠 정도로 잘 드는 긴 칼'도 놀라웠지만, 사토우는 구운 장어와 자라 스튜stew를 맛있게 먹었다. 8월 29일 사토우는 이토의 안내를 받아 어두워질 때까지 쇼핑을 했다. 날이 어두워지자 이토는 사토우에게 묵고 가라고 권했다. 사토우는 군함에서 저녁을 초대받아 놓았기 때문에 이토의 권유를 거절했다(萩原延壽, 『遠い崖』2권, 206~209쪽). 이 두 사건에서 사토우는 이토의 호의를 충분히 알았을 것이다.

이노하라와 이토의 사절단 일행은 군함으로 9월 10일 요코하마에 도착했다. 그러나 4개국이 이미 막부로 하여금 배상금을 지불하도록 했기 때문에 일행은 곧바로 시모노세키로 돌아왔다. 9월 23일 번에 이를 보고하자 네 명에게 상이 내렸다. 이토는 금 10냥을 받았다. 9월 22일 막부는 4개국에 배상금 300만 달러를 지불하기로 했다.

원치 내란의 승리

금문의 변에서 대패하고, 4개국 연합함대와의 전투에서도 패배하자 쵸슈 번에서는 막부에 복종하는 자세를 보여야 한다는 '속론파俗論派'가 대두했다. 이에 1864(원치 원년) 9월 6일, 야마가타 아리토모山県有朋·

기병대 군감(奇兵隊軍監), 기병대장 다음의 지위는 기병대[8] 간부와 함께, 막부에 순종하면 보쵸防長 2국[9])뿐 아니라 전국 지사들이 방향을 잃게 된다며, 막부와 싸워야한다는 건백서를 번 당국에 제출했다. 이토 일행 4명이 4개국 대표와 배상금에 대해 협의하기 위해 요코하마로 출발한 하루 뒤의 일이었다. 다른 부대도 같은 자세를 보였다.

그런데 '속론파'가 번의 주도권을 쥐게 되었다. 9월 26일 야마가타 등이속한 '정의파'의 대표 스후 마사노스케周布政之助(麻田公輔)는 일련의 정치적 책임을지고 자결했다. 쵸슈 번의 '정의파'는 이전의 존(왕)양(이)파의 흐름을 따르는 자들이었다. 이토와 이노우에 가오루井上馨는 막부에 순종하면 일본의 변혁을 기대할 수 없다며 '속론파'의 대두를 우려했다.

한편, 막부는 제1차 쵸슈정벌을 준비하고, 11월 18일을 쵸슈 번을 향한진군의 날로 정했다. 11월 12일, 쵸슈 번은 막부에 금문의 변에 대해 사죄를 표하기 위해 3명의 가로를 할복시키고 4명의 참모를 참형에 처했다. 번주 모리 다카치카 부자도 하기 성에서 나와 칩거하면서 막부에 대해 순종하는 태도를 보였다. 이에 대해 12월 15일 밤중에, 다카스기 신사쿠高杉晉作는 쵸후長府: 현 시모노세키시 쵸후의 고우잔 사功山寺에서 기병대奇兵隊를 이끌고 쵸슈번 당국의 방침을 바꾸려 했다. 기병대는 1863(文久 3)년 6월에, 번주 부자의 명으로 다카스기가 유지를 중심으로 편성한 새 부대였다. 하급무사를포함한 무사 출신과 농민·상인·어민 등의 출신이 반반으로 구성된 수백명 정도의 규모였다. 기병대에 이어 쵸슈 번의 종래 군사편제에 구애받지않는 새로운 부대가 계속해서 조직되었다. 이를 총칭하여 쇼타이諸隊라 불

---

[8] 기병대(奇兵隊)는 막부말기에 번의 무사와 일반 무사 및 서민으로 구성된 혼성부대로 상비군의 일종이다. 특히 막부말기 다카스기 신사쿠(高杉晉作)가 결성한전투부대가 유명하다. 기병(奇兵)은 정규병의 반대말이다.

[9] 하기(萩)에 번청을 둔 모리 가(毛利家)와 그 지번(支藩)이 스오국(周防國)과 나가토국(長門國)의 두 지역을 통치했다. 이 두 지역(國)을 합쳐 보쵸(防長)라 하며쵸슈번을 가리킨다. 현재의 야마구치 현.

렀다.

야마가타 아리토모는 다카스기의 눈에 띄어 그의 배려로 기병대의 군감이 되었을 것이다. 그러나 기병대 안에서도 다카스기의 궐기는 성공하지 못할 것으로 보는 분위기가 강했다. 야마가타조차 궐기에 참가하지 않았다. 그러나 이토는 그가 지휘하고 있던 역사대力士隊의 동지 십여 명을 이끌고 기꺼이 참가했다. 최초 참가자는 유격대와 기병대 동지를 합쳐 80명 정도였다(伊藤之雄, 『山県有朋』, 28~42쪽).

다카스기는 순진한 사람이었다. 영국에서 돌아온 이토와 이노우에 가오루가 양이 운동의 중단을 주장하며 고립되어 있을 때, 이노우에 가오루에게 설득당해 둘이서 탄식했다고 한다. 다카스기의 거병에 곧바로 참여한 이토도, 필요하면 죽음도 두려워하지 않는 격한 심성을 가진 우정이 두터운 인간이었다. 12월 16일 새벽, 다카스기와 이토 일행의 궐기군은 시모노세키로 가 번의 사무소를 점령하고 관리인을 쫓아냈다. 다카스기의 거병 소식을 접한 속론파의 번 정부는 19일에 마에다 마고에몽前田孫右衛門 등 '정의파'의 요인을 참수에 처했다. 기병대를 비롯한 정의파 부대는 '속론파' 번 정부에 더욱 반발했다.

이듬해 1865(원치 2)년 1월 5일이 되어서는 기병대의 실질적 부대장인 야마가타 등도 '속론파'의 번 당국과 싸울 결의를 굳혔다. 다음날 하기 길목에 있는 아키요시다이秋吉台 근처의 에도絵堂와 오오다大田: 현 야마구치현 미네시 등에서 수적으로 우세한 '속론파' 부대를 격파했다.

그 후에도 기병대와 정의파 부대는 계속 승리했다. 1월 말 '속론파'는 모두 면직되고 2월 초에 정전이 성립되었다. 이러한 과정을 거쳐 3월 중순에 쵸슈 번은 안으로는 무장을 확실히 하고 밖으로는 막부에 순종하는 자세를 표하면서 일치단결하여 천황의 뜻勅旨을 따른다는 방침을 정했다. 이는 실질적으로 막부와의 대결노선이었다. 막부는 1865(慶応 원년, 元治 2년의 원호를 바꿈)년 4월 13일, 모든 번에게 쵸슈 번의 재정벌을 명했다.

기도를 만나고
나가사키에서 무기구입

막부의 쵸슈 재정벌에 대항하기 위해 이토 등에게 남은 유일한 희망은 신뢰할 수 있는 지도자 기도 다카요시木戸孝允가 쵸슈에 돌아와 번의 실권을 장악하는 것이다. 이토는 기도가 이즈시出石: 현 효고현 도요오카시에 잠복하고 있는 것을 알고 있었다. 그리고 오오무라 마스지로大村益次郎: 후에 병부兵部 大輔(차관)와 노무라 야스시野村靖: 靖之助, 후에 내무대신는 이미 기도를 만나고 있었다. 이토는 이들과 함께 기도와 연락을 하면서 번 정부의 의향을 살폈다. 그리고 기도의 수행자를 통해 그가 쵸슈 번으로 돌아오도록 전했다. 4월 26일에 기도가 시모노세키로 돌아오자 다음날 이토는 그를 방문했다. 이즈시에서 돌아온 기도는 심한 가뭄 뒤에 내리는 비처럼 환영을 받았다.

기도는 5월 14일에 야마구치에서 쵸슈 번주를 만나 정책을 건의하고, 27일에 정사당政事堂 담당 및 국정방용담역심득國政方用談役心得이라는 요직에 임명되었다(「木戸孝允年譜」(2), 『松菊木戸公伝』 상권, 465~474쪽; 『伊藤公直話』, 182쪽). 기도 다카요시가 쵸슈 번정을 장악했을 무렵 5월 12일, 막부는 기슈紀州 번주를 쵸슈정벌의 선봉 총독에 임명했다. 쵸슈 번은 막부의 정벌에 대응하지 않을 수 없었다. 이번에는 정말로 전쟁이 날 것 같았다.

기도는 막부 군과 싸우기 위해 윤 5월 27일, 서양식 군사학을 배운 오오무라 마스지로大村益次郎를 발탁, 군사개혁을 맡겼다. 쵸슈 번은 다음 해 5월까지 최신 미니에 총Minié rifle으로 무장한 군대로 편제하는 군사개혁을 단행했다(保谷徹, 『戊辰戦争』, 40~43쪽). 한편, 도사土佐 번을 탈번脫藩한 사카모토 료마坂本龍馬와 나카오카 신타로中岡慎太郎 일행은 사쓰마 번과 쵸슈 번의 제휴(삿쵸薩長 제휴)를 모색했다. 그들은 삿쵸 번사에 지인이 많았다. 사카모토는 가고시마 방문 후 윤5월 5일 기도와 회견했다.

이 때 이토는 어니스트 사토우Ernest Satow: 영국 공사관 통역관에게 막부 군의 정황과 영국이 어느 쪽도 편들지 않는다는 정보를 얻었다. 이토는 막부와 전쟁

을 하면 쵸슈 번에는 소총이 부족하다고 생각했다. 그는 마에바라 잇세이前
原一誠: 政務座 겸 藏元役에게 직접 상해와 홍콩에 가서 총을 구입하고 싶다고 제언
했다. 또 6월 2일 이토는 증기선 구입에 대해 기도에게 다음과 같이 전했
다. 사카모토 료마10)와 나카오카 신타로中岡慎太郎가 상경했을 때도 이 이야기
를 했다. 야마가타 아리토모도 (다른 번의) 이름을 빌려 (증기선을) 구입하
는 데 동의했다. 실행의사가 있으면 (구입 중개를 위해) 사카모토 료마가
시모노세키에 오기로 약속했다(『伊藤博文伝』 상권, 208~219쪽; 木戸宛伊藤書
狀, 경응 원년 6월 2일, 『木戸孝允 關係文書』〈東〉 1권).

이토는 사카모토와 나카오카라는 유명 지사와 안면이 있으며, 무기 구입
을 담당하려고 노력했다. 7월 14일, 이토와 이노우에 가오루는 무기 구입을
위해 나가사키 출장을 명받았다. 같은 달 말에는 사쓰마 번의 명의를 빌려
7,300자루(그 중 4,300자루는 신식)의 소총을 약 9만 2,400냥에 구입할 수 있
었다. 또 8월 초순까지 상선 1척과 포함 2척을 구입하기로 결정했다. 이토
와 이노우에 가오루는 사쓰마의 가로인 고마쓰 다테와키小松帶刀 등의 호의로
사쓰마 번사로 위장하여 사쓰마 번의 배로 소총을 시모노세키까지 운반했
다. 이토 일행은 무기 조달이라는 형태로 쵸슈 번의 군사개혁에 기여했다
(木戸ら 앞 井上馨·伊藤書狀, 경응 원년 7월 19일, 26일, 27일(2통), 『木戸孝
允關係文書』〈東〉 1권, 『伊藤博文伝』 상권, 220~239쪽).

나가사키 출장에서 이토는 사쓰마薩摩 번의 오오쿠보 도시미치大久保利通도
만났다. 이토는 외국공사에 기도를 바칸시모노세키-옮긴이봉행馬關奉行이라는 이름
으로 소개했다. 외국인을 응대하는 데 매번 사람이 바뀌면 신용을 얻지 못

---

10) 사카모토 료마(坂本竜馬): 도사(土佐) 번 출신으로 1862년 탈번(脫藩)을 하여 낭
인으로서 번에 관계없이 많은 사람들과 교유하면서 양이론을 넘어 국제적인 시
야에서 일본의 미래를 구상했다고 한다. 무역회사와 정치조직을 겸한 해원대(海
援隊)를 조직하고, 사쓰마와 쵸슈 번의 (삿쵸)동맹을 주선하여 막부타도의 기반
을 만들어 명치유신의 숨은 공로자로 평가받는다. 명치유신 1년 전 1867년(31세)
에 암살당했다. 해원대는 사설 해군·무역회사, 근대적인 주식회사 등으로 평가
된다.

한다는 것을 알았기 때문이다(木戸 앞 伊藤書狀, 경응 원년 8월 9일, 『木戸孝允關係文書』〈東〉 1권). 기도를 외국인에게 바칸봉행으로 해놓고, 그의 대리인으로서의 이토와 쵸슈 번의 신용을 높이려는 것이었다.

이토는 영어 실력이 충분하지 않은 채 밀항하여 주로 물질적 측면의 런던을 보고 왔다. 그러나 귀국 후, 밀항에서의 체험과 향상된 영어를 살려 외국인과 교섭을 하는 1년 동안에 서구의 외교 관행을 차츰 익혀갔다. 쵸슈 번은 이토와 이노우에 가오루 등의 노력으로 사쓰마 번을 매개로 나가사키에서 무기와 배를 구입했다. 이러한 실적을 배경으로 같은 해 가을 사쓰마 번과 쵸슈 번(사쓰마 번과 쵸슈 번을 합쳐 '삿쵸'라 함) 제휴의 분위기가 무르익었다. 다음해 1866(慶応 2)년 1월 21일 기도와 사쓰마 번의 사이고 다카모리西鄉隆盛 사이에 삿쵸동맹이 성립했다. 사쓰마는 막부의 쵸슈 정벌에 협력하지 않고 쵸슈 번에 호의적 태도를 취한다는 것이다(高橋秀直, 『幕末維新政治と天皇』 1부 5장).

쵸슈 정벌군과의 싸움

쵸슈 정벌을 위한 싸움은 1866(慶応 2)년 6월 7일에 시작되었다. 막부의 병력은 약 10만 명으로 쵸슈 번의 10배였다. 그럼에도 불구하고 막부 측은 패배를 거듭했다. 7월 20일에 쇼군 이에모치家茂가 사망하고 막부는 쵸슈 정벌을 중지했다. 막부의 권위는 실추되었고 막부가 통치를 계속하는 것은 곤란하게 되었다. 이 때 이토는 두 가지의 흥미 있는 정보 분석을 했다.

하나는, 4월 18일 이토는 기도와 이노우에 가오루에게, 전쟁이 시작되면 영국 함대에게 시모노세키의 경비를 맡기는 것이 가능할까를 제안했다(木戸・井上馨 앞 伊藤書狀, 경응 2년 4월 1일, 『木戸孝允關係文書』〈東〉 1권). 그렇게 되면 영국과 다른 열강이 일본에 간섭을 강화할 우려가 있다. 기도는

6월 24일 팍스 주일 영국 공사와의 회담에서, 쵸슈 번은 자신감을 갖고 단결되어 있기 때문에 외국의 원조를 요구하지 않는다고 분명히 밝혔다(萩原延寿, 『遠い岸』 3권, 300~304쪽). 기도는 번의 유력자로서 다른 번과 교섭을 한 경험이 풍부하여 외국의 원조를 받는 것은 위험하다고 직감했을 것이다. 그러나 이토는 젊어서 국가 간 외교의 어려움을 잘 몰랐고, 또 사토우 등의 영국인과 개인적으로 너무 친하게 지냈기 때문에 이런 위험한 생각을 했던 것이다.

또 하나는, 6월 18일에 사쓰마 번이 막부와 전쟁을 하지는 않을 것이라고 분석했다. 그 이유를 이토는, (막부와 사쓰마가 전쟁을 하지 않으면—옮긴이) 쵸슈 번에게는 큰 손해이지만, 막부가 잘 대처했기 때문일 것이다. 히토쓰바시 요시노부—橋慶喜: 조정과 막부관계를 주도했으며, 반년 후에 15대 쇼군이 됨도 지금까지(의 행동을 보면), 결코 업신여길 수 없는 인물이라고 생각한다고 논했다(木戸 앞 伊藤書状, 慶応 2년 6월 18일, 『木戸孝允關係文書』〈東〉 1권). (이 두 사례를 보면—옮긴이) 이토는 영국을 보는 눈은 다소 서툴지만 국내 정세를 읽는 눈은 정확했다.

우메코와의 만남, 스미와 이혼

1862(文久 3)년 2월경에 아버지 쥬죠와 어머니 고토는 이토의 양해를 얻어 이리에 구이치スエ九一의 여동생 스미すみ를 이토의 신부로 맞았다. 이토는 하기에 가기는커녕 스미도 만난 적이 없다. 이리에 구이치는 요시다 쇼인吉田松陰의 유망한 문하생이었으나, 1864(元治 원년)년 7월 금문의 변에서 전사했다. 쵸슈 번에서는 에도 등 먼 곳에 근무하는 아들을 위해 부모가 신부를 맞아들여 놓고 귀향을 기다리는 경우가 적지 않았다. 스미와의 결혼도 같은 것이었으며, 효자 이토는 이의를 달지 않았다.

그 후에도 스미를 만난 적이 없었고, 같은 해 5월 12일 이토는 이노우에 가오루 등과 함께 영국으로 밀항했다. 3년 예정이었다. 그 때 이토는 아버지에게 5월 11일과 5월 15일에 (상해에서) 편지를 썼지만 스미에 대한 언급은 없었다. 그 후 쵸슈 번의 양이운동을 중지시키기 위해 반년 만에 런던에서 돌아온 이토는 하루 휴가를 내 고향인 하기에 들렀다. 이토는 어머니 고토와 양조모養祖母에게 귀국 인사를 했다. 이때 이토는 처음 스미를 만난다. 스미가 시집온 지 1년 반 가까이 지나서였다. 그 후에도 이토는 스미에게 특별한 감정을 느끼지 않은 것 같다.

그런 이토에게 우메코梅子와의 만남이 찾아왔다. 다카스기와 이토, 이노우에 가오루는 바칸(시모노세키)을 전부 번주의 직접 통치하에 두고 개항을 하려 했다. 이에 반대하는 지번支藩의 쵸후長府 번사들로부터 목숨을 위협받고 있었다. 1865(慶応 원년)년 4, 5월쯤 쫓기던 이토를 숨겨주고 위기에서 구해준 것이 우메코였다고 한다. 우메코는 1848(嘉永 원년)년 11월 8일생이다. 이토보다 7살 적은 16살이었다. 그녀는 기생집의 양녀로 있었다. 그녀의 아버지는 물건을 배에 싣고 내리는 해안의 하역부였다(中尾定市,『伊藤博文公と梅子夫人』, 3~6 · 10~11쪽).

이토는 우메코와 만난 후 아내 스미에게 양심의 가책을 느꼈는지, 6월 25일 편지에는 이리에의 형수에게 허리끈을 만드는 천을 보냈으며, 10월 20일에는 스미에게 부탁받은 비녀를 보냈다고 쓰여있다. 편지는 무미건조했다. 이것이 남아 있는 스미에게 보낸 마지막 편지다(『孝子伊藤公』, 156~162쪽).

1866(慶応 2)년 3월 14일, 이토는 기도 다카요시木戸孝允에게 보낸 편지에서 스미와의 이혼 의사를 비쳤다. 편지에 따르면 이토는 야마가타 아리토모 등에게 이혼에 대해 상담을 했다. 이토는 야마가타 등에게 "직접 사정을 듣고 그들에게 이야기해 주십시오"라고 기도에게 부탁했다. 또 자기 부모에게도 "적당히 둘러대 주세요"라고 부탁했다(木戸 앞 伊藤書状, 慶応 2년 3월 14일,『木戸孝允關係文書』〈東〉 1권). 스미가 이리에 구이치의 여동생이었기

때문에 이토는 기도를 비롯해 야마가타 등의 양해를 얻어서 이혼을 하려한 것이다. 또 이토의 부모는 스미와의 이혼을 원하지 않았기 때문에 일부러 기도를 통해 이토의 부모에게 이야기가 전해지도록 한 것이다.

같은 해 4월 28일 이토는 기도 앞으로 보낸 편지에서 자기 어머니가 기도의 집을 방문해 대접을 받은 데 대한 감사 인사를 했다(木戶 앞 伊藤書狀, 慶応 2년 4월 28일, 『木戶孝允關係文書』〈東〉 1권). 막부의 쵸슈 정벌을 눈앞에 둔 시기였던 점을 생각하면 기도의 배려를 잘 알 수 있다.

특히 이토의 어머니는 스미를 마음에 들어 해 이혼을 바라지 않았다. 기도의 설득에도 불구하고 6월 중순이 되어서야 이토의 어머니는 마음을 가라앉혔다(木戶宛伊藤書狀, 경응 2년 6월 18일, 『木戶孝允關係文書』〈東〉 1권). 6월 7일에는 막부 정벌군과 쵸슈 번의 싸움이 시작되었다. 이토의 첫 결혼이 스미에게는 불행한 결과로 끝났다. 그러나 이토는 우메코라는 마음이 통하는 여성을 얻었다. 우메코와는 평생 인생의 부침을 함께한다.

쵸슈 번 의식을 넘다

1867(慶応 3)년 1월 5일, 이토는 기도 다카요시木戶孝允에게 다음과 같은 재미있는 편지를 보냈다(「연도별 서한집」, 야마구치현 문서관 소장).

① 교토의 사태가 어떻게 변할지를 걱정하고 있던 참에 2, 3일 전 미국 군함이 효고兵庫에서 나가사키長崎로 가던 도중 시모노세키에 하루 정박했기에 오사카부근의 정황을 물어보았습니다. 쇼군 도쿠가와 요시노부德川慶喜는 절대 사직하지 않으며, 자신이 "일본의 정체를 개혁"하려는 희망으로 다이묘들에게 상경을 명하고 모여 협의를 해서 결정하기를 바라고 있습니다. 그러나 3, 4개의 번만 모이고 다른 번은 오지 않아서 이런 상태에서는 개혁을 할 수 없기 때문에 자기가 다시 '대권'을 장악해 정치를 해야 한다고 하

고 있답니다. 외국인들이 하는 말이라 믿음이 안가지만, 한편으로는 정말 그럴지도 모른다는 생각이 듭니다.

② 가가加賀 번이 많은 병사를 이끌고 오사카로 가서 막부를 돕는다는 소문을 들었습니다. 가가 번은 원래부터 약한 번이지만, 천하 인심이 '근왕勤王'파가 적고 세력의 강약에 따라 방향을 정한다고 해도, 이렇게 일본의 독립이 위기를 맞고 있는 상황에서 (일본인 전체가) 우물쭈물 애매한 태도로 방관하고 있는 것도 도를 넘은 것 같아 '통분'하고 있습니다.

③ '미국이 독립할 때'는 지금 일본의 정황과 달라서 '자국(미국)의 시민'은 '병권'도 없는 자(민병)조차 마음을 합쳐, (영국과 같은) 강적을 타도하고 국민 한 사람 한 사람이 나라를 유지하려는 '충정'으로 단결한 결과 지금의 강한 미국을 만들었습니다.

④ 그에 비해 일본은 수 천 년이나 '군주天子'를 모셨으면서도 그 '큰 은혜'를 잊고 (막부 등에) 아첨하여 기회를 잃게 되면 사실 진심이 없는 것으로 생각됩니다. 우리가 야만인이라 부르는 미국인에 대해 어떻게 얼굴을 들 수 있겠습니까. 이렇게 해서는 '왕정복고' 등은 불가능하다고 생각합니다만 어떻게 생각하십니까.

⑤ 그리고 쵸슈 번의 인심을 생각해봐도 "사를 버리고 공으로 돌아간다"는 것은 매우 어렵다고 생각됩니다. 쵸슈 사람으로 태어나 도쿠가와德川 씨를 '원수'로 삼지 않는 자는 사람이 아니라는 등의 말도 듣고 있습니다만, 이것은 지금의 쵸슈 번 사람이 할 말은 아니라고 생각합니다. 세키가하라 전투[11] 이래 쵸슈 번의 원한과 관련지어서 말하는 것은, 신하와 번주의 마음이 통해서 나왔겠지만, 여론의 지지를 잃게 된다고 생각합니다. 천하의

---

[11] 1600년 이시다 미쓰나리(石田三成)의 서군과 도쿠가와 이에야스의 동군이 천하 패권을 두고 싸운 전투. 이 전투로 도요토미는 실권을 잃게 되고 도쿠가와가 전국 패권을 쥐게 됨. 서군은 쵸슈의 초대 번주가 되는 모리 데루모토(毛利輝元)를 총대장으로 옹립했다. 쵸슈번은 세키가하라 전투에서 패배한 원한으로 막부 타도에 앞장섰다는 설이 있다.

인심이 근왕 정신이 희박한 세상이기 때문에 우리들이 더욱 '공평 지당한 논의'를 주장하지 않으면 '조정'을 위하는 것이 아니라고 생각합니다.

여기에서 주목해야 할 것은 첫째, 도바鳥羽와 후시미伏見에서 막부를 타도하기 위한 싸움이 시작되기 1년 전에 이미 이토는 쵸슈 번과 번주에 대한 충성 의식을 벗어나 천황 중심의 근대국가를 만들어야 한다고 생각하고 있었다는 점이다(④·⑤). 둘째, 미국 독립혁명의 예를 들어 일본에는 그런 민족주의가 없는 것을 한탄하고 있다(②·③·④). 막부 말기 이토가 미국을 이해하는 수준이 높았다는 것을 알 수 있다. 이와 함께 이토는 서구 역사와 현상에서 배워 일본의 개혁을 진행하려 했고, 그 전제로 일본 국민의 의식 변혁과 성숙이 필요하다고 생각했다. 1867(慶応 3)년 1월의 시점에서 앞으로 일관되게 보여지는 이토의 자세가 나타나 있다.

셋째, 미국 군함에서 오사카 방면의 정세를 들은 것에서 알 수 있듯이, 영어 실력뿐만 아니라 외국인에 대한 대담하고 익숙한 행동력을 확인할 수 있다(①). 이토가 미국인 등 외국인과 접촉을 계속하고 있었기 때문에 미국 독립혁명의 본질을 정확히 이해하고 있었다고 생각된다.

게이세쓰 방면 정찰과
나가사키 출장

1867(경응 3)년 3월 9일, 이토는 요시다 쇼인吉田松陰 이래의 '존왕양이의 정의正義'를 잘 알고 활동해온 이유로 준무사에서 사무라이 야도이士雇로 승진 했다. 정식 무사신분까지는 한 단계가 남았다. 이토 및 시나가와 야지로品川弥次郎: 후에 내무대신, 노무라 야스시野村靖, 노무라 야스노스케野村靖之助: 이리에 구이치(入江九一)의 동생, 후에 내무대신 등 네 명이 동시에 승진했다.

그로부터 9일 후 이토는 게이세쓰京摂: 교토·오사카·고베─옮긴이 방면의 정보수집과 정찰을 위해 교토출장을 명받았다. 쵸슈 번이 정세 정찰을 하는 가장 큰 목적은 막부의 동향을 살피고, 사쓰마 번이 쵸슈 번과 제휴하여 막부 토벌에 궐기할지를 살펴 사쓰마 번이 막부 토벌에 나서도록 하는 것이었다. 3월 27일 이토는 시모노세키를 출발하여 4월 13일에 교토에 도착했다. 작년부터 사쓰마 번 저택에 잠복하고 있는 시나가와 야지로의 처소에 기숙했다. 교토에서는 나카오카 신타로中岡愼太郞: 도사 번와 사쓰마 번의 오오쿠보 도시미치,12) 구로다 기요타카黑田淸隆 일행을 만나고, 조정과 막부의 관계, 큰 번들의 동향 등을 살폈다. 4월 29일 교토를 떠나 야마구치로 돌아왔다(『伊藤博文伝』 상권, 294~295쪽).

이토가 정탐을 위해 교토에 체류 중인 4월 14일, 이토를 동생처럼 아껴준 다카스기 신사쿠高杉晋作가 폐결핵으로 서거했다. 향년 27세였다. 후일 이 교토 정탐에 대해 질문을 받은 이토는 인상 깊게 기억하고 있지 않았다(『伊藤・井上二元老直話 維新風雲錄』, 112쪽). 그다지 성과가 없었던 것이다. 사쓰마 번은 즉시 거병할 생각을 하지 않았고, 장래 거병할 경우에 대비해 쵸슈 번과의 우호관계도 유지해 두려는 자세였다. 쵸슈 번은 이미 막부와 전쟁을 했기 때문에 다른 길이 없었다. 그러나 사쓰마 번은 막부와 싸우지 않고 체제를 변혁하는 길도 있다고 생각하고 있었다.

이토가 교토를 떠난 약 2개월 후인 6월 22일에 사쓰마 번은 비밀리에 도사 번과 사쓰도薩土맹약을 맺었다. 15대 쇼군이 된 도쿠가와 요시노부德川慶喜에게 대정봉환大政奉還13)을 건의하도록 하기 위해서였다. 만약 이에 응하지 않으면 거병을 하려는 것이었다. 사쓰마 번은 아직 강대한 군사력을 가진

---

12) 오오쿠보 도시미치(大久保利通): 사쓰마(薩摩) 번의 무사(藩士) 출신으로 같은 번 출신의 사이고 다카모리(西鄕隆盛)와 함께 명치유신 삼걸의 한명이다. 초기 명치정부의 최고 실력자로 초대 내무대신으로서 부국강병을 강력히 추진했으나, 그의 전제정치에 불만을 가진 사족(구 무사계급)들에게 1878(명치 11)년 암살당했다. 오오쿠보의 암살로 유신 삼걸이 모두 사라지면서, 그를 대신해 내무대신에 취임한 이토가 명치정부의 실력자로 부상하게 되었다.

13) 정권을 천황에게 반환하는 것. 1867년 11월에 도쿠가와 막부는 정권을 조정(천황)에 바치고 막부시대를 끝내게 됨.

도쿠가와 막부와 싸워 패할 위험을 무릅쓰고 싶지 않았던 것이다(高橋秀直, 『幕末維新政治と天皇』 제7・8장).

이토는 야마구치에서 하기로 가서 4, 5일 체류하며 병든 어머니를 문안했다. 그리고 시모노세키에 돌아와 이전처럼 외국 세력을 응대했다. 그 후 7월 20일 이토는 기도와 함께 외국 세력의 정세를 정찰하기 위해 나가사키 출장을 명받고, 8월 7일 기도와 함께 야마구치를 출발했다. 이 출장은 사카모토 료마 일행과 함께 사쓰 번과의 제휴를 강화할 목적도 있었다. 나가사키에서 기도와 이토는 사카모토 료마 일행을 만났다.

또 이토와 친한 어니스트 사토우Ernest Satow: 주일 영국공사관 일본어 통역관가 8월 15일부터 한 달 간 나가사키에 체류했기 때문에 그와 몇 번 회견했다. 사토우는 사쓰마, 쵸슈, 도사 세 번이 제휴하여 새로운 체제를 만들어야 한다고 부추기는 듯했다. 그러나 기도는 한 번도 막부를 무너뜨리려는 생각을 한 적이 없다고 신중하게 발언했다(萩原延壽, 『遠い崖』 5권, 294~297쪽). 이토는 사토우를 통해 영국이 사쓰마, 쵸슈, 도사 세 번에게 호의적이라는 것을 알았다. 이토는, 기도가 사토우를 대하는 것을 보고, 국가와 번을 짊어지고 행동할 때는 신중해야 한다는 것을 배웠을 것이다.

9월 3일 기도는 쵸슈 번으로 돌아갔다. 이토는 긴박하게 돌아가는 정세를 파악하기 위해 다시 교토로 갔다. 그 때 기도는 이토에게, 영국 지인이 많이 있으니, 영국 군함을 타고 요코하마・게이세쓰・나가사키 사이를 왕래하면서 막부의 방책과 막부에 대한 프랑스의 지원 정도를 파악할 것을 요청했다. 이토는 흔쾌히 승낙했다. 9월 13일, 교토에 체재 중인 이토는 번 당국으로부터 영국 군함에 승선하라는 명령을 받았다.

그 후 쵸슈 번은 장병 수송을 위해 많은 배가 필요하다고 생각해, 외국에서 배를 사거나 빌리기로 했다. 이토를 나가사키에 파견하여 그 임무를 수행하도록 했다. 동시에 영국 군함을 타고 각국의 내부 사정을 알아보게 했다. 9월 26일 나가사키를 향해 출발하기 전 이토는 사카모토 료마와 만나

도사 번의 상황과 구마모토熊本 번이 막부지지로 기울고 있다는 정보를 얻었다(木戸 앞 伊藤書狀, 慶応 3년 9월 21일, 22일, 『木戸孝允 關係文書』〈東〉 1권). 그러나 쵸슈 번이 가장 원했던 사쓰마 번과 막부 및 프랑스에 관한 정보는 얻을 수 없었다. 도사 번의 대정봉환 움직임도 포착하지 못했다. 이 때 이토가 반드시 중요한 역할을 수행한 것은 아니었다.

나가사키에 도착한 이토는 구라바 상회와 교섭을 하여, 1867(慶応 3)년 10월 4일, 2개월을 기한으로 하여 기선 한척을 빌렸다(『伊藤博文伝』 상권, 307~315쪽). 이토는 한숨을 돌리고 6일 우메코 부인에게 애정어린 편지와 함께 허리띠를 보냈다(梅 앞 伊藤書書狀, 慶応 3년 10월 6일, 이토공 자료관 소장).

막부 토벌 전투에서 여유를

1867(慶応 3)년 9월 하순이 되자 쵸슈 번에서는 사쓰마 번의 배를 이용하여 기병대奇兵隊 등 쇼타이의 일부를 오사카방면으로 보내려 했으나, 10월이 되어도 배가 오지 않았다. 쵸슈 번에 협력할 것 같았던 히로시마 번도 움직이지 않았다.

10월 14일, 제15대 쇼군 도쿠가와 요시노부德川慶喜는 전 도사 번주 야마우치 도요시게山内豊信의 조언을 받아들여 조정에 대정봉환의 뜻을 밝혔다. 이렇게 해서 막부는 막부 토벌파討幕派의 비판을 피하고 신정부에 참가하여 실권을 장악하려 했다. 같은 날 15살의 명치 천황의 외조부이자 조정의 중견 신하인 나카야마 다다야스中山忠能는 이와쿠라 도모미岩倉具視14)와 의논하여 사쓰마와 쵸슈 번에 막부를 타도하라는 '밀칙密勅'을 내렸다. 조정의 중요 의사

---

14) 이와쿠라 도모미(岩倉具視): 산조 사네토미(三条実美)와 함께 조정의 중신 출신으로서 초기 명치정부의 최고지도자의 한 사람이다. 쵸슈와 사쓰마 번에 막부 타도의 밀칙을 내리는 등 명치유신에 공헌했으며 천황 중심의 국가 확립을 지향했다. 1871년 특명전권대사로 구미시찰단(이와쿠라 사절단)을 인솔하였으며, 정한론에 반대했다.

결정에 관여할 위치에 있는 누구도 '밀칙'에 가담하지 않았다. 이와쿠라와 나카야마가 만든 위조문서였다. 이 거짓 '밀칙'은 사쓰마와 쵸슈 번의 관계자 이외에는 비밀로 했지만, 사쓰마와 쵸슈의 무사들을 선동하기에는 충분했다.

11월 17일, 시마즈 다다요시島津忠義: 시게히사茂久, 사쓰마 번주가 지휘하는 사쓰마 번 병사들은 미타지리三田尻: 현 야마구치현 호우시에 입항하여, 시마즈 다다요시와 쵸슈 번주 모리 다카치카毛利敬親 부자가 회동했다. 이렇게 하여 사쓰마와 쵸슈 번은 군사를 니시노미야西宮에 상륙시키게 되었다. 11월 25일 쵸슈 번은 선발대로 기병대를 비롯해 500명 정도를 7척의 배에 나눠 히로시마 번의 병사로 위장하여 출발했다. 쵸슈 번의 선발대가 29일 니시노미야에 도착했다. 이어서 사쓰마와 쵸슈 번의 병사들이 잇달았다.

이미 말한 바와 같이, 나가사키에 있던 이토는 10월 4일 구라바 상회에서 기선 1척을 빌리는 계약을 성사시키고 할 일이 없어졌다. 그 때 의학생 요시카와 아키마사芳川顕正: 賢吉 도쿠시마 번사, 후에 내무장관를 만났다. 이토는 영어회화는 잘 했지만, 독해가 부족하다고 생각해 요시카와에게 영어강독 강습을 받았다. 게이세쓰 방면이 긴박하게 돌아가고 있음에도 불구하고 이토는 할 일 없이 여유를 즐기고 있었다. 그 후 이토는 나가사키에서 영국 군함을 타고 12월 초순, 효고兵庫에 도착했다(『伊藤博文伝』 상권, 315~323쪽).

유신정권의 탄생과
오카야마 번 병사 발포 사건

　　　　　　효고에 도착해 쵸슈 번의 부대에 가담하려 했지만 거절당했다. 그래서 이전에 미타지리三田尻에 영어학교를 세울 계획으로 초대한 미국인 의사 베델이 효고에 도착했기 때문에 이토는 그를 데리고 쵸슈로 돌아갔다. 1868(경응 4)년 1월 3, 4일에 걸쳐 벌어진 사쓰마·

쵸슈 세력과 도쿠가와 막부 세력의 결전인 도바·후시미鳥羽伏見전투를 이토 는 직접 체험할 수 없었다. 결국 이토는 도바·후시미 전투에서 사쓰마·쵸 슈의 신정부군이 압승했다는 소식을 듣고 1월 10일, 영국군함에 편승하여 12일 효고에 도착했다(『伊藤博文伝』 상권, 323~335쪽).

이토가 효고에 도착하기 전날인 11일 오후 일본인과 외국인이 충돌하는 고베神戸사건이 발생했다. 오카야마 번의 가로家老 헤키 다테와키日置帯刀가 이 끄는 부대가 신정부 측으로부터 니시노미야를 경비하라는 명령을 받고 고 베 거류지를 지나고 있었다. 그때 프랑스인이 제지를 무시하고 부대의 대 열을 무리하게 가로지른 것이 사건의 발단이었다. 부대원인 다키 젠자부로 龍善三郎는 이 프랑스인을 창으로 찔렀다. 거기에 있던 외국인과 헤키 다테와 키 부대 사이에 총격전이 벌어졌다. 우연히 그곳을 지나던 외국 공사단은 이를 공사와 공사관 및 국기에 대한 공격이라며 군에 추격 명령을 내리고 고베를 점령했다. 고베 항에 있던 번의 배도 나포했다.

사건 다음날 헤키는 교토로 가서 신정부 참여參與인 고토 쇼지로後藤象二郎에 게 사건을 보고했다. 또 14일 오카야마 번주의 이름으로 신정부에도 알렸 다(鈴木由子,「慶應4年神戸事件の意味」).

이토는 효고에 도착하여 이 사건을 알고 바로 '이전부터 스스럼없이 지내 는' 팍스 영국 공사를 찾았다. 팍스는 화가 나 있었다. 쵸슈를 친구라고 생 각했었는데 이번 같은 일이 발생하면 "일본인 전부를 양이론자로 인정할 수밖에 없다"고 했다. 또 막부를 타도하고 신정부가 들어섰으나 신정부에 서 인사도 오지 않으니 괘씸하다는 말도 했다. 이토는 "3일 안으로 결판을 내겠다"며 바로 오사카로 갔다. 오사카에는 외국사무 조사 담당 히가시쿠 제 미치토미東久世通禧가 있었다. 이토는 팍스 공사와의 회견에 대해 이야기하 고, 우선 대국의 대표자들에게 왕정복고의 사실을 선언하고, 오카야마 번 병사의 발포사건을 처리해야 한다고 진언했다. 히가시쿠제 미치토미는 즉 시 이토의 진언을 받아들이고, 다음날 13일에 이토를 신정부에 임관시켜 외국사무를 담당하게 했다(『伊藤公直話』, 200~202쪽; 『伊藤博文伝』 상권, 335~337쪽). 1월 13일, 신정부는 막부의 조약을 승계한다는 선언을 했다(날짜는 1월 10자).

이토는 앞으로 진행될 도쿠가와 막부 쪽과의 전쟁인 무진(戊辰)전쟁을 승리로 이끌기 위해 외국 공사단이 신정부를 지지하도록 묶어 두는 것이 절대 필요하다고 판단했다(鈴木由子, 「慶應4年神戶事件の意味」). 기도도 이를 지지했다(伊藤 앞 木戶書狀, 경응 4년 1월 19일, 『伊藤博文關係文書』 4권).

그래서 2월 9일, 신정부는 외교사절단의 주장대로 오카야마 번의 가신이 이유 없이 외국공사와 외국인을 습격한 사실을 인정하고 사죄했다. 또 같은 날, 모든 책임을 지고 다키 젠자부로(滝善三郎)가 할복했다. 이토는 오카야마 번의 병사가 한 것처럼, 구막부 시대의 전통을 바꾸려하지 않는 '양이(攘夷)'적인 행동에는 비판적이었다. 그러나 외국 공사단이 취한 행동에서 엄중한 현실을 봤다. 고베사건은 막 출발한 신정부에 닥친 위기였으나, 이토는 실력을 발휘하여 사건을 처리하고 신정부의 기반을 닦았다.

신정부와 열강의 관계를 안정시키다

이토는 1868(慶応 4)년 1월 25일에 참여(參與)직에 취임하고, 같은 해 2월 20일에 징사(徵士)참여직 외국사무국 판사(判事)가 되었다. 신정부는 3직(총재(總裁), 의정(議定), 참여(參與))과 8국으로 구성되었다. 외국사무국은 후의 외무성에 해당되는 것으로 미야노가미(宮の督: 장관), 2~4명의 보(輔, 차관), 7~11명의 판사가 있었다. 이토는 고베사건의 처리로 실력을 인정받아 신정부에서 외교부문의 요직인 판사로 임명되었다. 이토는 사카이(堺) 사건[15]의 처리에도 관여했다.

---

15) 사카이 사건(堺事件)은 1868(慶応 4)년 3월 8일에 이즈미의쿠니(和泉国) 사카이

그런데 국왕 등 국가 원수는 외국 공사(대사)가 새로 부임하면, 알현을 하고 신임장을 받아야 한다. 이 외교 관행에 따라 신정권의 원수인 명치 천황은 각국 공사를 알현해야 한다. 지금까지 서구인이 궁에 들어온 적이 없고, 서구인이 천황을 알현한 예도 없었다. 기도 다카요시木戶孝允: 총재국 고문 등이 노력해서 겨우 이런 관행을 만들었다(伊藤 앞 木戶書狀, 慶応 4년 2월 20일, 『伊藤博文關係文書』 4권).

음력 2월 3일, 천황은 영국 공사 팍스, 프랑스 공사 럿슈, 네덜란드 공사 포루스브록의 알현을 허락했다. 당일 천황의 통역이 없어서 이토가 통역을 맡았다. 그런데 영국 공사 팍스가 궁으로 오던 도중 양이파에게 습격을 받았다. 안내를 맡은 고토 쇼지로後藤象二郞: 도사 번, 나카이 히로무中井弘: 사쓰마 번, 고다이 도모아쓰五代友厚: 사쓰마 번가 격투를 벌여 습격자를 죽였다. 팍스는 다치지는 않았으나 입궐을 중지하고 편지로 사건을 프랑스 공사에게 알리려 했다. 이토는 팍스 공사의 편지를 받았으나, 기지를 발휘해 이미 입궐해 있는 프랑스 공사와 네덜란드 공사에게는 팍스가 습격당했다는 사실을 감추고 천황의 알현을 마치게 했다. 팍스는 3월 3일에 별도로 천황을 알현했다(『伊藤博文傳』 상권, 363~368쪽; 『伊藤公直話』, 204~206쪽). 세 공사의 천황 알현을 무사히 마쳤다. 이렇게 해서 신정부는 열강으로부터 승인을 획득하고, 천황과 그 주변 조정 관리들의 서양인 거부반응을 약화시키게 되었다. 1868(慶応 4)년 1월에서 3월까지 약 2개월 간의 활동으로 이토는 기도의 신뢰를 얻고, 신정부에서 입지를 굳혔다.

쵸(堺町: 현재 오사카 사카이 시)에서 발생했다. 도사(土佐) 번사가 프랑스 해병 11명을 살해한 사건이다. 도사 번사 11명이 할복하는 것으로 사건이 마무리 되었다.

제3장

이와쿠라 사절단의
특명전권부사

– 폐번치현과 정한론 정변

효고현 지사로 출세

1868년 5월 11일, 이토는 고베 개항장을 관할하는 외국사무를 모두 위임받았다. 능숙한 영어와 외국인과의 교섭력을 살려 고베항에서 일어나는 외국과의 모든 관계에 대한 책임자가 된 것이다. 일본 정부와 열강의 교섭 결과에 따라 각 개항장의 무역에서 일본의 금·은화와 서양의 은화를 환산하여 대응하는 일도 업무였다. 효고는 전국의 모범 항으로 인정받았기에 타 항구의 문의에도 대응해야 했다(『伊藤博文伝』상권, 380~394쪽). 이어서 5월 3일에는 오사카부府 판사 겸 외국관 판사로 임명되어, 효고와 고베 두 곳에서 근무하게 되었다. 부판사府判事는 현재의 부副지사에 해당하는 지위이다. 이토는 구 막부의 영지였던 오사카부의 부지사와 효고·고베의 개항장 책임자로서 일을 수행했다.

그로부터 20일 후, 구 막부 영지에 효고현이 설치되자, 7월 13일 26세의 어린 나이로 이토는 효고 현 지사로 임명되었다. 당시 효고 현은 현재와 비

明治元年兵庫縣事時代の公

1868년 효고 현 지사 시절

교해, 히메지姬路 번·아카시明石 번·아코우赤穗 번 등 서부와, 아마가사키尼崎 등 동부, 후쿠치야마福知山 번·이즈시出石 번·토요오카豊岡 번·미야즈宮津 번 등 북부를 포함하지 않는 고베와 효고의 개항장을 중심으로 한 좁은 지역이다.

그러나 효고 지사는 열강의 외국인과 접촉해야 하기 때문에 항상 외교적 판단이 요구되는, 지방관으로서는 매우 중요한 자리였다. 친구 이노우에 가오루井上馨는 이토에게 편지를 보내 지사는 '독임'의 자리로 민정을 비롯해 자기의 의도대로 충분히 개혁을 단행할 수 있는 자리라며 부러워했다(伊藤 앞 井上馨書狀, 1868년 9월 7일, 『伊藤博文關係文書』 1권). 졸병 아시가루 출신인 이토는 중, 소 번주와 동격인 실질적으로 중요한 지위에 오른 것이다. 이 기쁨은 평생 잊혀지지 않았을 것이다. 8월 16일, 이토는 하기에 있는 아버지 쥬조에게 보낸 편지에서 효고 현 지사라는 '대신의 반열'에 오른 기쁨과 '조정'의 '큰 은혜'를 잊지 않겠다는 결의를 표했다. 이미 이토는 1년 반 전에 쵸슈 번의 의식을 뛰어넘었었다(제2장). 아직 존속하고 있는 쵸슈 번의 번주가 아닌 조정을 충성의 대상으로 하고 있는 점이 주목된다. 또 이토는 편지와 함께 100냥(현재 약 500만 엔)을 아버지에게 보냈다.

이토를 귀여워했던 양조모가 5월 21일에 죽는 불행이 있었지만, 이토는 고베에서 우메코 부인과 장녀 사다코貞子와 함께 지냈다. 사다코는 1866년 말에 태어나 '활발하고 건강'하게 자랐다(末松謙澄, 『孝子伊藤公』, 173·201쪽). 9월 20일에는 우메코 부인이 차녀 이쿠코生子를 출산했다. 이러한 행복과 함께 이토는 효고 현 지사로서 개항장의 많은 사건을 처리해야 했다.

폐번치현(廢藩置縣)[16]을 제안

　　　　　　　　미국 상선의 선원이 만취하여 고베 항 경비를 맡고 있던 도쿠시마 번사를 칼로 찌르고(그 후 사망), 건축 중인 효고현 청사에 난입하여 이토 지사에게도 행패를 부리다 붙잡힌 사건이 일어났다. 1868년 10월 24일이 명치 원년 9월 8일로 바뀌면서, 한 사람의 천황 대에서는 원호를 바꾸지 않는다는 원칙이 정해질 무렵 발생한 사건이다. 그때 정부는 교토에 있었다. 이토는 정부의 외교교섭을 담당하는 부서인 외국관外과 연락을 하면서 미국 선원의 처분을 둘러싸고 미국 영사 및 공사와 교섭했다. 개항 이후 외국인이 일본인을 살해한 범죄로는 첫 사건으로, 선례가 될 수 있기 때문에 이토는 범인을 사형에 처하기를 희망했다.

그러나 일본이 불평등조약 하에 있었기 때문에, 미국 측의 결정에 의해 선원은 금고 1년 형을 받고 본국으로 송환된다는 미국 공사의 통지가 외국관에게 전달되었다. 외국관은 후에 미국 정부에 사죄의 뜻을 표할 것을 요구하고, 미국 공사가 이를 승낙하여 사건은 마무리되었다(『伊藤博文傳』 상권, 396~408쪽). 이 체험을 통해 이토는 불평등조약의 개정을 절실하게 생각하게 되었으며, '문명국' 열강의 거만함을 뼈저리게 느꼈을 것이다. 그러나 국력 그 중에서도 군사력이 없으면 아무 소용이 없다. 그래서 번을 폐지하고 근대적인 중앙집권국가를 만들어 군 부분을 정부에 집중시킬 필요가 있었다.

이토는 개혁사상을 근간으로 두 계통의 인물 및 집단과의 관계를 강화했다. 하나는 오사카부 판사 겸 외국관 판사시대에 이와쿠라 도모미岩倉具視: 議定 겸 輔相, 輔相은 재상에 해당에게 서면으로 '봉건을 폐하고 군현郡縣을 둔다廢藩置縣'는 제

---

16) 1871(명치 4)년에 명치 정부가 중앙집권화를 꾀하기 위해 전국 261개의 번을 폐지하고 부와 현(府県)을 설치한 조치. 이것으로 중앙집권적 통일국가가 확립되었다. 처음에는 홋카이도를 제외하고 3부(府) 302현(県)이었으나, 그 해 말에 3부 72현이 됨. 현재는 1도(都: 동경도), 1도(道 : 홋카이도), 2부(오사카부, 교토부) 43현이다.

언을 해서 그의 마음을 사로잡았다. 이와쿠라는 서면으로 "귀형과 같은 사람은 정말 나의 스승이다"라는 '과분한 말'까지 이토에게 전했다고 한다(「岩倉具視」(直話), 『伊藤公全集』 3권, 6~7쪽). 또 하나는 쵸슈 번의 실력자 기도 다카요시木戶孝允: 參與를 중심으로 한 이노우에 가오루, 오오쿠마 시게노부大隈重信: 사가 번 출신, 무쓰 무네미쓰陸奧宗光: 와카야마 번 출신 등의 그룹과 교제를 돈독히 했다. 이토는 1868년 10월 17일, 도쿄의 태정관太政官: 후에 내각-옮긴이 출장소에 아이즈와카마쓰会津若松 등 북방을 공략하고 돌아온 장병들을 조정의 상비군으로 할 것을 제언했다.

그리고 같은 해 11월, 이토는 폐번치현의 실행에 관한 건의서를 태정관에 제출했다. 각 번이 토지와 인민을 조정에 바치고, 번의 병사들 가운데 '강건'한 자를 선별하여 조정의 병사로 하고, 관리로서 재능이 있는 자는 관리로 하는 등의 내용이다. 또 건의서에서 이토는 전국의 번에 포고를 하여 회의를 열어 '천하의 공론'을 통해 일본의 기본을 정할 것을 주장했다(『伊藤博文傳』 상권, 409~419쪽). 이토는 신정부 내에서도 강한 반발이 있을 것을 각오하고 한 것이었다. 이토는 1869년 4월 10일까지 효고 현 지사로 있었으나, 보수파의 반발로 4월 12일에 조정 출신의 지사知事를 보좌하는 판사(부지사)로 강등되었다.

이토의 위와 같은 제언에 더해, 기도를 중심으로 한 그룹의 논의에서 주목해야 할 것은, 1868년 10월 이토가 기도에게 "유럽과 같은 협화協和정치는 어렵지 않다"고 한 점이다(木戶 앞 伊藤書狀, 1868년 10월 22일, 『木戶孝允關係文書』〈東〉 1권). 또 이듬 해 1869년 2월, 이노우에 가오루는 이토가 번정藩政을 조정에 돌려주는 구상에 대해 논한 것은 매우 훌륭하다고 평가하고, '아무튼 영국의 국세國勢'와 잘 합치하게 될 것으로 상상하고 있다고 이토에게 편지를 보냈다(伊藤 앞 井上馨書狀, 1869년 2월 12일, 『伊藤博文關係文書』 1권). 이토를 포함한 기도 그룹에서는 명치 원년과 명치2년 단계에서 이미 영국의 입헌군주제와 유럽의 공화정을 일본의 근대화를 위한 참고 모델로 삼고 있었던 것이다. 이토 일행은 공화제와 영국의 입헌군주제를 곧바로 일본에 도입할 수 있을 것이라고는 전혀 생각하지 않았다. 그러나 그들이 아주 넓은 시야에서 장래의 일본에 대해 고민하고 있었다는 것은 확실하다.

기도계열의 신진 대장성 관료

　　　　　　　　　　그 후 1869년 5월 18일, 이토는 회계관 권판사權判事: 현재의 대장성 국장급로 승진하여 도쿄 근무를 명받았다. 이토는 기도와 이노우에 가오루 등과 함께 고베 항에서 요코하마 항 을 거쳐 5월 29일에 도쿄에 도착했다.

이토의 최대 관심사는 회계관 권판사로서의 일보다도 6월에 들어와 초점이 된 판적봉환版籍奉還17)이었다. 번주가 토지와 인민을 조정에 돌려준다는 이 개혁에 있어 쟁점은 봉환 후 번주를 그대로 세습 지사知事로 할 것인지 아니면 새로운 지사를 임명할 것인가였다. 이토는 1년 전에 건의한 것처럼 판적봉환 후 번주에게 작위와 녹봉을 주어 공경처럼 귀족으로 하고 열강의 의회 체제를 모방하여 그들을 상원의원으로 한다. 그리고 문벌에 관계없이 인재를 등용할 것을 주장했다.

참여인 기도는 이토의 급진적 의견에 동조하고, 번주의 지사 세습에 강하게 반대했다. 그러나 같은 참여인 오오쿠보 도시미치大久保利通: 사쓰마 번와 소에지마 다네오미副島種臣: 시가 번 등이 시기상조라며 동의하지 않았다. 결국 6월 12일 회의에서 번주를 그대로 지번사知藩事: 縣知事의 전신로 임용하여 세습하는

---

17) 1869년 7월 25일(명치 2년 6월 17일)에 명치정부가 행한 중앙집권화의 하나로 다이묘(大名)가 천황에게 영지(版図)와 영민(戸籍)을 반환한 것. 판적봉환은 폐번치현(廃藩置県) 때까지의 과도 조치로 각 번에 대한 통제력을 강화하기 위한 법적 근거를 가져다주었다.

것으로 거의 결정되었다.

6월 13일 기도는 이토에게 '통탄무한^{痛嘆無限}'이라는 편지를 보내, 도리오 고야타^{鳥尾小弥太: 죠슈 번, 전 기병대의 간부}와 협력하여 오쿠보와 구로다 기요타카^{黑田清隆: 사쓰마 번 출신, 무진전쟁[18]에서 총독참모} 등을 움직이도록 요청했다(伊藤 앞 木戸書狀, 1869년 2월 12일, 『伊藤博文關係文書』 4권). 이토는 곧바로 기도를 방문하고, 다음 날 14일에 회계관 권판사의 사표를 제출했다. 이노우에 가오루^{조폐국 지사}도 같이 사표를 냈다. 이에 놀란 이와쿠라와 오오쿠보는 기도를 찾아가 '세습'이라는 두 자를 빼기로 타협했다. 6월 17일 정부는 모든 번의 판적봉환의 주청을 허락하는 형식으로 262명의 번주를 지번사로 임명했다. 또 공경과 제후(번주)의 호칭을 폐지하고 화족^{華族}으로 부르게 했다.

그런데 정부는 같은 해 7월 8일에 대대적인 제도개혁을 단행했다. 행정관을 태정관^{太政官}으로 고치고 태정대신, 좌대신, 우대신, 대납언^{大納言}과 수 명의 참의라는 직을 만들었다. 이를 삼직^{三職: 내각에 해당-옮긴이}회의로 하여 국가의 중요 결정기구로 했다. 또 신기관^{神祇官: 신사의 제사 등을 맡아 하는 사람-옮긴이} 및 민부성^{民部省}, 대장성^{大藏省}, 병부성, 형부성, 궁내성, 외무성 등 6성을 신설하고, 그 책임자를 경^{卿: 장관}으로 했다.

기도는 개혁을 추진하기 위해 오오쿠마 시게노부^{大隈重信}를 참의로 임명하도록 건의했지만 받아들여지지 않았다. 대신에 기도가 싫어하는 마에바라 잇세이^{前原一誠: 죠슈 번 출신, 戊辰전쟁에서 총독참모, 越後府 판사}가 참의가 되었다. 이에 분개한 기도는 원래 병치레가 많았던 것을 이유로 휴가를 요청했다(伊藤 앞 木戸書狀, 1869년 7월 7일, 『伊藤博文關係文書』 4권). 결국 태정대신과 좌대신은 결원으로 두고, 우대신에 산죠 사네토미^{三条実美}, 대납언에 이와쿠라 도모미^{岩倉具視}와 도쿠다이지 사네쓰네^{德大寺実則}, 참의에는 기도가 싫어하는 소에지마^{副島}와

---

18) 무진전쟁(戊辰戰争)은 1868년에서 이듬해에 걸쳐, 신정부군(新政府軍)과 구 막부파 사이에 있었던 내전. 신정부군의 승리로 끝나, 명치 천황(明治天皇)에 의한 통일 국가가 완성됨.

마에하라, 오쿠보(7월 22일), 히로사와 사네오미広沢真臣: 쵸슈 번 출신, 대총독참모, 민부관 부지사, 7월 23일가 각각 임명되었다. 기도의 기대와 달리 오오쿠마는 7월 8일에 대장 대보大輔: 차관에 임명되는 데 그쳤다. 그 후 오오쿠마는 7월 22일에 민부 대보로 자리를 옮기고, 8월 12일에 대장 대보도 겸하게 되었다. 이토는 7월 18일에 대장 소보少輔: 차관급에 임명되었으며, 9월 11일에 민부 소보도 겸했다.

기도는 7월 7일 이토에게 "이제 어찌할 도리가 없다"고 비관적인 태도를 보였으나, 8월 7일에는 이토에게 '우직'해도 '정직'한 사람은 반드시 소중히 여겨 '우리 당(우리 편)'에 끌어들이도록 하자는 내용의 편지를 보냈다(伊藤 앞 木戸書狀, 1869년 7월 7일, 8월 7일, 『伊藤博文關係文書』 4권).

8월 초순경에 기도는 마음을 바꾸었다. 오오쿠마와 이토를 각각 재정을 담당하는 대장성과 지방행정을 담당하는 민부성 요직에 취임시킬 수 있을 것이라는 전망이 섰기 때문이다. 기도는 이노우에 가오루도 언젠가 요직에 앉히려 하고 있었다. 이노우에는 8월에 조폐장, 10월에 민부 대승(국장) 겸 대장 대승이라는 요직에 임명되었다.

기도는 이미 1868년 9월 명치 천황의 동경 행차에 배종했다. 그 때 기도는 천황에게 공평한 정치를 하고 인재를 등용해야 하며, 이노우에와 이토 히로부미를 등용하면 좋을 것이라고 진언했다(『木戸孝允日記』 1868년 9월 22일). 이렇게 해서 기도는 가장 중요한 대장성과 민부성의 차관과 국장에 오오쿠마, 이토, 이노우에 가오루라는 세 명의 심복을 심었다. 또 앞에서 언급한 판적봉환과 그 후의 과정을 통해, 이토에 대한 기도의 신뢰와 기대는 더욱 높아졌고, 관계도 깊어졌다(『木戸孝允日記』, 1869년 7월~11월). 이토가 일본의 장래에 대해 분명한 전망을 가지고 있었기 때문이었다. 1869년 8월 초순, 기도는 이토와 회견한 후 다음과 같은 취지의 편지를 그에게 보냈다.

하룻밤의 고론(高論)에 실로 감복했습니다. '군주'(리더)가 지금까지의 '구습'에 만족하여 통치책을 바꾸지 않으면, 만국이 서로 존립하는 세계 속에서, 인민의 문명화는 이루어지지 않고, 일본이 문명을 버리게 되기 때문에 상하는

다 같이 절대로 이러한 자세를 취해서는 안 됩니다. 그러나 오랜 '구폐(舊弊)'
가 있고, 그것으로부터 이익을 얻은 인민이 적지 않기 때문에, 많은 사람 중에
이를 듣고 이해할 수 있는 자는 거의 없습니다(伊藤 앞 木戶書狀, 1869년 8월
7일, 『伊藤博文關係文書』 4권).

이토는 영어 실력과 구미인과의 교섭 능력을 살려서 구미의 정치와 문명
에 대해 당시 누구보다도 깊은 통찰력을 가지고 있었다. 게다가 실무를 통
해 정치와 행정의 현실도 알고 있었다. 기도는 이토의 사려 깊은 태도에 감
명을 받고 그에 대한 기대도 높았다. 기도와 이토는 먼 장래의 입헌제도 도
입 구상과 개혁 목표에 대해 공감하고, 현재 국민의 수준에 맞춰 어떻게 개
혁을 해야 할지에 대해서도 생각을 같이 하는 부분이 많았다.

실무 추진과 (실력자)기도의 대리

이토는 대장성 소보(차관급) 겸 민부성
소보로서 1869(명치 2)년 8월부터 1870년 10월 사이에 먼저 조폐장 이노우
에 가오루와 협의하여, 조폐국造幣局의 정리, 외국인소유 위조지폐의 교환, 조
세 징수, 오사카·가와치河內: 현 오사카부 동남부·사카이堺: 현 오사카 센보쿠泉北 지역·나라
등의 부현府縣의 분할과 합병조치를 취했다. 이어서 도쿄–요코하마 간 철도
부설 계획을 추진하고, 1870(명치 3)년 6월 1일 런던에서 영국의 오리엔탈
은행과 100만 파운드(당시 일본의 488만 냥) 외채 모집계약을 체결하는 데
성공했다. 액면 100파운드를 98파운드로 하고 연 9%의 이율로 3년 거치 10년
분할 상환하는 조건이었다.

그 후 7월 1일에 관서 지방으로 출장을 가서 지방관을 독려하고 오사카–
고베 간 철도노선 선정 및 역 설치에 필요한 토지 수용 등의 계획을 세웠
다. 또한 조폐장 이노우에 가오루 및 (영국인 화폐주조-옮긴이)기사장 킨들

과 회견하여 화폐제조법을 개량하는 데 대해 협의했다(『伊藤博文傳』 상권, 482~511쪽). 오오쿠마 시게노부大隈重信와 이토 히로부미는 민부성과 대장성의 대보(차관)와 소보(차관급)였으나, 두 사람이 민부성과 대장성의 경(장관)을 겸하고 있는 다테 무네나리伊達宗城: 전 이요우 와지마(伊予宇和島) 번주를 제치고 실권을 휘두르고 있는 것이 문제가 되었다. 민부성과 대장성은 가장 중요한 관청이고, 행정 실권이 거의 오오쿠마와 이토에 의해 좌우되고 있었기 때문이다.

1870년 6월 산죠 사네토미三条実美: 우대신, 이와쿠라 도모미岩倉具視: 대납언, 오오쿠보(참의)는 민부성과 대장성을 분리하고 오오쿠마를 참의로 등용하는 데 합의했다. 그러나 기도(참의)는 오오쿠마를 참의로 등용하여 현행처럼 민부성과 대장성을 그의 지휘 아래 관할하는 것이 개혁의 속도를 높이는 이상적인 방법이라고 생각했다. 이에 대해 6월 23일, 오오쿠보, 히로사와 사네오미広沢真臣, 소에지마 다네오미副島種臣, 사사키 다카유키佐佐木高行 등 4명의 참의가 기도의 구상에 반대하고 사표를 냈다. 기도는 이를 포기했다. 결국 7월 10일 민부성과 대장성이 분리되고 오오쿠마와 이토는 민부성을 떠나 대장성 전임이 되었다. 오오쿠마는 9월 2일부로 대장성 대보(차관)인 채로 참의로 승진했다.

민부성과 대장성의 분리문제는 소장관료인 이토의 손이 미치지 않는 3직三職이라는 권력중추부에서 논의되고 결말이 났지만, 오오쿠마와 이토는 기도계열의 젊은 개혁파로서 주목을 받았다. 그런데 이토는 대장성과 민부성의 소보로서 두 성의 행정개혁에만 실권을 휘두른 것이 아니라, 병부성兵部省의 인사에도 관여했다.

병부성은 후의 육군성과 해군성에 해당한다. 폐번치현 전에는 각 번이 독자적으로 군사력을 가지고 있었고, 병부성 밑의 육군은 쵸슈 번의 2개 대대규모로 황궁을 지키는 역할을 하는 정도였다. 중요 관청은 아니었다. 조정에서는 이와쿠라 도모미岩倉具視: 대납언, 병부성 담당, 쵸슈계에서는 기도, 사쓰마계(해군)에서는 오오쿠보라는 세 명의 문관이 병부성의 실권을 쥐고 있었다. 병부경은 아리스가와노미야 다루히토有栖川宮熾仁 친왕 등 황궁에서 취임했으나, 쵸슈계의 마에하라 잇세 병부 대보가 주도하고 있었다. 앞서 언급한 것처럼 마에하라는 참의를 겸임한 적도 있었지만, 그 전의 1868(경응 4)년 9월경에는 기도와 관계가 좋지 않았다. 기도는 야마가타 아리토모쵸슈 출신. 무진 전쟁에서 정벌군 참모를 구미에 유학시켰으며(1869년 6월부터 1870년 8월까지), 그를 마에하라의 후임으로 생각했다. 야마가타는 1870(명치 3)년 8월 2일에 병부 소보(차관급)에 임명되었으며, 9월에 마에하라는 병부 대보를 사임했다(伊藤之雄, 『山縣有朋』, 78~80쪽).

한편, 1870(명치 3)년 10월 이토는 기도에게 미우라 고로三浦梧楼: 쵸슈 출신, 기병대 간부19)를 병부성의 주임출사奏任出仕 정도로 채용해 주기를 부탁하는 등 병부성에 인물 추천을 하기도 했다(木戸 앞 伊藤書状, 1870년 10월 9일, 『木戸孝允關係文書』〈東〉 1권). 얼마 되지 않아 미우라는 병부 권소승權小丞: 현재의 과장에 임명되었다.

앞서 언급한 바와 같이, 이토는 1869년 7월 18일에 대장성 소보가 되었으며, 이 무렵부터 '히로부미'라는 이름을 사용하게 된 것 같다. 1869년 8월 14일 기도 앞으로 보낸 서한에서 처음으로 히로부미라는 이름을 썼다(앞의 책). 오오쿠마와 함께 기도계열의 가장 강력한 인물이 되고 개혁을 추진하는 데 있어서 막부말기 이래 사용해온 '슌스케'나 '슌포舜輔'가 아닌 '히로부미'라는 이름이 어울린다고 생각했을 것이다.

'히로부미博文'라는 이름은 다카스기 신사쿠高杉晋作가 『논어』의 '박문약례博文約礼'에서 따와 권했다고 이토는 회상했다(「改名の事情」(直話), 『伊藤公全集』 3권, 167~168쪽). 아마 이토가 1869(명치 2)년 여름 무렵까지 '히로부미'라는

---

19) 군인, 정치가. 이토와 같은 쵸슈 출신으로 1895년 조선공사로 부임하여 명성황후 암살사건을 일으켰다. 그 후 일본 정계의 막후에서 큰 영향력을 발휘했으며, 1924년에 천황의 최고자문기관인 추밀원(枢密院) 고문관(顧問官)이 되었다.

이름을 쓰지 않았던 것은 풋내기인 자신에게 어울리지 않는다고 생각했기 때문일 것이다. 소장 관료로서 구미 사정을 넓고 깊게 조사하고, 일본의 상황에 맞춰 개혁을 추진하려는 이토의 모습에 '히로부미'라는 이름은 매우 잘 어울렸다.

미국 출장으로 한층 자신감이 붙다

1870(명치 3)년 가을 무렵 일본에는 구막부와 각 번들이 발행한 각종 통화와 신정부가 임시변통을 위해 발행한 거액의 불환지폐가 어지럽게 유통되고 있었다. 그 중에는 위조 화폐도 많이 섞여 있어서 물가는 심하게 요동치고 국민 생활과 무역에도 지장이 많았다. 이미 이토 대장성 소보(차관급)는 미국의 국채상환법 및 지폐조례 등을 책을 보고 연구하고 있었다. 방법이 간편하고 사리에 맞으며 관민이 함께 '권리를 보존하'면서 실행되고 있는 것을 알았다(『伊藤博文傳』 상권, 516~519쪽). 막부 말기 이래 향상된 영어 독해능력과 실무 지식이 도움이 되었다. 같은 해 10월 28일 이토는 미국의 경제관련법령, 국채, 지폐 및 환율, 무역, 화폐주조에 이르기까지 조사했다. 이를 참고로 일본의 제도를 확립하고 싶다는 의견을 들어, 정부에 미국 출장을 요청했다. 그의 요청은 바로 받아들여져 윤10월 달 3일에 미국 출장을 명받았다. 수행원은 요시카와 아키마사芳川顕正: 도쿠시마 출신, 이토의 소개로 대장성에 등용, 후에 내무대신 등, 후쿠치 겐이치로福地源一郎: 오우치(桜痴) 출신, 후에 『도쿄일일신문』 등 정부계 신문을 경영 등 21명이었다. 이토 일행은 11월 2일에 요코하마에서 미국 증기선 '아메리카호'를 타고 출발해서 다음해 1871(명치 4)년 5월 9일에 귀국했다.

이토는 이때의 조사를 근거로 해서 미국에서 대장성에 건의서를 제출했다. 그 중에는 금본위제의 도입도 있었다. 그리고 귀국 후 6월 23일 이전에 대장성의 직제개혁안을 제출했다. 이 개혁안에서 이토는, 일본이 독립적이고 타의 지배를 받지 않는 정체를 시행하기 위한 커다란 기초가 되는 '재정과 회계'를 대장성이 전부 감독해야 한다고 주장했다. 전국의 재정 관리, 관청의 경비 지출, 세법 개혁, 금은 화폐의 등급 결정, 공채 모집, 농업 권장, 상업 격려 등이 그것이다. 대장성의 역할을 더욱 확대하여 일본의 근대화를 추진하려는 것이다. 이 때, 대장성에는 경(장관)이 결원이었으며, 이토가 대장성의 소보였다. 오오쿠마 대보, 이노우에 가오루井上馨 소보, 시부사와 에이치渋沢栄一 권대승(국장급) 등이 이토의 개혁을 지지했으며, 이들은 기도 계열의 유력관료였다.

미국 출장 중에 이토는 워싱턴에서 미국의 헌법제정에 관한 책도 사왔다. 책에는 미국이 독립해서 헌법을 제정하는 데 제임스 매디슨, 알렉산더 해밀튼, 존 제이 등 3명이 워싱턴 대통령을 도왔다고 되어 있다. 그들은 우수한 학자로 미국에 공화제 국가를 건설하기 위해 고금의 공화정부의 헌법을 조사했다. 공화제는 그때까지 작은 범위에서만 이루어졌고, 미국과 같은 큰 나라에서 실시된 예가 없었다. 그러나 '그 큰 나라'에 공화제가 실시되어 과거의 예가 보기 좋게 빗나갔다. "이것은 그 사람들에게 비범한 수완이 있었기 때문"이었다(「憲法立案の經過と其の理論との概說(直話)」, 『伊藤公全集』 3권, 181~182쪽).

이토는 본래의 도항 목적이었던 대장성의 실무와 직제개혁을 조사하는 동안 미합중국 헌법 제정의 경과까지 연구했다. 헌법으로 국가의 형태를 만들어 가는 것이 얼마나 어려운 것인지를 미합중국이라는 성공한 실험에서 배웠다. 이토는 미국 방문에서 대장성의 개혁뿐만 아니라 일본의 근대화 방향에 대해서도 큰 자신감을 가지고 돌아왔다. 1870(명치 3)년 6월 20일자로 기도에게 보낸 그의 서한에서 이를 알 수 있다. 편지는 "지난 방문 때에 '여러 가지 격론'을 토로해 크게 노하게 한 것을 죄송하게 생각합니다"로 시작한다. "기도에게는 많은 사람들을 포용하고 좋은 것을 선택하는 도량이 있다고 생각해, 감히 두려움을 마다않고 진심을 말씀드립니다"로 이어진다. 그리고 "사람의 생각이 다른 것은 하늘의 뜻이며 '현재 각 문명국'은 굳이 이를 왜곡하지 않는다" 등의 내용이 적혀있다(『木戸孝允關係文書』〈東〉 1권).

기도와 이토의 논의 내용은 알 수 없다. 아마 폐번치현과 그 후의 제도개혁, 장래 입헌제도의 도입 등에 관해 이토가 너무 급진적인 의견을 제시하고, 기도가 이를 억제한 데 대해 이토가 '격론'을 토로했을 것이다. 이것은 이토가 '강릉강직剛凌强直: 강하고 엄중하고 정직'한 성격(2년 후 기도가 이토를 평가한 말)뿐만 아니라, 개혁에 대해 큰 자신감을 가지게 되었기 때문이었다.

딸의 죽음과 가족의 도쿄 생활

이토가 1869(명치 2)년 7월에 대장성 소보(차관급)로 임명되고 아주 순조로운 인생이 열린 것 같았을 때, 집 안에 큰 불운이 찾아왔다. 8월 7일, 우메코 부인 그리고 어머니 고토와 함께 고베에 살고 있던 장녀 사다코가 병사했다. 겨우 2년 반의 인생이었다. 9월 말 이토는 사다코의 성묘를 겸해 고베로 가서 어머니 고토, 부인 우메코 그리고 딸 이쿠코生子 등 가족을 데리고 도쿄로 왔다. 이 때 이토는 쓰키지築地의 혼간지本願寺 별원 부근의 집에 살고 있었다. 아버지 쥬죠도 같은 해 도쿄로 이사한 것 같다(末松謙澄, 『孝子伊藤公』, 199~201쪽; 『伊藤博文傳』 상권, 475~477 · 491~492쪽). 아버지 쥬죠가 도쿄에 오자 어머니 고토, 이토, 부인 우메코, 이쿠코의 3세대가 쓰키지의 집에 같이 살게 되었다. 그 후 아버지와 어머니는 이마도今戸에 작은 별장 같은 것을 빌려 이사했다. 그리고 미국에 있는 동안 이토는 다카나와 미나미쵸高輪南町에 집을 사서 우메코 부인, 이쿠코, 부모님을 그곳에 살게 했다. 다카나와의 대지는 넓었다. 귀국 후 이토는 저택 안에 부모님을 위해 작은 별채를 지었다. 아버지는 원래 농사를 좋아해서 저택 안에 밭을 일구며 여생을 즐겼다(『孝子伊藤公』, 203~204쪽).

그 후 이토는 이노우에 가오루의 형의 아들인 유키치勇吉: 후에 히로쿠니(博邦)로 개명하여 이토 가를 계승한다를 양자로 들였다. 그에게는 큰 사건이었다. 유키치는 야마구치에서 자랐지만, 1873년 1월 6일 우메코 부인이 그를 도쿄에 데리고 왔다(伊藤 앞 井上馨書狀, 1873년 1월 22일, 『伊藤博文關係文書』 1권). 후술하는 바와 같이, 이토가 이와쿠라 사절단의 전권부사로서 유럽에 있을 때였다. 유키치는 1870년 2월 2일생으로 두 살 반 무렵 이토 가에 왔다. 이 때 딸 이쿠코는 네 살이었다.

유키치의 양자 이야기는 이노우에 가오루의 어머니가 우메코 부인이 마음에 들어 손자를 부탁하면서 시작되었다. 우메코 부인의 따뜻한 인품이 엿보인다. 그 후 유키치는 이토와 이노우에가 정치적 제휴를 유지하는 데 도움이 된다. 이토가 눈앞의 이익을 보고 유키치를 양자로 한 것은 아니다. 유키치가 이토 가에 들어오게 되었을 때, 대장성 대보인 이노우에 가오루는 기도 다카요시木戸孝允로부터 미움을 사 절망스러울 정도로 고립된 상황에 있었다(伊藤 앞 井上馨書狀, 1873년 1월 22일, 『伊藤博文關係文書』 1권). 실제로 이노우에는 같은 해 5월 대장성 대보를 사임한다. 이노우에 가오루가 위기에 처했음에도 불구하고 이토는 예정대로 유키치를 양자로 들였다. 이노우에 가오루는 이토의 인품과 의리에 감동했으며, 두 사람은 평생 정치동맹을 맺게 된다.

폐번치현의 한계를 깨닫다

1870(명치 3)년 9월이 되자 오오쿠보 도시미치大久保利通: 사쓰마 출신, 참의가 폐번을 실행하려고 했다. 먼저 조정의 실력자인 이와쿠라 도모미岩倉具視: 대납언의 동의를 얻고, 이어서 산죠 사네토미三条実美: 우대신의 동의도 얻었다. 중앙정부의 재정이 곤란한 상황에서 오오쿠보도 폐번은 어쩔 수 없다고 생각하게 되었다. 기도 다카요시쵸슈 출신, 참의는, 이토의 주장도 있었고, 1년 전의 판적봉환 때부터 번을 폐지할 필요가 있다고 생각해 당연

히 찬성이었다.

폐번이 성공하기 위해서는 가고시마鹿児島에 돌아가 있던 사이고 다카모리西郷隆盛20)를 도쿄로 끌어내는 것과 사쓰마와 쵸슈를 중심으로 한 큰 번들의 단결이 무엇보다 필요했다. 사이고西郷를 도쿄로 부르기 위해 동생인 사이고 쓰구미치西郷従道: 信吾, 병부성 대승(현재 국장)가 10월 14일 가고시마에 귀향했다. 이토는 이런 움직임을 보고, 앞서 서술한 것처럼, 미국 출장을 건의 한다. 미국에서 새로운 지식을 습득해서 폐번 후 대장성을 중앙정부의 축이 되도록 변화시키려 한 것이다. 이듬해 1871년 5월 9일 이토가 귀국했을 때는 폐번을 향한 큰 틀의 준비가 갖추어져 있었다. 6월 중순에는 사쓰마와 쵸슈, 도사의 세 번에서 약 8,000명의 천황 호위병이 도쿄에 모였다.

다음 문제는 누가 정부의 중심이 될 것인가 였다. 당시, 조정에서는 산죠三条가 우대신, 이와쿠라가 대납언이었으며, 구 번사로는 오오쿠보, 기도, 오오쿠마 시게노부大隈重信 등 6명이 참의였다. 그들은 태정관제 하에서 최고의 사결정기관인 3직三職: 내각을 구성하고 있었다. 명치 천황이 18살에 지나지 않았기 때문에 정부의 의사는 각의에서 결정했다. 천황은 직접 관련되는 궁중 내의 일 외에는 각의 결정을 자동적으로 재가(허가)했다. 이토는 새로운 화폐 주조를 위한 감독 등의 일로 6월 24일에 조폐국이 있는 오사카로 출장을 갔다. 그 직전에 대장성 직제개혁안도 제출했다. 폐번 후에 대장성이 관청의 중심이 되어 근대화 개혁을 추진해야 한다는 생각을 실천한 것이다.

그 후 6월 말부터 7월 중순에 걸쳐, 폐번을 위해 기도를 비롯해 이노우에 가오루민부성 소보, 야마가타 아리토모병부성 소보, 도리오 고야타鳥尾小弥太, 전 기병대간부,

---

20) 사쓰마번의 하급무사 출신의 군인,정치가. 오오쿠보 도시미치(大久保利通)와 기도 다카요시(木戸孝允)와 함께 명치유신의 3걸이라 불린다. 막부와의 마지막 싸움인 무진(戊辰)전쟁을 지휘하여 에도성에 무혈 입성하였다. 유신정부의 육군원수 및 참의였으나, 정한론에서 오오쿠보 도시미치와 대립하여 하야했다. 고향인 가고시마로 돌아와 구 무사들을 중심으로 사병을 양성하여 신정부에 맞섰으나 서남(西南)전쟁에서 정부군에 패하여 자결했다. 일본의 마지막 무사라 불린다.

병부성 출사(후에 장군) 등 기도계열 인사들이 마지막 의견조정을 위해 사이고西鄕, 오오쿠보 등 사쓰마의 유력자와 교섭했다. 출장 중인 이토는 오사카에서 이러한 움직임을 지켜볼 뿐이었다. 7월 14일, 번藩을 폐지하고 현縣으로 한다는 천황의 조서가 발표되었다. 다음날 15일, 구 번주였던 200명 이상의 번 지사가 파면되었다. 사쓰마와 쵸슈, 도사 출신으로 구성된 천황 호위병이라는 군사력을 배경으로 폐번치현은 큰 혼란 없이 실행되었다.

또 7월 말까지의 인사에서 산죠三条 는 태정대신, 이와쿠라는 외무경(10월 8일에 우대신으로)에 취임했으며, 기도, 사이고 다카모리, 이타가키 다이스케板垣退助, 오오쿠마는 참의가 되었다. 처음에는 오오쿠마가 대장성 대보(차관)를 겸했으나, 그 후 6월 27일 오오쿠보 도시미치가 대장성의 경(장관)이 되었다. 오오쿠마 참의가 겸임을 했던 대장성 대보에는 7월 27일 이노우에 가오루가 취임했다(伊藤之雄, 『山県有朋』, 80~89쪽). 사쓰마의 거물 오오쿠보가 참의가 되지 않고 대장경으로 취임한 것은, 대장성 내의 오오쿠마 대보, 이토 소보, 시부사와 에이치渋沢栄一21) 권대승과 같은 대장성을 중심으로 급진적 근대화를 추진하는 기도계열의 그룹을 억제하기 위해서였다.

이토는 염원했던 폐번이 실현되어 기뻤다. 그러나 자신이 미국에서 조사해 왔으며, 앞으로 근대화를 추진해야 할 대장성의 체제가 새로 대장경으로 취임한 오오쿠보에 의해 방해받을 것에 대해서는 화가 났다. 오오쿠보가 대장경이 된 날, 동지인 이노우에 가오루는 대장성 소보에서 민부성 소보로 전보되었다.

도쿄에서 오오쿠마 대장성 대보(차관)를 사직시키려는 움직임이 있었다. 이에 대해 이와쿠라가 동요하고, 소문이 정부 안밖에 퍼졌으나 이노우에 가오루 등의 노력으로 겨우 진정되었다. 오사카에 출장 중인 이토는 7월 13일

---

21) 시부사와 에이치(渋沢栄一). 실업가. 재계 지도자. 일본에 주식회사를 도입하고, 500개 이상의 기업을 설립하여 일본 자본주의 발달에 크게 공헌했다고 평가받는다.

에 이 이야기를 야마다 아키요시山田顯義: 쵸슈 출신 병부성 대승에게 들었다. 이토는 이노우에 가오루에게 편지를 보내 오오쿠마가 대장성에 있으니, 제도개혁이 될 것으로 생각한다. 때문에 대장성을 떠나는 안이한 행동은 할 수 없다. 그러나 (오오쿠마가 사직을 당해-옮긴이) 당분간 제도개혁이 어려워진다면 이대로 조폐국에 보내주기를 호소했다. 기도에게도 이러한 사정을 잘 전해달라고 부탁했다(井上馨 앞 伊藤書狀, 1871년 7월 14일, 「井上馨文書」). 조폐국의 우두머리는 대장성 소보보다 급이 낮다. 그러나 대장성의 제도개혁에 대한 전망이 어두웠기 때문에 이토는 반 자포자기의 상태에서 이노우에 가오루를 통해 기도에게 도움을 청한 것이다.

절망과 기도의 호의

이토의 바람은 실현되지 않았고, 오오쿠마는 대장성을 떠나 참의 전임이 되고, 1871(명치 4)년 7월 27일 이노우에 가오루가 대장성 대보(차관)가 되었다. 이노우에 가오루는 동지이고 같은 기도계열이지만 오오쿠마에 비해 개혁에 대한 추진력이 약했다. 같은 날 이토는 대장성 소보의 상태에서 조세국장 발령을 받았다. 분명한 좌천이다.

이토의 분노는 오오쿠보 대장경에게로 향했다. 오사카 조폐국에 출장 중인 이토에게 7월 27일에 공포된 대장성 제도개혁이 전해졌다. 8월 2일 이토는 오오쿠마 참의, 이노우에 가오루 대장성 대보, 시부사와渋沢 대장성 권대승 앞으로 이를 강하게 비판하는 편지를 보냈다(大隈·井上馨·渋沢栄一 앞 伊藤書狀, 1871년 8월 2일, 「井上馨文書」). 이 편지는 오오쿠마 등 3명 앞으로 되어있지만, 읽은 후에는 '바로 태워 없애라', 즉 다른 사람에게 전해지지 않기를 바라는 문장은 없다. 때문에 이는 명백히 오오쿠보 대장경에 대한 비판이었다. 이토는 강한 성격이지만 절망감에서 였는지 이번에는 조금 지나치게 감정적이었다. 설상가상으로 8월 5일에는 당분간 조폐국장도 겸

하라는 명이 이토에게 내렸다. 7월 14일 절망감에서 이노우에 가오루에게 보낸 편지에 쓴 그대로 실제로 조폐국장에 임명된 것이다.

기도는 심복인 이토의 상황이 걱정되어, 8월 15일자로 정부 내의 사정을 설명하는 편지를 보냈다. 편지에 의하면 원래 이번 개혁 때 사람의 임용도 충분히 고려해야 할 필요가 있어, 대장성에는 이토에게 '전권'을 맡길 것을 제안했으나, 은연중에 논란이 일어 한때 필설로 다 표현하지 못할 상황이 되었다. 또 기도는 일단 이토가 무조건 도쿄로 돌아와야 한다고 생각해 이토의 동의를 구하게 되어 있었다. 그러나 오사카에 여러 가지 일이 있기 때문에 당분간은 이토를 오사카에 있게 하는 것이 바람직하다는 의견이 강했다고 하면서, 조세국장 겸 조폐국장에 봉직하길 바란다고 부탁했다(伊藤宛木戸書狀, 1871년 8월 15일, 『伊藤博文關係文書』 4권).

기도가 이토에게 대장성의 '전권'을 맡기려고 한 것은 오오쿠보 대장경(장관)을 참의로 하고, 이토가 대장경이 되고 이노우에 가오루를 그 부하인 대장성 대보(차관)에 취임시켜 개혁을 추진기 위해서였다. 그러나 오오쿠보파의 반대로 실현되지 못했다고 생각된다. 그 후 기도는 이토를 대장성 대보로 하기 위해 이노우에를 신설되는 공부성의 대보에 취임시키려 했지만 오오쿠보 대장경의 반대로 실현되지 못했다(井上馨宛木戸書狀, 1871년 9월 17일, 『木戸孝允文書』 4권). 이토에 대한 공격이 예상외로 강했기 때문에 할 수 없이 기도는 이토를 공부성 대보로 밀었으며, 9월 20일 취임하게 했다. 공부성은 경(장관)이 공석이었기 때문에 이토는 식산흥업을 추진하기 위해 신설된 관청의 최고책임자가 됨으로써 일단 체면을 지켰다.

이와쿠라 사절단의 출발

폐번치현의 개혁이 일단 궤도에 오르자 1871(명치 4)년 9월에는 (불평등)조약개정을 위해 구미에 전권대사를 파견하는 분위기가 강해졌다. 1858년에 막부가 미국과 체결한 수호통상조약 등은 치외법권(영사재판권)이 있고 관세자주권이 없는 불평등조약이었다. 조약의 개정 기한은 1872년으로 다가오고 있었다. 그 이전부터 미국에 있던 이토 대장성 소보(차관급) 등은 조약개정에 대한 준비를 정부에 강하게 촉구했었다. 그러나 일본은 구미와 같은 법률도 제정되어 있지 않았으며, 새롭게 유리한 조약을 맺을 수 있는 상황이 아니었다. 그래서 구미제국과 조약개정에 관한 협의를 위해 사절단을 파견하게 되었다.

　이와쿠라岩倉 사절단의 '사유서'를 보면, 구미제국에 일본의 현실과 과제를 숨김없이 알리고　그들로부터 국가개혁의 지침과 방법을 찾으려는 자세를 엿볼 수 있다. 거기에는 순진할 정도로 서양제국에 대한 의존심이 엿보였다. 이토를 포함해, 당시 일본 정부의 주요 인물들에게는 국익을 건 냉철한 거래로서의 외교라는 관념은 아직 없었다(高橋秀直, 「廢藩政府論」; 瀧井一博, 『文明史なかの明治憲法』, 20~25쪽).

　사절단의 중심은 이와쿠라 도모미岩倉具視 외무경이었다. 후에 이토는 당시의 상황을 회상했다(「岩倉具視」(直話), 『伊藤公全集』 3권, 8~9쪽). 이토의 회상에는 두 가지 중요한 점이 포함되어 있다. 첫째, 폐번치현에 즈음하여 이토는 대장성 개혁을 둘러싸고 심하게 정부(대장성)를 비판했음에도 불구하고, 1868(명치 원년)년에 폐번에 관련한 문서를 이와쿠라에게 제출한 이래 이토에 대한 그의 신뢰가 계속되고 있었다는 점이다. 귀국 후에 그 신뢰는 더욱 강해졌다. 후술하지만, 정한론征韓論 정변 때 태정대신 대리로서 이와쿠라가 취한 행동과, 1881(명치 14)년의 이와쿠라의 움직임 등에서 이를 잘 알 수 있다.

　또 하나 중요한 것은 이토가 기도뿐만 아니라 오오쿠보를 사절단에 동행하도록 이와쿠라에게 진언한 것이 받아들여진 점이다. 이와쿠라는 폐번치현 후 이토의 대장성 개혁을 방해하고 이토를 좌천시킨 인물이다. 이토는 대장성 개혁의 실패라는 좌절의 경험을 통해 자신의 교만함을 반성했다.

또 구미를 시찰하고 오오쿠보가 변하면 그것을 기회로 그와의 의사소통을 좋게 하기 위해서였다. 개혁파 집단만이 아니라 개혁의 실행까지를 생각하여 사절단 멤버를 구성하도록 제언한 것이다. 이토의 성장과 유신 개혁에 대한 책임감을 엿볼 수 있다.

10월 8일 조약개정을 협의하기 위한 구미 사절단의 파견이 결정되었다. 사절단 단장인 특명전권대사로는 같은 날 우대신으로 승격한 이와쿠라가 임명되었다. 특명전권부사로는 기도(참의), 오오쿠보(대장경), 이토(공부성 대보), 야마구치 나오요시山口尚芳: 사가 출신 외무성 소보가 임명되었다. 이와쿠라, 기도, 오오쿠보의 세 유력자는 외국어를 못했다. 야마구치는 영어와 네덜란드어를 이해했지만, 이토는 영어뿐 아니라 기도 및 이와쿠라와의 인맥과 관료로서의 경력도 우수했다. 이토가 사절단의 주도권을 쥘 것이 예상되었다.

기도와 이토계열에서는 오오쿠마(참의), 이노우에(대장성 대보), 야마가타(병부성 대보) 등이 일본에 남게 되었다. 그들은 자리를 비우게 된 정부의 상황을 감시하고, 기도 일행에게 알려주는 역할을 했다. 이와쿠라 사절단의 대사 이하 48명, 동행하는 유학생 54명은 11월 12일 오후 1시 요코하마 항에서 '아메리카호'에 승선하여 샌프란시스코를 향해 출발했다. 여기에는 5명의 여자 유학생이 있었으며, 그 가운데 한 명으로 6살의 쓰다 우메코津田梅子가 있었다. 그 후 그녀는 미국에서 11년간 유학 생활을 했으며, 귀국 후 한 때 이토 집에서 살면서 영어 가정교사를 했다.

기도와의 미묘한 균열

1871(명치 4)년 12월 6일(양력으로는 1872년 1월 15일), 이와쿠라 사절단 일행은 샌프란시스코에 도착, 대환영을 받았다. 이후 그들은 미국에서 반 년, 영국에서 4개월, 프랑스에서 2개월, 독일에서 1개월, 러시아에서 반 달 등의 일정으로 1년 반에 걸쳐 구미 각국을 시찰한다.

이와쿠라 사절단(1872년 1월 미국 샌프란시스코)
(왼쪽부터 기도 다카요시, 야마구치 마스카, 이와쿠라 도모미, 이토 히로부미, 오오쿠보 도시미치)

샌프란시스코에 도착했을 때, 단장인 이와쿠라만은 상투와 일본식 옷을 착용하고 있었으나, 미국에서 1개월 정도 지내는 사이 양복으로 바뀌었다. 1872년 1월 17일자 『뉴욕 타임스』는 이토를 "30세 정도이지만 진보적이고 개명적인 전도유망한 정치가"로 평가했다(田中彰, 『岩倉使節團の歷史的研究』, 43쪽).

그 후 1872(명치 5)년 1월 21일에 수도 워싱턴으로 간 사절단은 다음 달 3일 조약개정 교섭을 시작했다. 그러나 미국 국무장관이 전권위임장이 없는 것을 지적하자 오오쿠보와 이토는 일본에 귀국해서 6월 17일에 간신히 위임장을 가지고 워싱턴으로 돌아왔다(瀧井一博, 『文明史なかの明治憲法』, 27~46쪽). 두 사람이 위임장을 가지러 일본으로 돌아간 사이 이와쿠라와 기도 일행은, 미국이 치외법권과 관세자주권에서 조금 양보하는 대신에, 미국

인이 자유롭게 일본 국내를 여행하고 부동산을 취득할 수 있게 하고, 일본인과 상업 거래를 할 권리 등 일본으로부터 많은 것을 얻어내려 하고 있다는 정보를 얻었다. 구 조약의 최혜국 조항에 따라 미국과 신조약을 체결하면 다른 열강들에게도 자동적으로 똑같은 권리가 주어진다는 사실도 알게 되었다(石井孝, 『明治初期の國際關係』, 38·50쪽).

이에 대해 이와쿠라 일행의 사절단은 유럽의 특정 지역에 열강 대표를 모두 초청하여 조약개정을 위한 회합을 하자고 미국에 제안했으나 미국은 응하지 않았다. 그래서 오오쿠보와 이토가 워싱턴으로 돌아온 날, 미국과의 조약개정 교섭은 중단되었다(『木戸孝允日記』 1872년 6월 17일). 이 일련의 과정에서 기도는 조약개정 교섭에 대한 준비를 주도하고 있는 이토와 모리 아리노리森有礼: 중 변무사(대리공사)에 대해 불신감을 가지게 되었다. 특히 미국 풍속을 떠받들고 일본의 풍속을 무시하는 모리에 대한 반감이 컸다(『木戸孝允日記』 1872년 2월 18일·3월 8일).

더욱이 기도는, 이토와 함께 위임장을 가지러 일본에 돌아가 4개월 이상이나 사절단을 기다리게 한 오오쿠보에게도 당초의 약속과 달라 '괘씸'하다고 불만을 가졌다. 기도는 6월 17일 미국과의 교섭이 중지되자 '백여일의 고심'도, 오오쿠보와 이토가 일부러 일본까지 먼 거리를 왕복한 것도 '모두 수포'로 돌아갔다며 실망의 빛을 보였다. 나라를 위해 일을 할 때에는 '근신 침묵'하고 '사려'를 다해야 한다며 자신도 반성했다.

그 후에도 기도는 자기혐오를 계속했다. 예를 들어 같은 해 7월 2일자로 스기 마고시치로杉孫七郎: 쵸슈출신, 아키타현령(지사)에게 보낸 편지에서 다음과 같이 말했다. 원래 우리들은 '지식이 부족한데' 중대한 임무를 맡아 실로 그 책임을 면하기 어렵다. 속담에 '선무당이 사람 잡는다'는 것과 같다. 또 9월 14일, 이노우에 가오루대장성 대보 앞으로 보낸 편지에는, "구미의 모든 국가는 발전하고 있지만, 이것은 '하루아침'에 이루어 진 것이 아니다. 그 근본이 매우 깊다. 일본에서 '개화'라고 하는 것은 표면적인 것이다"라고 적었다. 이처럼 서구와 일본의 차이를 강하게 느끼고 있었다(『木戸孝允文書』 4권).

이러한 기도의 근심을 증폭시킨 것은 외국어가 되지 않았기 때문이었다. 1872(명치 5)년 2월, 워싱턴에 있을 때부터 기도는 서양 언어를 이해할 수 없었기 때문에 현지의 상황도 상세히 알지 못했다. 안팎의 모든 일이 유감스러웠으며 뜻을 가지고 있으면서도 반도 펴지 못했다. 그는 사절이 된 것은 '일생일대의 실수'이며, '지금 크게 후회'하고 있으나 어쩔 수 없다고 편지에 썼다(杉山孝敏 앞 木戸書状, 1872년 2월 11일,『木戸孝允文書』 4권).

고지식한 기도는 정신적으로 궁지에 몰려 해외 생활에 적응을 못했다. 이 때문에 지금까지 아주 좋았던 기도와 이토의 관계에도 미묘한 균열이 발생했다. 이토는 "내가 다시 마음을 고쳐먹고 미국에서 유럽으로 가 기도공을 만났다. 그런데 공이 나를 대하는 태도가 변했다. 어떻게 된 일인지 나는 전혀 알지 못했다"고 회상했다(「木戸孝允」(直話),『伊藤公全集』 3권, 15~17쪽). 1872(명치 5)년 9월 14일 기도는 대장성 운영 등을 둘러싸고, 전술한 바와 같이, 일본에 있는 이노우에 가오루대장성 대보에게까지 화를 냈다.

오오쿠보 · 이와쿠라와의 관계

한편, 오오쿠보도 기도와 마찬가지로 외국어를 못했지만, 오오쿠보는 이와쿠라 사절단에서의 체험을 적극적으로 생각했다. 이토가 보기에 오오쿠보는 "침의沈毅: 침착하고 동요하지 않음하고 인내력이 강한 사람"이었다. 이토가 오오쿠보와 "허물없는 사이가 된 것은 1871(명치 4)년 이와쿠라 사절단으로 같이 갔을 때부터였다. 그 후 (오오쿠보—옮긴이) 공이 죽을 때까지 거의 모든 일을 같이 의논했다"고 회상했다(「大久保利通」,『伊藤公全集』 3권, 31~40쪽).

오오쿠보는 기도와 달랐다. 이토가 위임장에 신경을 쓰지 못한 것 등은 명치 일본 전체의 수준이 낮았기 때문으로 보고 특별히 이토에게 화를 내거나 자기비하를 하지 않았다. 또한 처음 해외에 나가 구미제국을 두루 견문한 탓에 그만큼 보수적인 자세도 없어졌다. 독일과 러시아를 모델로 삼으려는 스탠스도 가졌다(西德二郎 앞 大久保書狀, 1873년 1월 27일, 『大久保利通文書』 4권). 이렇게 하여 오오쿠보는 이토와 친해지게 되었다.

이토는 영국 밀항과, 대장성 관료로서 미국 출장 등 지금까지 구미에 체재한 경험이 있었지만, 영국 체험은 철없는 젊은 시절의 짧은 기간이었다. 당시 미국도 영국, 프랑스 등에 비해 발전이 늦은 나라였다. 이번처럼 넓고 깊게 서구를 견문한 것은 처음이다. 그가 십 수 년 후 대일본제국 헌법제정까지 독일식의 보수적 스탠스를 중심축으로 하게 된 것은 새삼 알게 된 구미와 일본의 차이에 대한 놀라움과 충격을 말해준다.

이토는 또 한 명의 유력자 이와쿠라 도모미岩倉具視를 다음과 같이 평했다. 그는 용맹하고 우수하며, 과단성 있게 일을 처리하고, 현명하고 올바른 판단을 할 수 있는 인물이다. 이와쿠라도 사절단 이후 이토와 관계가 더욱 깊어졌다(「岩倉具視」(直話), 『伊藤公全集』 3권, 8~9쪽). 이와쿠라도 오오쿠보처럼 사절단에서의 일을 냉정히 받아들이고 이토와의 인연을 깊게 한 것이다.

이와쿠라 사절단에서의 체험을 통해, 이토와 기도, 오오쿠보, 이와쿠라는 함께 구미와 일본의 수준 차를 더욱 크게 절실히 깨달았다. 열강의 외교관 및 정치가는 표면적으로는 일본에 호의적으로 보여도 뒤로는 자국의 이익을 생각해 행동하고 있다는 것도 잘 알게 되었다. 열강에 대항하기 위해서는 먼저 땅에 발을 딛고 근대화에 힘쓰지 않으면 안 되었다. 또 이토는 해외여행 중 기도의 감정적인 행동에 조금 당황했지만, 지금까지 이토를 방해했던 오오쿠보의 신뢰를 얻게 되고 이와쿠라와의 관계도 깊어졌다. 1873(명치 6)년 9월 13일, 이토는 이와쿠라 대사 일행과 함께 요코하마 항으로 돌아왔다.

이토는 이와쿠라 사절단으로 여행하는 사이에 실무 등에 도움이 될 것으로 생각되는 양서를 대량으로 구입한 것 같다. 야마구치 나오요시(山口尚芳)가 외무성 소보였던 1875년 4월까지 썼던 편지에는 이토가 양서 540권을 친한 요시카와 아키마사(芳川顕正: 도쿠시마 출신, 대장성 및 공부성의 관료, 후에 내무대신)에게 선물했다고 되어 있다. 또 이토는 외국사무에 관계되는 책을 남겼으며, (태정관의—옮긴이) 정원(正院)과 외무성에도 책을 보냈다(芳川顕正 앞 伊藤書状, 연월일미상, 「芳川顕正文書」 국립국회도서관 헌정자료실 소장). 이토는 양서를 읽음으로서 견문한 것을 차분하게 심화시켰다. 이것이 이토의 서구에 대한 통찰력의 원천이 되었다.

정한론 정변의 시작

1873(명치 6)년 1월 19일, 정부[22]는 이와쿠라 사절단의 부사 기도 다카요시木戸孝允: 참의와 오오쿠보 도시미치大久保利通: 대장경 두 사람에게 귀국을 명했다. 러시아와의 가라후토樺太: 현재의 사할린 영유문제와 대만 및 조선 문제가 중요하게 부상했기 때문이다. 또 국내에서는 이노우에 가오루가 대보(차관)로 있던 대장성이 다른 성과 계속 충돌을 일으켜, 같은 해 5월 이노우에가 사임했다.

오오쿠보는 5월 26일, 기도는 7월 23일에 귀국했다. 정부 내에서는 조선이 개국요구에 응하지 않는 것을 일본에 대한 모욕으로 받아들이고, 오오쿠보와 기도가 귀국할 무렵에는 군사력을 배경으로 (조선 정부와—옮긴이)

---

22) 당시 일본 정부는 주요 인물들이 이와쿠라 사절단에 참가하였기 때문에 주요 정책을 결정할 수가 없었다. 그 공백기(1871년 12월 23일부터 1873년 9월 13일까지의 기간)의 정부를 루스(留守) 정부라 한다. 이러한 특수한 사정을 가진 당시의 정부를 표현하는 데에는 많은 어려움이 있어서 이 책에서는 편의상 특별한 의미를 부여하지 않고 정부라 표기한다. 영어로는 일반적으로 일본어 그대로 Rusu-seifu라 표기하고, government while heads of government are away 또는 a temporary government while the permanent officials are away로 풀어서 설명한다.

교섭을 하자는 분위기가 강해지고 있었다. 정부의 각의는 먼저 조선에 전권사절을 파견하여 개국을 설득하고, 그래도 응하지 않으면 천하에 '그 죄'를 알려 조선을 토벌해야 한다는 사이고 다카모리西鄕隆盛의 의견에 대체적으로 찬성하고 있었다. 기도 귀국 후 태정관제하의 각의 구성원은 산죠 사네토미三条実美 태정대신·좌대신(결원)·이와쿠라 우대신(사절단 참가 중), 사이고 다카모리西鄕隆盛·기도 다카요시木戸孝允·이타가키 다이스케板垣退助·오오쿠마 시게노부大隈重信·고토 쇼지로後藤象二郎: 도사 출신·오키 다카토大木喬任: 사가 출신·에토 신페이江藤新平: 사가 출신 등 8명이었다. 오오쿠보는 실력자로 대장경이라는 요직에 있었지만, 참의가 아니기 때문에 각의 멤버가 되지 못했다.

그 후, 사이고西鄕의 뜻에 밀려 산죠는 8월 17일에 각의를 열고, 이와쿠라 귀국 후에 재검토하는 조건으로 조선에 사절을 파견하기로 암묵적으로 결정했다. 8월 23일에는 하코네에 머물고 있는 천황을 방문하여 각의 결정을 재가받았다(高橋秀直, 「征韓論政変の政治過程」). 전술한 바와 같이, 9월 13일 이와쿠라가 이토 등과 함께 귀국했다. 이와쿠라, 기도, 오오쿠보 등 세명의 유력자는 사절단의 체험을 통해 일본의 내정개혁을 우선으로 해야 한다고 생각했다. 따라서 조선에 사절을 파견하는 데 반대했다. 조선을 '속국'으로 하고 있는 청국과 전쟁을 해야 할지 모르기 때문이다. 이토도 같은 생각이었다. 그러나 이들 3명으로는 각의 결정을 바꾸기 힘들었다. 기도는 병으로 각의에 참석하지 않았고, 오오쿠보는 참의에 취임하려 하지 않았다. 같은 고향 출신인 사이고 다카모리와의 정면 대결도 피하고 싶었을 것이다.

'강릉강직'한 이토의 활약

1873년 9월 22일, 이토는 오오쿠보를 방문하고, 23일에는 이와쿠라와 제휴해서 사태를 타개할 의사를 보였다(岩倉 앞 伊藤書状, 1873년 9월 23일, 「岩倉具視文書」〈対岳〉). 같은 달 24일, 이토는 병상의 기도를 방문하고 구로다 기요타카黑田淸隆: 사쓰마 출신, (홋카이도)개척 차관는 이와쿠라를 만났다. 구로다는 이토에게, 오오쿠보가 사이고 다카모리와 좀 더 차분하게 논의를 하면 가능성이 없는 것도 아니라고 전했다(木戶 伊藤書狀, 1873년 9월 25일, 『木戶孝允關係文書』〈東〉 1권). 이처럼 이토와 이와쿠라가 가장 적극적으로 움직이기 시작했으며, 정변이 끝날 때까지 변함이 없었다.

이와쿠라는 먼저 오오쿠보를 참의에 취임시켜 흐름을 바꾸려 했다. 9월 25일부터 이토와 구로다의 협력을 얻어 본격적으로 움직였다. 9월 27일 이와쿠라와 이토가 상의한 결과, 오오쿠보를 참의에 취임시키는 것을 목표로 하고, 그것이 어려우면 '사이고사이고 다카모리(西郷隆盛)의 동생 쓰구미치를 가리킴'로 대신하기로 했다(伊藤 앞 岩倉書狀, 1873년 9월 27일, 『伊藤博文關係文書』 3권). 정한론 정변 과정에서 이와쿠라, 이토, 구로다 사이에 사이고 다카모리西郷隆盛의 동생 사이고 쓰구미치西郷從道에 대한 신뢰가 두터웠던 것을 알 수 있다. 10월 10일 오오쿠보는 드디어 참의가 되기로 하고 12일에 취임했다. 기도도 기뻐했다(『大久保利通文書』 5권, 5~35쪽).

10월 14일 각의가 열리고, 병석에 있는 기도를 제외하고 대신과 참의가 모두 출석했다. 사이고西郷가 사절 파견을 주장하고 이와쿠라와 오오쿠보가 반대를 해 결말이 나지 않았다. 다음날 15일 회의가 다시 열렸고, 사이고와 기도는 불참했다. 오오쿠보는 어제와 마찬가지로 사절 파견을 연기할 것을 주장했지만 다른 참의는 사이고의 뜻에 맡겨야 한다는 의견이었다. 결국 산죠 태정대신은 사이고의 사임을 피하기 위해 즉시 사이고를 조선에 파견하기로 결정했다. 오오쿠보는 참의를 사임할 뜻을 밝히고 퇴장했다.

10월 17일, 오오쿠보는 참의를 사직하고 정부에 직위를 반납했다(外史 앞 大久保書狀, 1873년 10월 17일, 「岩倉具視文書」〈対岳〉). 이와쿠라 우대신도 사표를 내고, 기도 참의도 사의를 표했다. '소심한' 산죠 태정대신은 동요했다. 18일 아침 일찍 이와쿠라에게 사람을 보내 자신의 사퇴를 천황에게 상주해줄 것을 부탁한 후 갑자기 병을 얻어 의식을 잃고 말았다. 이를 안 이와쿠라는 18일 이토에게 편지를 보내, "오늘밤 또는 내일 아침 7까지 와주세요, 오늘 밤은 10시 이후에도 상관없습니다"라고 전했다(伊藤 앞 岩倉書狀, 1873년 10월 18일, 『伊藤博文関係文書』 3권). 자신의 행동을 상의할 가장 중요한 상대로 이와쿠라는 이토를 생각하고 있었던 것이다.

19일 이와쿠라는 오오쿠보 → 구로다 → 요시이 도모자네吉井友実: 사쓰마 출신, 궁내성 소보(차관급), 그리고 요시이 → 도쿠다이지 사네쓰네德大寺実則 궁내경(조정)의 루트를 통해 자신이 태정대신 대리에 취임할 수 있도록 명치 천황에게 영향력을 행사했을 것이다. 20살 정도밖에 안 된 천황은 이와쿠라와 오오쿠보 등의 계략에 말려들 수밖에 없었다.

같은 날 19일, 이토는 오오쿠마 시게노부大隈重信에게도 대강의 절차를 알려주고 지지를 얻었다. 또 천황이 자신들을 지지하고 있는 것을 확인하고 기도에게 "불 속이라도 뛰어 들겠다"고 편지를 썼다(木戸 앞 伊藤書狀, 1873년 10월 19일, 『木戸孝允関係文書』〈東〉 1권). 다음날 20일, 천황은 산죠의 저택으로 행차한 후 예고 없이 이와쿠라의 저택에 들렀다. 이와쿠라에게 병치레를 하고 있는 산죠를 대신해서 천황을 돕도록 하라는 칙어를 내렸다(伊藤之雄, 『明治天皇』 148~149쪽; 「勅語」(사본) 1873년 10월 20일, 「岩倉具視文書」〈対岳〉). 이날 기도는 이와쿠라에게 이토를 '강릉강직'(강하고 엄격하며 정직)한 성격이라며 참의로 추천했다(『大久保利通文書』 5권, 82쪽). 기도는 이와쿠라 사절단을 통해 이토에 대한 불신을 완전히 해소한 것이다.

10월 21일, 이토는 이와쿠라를 방문하여 격하게 자기의 의견을 말한 듯하다. 그 날 이와쿠라는 이토를 '지나치게 소견이 좁은 사람'으로 생각했지만, 그 후 이토의 진의는 이와쿠라를 그르치지 않게 하기 위한 '깊은 생각'에서 나온 '충정'으로 이해했다. 그는 다음 날 22일에도 이토에게 회견을 요청했다. 이토와 만난 후 이와쿠라는 이토의 지난날의 '각별한 배려'를 생각해 '한 걸음도 움직이지 않겠다'는 뜻을 전했다(伊藤 앞 岩倉書狀, 1873년 10월 22일의 2통, 『伊藤博文関係文書』 3권).

10월 23일, 이와쿠라는 천황을 알현하여 각의의 경과와 결론을 보고하고, 자신이 쓴 조선 문제에 관한 '의견서'를 제출했다. 지금 조선에 사절을 파견하면, 내치가 안정되지 않은 상태에서 전쟁을 수행하게 될 우려가 있으므로 반대한다는 의견이었다. 이와쿠라는 태정대신 대리라는 입장에서 각의 결정을 부정하는 강경하고 대담함을 보였다. 이는 제도적으로도 문제가 될 행동이다. 이러한 행동의 배경에는 틀림없이 이토의 조언이 있었을 것이다.

10월 24일, 이와쿠라는 전 날 천황에게 명받은 대로 오전 9시에 입궐하여 천황의 육필 칙서를 받았다. 국정을 안정시켜 민력民力을 육성하여 영원한 성공을 기해야 하므로 이와쿠라의 의견을 받아들인다는 내용이었다(『明治天皇紀』 3권, 150쪽; 「宸翰」(사본) 1873년 10월 24일, 「岩倉具視文書」〈対岳〉).

하루 전 10월 23일, 사이고 다카모리는 병을 빙자하여 물러날 뜻을 밝혔다. 24일에는 이타가키板垣, 에토江藤, 고토後藤, 소에지마副島 네 명의 참의가 역시 병을 이유로 사표를 냈다. 이렇게 정한론 정변은 이와쿠라의 강경함과 끈기, 이와쿠라에 못지않은 격한 기질을 가진 이토의 조언으로 소수파였던 이와쿠라, 오오쿠보, 기도 일파의 승리로 끝났다.

사이고의 사의표명으로부터 약 20일이 지난 11월 12일, 이토는 오오쿠보에게 편지로 그 후 '사이고 선생님'의 소식은 어떻습니까라고 물었다(大久保 앞 伊藤書状, 1873년 11월 12일, 『大久保利通関係文書』〈立〉 1권). 이토는 정변 후 사이고 다카모리와 적대적인 관계로 끝날 것이라고는 생각하지 않았다. 그래서 이와쿠라에게 강경한 대응을 요구했던 것이다. 그러나 그의 예상은 빗나갔다.

(정한론 정변에 관해서는 '새로운 견해'가 나오고 있다. 사이고 다카모리는 조선에 사절로서 파견될 것을 희망했지만 정한을 생각하지는 않았고, 오오쿠보도 사이고의 사절 파견에 반드시 반대하지는 않았다는 것이다. 이것이 큰 정변으로 된 것은 쵸슈파가 야마시로야 와스케山城屋

和助사건, 오사리사와尾去沢 동산銅山 사건 등23)으로 에토 신페이江藤新平: 사가출신, 참의겸 사법경와 사법성으로부터 추궁을 받아 궁지에 몰린 기도와 이토 일파가 에토와 사법성을 타도하기 위해 조선사절단 문제를 정한문제로 이용했기 때문이라는 지적이다(毛利敏彦, 『明治6年政変の研究』・『明治6年政変』). 이 설은 다카하시(高橋秀直)의 「정한론 정변의 정치과정(征韓論政変の政治過程)」에서 치밀한 실증으로 조선사절 파견과 정한은 연결되어 있다는 사실이 다시 제기되어 부정되었다. 이 책에서는 정변 과정에서 이토가 한 중요한 역할을 밝혔다.)

---

23) 야마시로야(山城屋和助) 사건과 오사리사와 동산(尾去沢銅山) 사건은 명치초기 정부의 대표적인 부정부패 사건으로 전자는 야마가타 아리토모, 후자는 이노우에 가오루가 연루되었다고 한다. 전자는 1872(명치 5)년에 육군성의 어용상인 야마시로 와스케가 육군성으로부터 무담보로 빌린 65만 엔(당시 정부예산의 1%)의 공금을 변제하지 않고 자살한 사건. 후자는 이노유에가 직위를 이용하여 오사리사와 광산을 갈취하여 사유화한 사건이다. 야마가타와 이노우에는 이토 히로부미 및 기도 다카요시와 같은 사쓰마 출신이다.

: 제4장

이토 참의 겸
공부경의 실력

– 서남(西南)전쟁

32세에 입각

정한론 정변으로 사이고 다카모리, 이타가키 다이스케 등 다섯 명의 참의가 사임했다. 1873(명치 6)년 10월 25일 공부성 대보(차관) 이토가 참의 겸 공부경이 되는 등 세 명이 태정관제하에서 내각의 일원이 되었다. 세 명은 모두 경(장관)의 한 등급 아래인 차관급이었다. 정한론 정변에서 이와쿠라를 압박하고 기도 다카요시, 오오쿠보 도시미치와 연락하면서 뒤에서 정변을 주도했던 이토는 가장 강력한 참의 후보였다. 반면에 6월에 육군경이 된 야마가타 아리토모는 참의가 될 수 없었다. 정한론 정변 후 육군경 야마가타를 제외하고는 성의 장관인 경은 모두 참의를 겸임하게 되었다.

육군경만이 참의가 아닌 것은 부자연스러운 일이다. 정한론 정변 때 야마가타는 평소 존경하고 도움을 받았던 사이고 다카모리에 대한 배려로 적극적으로 움직이지 않았기 때문이다. 기도가 야마가타의 참의 승격을 반대한 것이다. 그러나 야마가타는 참의가 안 되었지만, 오오쿠보, 이와쿠라, 이토의 지지로 다음해 2월까지 육군경의 자리를 유지했다. 이사이 이토는 병치레가 잦은 기도의 대행이라 할 수 있는 지위를 차지했다. 이토는 기도와 의논하면서 사이고 다카모리 일파가 사직하면서 동요하고 있던 육군의 인사 등에도 영향을 미쳤다(伊藤之雄, 『山県有朋』, 110~116쪽).

다음 해 1874(명치 7)년 2월 1일 불평 사족들이 사가佐賀에서 오노구미 은행의 출장소를 습격했다. 사가의 난이 시작된 것이다. 같은 달 3일, 사가가 이상하다는 전보가 내무성에 전해지자 오오쿠보 도시미치 내무경이 중심이 되어 대응에 나섰다. 9일 오오쿠보에게 규슈행 명령이 떨어지고, 다음날 진압과 신상필벌에 대한 전권이 주어졌다. 사가를 관할하는 군사력은 구마모토熊本 부대였으며, 사령관은 다니 다테키谷干城 소장(도사 출신)이었다.

2월 10일, 이토는 다니가 틀림없이 배반을 할 것이고, 병사들이 정부 측과 반란 측 중 어느 쪽에 붙을지 알 수 없다고 예측하는 편지를 오오쿠보에게 보냈다. 그리고 다니에게는 귀경 명령을 내리고, 그 대신에 장군 1명(노즈시즈오野津鎮雄 소장, 사쓰마 출신)을 데리고 가면 오오쿠보가 사가에 도착할 때쯤에는 구마모토 군에는 다니가 교체되어 있을 것이며, 파견하는 오사카 군은 1개 대대로는 위험하니 반드시 2개 대대여야 한다고 제안했다. 덧붙여 국가를 위해 '자중'해야 할 필요가 있으니, 오오쿠보가 '단신으로 뛰어드는' 용기는 자제해야 한다는 등의 생각을 편지에 썼다(大久保 앞 伊藤書状, 1874년 2월 10일, 『大久保利通関係文書』〈立〉 1권).

이토는 다니 장군에 대해 강한 불신감을 가지고 있었다. 다니는 반란에 가담하지는 않았으나, 이토와 다니는 뜻이 맞지 않았다. 1880년대에도 육군의 군정개혁이나 조약개정을 둘러싸고 두 사람은 계속 대립했다. 다니가 배반할 것이라는 평가는 잘못되었지만, 오오쿠보는 이토의 조언을 들었다. 12일 오사카 군의 2개 대대가 출병하고, 구마모토, 히로시마, 오사카 세 곳의 군대에 임시 소집을 위한 준비명령이 떨어졌다. 오오쿠보는 사이고 쓰구미치西鄕從道 육군성 대보(육군경은 공석이었음)와 이토의 조언대로 구마모토 부대에 파견될 노즈野津 소장 등과 의논하여 14일에 동경을 출발했다.

2월 19일 오오쿠보는 오사카 군 병사 2개 대대와 함께 후쿠오카에 상륙하여 본영을 설치했다. 반란에 가담한 자는 1만 명 이상이었다. 정부군은 오오쿠보를 중심으로 사가 지방으로 진격하여 3월 1일 사가 성을 탈환했다. 에토 신페이江藤新平: 전 참의겸 사법경는 다른 주모자들과 함께 4월 13일 처형되었다. 사가의 난을 진압하는 데에는 오오쿠보 내무경을 중심으로 한 '시빌리언 컨트롤(문민통제)'이 작동했으며, 문관 이토도 오오쿠보를 통해 작전에 영향을 미쳤다.

한편 정한론 정변 후에 이토가 참의 겸 공부경으로 취임하자, 이토는 공부성의 기술계 관료들의 방침에 따라 적극적으로 식산흥업사업을 진행했다. 이토는 취임 후, 동경–나가사키 간 제3의 전신선 가설공사를 추인하고, 이쿠노 광산효고현에 있는 은 광산. 일본 최초의 관영 광산—옮긴이으로 가는 새로운 도로공사 등을 비롯해 사업은 이전보다 순조롭게 전개되었다(柏原宏紀, 『工部省の硏究』, 198~212쪽).

앞에서 살핀 것처럼, 이토의 역할은 공부경으로서 뿐만 아니라, 병치레가 많은 기도의 대리로서 육군에 대한 통제와 인사, 사가의 난에 대한 대응 등 폭이 넓었다. 공부성의 일은 전문 기술계 관료의 의견을 존중하여 합리적으로 판단했다. 이것이 이토의 모습이었다.

타이완 출병에 대한 기도의 분노

정부에게 사가의 난 이상으로 곤란한 문제가 타이완 출병이었다. 1871(명치 4)년 11월에 류큐(현 오키니와) 어민 54명이 타이완에 표류하여 원주민에게 살해되는 사건이 그 발단이었다. 일본은 류큐를 일본이 영유하는 형태로 청국과 국경을 획정하려 하고 있었기 때문에 류큐 어민의 살해를 방치할 수 없었다. 이에 대해 청국은 타이완 원주민은 자국의 영역 밖의 사람이고 관여하지 않는다는 견해를 표했다. 정한론이 일단락된 1874(명치 7)년 2월 6일, 정부는 청국과 충분히 교섭을 하면서 타이완에 출병하여 원주민 우두머리들을 토벌할 방침을 정했다.

정한론에 반대했던 이와쿠라, 오오쿠보, 이토 일행이 4개월도 안 되어 타이완 출병을 결의한 것이다. 이것은 사가의 난처럼 사족의 반란이 전국적으로 확산되는 것을 두려워했기 때문이다. 그러나 참의였던 기도는 타이완 출병을 결정한 2월 6일 각의에 출석하지 않았다. 청국과 전쟁이 일어날지도 모른다고 염려하여 타이완 출병에 반대했기 때문이다.

그 후 영국과 미국이 일본의 타이완 출병에 항의했다. 이에 정부는 나가사키에서 출병을 준비하고 있던 사이고 쓰구미치西鄕從道 사령관타이완 번지(蕃地: 미개의 땅) 사무도독, 육군중장에게 출병연기 명령을 내렸다. 그러나 5월 2일 사이고 쓰구미치는 독단으로 병사 약 1,000명을 군함에 태워 타이완으로 출발시켜버렸다. 사이고 쓰구미치는 출발을 무리하게 막으면 사가의 난 이상의 문제가 발생할 것으로 판단했던 것이다. 정부는 출발을 사후 승인할 수밖에 없었다.

사이고 도독(사령관)의 행동에 가장 화가 난 사람은 기도였다. 참의 겸 문부경인 기도는 처음부터 타이완 출병에 반대했다. 4월 18일 병을 이유로 사표를 내고 5월 13일에 수리되었다. 기도의 사표가 승인되자 이노우에 가오루는, 이토에게 당신은 앞으로 '진퇴'를 어떻게 하시렵니까. 은밀히 알려주십시오라고 편지를 썼다(伊藤 앞 井上馨書状, 1874년 5월 18일, 『伊藤博文關係文書』1권). 이노우에 가오루는 전년 5월에 대장성 대보(차관)를 사임하고 정부를 떠나 있어 정부 내의 사정을 몰라 기도를 따라 이토가 사임할 가능성이 있다고 본 것이다.

기도와 소원해지다

　　　　　　　이토와 야마가타 아리토모山県有朋: 近衛 都督, 전 육군경는 사이고 쓰구미치가 마음대로 부대를 타이완으로 출발시킨 데 대해 비판적이었다. 그러나 그 후에도 오오쿠보를 지지했던 것처럼, 출병 사실을 추인할 수밖에 없다는 태도를 취했다(伊藤之雄, 『山県有朋』, 119~121쪽). 이토는 이와쿠라 사절단 시절에 기도가 자신과 이노우에 가오루에게 감정적으로 행동한 데 대해 실망했었다. 야마가타는 정한론 정변 후에 기도의 분노로 육군에서 실각할 뻔했다. 두 사람은 국정 지도자로서의 기도의 한계를 느끼기 시작했다.

　한편 타이완에 출병한 일본군은 1874(명치 7)년 6월 초순 토벌을 거의 종료했다. 이사이 청국은 일본이 주권을 침해했다고 항의하며 철병을 요구해 왔다. 타이완 문제가 어떻게 될지 확실하지 않은 가운데 또 하나의 문제가 생겼다. 공석이었던 좌대신 자리에 4월 27일, 시마즈 히사미쓰島津久光: 사쓰마번의 실권을 장악했던 인물가 임명된 것이 발단이었다.

　히사미쓰는 5월 23일에 오오쿠보와 이와쿠라의 근대화 노선을 부정하는 8개 조를 건의했다. 거기에는 조세복구(지조개정 반대)와 징병령을 부정하는 등의 내용이 포함되어 있었다. 또 사이고 다카모리와 이타가키 다이스케에게 복직을 명하고, '비행'이 있는 참의 겸 대장경 오오쿠마 시게노부大隈重信를 파면하고 참의 겸 공부경인 이토를 대장성 대보(차관)로 강등시키라는 요구도 있었다. 히사미쓰는 오오쿠보가 반대하면 그를 파면할 것을 요구하고, 이 의견이 받아들여지지 않으면 자신이 사직한다고 주장했다. 히사미쓰는 사가의 난 때, 사이고 다카모리를 진정시키려고 설득한 인물이다. 구 사쓰마 번 무사의 반란을 막기 위해서는 히사미쓰를 되도록 정부에 머물도록 하는 것이 상책이다. 그러나 히사미쓰의 건의는 오오쿠보, 이와쿠라, 이토로서는 받아들일 수 없는 것이었다. 25일 오오쿠보는 히사미쓰를 만나 그 의견은 적절하지 않다고 했지만, 그는 듣지 않았다. 그래서 오오쿠보는 사표를 제출했다.

이에 대해 오오쿠보를 가장 확실히 지지하고 움직인 것은 이토였다. 이토는 야마가타와 제휴하여 5월 27일 히사미쓰의 건의에 대한 대책을 마련하기 위해 열린 모임에서 오오쿠보의 뜻이 관철되지 않으면 정부의 목적이 없어지게 되므로 히사미쓰의 주장을 인정할 수 없다고 분명히 밝혔다.

결국 타이완 출병 문제가 해결될 때까지 기다리는 조건으로 히사미쓰가 타협하여 6월 6일부터 오오쿠보는 다시 출근하게 되었다. 이로써 히사미쓰 문제는 일단 봉합되었다. 이 문제를 통해 이토와 야마가타의 우정이 깊어졌다. 이토에 대한 오오쿠보의 신뢰는 더욱 깊어졌으며, 야마가타도 신뢰하게 되었다.

오오쿠보의 신뢰에 보답

타이완 원주민 토벌은 1874(명치 7)년 6월 상순에 일단락되었다. 정부는 티이완에서 당장 철수를 해야 할지, 당분간 주둔을 계속할지 결단해야 했다. 청국으로부터 타이완 출병에 대해 항의가 있었기 때문에 계속 주둔을 하면 청국과 전쟁이 일어날 우려도 있다. 이토는 적극적인 철병론자였다. 철병을 하면 청국의 우려를 없애고, 전쟁으로 이어지지 않고 끝낼 수 있다고 주장했다. 그러나 산죠 사네토미三条実美 태정대신 등은 철병에 반대했다. 철병을 하면 청국이 개입할 우려가 있기 때문에 청국과의 교섭이 끝난 후 철병하기로 했다(木戸孝允 앞 伊藤書状, 1874년 8월 13일, 『木戸孝允関係文書』〈東〉 1권).

또 오오쿠보는 야마가타 육군경 등 장군 8명에게 청일전쟁에 대해 의견을 물었다. 야마가타를 포함한 6명은 아직 전쟁 준비가 안 되었다며 개전에 반대했다. 그러나 7월 8일 각의에서는 청국과의 교섭이 결렬될 경우에 대비하여 전쟁준비를 하도록 결정했으며, 9일에는 선전포고의 절차도 정했다. 오오쿠보는 자신이 청국과 교섭하여 전쟁을 피할 길을 찾으려 했으며, 7월 13일 산죠에게 청국 파견을 요청했다. 산죠와 이와쿠라는 국내가 불안정하다는 이유로 동의하지 않았다. 한편 야나기하라 사키미쓰柳原前光 주청국 공사가 맡고 있던 청국과의 교섭은 진전이 없었다. 7월 17일, 청국은 실력자 이홍장李鴻章을 통해 야나기하라柳原에게 다시 철병을 요구해 왔다.

위기감을 강하게 느낀 오오쿠보는 26일 산죠와 이와쿠라에게 청국 파견을 더욱 강하게 요구했으나, 29일 저녁이 되어도 동의하지 않았다. 산죠와 이와쿠라는 30일 아침, 이토와 의논하기로 되어있었다. 오오쿠보는 이토에게 편지를 써서 두 사람을 설득해 주기를 간청했다(伊藤 앞 大久保書狀, 1874년 7월 30일, 『伊藤博文關係文書』 3권). 이토는 이와쿠라에게 두터운 신뢰를 받고 있었기 때문이다. 이토에 대한 오오쿠보의 기대와 신뢰가 높다는 것을 알 수 있다. 산죠와 이와쿠라가 오오쿠보의 파견에 대해 이토와 의논하듯이, 기도가 정부를 떠나 있는 상황에서 쵸슈계에게 있어서 이토는 기도에 준하는 존재가 되고 있었다. 7월 30일 아침 산죠와 이와쿠라, 이토의 회담에서 이토는 오오쿠보의 청국 파견을 강하게 주장했을 것이다. 같은 날 어전회의에서 오오쿠보의 청국 파견이 내정되고, 8월 1일 '전권 변리대신'으로 오오쿠보를 청국에 파견하는 명령이 내렸다.

오오쿠보 내무대신의 대리

다음 날 1874(명치 7)년 8월 2일, 기도의 사임과 정한론 정변으로 그만 둔 참의들을 대신해 사쓰마 출신인 야마가타와 구로다 기요타카黑田淸隆 두 명이 참의로 임명되었다. 이토는 오오쿠보의 뜻을 받아 야마가타를 참의에 취임시키려고 설득했다. 쵸슈의 야마가타를 포함한 세 명의 참의를 보충하는 인사가 기도와 상의 없이 실질적으로 오오쿠보와 이토를 중심으로 이루어졌으며, 여기에 산죠와 이와쿠라가 가담하는 형태가 되었다. 같은 날 이토는 오오쿠보가 청국에 출장가 있는 동안 내무경을 겸하게 되었다. 이토는 오오쿠보의 후계자로서의 지위를 굳히고 있었다(伊藤之雄, 『山県有朋』, 125~126쪽).

반 년 후에 이토는 오오쿠보의 집에서 만취했다(大久保 앞 伊藤書状, 1875년 1월 27일, 『大久保利通関係文書』〈立〉1권). 둘은 이미 청년이 아니었고, 평소에는 술 취한 추태를 보이지도 않았다. 그러나 쵸슈와 사쓰마라는 출신번이 다르면서도 둘은 서로 마음이 통하는 사이가 되어 있었다.

오오쿠보는 북경에서 1874년 9월 14일에 담판을 시작해 10월 31일에 겨우 타이완 출병에 대해 청국과 타결을 보았다. 청국은 일본의 타이완 출병을 정당한 것으로 인정하고, 류큐 어민에 대한 보상 등으로 50만 량을 일본에게 지불한다는 내용이다. 50만 량은 일본의 출병 비용에는 부족한 액수이다. 그러나 전쟁을 피하고 일본의 체면을 세우는 것으로 명치 천황을 비롯해 대신, 각료, 국민들도 크게 만족했다. 타이완에서의 철병과 전쟁 회피를 강하게 주장하고, 오오쿠보를 파견하기 위해 산죠와 이와쿠라를 설득한 이토의 결단도 한몫을 했다고 할 수 있다.

오사카 회의의 정지작업

정한론 정변으로 하야했던 이타가키 다이스케板垣退助: 도사 출신, 고토 쇼지로後藤象二郞: 도사 출신, 소에지마 다네오미副島種臣: 사가 출신는, 1874(명치 7)년 1월 17일 입법을 담당하는 태정관의 좌원左院에 민선의원설립 건백서를 제출했다. 이어 4월 10일 이타가키 등은 고치高知에 자유민권운동24)본부인 입지사立志社를 만들었다. 재야의 이런 움직임에 대해, 전술한 바

---

24) 자유민권운동: 1874(명치 7)년의 민선(民撰)의원설립건백서 제출을 계기로 시작된 삿쵸번벌정부의 정치에 반대하며 국민의 정치참여 확대를 주장한 정치・사회운동. 구체적으로 헌법제정, 의회 개설, 지조 경감, 불평등조약개정 저지, 언

와 같이, 정부는 타이완 출병에 대한 대응으로 정신이 없었다. 10월 31일 오오쿠보의 노력으로 청일 간에 타이완 문제에 관한 조약이 조인되자 11월부터 정부 안팎에서 입헌정체에 대한 관심이 높아졌다.

기도는 같은 해 7월부터 시모노세키에 돌아가 있었지만, 입헌정체에 대해 관심을 가지고 있었다. 11월 1일 기도는 이토로부터 반드시 도쿄로 돌아오라는 산죠 태정대신의 요청을 전해들었다(松尾正人, 『木戸孝允』, 175~180쪽). 12월 19일, 이토는 기도에게 다음과 같은 내용의 편지를 보냈다. 지난번 시모노세키에서 만난 지 얼마 되지 않았는데 내가 다시 가면 세간에 의혹이 일 것으로 생각되어 사람을 보내 용건을 말씀드린다. 오오쿠보가 청국에서 귀국한 후 그의 정치구상을 들었다. 기본적으로 기도의 생각과 다름이 없고 오오쿠보도 빨리 기도를 만나 깊이 있는 이야기를 하고 싶어 하고 있다. 오오쿠보는 미타지리(현 야마구치현 호우시) 근처까지 가서 기도를 만나려 하고 있으나, 세간의 눈이 있어 문제가 될 것 같다. 다행히 기도가 게이한신京阪神: 교토, 오사카, 고베-옮긴이 방면으로 출타하고 싶다는 희망을 가지고 있는 것 같으니, 우연으로 가장하여 두 사람이 오사카 근처에서 만나는 것에 대해 의논하고 싶다. 오오쿠보는 12월 23일에 배로 오사카로 가서 기도를 기다릴 것이다(木戸 앞 伊藤書状, 1874년 12월 19일, 『木戸孝允関係文書』〈東〉 1권). 이토는 오오쿠보와 의논하여 기도를 정부에 복귀시키기 위해 오오쿠보와 기도의 회담을 준비하려 한 것이다. 오오쿠보와 기도의 생각이 기본적으로 다르지 않다는 이토의 견해에는 기도를 끌어내기 위한 어느 정도의 과장이 있었을 것이다.

11월에서 12월에 걸쳐, 이노우에 가오루도 이토와 협력하여 기도의 오사카행과 그 후 그의 정부 복귀를 재촉했다. 같은 시기에 이타가키 다이스케板垣退助를 오사카로 불러내기 위한 공작도 하고 있었다(木戸 앞 井上馨書状,

론 자유와 집회의 자유 보장 등을 중심으로 정부와 대립했으나, 1890년 의회가 개설되면서 양측의 대립은 의회로 흡수되었다.

1874년 12월 1·5·18일, 『木戸孝允関係文書』〈東〉 1권). 1875년 1월 5일, 기도가 고베 항에 도착하자 오오쿠보는 구로다 기요타카黒田清隆 등과 함께 그를 맞았다. 이렇게 해서 오사카회의가 시작되었다. 1월 7, 8일 오오쿠보와 기도의 회담이 열렸으나 기도의 태도는 크게 변하지 않았다. 그 후, 23일 도쿄에서 온 이토가 기도와 만났다. 27일에도 기도와 이토가 회담을 하고, 29일에는 오오쿠보, 기도, 이토 세 명이 만났다. 이 날 기도는 도쿄에 가기로 동의한 것 같다.

1월 30일 기도는 이타가키 일파와 만나 장래의 '입법회의' 등에 대해 이야기했다. 의견이 완전히 같지는 않았지만, 대체로 의견 일치를 보았다. 그후 고베에서 기도와 이토의 만남이 있었다. 2월 4일 이토는 오오쿠보에게 기도와 이타가키의 합의 내용을 설명했다. 오오쿠보는 이견이 없다고 했다. 이토로부터 오오쿠보의 의견을 전해들은 기도는 2월 9일 이토와 함께 오오쿠보를 방문하여 '민회民會' 등을 만들어 점진적으로 '국회의 기초'를 만들어 가자는 의견을 피력했다. 오오쿠보도 이에 동의했다. 2월 10일에는 이노우에를 중심으로 기도와 이타가키가 회합했다. 이미 이토는 상원에 해당하는 원로원, 하원에 해당하는 지방관회의, 대심원(현재의 최고재판소)에 대한 구상을 만들어 오오쿠보와 기도에게 제시했었다. 이것이 기도와 이타가키가 합의하는 큰 틀이 되었을 것이다.

2월 11일, 기도는 '가가이'라는 요정에 오오쿠보와 이타가키를 초대했다. 이토와 이노우에 가오루도 동석토록 했다. 정한론 정변 이후, 오오쿠보와 이타가키의 만남은 처음이다. 이렇게 해서 기도와 이타가키가 참의로 복귀하게 되었다. 기도는 3월 8일, 이타가키는 12일에 다시 참의로 임명되었다. 영국식 입헌체제로의 전환을 서두르는 이타가키와, 오오쿠보 및 기도의 차이는 컸지만, 4월 14일 점진적으로 입헌정체를 수립한다는 조칙이 내렸다. 그 결과 원로원과 대심원을 설치하고, 지방관 회의를 여는 것으로 되었다 (松尾正人, 『木戸孝允』, 179~185쪽).

이렇게 이토의 노력으로 오사카 회의는 일단 성공했다. 또 원로원과 지방관회의는 관선으로 구성하기로 했다. 이를 구상했던 이토는 이와쿠라 사절단의 경험에서 서구와 일본 국민이 처한 상황의 차이를 크게 의식하여 성급하게 민선으로 조직을 만드는 데에 매우 신중을 기했던 것이다.

은인 기도에 대한 실망

이미 살펴본 바와 같이, 1875(명치 8)년의 정치는 오사카회의에서 시작되었다. 점진적 입헌정체 수립의 조칙에 입각하여 6월 20일부터 20일간의 회기로 지방관 회의가 열렸다. 참의인 기도가 정부를 대표하여 의장이 되었다. 회의에서는 민권파의 요구를 억누르고, 부현회(도쿄·오사카·교토 등 대도시의), 구회區會의원은 선거가 아니라 구장 및 호장 戶長: 현재의 촌장으로 구성하기로 정했다. 기도가 그렇게 유도했으며 점진론자 이토도 찬성했다. 지금까지의 태정관 좌원左院과 우원右院을 폐지하고, 상원에 해당하는 원로원을 만들고, 4월 25일 13명의 의관議官이 임명되었다. 이타가키가 추천한 고토 쇼지로後藤象二郎: 도사 출신 등 3명과 기도가 추천한 미우라 고로三浦梧楼: 쵸슈 출신, 육군 소장와 무쓰 무네미쓰陸奧宗光 등 3명도 포함되었다.

5월 30일 원로원은, 법률은 원로원의 의결을 거쳐야 한다는 형태로 권한을 강화하는 규정의 보강을 요구했다. 이에 대해 오오쿠보와 이토는 반대, 이타가키는 찬성했다. 산죠 태정대신은 결단을 내리지 않았다. 이 문제를 남긴 채로 7월 5일 원로원 개원식을 가졌다.

지방관 회의와 원로원 설치라는 형태로 민권파의 의사를 다소 받아들이는 한편, 정부는 6월 28일 신문지조례 등을 제정하여 민권파의 정부 비판을 억압했다. 원로원의 권한을 둘러싼 논쟁은 그 후에도 쉽게 해결되지 않았다. 기도는 이타가키의 움직임에 비판적이었지만 오사카회의에서 이타가키와 오오쿠보 사이를 주선하였던 자신의 입장이 곤란해진 것을 후회했다. 기도는 자신이 난제를 짊어지게 되고, 오사카 회의의 합의와 달리 오오쿠보와 이토가 방관하고 있는 데 실망했다(松尾正人, 『木戸孝允』, 185~196쪽).

기도의 입장은 급진적인 이타가키와 점진주의적인 오오쿠보의 중간이었고, 이토가 자신의 입장을 이해하고 움직여 주기를 바랐다(伊藤 앞 木戸書状, 1875년 7월 21일·8월 1일, 『伊藤博文関係文書』 4권). 그러나 이토는 오오쿠보와 협력했다.

그리고 기도는 전 해에 큰 병을 앓은 이후 회복되지 않고 계속 '뇌병(두통)'으로 괴로워했다. 그 때문이기도 하지만, 9월 27일 이토에게 참의를 그만두고 싶다는 심정을 토로할 지경이 되었다(槇村正直 앞 木戸書状, 1875년 9월 24일, 伊藤 앞 木戸書状, 1875년 9월 27·29일, 『木戸孝允文書』 6권). 병 때문이기도 했겠지만, 유약해진 기도에게 이토도 실망했을 것이다. 앞으로 언급하겠지만, 정부에는 좌대신 시마즈 히사미쓰島津久光 문제가 계속 남아 있고, (조선과의 사이에—옮긴이)강화도사건도 발생했기 때문에 기도를 그만두게 할 수는 없었다. 결국 기도는 다음 해 1876년 3월 28일 참의를 사임하고, 내각 고문에 취임했다.

기도를 능가하는 권력

좌대신 시마즈 히사미쓰는 계속 정부에 불만을 가졌다. 1875(명치 8)년 8월 하순이 되자 나카야마 다다야스中山忠能: 조정 중신, 명치천황의 조부, 다테 무네나리伊達宗城: 전 우와지마 번주, 전 외국관 지사(장관) 등 8명이 히사미쓰에 동조하여 현안에 대해 상소하려 했다. 그들은 막부 말기에서 유신초기에는 중요한 역할을 했으나, 그 후에는 한직으로 밀린 불평분자들이다. 히사미쓰 문제는 사쓰마의 동향과 관계가 있지만, 다른 방향으로 확대될 가능성이 있었다.

9월 20일, 일본 군함 1척이 조선의 서울에 가까운 강화도 포대에 접근해서 승무원 보트가 사격을 당하고, 다음날 포대를 점령한 사건이 일어났다. 강화도사건이다. 이 사건을 잘못 처리하여 조선에 출병을 하게 되면, 정한론 정변과 대만출병 때는 피할 수 있었던, 청일전쟁이 일어날 위험성이 있었다.

그런데 이타가키가 내각과 각 성을 분리하고, 참의가 각 성의 경(장관)을 겸하는 것을 없애자고 강하게 주장하기 시작했다. 이것은 오사카 회의에서 참의로 복귀하는 합의 조건이었다. 10월 19일 명치 천황은 대신과 참의를 불러 강화도사건이 발생했기 때문에 당분간은 종래와 같이 유지한다고 결정했다. 천황의 판단은 산죠와 이와쿠라 두 대신과 기도, 오오쿠보, 이토, 오오쿠마 등 참의들의 의견에 따른 것이었다. 그러나 '신단宸斷: 천황의 결정'이 내려졌음에도 불구하고 당일 히사미쓰는 봉서로 천황에게 산죠를 퇴출시키지 않으면 일본은 서양의 노예가 되어버릴 것이라는 등 산죠를 비판하는 건의를 했다. 22일, 천황은 히사미쓰를 불러 그의 건의를 기각했다. 그러자 히사미쓰와 이타가키는 사표를 냈다. 25일의 각의에서 히사미쓰와 이타가키의 사직이 결정되었다. 천황의 재가를 거쳐 27일 두 사람의 사임이 승인되었다(伊藤之雄, 『明治天皇』, 168~177쪽).

강화도 사건에 대해서는 10월 27일에 대신·참의인 산죠 저택에서 회의를 가지고, 사절을 파견하여 조선의 행동을 추궁하기로 했다. 12월 들어 구로다 기요타카黑田淸隆: 사쓰마 출신, 참의 겸 육군 중장를 정사正使로, 이노우에 가오루쵸슈 출신, 원로원 의관를 부사로 하는 정부 사절이 임명되었다. 구로다를 사절로 선정하는 각의에서 많은 참석자들은 전쟁을 결정한 듯한 분위기였다. 기도는 이를 비판적으로 보고 있었다. 구로다도 전쟁이 일어날 우려가 있다고 생각했다(伊藤之雄, 『山県有朋』, 129쪽).

기도는 정사인 구로다가 개전으로 기울어도 부사인 이노우에 가오루가 '평화'롭게 해결하기를 기대했다. 기도는 이노우에에게 이러한 기대를 이토와 야마가타에게도 전하도록 했다(井上馨 앞 木戸書狀, 1875년 12월 30일, 『伊藤博文関係文書』1권, 142~143쪽). 1876년 1월 18일, 부산에 도착한 구로다는 현지 분위기가 평온하지 않으니 2개 대대의 병력을 보내주길 바란다고 전보를 보냈다. 하지만, 오오쿠보는 이토 및 야마가타와 의논하여 그의 요구를 거절하기로 했다. 2개 대대를 파견하면 오히려 전쟁을 유발할 것이라 판단했기 때문이다. 기도도 같은 생각이었으며, 이 방침은 각의에서 추인되었다. 결국 2월 27일, 구로다는 군함으로 압박을 하여 조선에 불리한 불평등조약인 조일수호조규를 맺고 조선을 개국시키는데 성공했다. 이렇게 해서 조일전쟁에서 청일전쟁으로 비화될 위기를 피했다(伊藤之雄,『山県有朋』, 130쪽).

이토와 이노우에, 야마가타 등은 강화도 사건을 평화적으로 해결하려는 기도의 방침에 동조했다. 그러나 기도의 심복이었던 이토와 이노우에 가오루조차 정부를 떠나고 싶다는 기도를 어떻게 해야 할지 난처해하기 시작했다. 1876년 1월, 이노우에 가오루는 이토에게 다음과 같은 편지를 보냈다. 편지에서 이노우에는 기도의 일은 어떻게 해결해야겠느냐고 물었다. 그리고 "이제 말년이라는 마음이 충만하기" 때문에, 앞으로 정부를 떠나고 싶다는 이상한 요구를 하면 기도를 출장 보내 최종적으로는 사임을 인정하고 '요양'시키는 편이 좋겠다고 했다(伊藤 앞 井上馨書狀, 1876년 1월 16일,『伊藤博文関係文書』1권). 이토와 이노우에 가오루는 절친했기 때문에 보스인 기도의 처리에 대해 이런 이야기가 가능했다.

3월이 되어 이토와 이노우에는 기도의 행동에 대해 충고를 하기로 상의했으나 두 사람은 마지막 결심을 못했다(伊藤 앞 井上馨書狀, 1876년 3월 18일,『伊藤博文関係文書』1권). 이미 언급한 대로, 기도는 3월 28일 참의를 사직하고 내각 고문이 되었다. 같은 해 9월 이노우에 가오루는 영국에서 기도에게, 쵸슈의 파벌을 만들어 이토와 대립하지 않도록 자중해달라는 충고의 편지를 보냈다(伊藤 앞 井上馨書狀, 1876년 7월 17일·9월 20일,『伊藤博文関

係文書』1권). 이토는 기도 이상의 권력을 가지고 쵸슈계를 아우르는 존재가 되어 있었던 것이다.

서남전쟁의 지도와 원한

1876(명치 9)년 가을, 10월 24일 구마모토熊本에서 보수적 사족 (집단인) 신뿌렌神風連25)이 반란을 일으켰다. 이를 시작으로 27일 후쿠오카에서 아키즈키秋月의 난이, 28일에는 마에바라 잇세이前原一誠: 전 병부성 대보가 중심이 된 하기萩의 난이 일어났다. 실력자 오오쿠보 내무경이 야마가타 육군경과 협력하여 진압에 임했다. 야마가타는 난의 진압이 늦어지면 자신이 직접 현장에 갈 것이라고 이토에게 의욕을 보였다. 11월 5일 마에하라 잇세이가 시마네현에서 체포되면서 난은 진정되었다. 마에하라는 12월 3일 처형되었다.

그 사이 11월 7일, 기도는 오오쿠보, 이토, 야마가타 세 사람은 국가를 위해 진력하려는 생각이 같고, (정부의―옮긴이)개혁 방향도 대체로 정리가 되었으니, 본인은 병도 있고 하여 정부에서 물러나고 싶다는 의사를 보였다(伊藤之雄, 『山県有朋』, 132~133쪽). 본래 성품이 좋은 기도는 이토와 양립하여 쵸슈계에 혼란을 일으키지 않도록 해달라는 9월의 이노우에 가오루의 충고를 받아들여 사족반란이 일단락된 것을 계기로 진심으로 은퇴를 생각하기 시작했다. 그 후 11월 말에서 12월에 걸쳐 이바라기현, 미에현, 아이치현, 기후현, 사카이현(현재 오사카부) 등 각지에서 지조地租개정을 통한 증세가 원인이 되어 농민 폭동이 일어나는 등 민심이 계속 동요하고 있었다. 그때 오오쿠보는 지조의 감액을 건의했고, 다음 해 1877년 1월 4일, 정부는 지조를 지가의 3%에서 2.5%로 낮췄다.

---

25) 구마모토의 불평사족을 중심으로 하는 복고적 양이주의를 주장하는 정치결사.

같은 해 1877년 1월 29일 밤, 가고시마鹿児島에서 사이고 다카모리西郷隆盛를 추대했던 사학교私學校파의 일부가 가고시마의 육군성 화약고를 습격, 탄약을 탈취했다. 사학교의 세력이 커져 사이고도 통제할 수 없게 되었다. 2월 12일 사이고는 기리노 도시아키桐野利秋: 육군 소장, 시노하라 구니모토篠原国幹: 육군 소장와 함께 세 명의 연서로, 정부에 묻고 싶은 것이 있어 따르기를 희망하는 구 병사를 이끌고 출발한다는 거병 취지서를 작성했다. 14일부터 17일에 걸쳐 약 만 6천 명의 장병이 가고시마에서 구마모토를 향해 출발했다.

그 무렵 이토는 산죠 사네토미三条実美: 태정대신, 기도 다카요시木戸孝允: 내각 고문, 야마가타 아리토모参의 겸 육군경, 육군중장 등과 함께 명치 천황을 따라 케이한신京阪神: 교토·오사카·고베에 와 있었다. 명치 천황의 아버지인 고메이孝明 천황의 10년제와 교토–고베 간의 철도 개통식에 참석하기 위해서였다. 2월 12일 야마가타의 판단으로 출병준비를 하고 있던 근위부대, 동경지역 부대, 오사카지역 부대의 병사들에게 출병 명령이 내려졌다. 이어서 2월 18일 이토를 포함하여 산죠, 오오쿠보, 기도, 야마가타가 교토에서 회합을 가졌다. 실질적인 각의였다. 사이고 등을 폭도로 규정하고 토벌 방침을 정했다. 다음 날 19일 천황의 재가를 얻어 '폭도 토벌'령이 내렸다.

같은 날, 오사카에 토벌 총독본영이 설치되고 오오쿠보와 이토 두 참의가 군 동원과 편제, 전체 전략을 맡았다. 토벌총독에는 아리스가와노미야 다루히토有栖川宮熾仁가 임명되었고, 야마가타와 가와무라 스미요시川村純義: 쓰시마 출신, 해군성 대보, 해군 중장가 각각 참모장으로 현지에서 육·해군의 전쟁 지도를 맡았다. 전장에서의 야마가타 참모장의 동향 등 군의 중요 정보는 모두 오오쿠보와 이토 두 참의에게 전달되었다. 두 사람은 문관으로서 후에 육군참모본부가 주도하는 대본영의 역할을 담당한 것이다.

서남전쟁의 전투는 사이고 군이 구마모토 성을 포위하고 북쪽 다바루자카田原坂에서 남하하는 정부군에게 완강히 저항하며 격전이 벌어졌다. 그 때 고안된 것이 별동대 제2여단을 편성하여 구마모토의 남부에 상륙시켜 사이고 군의 배후를 공격하는 작전이었다. 오오쿠보는 같은 쵸수 출신의 이토와 도리오 고야타鳥尾小弥太 중장을 통해 야마가타와 상의했다. 3월 5일 야마가타는 작전에 동의했다. 그리고 별동대 제2여단을 야마가타로부터 분리하여 구로다 기요타카黒田清隆: 참의 겸 개척 장관, 육군 중장에게 지휘를 맡겼다. 오오쿠보는 이토와 협력하여 도리오 중장을 통해 야마가타에게 연락하여 3월 14일 각의에서 구로다를 토벌 참모장으로 결정했다. 이토는 오오쿠보와 제휴하여 서남전쟁의 인사와 작전의 큰 틀을 지도했다.

구로다의 별동대 제2여단은 3월 18일에서 22일에 걸쳐 구마모토 남방의 야쓰시로八代: 현재 구마모토 현 야쓰시로시 부근에 상륙, 북진하여 사이고 군을 격파했다. 구로다는 주력부대를 이끌고 4월 15일 구마모토 성에 입성했다. 사이고 군은 패주하기 시작했고 다음날 16일 북쪽의 정부군도 구마모토 성에 입성했다.

그 후에도 사이고 군은 규슈 각지에서 저항을 계속하고, 마지막에는 소수의 병사들이 가고시마로 돌아가 시로야마城山에서 농성했다. 9월 24일, 정부군의 총공격으로 사이고 다카모리가 자결하면서 서남전쟁은 끝났다(伊藤之雄, 『山県有朋』 제5장; 小川原正道, 『西南戦争』). 5월 26일 기도가 위장병으로 서거했다. 43세였다. 서남전쟁이 한창이어서 이토는 기도의 죽음을 슬퍼할 여유가 없었다.

서남전쟁의 인적 손실은 정부군과 사이고 군을 합쳐 전사자 약 1만 1,800명, 부상자 약 1만 9,200명, 총 3만 1,000명에 달했다. 전비는 정부군과 사이고 군을 합쳐 약 4,292만 엔(현재 약 1조 5천억 엔)에 달했다. 그 후 정부는 인플레이션과 재정난으로 어려움을 겪었다. 특히 사쓰마로서는 같은 고향 사람끼리 싸워 사이고 다카모리와 기리노 도시아키桐野利秋, 시노하라 구니모토篠原国幹, 벳푸 신스케別府晋介 등 많은 인재를 잃어 거의 회복 불능의 타격을 입었다.

사이고 다카모리가 시로야마에서 자결한 직후 사쓰마 출신 사이에서 일본인들끼리 어떻게 이런 전쟁이 일어났는가, 사쓰마 사람들끼리 서로 죽일 바에야 조선을 정복하고 청국과 전쟁을 하는 편이 낫다는 감정이 분출했다. 실제 정부 수뇌부에게까지 이런 감정이 영향을 미쳐 그 원망은 이토에게 돌아갔다. 서남전쟁을 지도했던 최유력자의 한 사람이었던 이토를 차관으로 강등한다는 충격적인 이야기가 나오고 있다는 내용의 편지가 1877년 9월 29일 산죠 태정대신으로부터 이와쿠라 우대신에게 전달되었다(「岩倉具視文書」〈対岳〉). 이 이야기는 곧 흐지부지되었다.

:

제2부

원숙기

제5장

이토 체제
형성의 시작

– 오오쿠보 도시미치의 후계자

참의 겸 내무경 취임

1878(명치 11)년 5월 14일, 참의 겸 내무경 오오쿠보 도시미치大久保利通: 사쓰마 출신는 태정관으로 출근하던 도중 동경 고지마치 기오이자카麴町紀尾井坂에서 이시가와 현 사족土族1) 여섯 명의 공격을 받아 피살되었다. 향년 47세였다. 서남전쟁이 끝나고 8개월 후의 일이다. 오오쿠보 피살의 원인은 번벌藩閥2)관료들의 '전제(정치-옮긴이)'에 대한 불만이었다. 범인은 범행의 첫 번째 이유로 현재 일본의 법령은 천황의 뜻과 인민의 '공의公議: 여론'에서 나오는 것이 아니라 요직에 있는 일부 관리가 독단하고 있다는 점을 들었다.

---

1) 명치유신 후 구 무사계급에게 주어진 호칭으로, 화족의 밑이며 평민의 위에 위치함.
2) 명치유신 후 유력한 특정 번(사쓰마, 쵸슈, 도사, 히젠 번)이 독점하면서 결성된 정치적 파벌. 특히 명치유신의 중심세력이었던 사쓰마 번과 쵸슈 번 출신이 권력을 독점한 명치정부를 번벌정부라 하며, 그들에 의한 정치를 번벌정치라 한다.

오오쿠보의 뒤를 이어 정부의 중심은 이토 히로부미였다. 이토는 1874(명치 7)년에 오오쿠보가 대만출병 문제를 처리하기 위해 북경에 가 있는 동안 내무경 대리를 겸했고, 서남전쟁 때에 오오쿠보와 함께 인사와 전략을 지도하기도 했다. 이토는 오오쿠보 정권에서 2인자의 지위를 굳혀 왔었다(제4장).

이토 참의는 오오쿠보 암살 다음날 5월 15일에 공부경을 그만두고, 오오쿠보의 뒤를 이어 내무경이 되었다. 불과 36세로 번벌정부의 실질적 수장이 된 것이다. 이토는 오오쿠보의 암살로 사쓰마의 참의가 한 자리 비자 이와쿠라 도모미岩倉具視 우대신과 의논하여 5월 24일 사이고 쓰구미치西郷従道를 참의 겸 문부경으로 임명했다(伊藤 앞 岩倉書状, 1878년 5월 16일, 三条実美 앞 岩倉書状, 1878년 5월 20일, 『伊藤博文関係文書』 3권; 岩倉 앞 伊藤書状, 1878년 5월 16일, 「岩倉具視文書」〈対岳〉 국립국회도서관 헌정자료실 소장). 사이고 쓰구미치는 육군의 중심인물 중 한 사람이었으나, 독단으로 대만출병을 단행하고 야마가타 아리토모와 사이가 원만하지 않았다. 그래서 오오쿠보의 승인을 얻어 필라델피아 만국박람회 사무부총재로 좌천되어 있었다(伊藤之雄, 『山県有朋』, 130~131쪽).

사쓰마에서 오오쿠보를 잇는 실력자였던 구로다 기요타카黒田清隆 참의가 사이고 쓰구미치의 등용은 너무 이르다고 불평했지만, 이토와 이와쿠라는 실행했다. 이토의 사임으로 공석이 된 공부경 후임도 문제였다. 당시는 각 성의 경(장관)은 참의를 겸하고 있었기 때문에 공부경이 되면 참의로서 태정관제 하의 내각의 일원이 된다. 명치 천황은 천황의 '군덕보도君徳輔導'역인 시보侍補 사사키 다카유키佐佐木高行를 공부경으로 하기 위해 산죠 사네토미三条実美 태정대신에게 두 번이나 재촉했지만 내각은 받아들이지 않았다. 오오쿠보 암살 후, 사사키 등 궁중 측근(侍補)이 천황의 친정을 앞세워 내각에 정치개혁을 요구한 것을 계기로 천황도 더욱 실질적으로 정치에 관여하려는 의욕을 보였다. 사사키가 입각하면 천황 친정 운동이 세를 얻을 것은 틀림

없다. 그래서 이토와 이와쿠라는 사사키의 공부경 취임을 거부했다(伊藤之雄, 『明治天皇』, 221~226쪽).

이토 체제의 형성

　　　　이토는 공부경에 동지인 이노우에 가오루원로원 의관, 전 대장성 대보(차관)를 취임시키려했다. 근대화를 강력하게 추진하기 위해서였다. 이노우에의 입각 이야기를 듣고 사사키 등 궁중 측근들이 저지 움직임을 보였다. 그들은 산죠와 이와쿠라에게 건의를 하고 천황에게도 상소했다. 이전에 천황은 사사키를 공부경으로 채용할 것을 내각에 제안했으나 무시를 당해 감정이 상해 있었다. 이노우에의 등용이 불안하게 되고 이토는 궁지에 몰렸다.

　그래서 이토는 7월 19일 오오쿠마 시게노부大隈重信 참의 겸 대장경에게 부탁, 이노우에의 채용을 상소하게 했다. 또 야마가타 아리토모 참의 겸 육군경을 통해 산죠와 이와쿠라에게 이노우에의 채용에 대해 충분히 설명하고, 여의치 못하면 야마가타 자신이 상소해 줄 것을 부탁했다(山県 앞 伊藤書状, 1878년 7월 19일, 『山県有朋関係文書』 1권). 결국 산죠와 이와쿠라 양 대신이 상소를 하여, 7월 19일 이노우에는 참의 겸 공부경으로 입각했다. 이렇게 하여 이토는 오오쿠보 서거 후 2개월 반 만에 시보侍補 일행의 천황친정 운동을 물리치고 일단 근대화 추진을 위한 권력 기반을 굳혔다. 오오쿠보 암살 후 이토 히로부미를 중심으로 한 정치체제 형성이 시작된 것이다. 그 중한 축이 이토와 이와쿠라 우대신의 연대였다.

　또 하나의 축은 이토의 동지인 이노우에 가오루와 야마가타라는 쵸슈 그룹이다. 이노우에를 참의 겸 공부경으로 한 것은 이토의 권력기반 형성에 중요했다. 이노우에는 약 1년 후 9월에 더 중요한 참의 겸 외무경의 자리를 맡는다. 이토와 야마가타는 각각 내무성과 육군에 직접 영향력을 가지고 있어 국내행정과 치안을 거의 장악하고 있었다.

오오오쿠마 시게노부 참의 겸 대장경은 이노우에의 입각에는 이토에게 협력했다. 그러나 차츰 이토와의 균열이 깊어져 1881년 10월의 '명치 14년 정변'으로 정부에서 추방되게 된다. 이에 대해서는 다음 장에서 언급한다. 이 정변에서 오쿠마는 사쓰마의 최유력자인 구로다 기요타카黑田淸隆 참의를 공격했다. 그 후 이토와 사이고 쓰구미치西鄕從道, 마쓰카타 마사요시松方正義 등 사쓰마 출신 참의와 관계가 좋아져, 바깥에서 이토 체제를 지지하는 형태가 되었다. 이렇게 해서 이토 체제는 정착했다.

명치 천황은 1881(명치 14)년 7월부터 10월에 걸친 북부의 오슈奧州 지방과 홋카이도 순행에서 구로다와 사이고 쓰구미치, 이노우에 가오루 등을 비판했다. 그러면서 이토 참의만은 신뢰할 수 있다고 했다(『保古飛呂比』 10권, 1881년 10월 20일). 자신의 정치관여를 둘러싼 오해로 이토에게 화를 낸 적도 있지만 1885년 여름까지 천황은 이토를 매우 신뢰했다. 이것이 이토의 큰 강점이었다.

앞으로 각장에서 살펴보겠지만, 이 체제하에서 이토는 헌법제정과 인사, 그리고 군사·외교·재정 등 여러 부분에 개입하여 영향력을 행사해 간다. 명치 14(1881)년 정변 후부터 제2차 이토 내각이 사직하는 1896(명치 29)년까지 십 수 년간 이토 체제는 계속 되었고, 이토는 질서 있는 점진적 근대화를 완수하여 '헌법정치'(입헌정치)를 정착시켜 간다.

육군을 장악

이토가 오오쿠보의 뒤를 이어 참의 겸 내무경이 된 지 3개월 후, 1878(명치 11)년 8월 23일 다케바시竹橋 소동이 일어났다. 황궁 문의 하나인 다케바시 문 안에 주둔하고 있던 근위포병대대의 장병들이 반란을 일으켜 장교 세 명을 살해하고 명치 천황이 사는 아카사카 황궁에 집단 상소를 하려했으나, 몇 시간 만에 진압된 사건이다. 사건 발생은 서남전쟁 후의 재정 악화로 병사들의 대우가 나빠졌고, 서남전쟁의 포상이 하사관이나 병사들에게는 돌아가지 않았기 때문이었다. 서남전쟁에 대한 포상의 기준은 육군 책임자인 야마가타 육군경이 만들었다. 그는 다케바시 소동의 책임을 추궁 당하는 입장이 되었다. 9월이 되자 야마가타는 스트레스로 괴로워했고, '신경쇠약'에 걸려 요양하게 되었다.

야마가타는 11월 7일 겨우 육군성에 복귀한다. 14일, 이토 참의와 이와쿠라 우대신은 육군 문제에 대해 상의했다. 결론은 참의인 사이고 쓰구미치西鄕從道를 문부경에서 육군경으로 옮기고, 야마가타를 육군참모국장으로 보내 그에 대한 비판을 막기로 했다. 이토와 이와쿠라로서는 다케바시 소동 후 야마가타를 육군경에 그대로 두고는 육군 통솔이 어렵다고 판단한 것이다. 이토는 되도록 야마가타에게 상처를 주고 싶지 않았다.

몇 달 전부터 육군 장교 사이에서도 참모국의 확장 요구가 높아지고 있었다. 서남전쟁에 대한 반성에서 작전과 전략을 담당하는 전문기관의 필요성이 분명해졌기 때문이다. 아픈 야마가타를 대신해 육군경을 겸임하고 있던 사이고 쓰구미치는 야마가타에게 참모국을 충실히 하기 위해 비용을 증액할 것을 다시 제안했다. 평시에는 지리와 정치 정세 등을 조사하여 전시를 준비하고, 전시에는 전략과 작전 등을 세운다는 것이다. 물론 야마가타도 원하던 바였다. 이토는 오오쿠마로부터 재정 문제에 대해 대장성의 호의적인 대답도 받았다. 이토는 야마가타의 위기에도 불구하고 그와 협력하여 근대국가를 만들고자하는 강한 의지를 가지고 그를 지원했다. 이토가 육군에 관련한 인사에도 강한 영향력을 가지고 있는 것을 알 수 있다.

아마 11월 중순 이후 참모국을 육군성에서 독립시켜 참모본부로 확대하고 야마가타를 초대본부장으로 하는 구상이 이토, 이노우에와 이와쿠라, 산죠 사이에서 합의된 것으로 생각된다. 각의는 참모국 확충 건의를 받아들여, 정액 8만 엔 외에 25만 엔을 지급하기로 하고 참모국 독립을 결정했다.

이토 등은 재정이 어려운 이 시기에 왜 참모본부의 독립을 적극적으로 인정했을까. 당시 태정관제 하에서 육군경의 인사는 실질적으로 이토와 이와쿠라 등 문관의 참의와 대신 유력자들이 장악하고 있었고, 새로 독립하는 참모본부장도 마찬가지였기 때문이다. 문관의 유력 각료가 육군과 관련한 중요인사에 관여하지 못하게 되는 것은 생각할 수 없었다. 더욱이 이토는 야마가타를 신뢰하고 있었다.

그리고 서남전쟁 때, 이토는 오오쿠보와 함께 오사카에서 전략과 인원, 물자 배치 등을 전반적으로 지도했었다. 합리주의자인 이토는 전략과 작전을 세우는 본격적인 부서가 필요하다는 것을 알았다. 그러나 참모본부 독립에 26세의 명치 천황이 반대했다. 육군성과 참모본부의 대립을 우려했기 때문이다.

이토와 이와쿠라에게, 사사키佐々木 등의 천황 친정운동의 영향을 받아 어리고 미숙한 천황이 각의 결정에 반대한 것은 의외였다. 이와쿠라와 이토, 사이고 쓰구미치西鄕從道: 참의 겸 문부성, 다음 육군경으로 내정는 참모본부장으로 예정된 야마가타를 참의로서 각료로 남게 함으로써 천황의 불안을 해소하고 이 문제를 결말지었다. 12월 5일 참모국을 폐지하고 참모본부를 만드는 조례가 만들어졌다. 같은 달 7일, 야마가타와 친한 오오야마 이와오大山巖 중장(사쓰마 출신)이 참모본부차장으로 발령 나고, 24일에 야마가타가 육군경을 사임하고 참의 겸 초대 참모본부장이 되었다. 그리고 예정대로 참의인 사이고 쓰구미치 중장이 문부경을 그만두고 육군경에 취임했다. 이토는 야마가타 육군경의 위기를 구하면서 그를 통해 육군에 대한 장악을 강화해 간 것이다(伊藤之雄, 『山県有朋』, 170~183쪽).

무혈로 오키나와 접수

근세기에 류큐琉球는 일본의 사쓰마 번이 지배했지

만, 중국에 대해 조공을 바치고 신하의 예를 갖추는 관계였다. 류큐는 중국과 일본 두 국가와 속국관계였다. 명치유신 후, 1872(명치 5)년 일본은 류큐 왕국을 류큐 번으로 바꾸고, 국왕 쇼타이尚泰를 번주로 하여 일본 영역에 편입시켰다. 그 후 대만의 류큐 어민 살해사건에 대해 1874(명치 7)년 청국이 일본에 배상금을 지불하면서 일본은 류큐 영유에 유리한 입장에 섰다.

그러나 류큐는 중국과 일본 양국의 속국관계로 있기를 원했고, 일본은 류큐에는 폐번치현을 시행하지 않았다. 일본 정부는 1875년에 고용 외국인인 보이소나드[3]에게 류큐의 일본영유에 대한 의견서를 제출하도록 하는 등 준비를 했다(「琉球島見込案」·「伊藤博文文書」, 국립국회도서관 헌정자료실 소장). 이토는 내무경으로서, 앞서 언급한 바와 같이, 육군을 장악하자 류큐 소속문제를 확정지으려 했다. 1878(명치 11)년 12월 27일, 각의에서 류큐에 번을 폐지하고 현을 두기로 결정하고 내무성 대서기관 마쓰다 미치유키松田道之를 사절로 파견하기로 결정했다. 마쓰다의 역할은 류큐에 가서 번주 쇼타이尚泰에게 "번을 폐하고 현을 설치하므로 동경으로 이주하라"는 명령서를 전하고, 1주일 내에 이에 따르겠다는 쇼타이의 대답을 받는 것이었다.

이토 내무경은 마쓰다에게 일단 기한은 1주일이지만 만약 연장을 요구하면 허락하도록 했다. 이와쿠라 우대신도 되도록 결말을 짓는 것이 좋다고 생각했다. 오오쿠마 대장경이 가장 강경했다. 그는 1주일에서 1시간도 늦추어서는 안 된다는 입장이었다(伊藤 앞 松田道之書状, 1879년 1월 3·7일, 『伊藤博文関係文書』 7권). 1879년 1월 26일, 마쓰다는 번주 쇼타이 대리에게 명령서를 전했다. 그러나 2월 3일, 번주는 명령서를 거부했다. 마쓰다는 다음 날 출발하여 13일에 도쿄로 돌아와 보고했다. 3월 11일, 류큐 번을 폐지하

---

3) Gustave Émile Boissonade de Fontarabie. 프랑스법학자, 교육자. 일본의 태정관 법제국 소속, 원로원 소속, 외무성 사무고문, 국제법고문, 법률조사위원회위원 등을 역임.

고 오키나와 현을 설치하며, 쇼타이는 동경으로 이주하여 화족華族[4]이 된다는 칙명이 발표되었다. 마쓰다는 25일 경찰관 160여 명과 보병 반(1/2)대대 등 총 600명을 이끌고 오키나와의 나하那覇에 도착했다.

쇼타이는 병을 이유로 도쿄행을 거부했다. 그래서 시종을 영접사로 하여 도쿄로 오도록 설득했다. 쇼타이는 5월 27일 슈리首里: 류큐왕조의 수도, 현 나와시-옮긴이를 떠나 6월 9일 도쿄에 도착, 17일에 천황을 알현했다. 그 이전 4월 4일에 나베시마 나오요시鍋島直彬: 사가 번주인 나베시마에서 분가가 오키나와 현령으로 임명되어 있었고, 이것으로 류큐 처분이 끝났던 것이다. 류큐 처분은 이토가 단호한 원칙과 유연한 태도를 취함으로써 피 흘리지 않고 성공하였다. 이로써 청국과의 국경문제는 일단 해결된 것이다.

오오쿠마의
외채모집 중지

이토(쵸슈 출신)와 오오쿠마(히젠현 사가 출신)는 출신 번은 달랐으나, 명치유신 후에 기도와 오오쿠보 밑에서 개혁을 추진했다. 두 사람의 관계는 좋았다. 시마즈 히사미쓰島津久光 좌대신과 이타가키 다이스케板垣退助 참의는 1874(명치 7)년 10월 참의가 각 성의 장관을 겸하는 것을 비판하면서 정부를 떠났다(제4장). 그 후에도 오오쿠마는 참의와 대장경의 겸임에 대해 반감을 가지고 있었다. 이것이 상징하듯이, 내각과 각 성의 분리를 요구하는 목소리는 강했다. 번벌정부의 중심이 된 이토는 이 문제도 해결해야 했다.

이토는 육군경에서 참모본부장으로 자리를 옮기는 형태로 야마가타 참

---

[4] 공작, 후작, 백작, 자작, 남작의 작위를 가진 자. 명치 2(1869)년 구 공경(公卿: 조정의 고위 관리), 구 번주 등이 화족이 되었으며, 일반적으로 명치유신 이후의 특권 귀족층을 가리킴.

의의 위기를 수습한 후, 1879년 12월에 이 문제에 착수했다. 이토는 이 문제도 이와쿠라 우대신과 이노우에 가오루井上馨 참의 겸 외무경과 협력하여 추진했다(伊藤·井上馨 앞 岩倉書狀, 1880년 2월 10일, 伊藤 앞 岩倉書狀, 1880년 2월 18·20·26·27일,『伊藤博文關係文書』3권;『明治天皇紀』5권, 25~28쪽). 1880년 2월 28일, 참의가 각 성의 경(장관)을 겸임하는 것을 중지하고, 내무경에는 마쓰카타 마사요시松方正義: 전 대장성 대보(차관), 사쓰마 출신, 대장경에는 사노 쓰네타미佐野常民: 전 원로원 의관 등을 임명했다. 그러나 조약개정 등 중요한 외교문제를 이유로 이노우에만은 참의와 외무경을 계속 겸하게 했다. 그러나 그 후에도 오오쿠마는 태정관 회계부를 주관하는 참의로서 대장성에 계속 영향력을 유지했다.

1880년 5월, 오오쿠마는 외채 5,000만 엔을 모집하여 서남전쟁 때 발행했던 불환지폐를 정리하려고 했다. 외채모집은 적극적인 정책으로 낙천적인 오오쿠마의 성격에는 맞았다. 그러나 당시 허약했던 일본 상황에서는 경제재건에 실패하면 열강에 담보를 뺏겨 식민지화할 우려가 있는 위험한 정책이었다. 오오쿠마에게 찬성했던 각료들은 구로타 기요타카, 사이고 쓰구미치, 가와무라 스미요시川村純義 등 사쓰마 출신의 세 명의 참의였다. 이에 대해 최고 유력 참의인 이토는 반대했다. 그는 산죠 사네토미 태정대신에게 "정부 전체가 한 결정"이라 하더라도 복종할 수 없다는 의지를 표했다(三条 앞 伊藤書狀, 1880년 5월 12일, 「三条家文書」, 국립국회도서관 헌정자료실 소장). 이 때문에 이토를 포함하여 이와쿠라 우대신과 산죠 태정대신, 아리스가와노미야 다루히토有栖川宮熾仁 좌대신, 야마가타, 이노우에, 오키 타카토大木喬任, 야마다 아키요시山田顕義 등 8명이 반대로 돌아섰다. 이토를 중심으로 정부의 중심 멤버인 이토, 이와쿠라, 야마가타, 이노우에가 모두 반대한 것이다. 천황친정 운동에서 내각과 대립했던 사사키 다카유키佐々木高行: 궁내성 담당와 천황을 측근에서 모시는 시강侍講 모토다 나가자네元田永孚 등이 반대한 것도 이토에게 유리했다. 그들은 5월 29일 그 뜻을 천황에게 상주했다.

6월 2일, 내각은 대신, 참의, 각성의 경의 의견을 자세하게 상소하고, 27세의 천황의 '판단裁斷'을 기다렸다. 3일, 천황은 외채모금을 허가하지 않는다는 칙유를 내렸다(『明治天皇紀』 5권, 70~75쪽). 그러나 어린 천황의 칙유만으로는 동요가 가라앉지 않았다. 6월 6일 이토와 이와쿠라가 그 대응책을 모색했다(伊藤 앞 岩倉書状, 1880년 6월 7일, 『伊藤博文關係文書』 3권).

7일에 아리스가와노미야가 (내각의-옮긴이)사자로서 출두했을 때 천황은 경제문제를 크게 걱정하고 있었으나, 9일이 되자 만족했다. 이와쿠라도 '초지일관'할 수 있었던 것을 매우 기쁘게 생각한다고 이토에게 전했다(伊藤 앞 岩倉書状, 1880년 6월 9일, 『伊藤博文関係文書』 3권). 이렇게 하여 오오쿠마의 외채모금 문제는 겨우 결말이 났다. 이 과정에서 알 수 있듯이, 이토는 이와쿠라와 연합하여 야마가타와 이노우에의 협력을 얻어 사태를 주도했다. 천황은 아직 문제해결의 조정능력을 발휘할 정도의 권위가 없었고, 이토와 이와쿠라 등 내각의 주류가 상황을 리드하는 것을 확인하고 그에 따르는 정도였다. 남은 문제는 외채도입을 거부당한 오오쿠마의 상처였다.

오오쿠마는 1880년 2월에 (참의-옮긴이)성경省卿 분리로 대장경을 사임하기까지 6년 4개월이나 참의 겸 대장경으로 실권을 장악하고 재정통으로서 긍지를 가지고 있었다. 오오쿠마는 외채도입 실패 이후 이토, 이와쿠라, 야마가타, 이노우에가 주도하는 번벌 정부 내에서 소외감을 강하게 느끼게 된다. 다음 장에서 서술하듯이, 이것이 9개월 후 조기 국회개설 건백으로 표출되고, 번벌정부를 크게 동요시키게 된다.

입헌정체의 모색

　　　　야당의 국회개설운동은 사족을 포함해 유력농민과 유력상인으로 참가자가 확대되고 세력이 커져, 1879(명치 12)년에는 전국으로 퍼져갔다. 11월에는 애국사 제3회 대회가 오사카에서 열려 천황에게 국회개설을 청원하기로 결의했다. 이에 대해 12월에 참의 야마가타 아리토모山縣有朋 중장은 입헌정치에 관한 의견서를 천황에게 올렸다. (1) '국헌'(헌법)을 확립한다, (2) '행정·의정議政(입법─옮긴이)·사법' 삼권분립을 엄정히 한다, (3) 황족과 관리로 구성되는 원로원과 부현회 의원 중 식견이 있는 자를 선별하여 '특찬特撰의회'를 설치하고, '국헌'의 조건을 심의하고 함께 입법을 담당하게 한다. (4) '특찬의회'의 소집과 해산은 처음에는 정부가 정하고, (특찬의회가) 의결한 것이 반드시 실행되는 것은 아니라는 등의 구상을 밝혔다.

이와쿠라 우대신과 산죠 태정대신은 참의에게 각자의 의견을 제출하게 하여 천황이 이를 취사하여 헌법제정을 서둘러야 한다고 주상奏上했다. 천황은 이를 승인하고, 참의들은 의견을 주상하게 되었다. 주된 것은 1880년 2월 구로타 참의가 국회개설은 시기상조라고 건의한 것이다. 7월에는 이노우에 가오루井上馨 참의가 다음과 같은 건의를 상주했다. (1) 먼저 민법 및 제법을 편찬하고, 헌법을 제정하고 국회를 개설한다, (2) 민법 편찬이나 헌법 제정은 내각에서 약간의 위원을 선별하여 조정하게 하고, '상의원上議院'이 의결토록 한다, (3) '상의원'은 원로원을 폐지하고 그 대신에 설치하는 것으로 화족과 사족 중에서 100명을 선발한다. 단 약간은 선거, 약간은 칙선勅選으로 한다, 평민 중에서도 학문이 뛰어나고 국가에 공이 큰 자는 칙선되는 경우도 있다, (4) '상의원'은 세입·세출예산을 비롯해 제도·법률 등을 심의한다.

야마가타를 포함한 위의 건의 들은, 다음에 소개하는 이토의 것에 비해 유럽의 상황과 당시 일본의 상황을 비교하여 어떻게 인식해야하는가에 대한 고찰이 거의 없다. 귀동냥한 유럽에 관한 지식을 깊은 생각 없이 나열하거나(야마가타·이노우에), 구체적인 제언 없이 시기상조로 결론 맺은(구로타) 것이다. 유럽과 비교해 일본이 어떤 단계인지에 대한 이해를 전제로 지금 일본에 적합한 개혁은 어느 정도인가와 같은 긴장감을 가지고 고찰한 건의는 없었다.

이미 기술한 바와 같이, 이토는 1871년에 미국 공화제 헌법 제정에 관한 양서를 입수하여 각 국의 역사에 뿌리를 둔 헌법제정의 제도설계에 대한 연구를 시작하고 있었다(제3장). 이토의 영어 실력과 10년 가까운 연구가 위에서 언급한 건의와 이토의 건의를 차이 나게 했다.

(나다 마사쓰구(稲田正次), 『明治憲法成立史』 상·하권은 실증적으로 우수한 연구서이다. 그러나 입헌정치에 대한 제언과 헌법안을 평가할 때, 제2차 세계 대전 후 만들어진 일본국헌법 등의 민주적인 헌법을 기준으로 하여 그 취지에 가까운 이상을 포함하고 있거나 제언을 한 것에 높은 평가를 주는 경향이 강 하다. 예를 들면, 야마가타 참의의 주상에 대해서도 "후년의 야마가타와 달리, 당시에 그는 번벌 정치가로서는 비교적 진보적 의견을 말하고 있다"고 평가하 고 있다(상권, 427쪽). 그러나 야마가타의 주상은 삼권분립을 엄정히 한다고 말하면서 부현회 의원 가운데에서 선정한 '특찬 의회'의 소집·해산은 처음은 정부가 정하고, (특찬의회가) 의결한 것이 반드시 실행되는 것은 아니다라는 등, 삼권분립의 의의를 충분히 이해하고 있다고 할 수 없다. 또한 '행정·의정 (입법-옮긴이)·사법'이라는 삼권과 군주권이 어떤 관계에 있는가라는 문제도 고찰하지 않았다. 헌법제정에 원로원과 '특찬의회'가 관련되는 것은 명시하고 있지만, 군주권의 관련성도 분명하지 않다.)

이토의 입헌정체 구상

이토 참의는 이노우에 고와시井上毅: 태정관 대서기관에게 입헌정치에 관한 의견서를 쓰게 해서 1880년 11월 19일 초안을 송부 받았 다. 그 후 이토와 이노우에 고와시 사이에 주고받기를 하면서(伊藤 앞 井上 馨書狀, 1880년 11월 19·29일, 井上毅 앞 伊藤書狀, 1880년 11월 22일, 『井上 毅伝·資料編』 4·5권) 의견서를 완성했다. 이토는 그것을 12월 14일 천황에 게 제출했다.

여기서 이토는, 일본에는 아직 자립한 개인이 성장하지 않았기 때문에 이런 상황에서 프랑스혁명 후 유럽에서 신설된 정치체제를 그대로 받아들이면, 다음과 같은 곤란한 현상이 생길 것이라고 논했다. (1) 사족은 즐겨 '정담政談'을 하고, 평민은 사족의 영향을 받을 뿐이다. (2) 유럽에서 약 100년 전에 프랑스혁명이 일어나 많은 나라가 영향을 받았다. 그 영향으로 난이 일어나 지금도 혼란이 계속 되고 있는 나라도 있으며, 명군이나 현명한 대신이 등장하여 혼란이 일어나기 전에 나라를 안정시킨 곳도 있다. (3) 결국 전제를 그만두고, 인민과 정치권력을 서로 나누는 것은 피할 수 없었다. (4) 지금, 유럽 문물이 점차 일본에 들어와 정체의 신설도 국민 사이에서 퍼져 막을 수 없을 정도가 되었으며, (그들 가운데에는-옮긴이)함부로 거짓말을 하고 사람의 귀를 솔깃하게 하는 사람이 있고, '경거망동'으로 천황의 뜻이 어디에 있는지를 모른다. (5) 그래서 정부는 단계적 진보로 완급을 조절하여 시간을 가지고 '표준'적인 것에 접근해 갈 필요가 있다. 다시 말해 우선 이토는 일본의 상황을 고려하여 질서 있는 발전과 근대화를 주장한 것이다.

이토의 구상을 구체적으로 살펴보자. 첫째, '국회'를 만들어 '군민공치君民共治: 군주와 인민의 대표로 구성되는 의회가 함께하는 정치 옮긴이'를 하는 것은 바람직하다. 그러나 전례가 없는 '국체國體: 국가의 근본 체제, 구체적으로는 천황을 중심으로 하는 통치 체제-옮긴이의 변경'에 관한 것이기에 때문에 결코 혼란한 상태로 급하게 해서는 안 된다, 즉 당장 국회를 설립해서는 안 된다는 생각이다. 이토는 천황과 국회의 관계 등 헌법(국가)에서 천황의 정치적 역할에 대해 충분한 확신이 없었다. 이토가 국회개설에 대한 움직임을 신중하게 해야 한다고 생각한 큰 요인이었다.

입헌정체에 대한 이토의 구체적인 구상의 두 번째 내용은 다음과 같다. 그는 '유럽 입헌국가'에서는 상하 양원은 수레의 두 바퀴와 같이 서로 견제하여 균형을 유지하며, '황제국'에서는 '원로원'(상원)을 두고 국가를 유지하는 중요한 역할을 하고 있다고 논했다. 이토는 일본이 입헌정체를 하기 위해서는 상하 양원을 두어야 한다는 점을 자각하고 있었다.

세 번째로, 이토는 국회를 열기 전 단계로서 현재 원로원을 확장하여 명실상부한 존재로 하는 것을 구상했다. 원로원 의관(議官, 의원-옮긴이)은 정원을 100명으로 하고, 주로 '화족과 사족' 가운데서, 그리고 국가에 공이 있는 자와 학식 있는 자를 선출한다. 봉급을 주고 기간을 정해서 모집하고, 원로원에서는 법률의 문안을 심의한다.

원로원 의관을 '화족과 사족' 가운데에서 선거로 선출하는 이유는, 1869(명치 2)년의 판적봉환 이후 구 공가公家와 구 대명(번주-옮긴이)은 화족이 되었지만 이토, 구로타 기요타카, 야마가타 아리토모 등 유신의 공신들은 사족이었기 때문에 이 양자를 대상으로 한 것이다. 확장된 원로원은 후에 귀족원을 만들기 위한 준비와 연습 과정이라 할 수 있다.

넷째, 선출 검사관檢查官을 설치한다. 부현회 의원 중에서 채용하여 검사원 별정직으로 하여 회계 감사를 담당하게 한다. 선출 검사관은 장래 재정을 '심의'하는 출발점으로 입헌정치의 첫걸음이 되는 것이다. 그러나 재정정책을 수립하는 논의에는 관여시키지 않는다는 방침이었다. 선출 검사관은 장래 하원을 만들기 위한 준비와 연습 과정이었다.

다섯째, 이토는 위의 사항들은 천황의 결정으로 단행, 실행되어야 한다고 생각하고 있었다. 이것은 약 9년 후 대일본제국헌법이 흠정헌법(천황이 만든 헌법, 민선기관의 심의를 거치지 않은 헌법)으로 만들어질 때까지 이토의 일관된 생각이었다.

원로원 안에 대한 불신

그러나 1876(명치 9)년 이후 오오쿠보, 이토, 이와쿠라 등 정부 리더들의 의도와는 달리, 원로원에서 일본 헌법 초안으로서

국헌안國憲案을 심의했다. 원로원의 멤버는 정부를 구성하는 대신·참의(경)보다 격이 낮고 주류가 아닌 사람들이었다. 이토가 건의하기 5개월 전, 1880년 7월, 원로원의 국헌 제3차 초안이 만들어졌다. 이것은 원로원의 최종안이었으나, 원로원 전체 회의에서 합의된 것은 아니었다. 이 안은 독일, 벨기에, 네덜란드, 이탈리아 등 4개국과 오스트리아, 스페인, 덴마크 등의 헌법 조문에서 끌어 모은 것이었다. 후에 성립된 명치헌법과 비교해서 천황 대권, 의회 조직과 권한, 재정, 헌법개정, 황실제도 등에서 훨씬 더 민주적 색채가 짙다는 평가도 있다(稲田正次, 『明治憲法成立史』 상권, 332쪽).

그러나 문제는 일관적 체계성과 당시 일본에 실시하기에 과연 적합한가 하는 점이다. 이토는 원로원 안은 "각국의 헌법을 번역하여 어느 것이 좋고 나쁜 것인가를 말하는 정도의 것이며, 실제 도움이 되지 않았다". 그 외 일본인이 쓴 헌법다운 것은 모두 조사했지만, 어느 것도 쓸 만한 것은 없었다고 회상했다.

그리고 이토는 "그렇다. 헌법정치를 실행해 주기를 바라는 건백서建白書 같은 것은 나왔지만, (건백서에서 말하는) 헌법정치에 대한 요구는 유럽에서 일어난 것과는 전혀 다르다. 일본에서는 헌법정치를 실행하자는 자도 아직 헌법정치가 어떤 것인지를 모르고 있다. 만약 아는 자가 있다면 좀 더 고상한 논의가 되었을 것이다. 일본의 사정을 고려하지 않고, 유럽의 헌법도 모르는 사람들뿐인 것 같다"며 원로원과 재야의 논의에 대해 불신감을 보였다(「憲法立案の経過と其の理論との槪説」[直話], 『伊藤公全集』 3권, 181~188쪽).

천황대권의 자리매김

이토는, 일본의 '헌법정치'는 유럽의 헌법론과는 전혀 그 취지를 달리 하고 있을 뿐만 아니라, 상황도 다르다고 보았다. 그 중 하나는 군주 대권이었다. 이토는 (명치헌법은-옮긴이) 주권은 군주에게 있고 그것이 입법부·행정부·사법부에 위임된 형태를 취하고 있지만, 군주는 함부로 그 위임을 취소할 수 없도록 헌법에 규정하여 군주권을 제약하는 헌법을 만들었다고 주장한다. 군주에게 주권이 있다고 하는 이토의 주장은, '주권 인민' 주의는 국민이 마음대로 군주를 없앨 수 있지만, 주권이 군주에게 있으면 그렇게 할 수 없다는 데에 방점이 있다(앞의 책, 192~194쪽). 그럼에도 불구하고 군주권을 제약하는 점에서는, 그리고 군주권을 이해하는 방법에서 당시 유럽의 최신 학설인 군주기관설과 기능적으로는 거의 다르지 않다. 군주기관설은 주권은 국가에 있고, 군주는 가장 중요한 기관의 하나이며 군주권이 국가에 의해 제약된다는 사고이다.

원로원 안이 나온 1880년의 단계에서 이토가 일본의 헌법과 군주권의 관계를 유럽의 군주권과 비교하여 위와 같이 명확한 생각을 가지고 있었던 것은 아니다. 그러나 이토는 그 문제를 생각하기 시작했고, 일본에 있으면 그것을 해결할 수 없다는 것을 알았음에 틀림없다(그 후 이토는 헌법조사를 위해 유럽에 가게 된다). 1880년 12월 21일 이토는 원로원 헌법안은 서양 각국 헌법을 모아서 베끼고 모방한 것이고, 일본의 국체와 사람 등에는 조금도 주의를 기울이지 않았다고 비판했다. 그래서 그것을 그대로 올릴 것을 이와쿠라에게 제안했다.

이와쿠라도 같은 생각으로 형식적으로는 천황에게 보고하지만, 실제로는 채택하지 않기로 산죠와 이와쿠라 사이에 합의가 이루어진 것 같다. 원로원 헌법안은 이렇게 해서 매장되었으며, 원로원의 헌법조사국은 다음해 1881년 3월 23일 정식으로 폐지되었다(稻田正次, 『明治憲法成立史』 상권, 333~337쪽).

1873(명치 6)년에 이토가 이와쿠라 사절단에서 돌아온 후 몇 년간의 가정 생활을 살펴보자. 1877년 서남전쟁 때부터 우메코 부인은 눈병을 앓았고, 그 후에도 우메코 부인과 딸 이쿠코는 건강이 좋지 않아 1879년경부터 4, 5년간은 추위를 피해 매년 아타미熱海로 요양을 갔다. 그래서 이토와 우메코

부인은 도쿄와 아타미에 서로 떨어져 사는 날이 많아졌다. 1880년 1월에는 이쿠코까지 눈병에 걸렸다(末松謙澄, 『孝子伊藤公』, 243 · 248~251 · 415~416쪽). 1878년 5월에 오쿠보의 뒤를 이어, 번벌 제1의 정치지도자가 된 이토이지만 30세가 넘은 우메코 부인과 10대가 된 사랑하는 딸이 병약해서 걱정이 많았다.

그러나 이토와 우메코 부인 이외의 여성과의 사이에서 1876년(명치 9) 12월 이토 아사코朝子가 태어났다. 아사코의 성장 과정에 대해서는 확실하지 않으나, 7세가 된 아사코는 15세의 이쿠코와 함께 이토 집에서 자랐다고 한다. 미국 유학에서 돌아온 쓰다 우메코津田梅子의 증언이다(大庭みな子, 『津田梅子』, 139~140쪽).

: 제6장

오오쿠마 시게노부에 대한 분노

– 명치 14년 정변

아타미 회의

전술한 것처럼, 1880(명치 13)년 12월 14일에 이토는 입헌정체에 관한 의견서를 천황에게 올리고, 국회를 개원하기 전 단계로 원로원을 확장하거나 선출 검사관을 설치하고자 했다. 재야의 정치참가 요구를 어느 정도 만족시키고, 정부와 재야 권력의 정면 대결을 피하려는 것이었다. 또 정부와 재야권력에게 국회개설을 향한 수련의 장을 마련해 주고자 했다.

이토에게 재야권력의 조기 국회개설론은 비현실적으로 혼란을 부르는 것으로 밖에 보이지 않았다. 그러나 사쓰마의 유력자 구로다 기요타카黑田淸隆 참의의 건의와 같이 시기상조라며 아무것도 하지 않고 문제를 뒤로 미루는 것도 곤란했다. 이 때, 오오쿠마는 아직 의견서를 제출하지 않았다. 그래서 이토는 다음 해 1881년 1월 12일 아타미熱海: 동경에서 가까운 일본의 유명한 온천 관광지 –옮긴이에 도착하자 오오쿠마와 이노우에 가오루井上馨 두 참의를 불렀다. 구로다도 와 있었다. 같은 달 중순부터 하순에 걸쳐 4명은 입헌정치에 대해 논의했지만, 이 아타미 회의에서는 만족스런 성과는 없었다(大隈·井上 앞 伊藤書狀1881년 1월 5일, 『大隈重信関係文書』〈부〉1권; 『伊藤博文伝』中권, 202쪽). 그 원인의 하나는 오오쿠마가 이미 조기 국회개설이라는 급진적인 입헌정치 구상을 가지기 시작했기 때문이다. 그럼에도 오오쿠마는 점진론자인 이토와 이노우에에게 확실히 밝히지 않고 그들의 말에 맞추어 가며 적당히 넘어가려 했었다.

후쿠자와 유키치福沢諭吉는 문하생의 이름으로, 1879년 7월부터 8월까지 『우편보지신문郵便報知新聞』에 10회에 걸쳐 국회론을 쓰고, 재야 국회론의 붐을 일으켰다(『福沢諭吉全集』 5권, 645~648쪽). 후쿠자와가 1881년 10월에 이노우에와 이토에게 보낸 편지를 보면, 1880년 12월 하순에서 이듬해 1881년 1월에 걸쳐 오오쿠마와 이노우에, 이토는 후쿠자와에게 신문을 발행하도록 의뢰했다. 또 1881년 1월 이노우에 가오루는 후쿠자와에게 '국회개설'과 이토, 오오쿠마, 이노우에는 뜻을 같이하고 있다고 말했다고 한다. 그리고 2월, 아타미에서 돌아온 오오쿠마는 후쿠자와에게, 이노우에 가오루가 후쿠자와에게 한 것과 같은 말을 했다고 한다(井上馨·伊藤博文 앞 福沢書狀, 1881년 10월 13일, 『福沢諭吉全集』 17권).

그러나 후쿠자와가 8~9개월 후에 쓴 편지에서의 회상(변명)과는 달랐다. 즉 같은 시기 이노우에 가오루와 이토가 주고받은 편지를 보면, 1880년 12월 하순에서 이듬해 2월에 걸쳐 이토, 이노우에, 오오쿠마, 후쿠자와 사이에 조기 국회개설론에 합의가 성립되었다는 후쿠자와의 회상(변명)은 사실이 아니다. 이토와 이노우에 가오루는 국회개설의 전단계로서 점진적인 정치 개혁을 생각했고, 오오쿠마는 자신의 조기 국회개설론을 확실히 밝히지 않은 상태에서 두 사람을 만났고, 후쿠자와는 오오쿠마와 제휴해서 조기 국회개설을 위한 정치활동에 나서려 하고 있었다. 이렇게 생각하는 것이 1880년 12월의 이토의 의견서와 원로원의 헌법초안에 대한 비판의 관련성이 자연스럽게 이해된다.

사카모토 카즈토坂本一轄는 『이토 히로부미와 명치국가형성(伊藤博文と明治国家形成)』에서 후쿠자와가 편지에서 쓴 회상을 사실로 인식하고 "이토, 오오쿠마, 이노우에 이른바 개명파 세 명 참의"의 연대가 있었으며, 이토는 아타미에서 "적극적으로 국회론의 주도권을 쥐려"했지만, 구로다 등 사쓰마파의 양보를 얻지 못해 실패했다고 하고 있다(38~47쪽). 그러나 아타미 회의 전후에 이토, 이노우에 가오루, 오오쿠마, 후쿠자와 등이 국회개설론에서 뜻을 같이 하고 있었다는 것을 보여주는 사료는 1881년 10월 14일자 후쿠자와의 편지밖에 없다. 그것도 10월 11일 오오쿠마 참의가 면직이 된 정변 (명치 14년 정변-옮긴이) 후, 후쿠자와가 자기는 오오쿠마와 연대하여 음모에 가담한 것이 아니라, 이노우에 가오루와 이토로부터도 국회개설을 권유받았기에 관계했다고, 이노우에와 이토 등에게 회상적으로 변명한 편지였다.

오오쿠마의 배신

후쿠자와는 1881(명치 14)년 3월 10일이 되자 '시사소언時事小言'으로 쓴 자신의 국회론을 오오쿠마 참의에게 보내, 편지에서 오오쿠마의 생각과 거의 '어긋남'이 없다고 생각한다고 했다(大隈 앞 福沢書状, 1881년 3월 10일, 『福沢諭吉全集』 17권). 그런데 오오쿠마는 입헌정치에 관한 의견서를 제출하지 않았기 때문에, 명치 천황은 아리스가와노미야 다루히토有栖川宮熾仁 좌대신을 통해 제출을 독촉했다. 오오쿠마는 같은 해 3월, 아리스가와노미야를 통해 다른 대신과 참의에게 보여주지 않는 조건으로 건백서를 상주했다.

그 취지는 다음과 같다. (1) 영국은 국회를 개설했기 때문에 정부와 의원議院(국회-옮긴이) 사이에 싸움이 없어지고, 정당의 싸움은 의원(국회)에서 일어날 뿐이다. (2) 일본도 입헌정치를 도입하여 입법·사법·행정의 삼권을 분리하고, 의회에서 다수를 차지하는 정당의 당수가 천황으로부터 내각 조직을 명받아야 한다(상원·하원의 구별은 특별히 기록되어 있지 않음).

(3) 관리는 '정당관政黨官'과 '영구관永久官'으로 구분하여 정당관은 참의·대신, 차관 및 국장·시강·시종장 등으로 하고, '상위 정당관'은 의원으로서 상하원에 참석할 수 있다(대체로 영국의 예를 따른다). (4) 헌법제정은 흠정 헌법 양식으로 하고, 내각에서 위원을 정해 빨리 착수해야 한다. (5) 금년(1881년)에 흠정헌법을 제정하고, 1882년 혹은 금년 말에 반포한다. 1882년 말에 의원 議員을 소집하고 1883년 초에 국회를 열 것을 희망한다 등이다(『大隈重信関係文書』 4권, 230~246쪽).

오오쿠마의 의견서는 국가가 처한 상황의 차이나 발전단계도 고려하지 않고 영국의 제도를 일본에 도입하려는 것이었다. 또한 천황의 권력·역할에 대해서도, 의회에서 다수를 차지하는 당대표에게 내각 조직을 명한다는 것뿐으로, 확실히 하지 않고 있다. 의회는 천황을 교체할 가능성조차 있는 것처럼 생각된다. 또 2년 후에 국회를 개설한다는 희망도, 헌법과 의원법(국회법—옮긴이), 중의원의원 선거법, 귀족원령令 등 관련 법률이나, 새로운 내각·관료 제도를 만들어 주지시키고 실시하는 것을 생각하면 현실성이 없다.

그러나 오오쿠마로서는 의견서대로 사태가 전개되면 정부 지도자의 한 사람으로서 국회개설의 주도권을 잡고 민권파와 연합하여 수상이 되어 조각을 할 수 있는 가능성이 크다. 이것은 이토를 중심으로 한 번벌정부에 대한 오오쿠마의 쿠데타였다.

이토가 오오쿠마의 의견서를 봤다면 격노하고, 지금까지 아타미 등에서 오오쿠마와 무엇을 위해 협의했는지 자신의 어리석음을 탓했을 것이다. 그러나 이토는 오오쿠마가 3월에 의견서를 낸 것을 모르고 같은 시기 그는 이와쿠라 우대신에게 오오쿠마가 입헌정치구상에 협력적이지 않다고 고충을 털어놓았다(大隈 앞 岩倉書状, 1881년 3월 14·31일, 『大隈重信関係文書』 4권).

'경악'

　　아리스가와노미야 다루히토有栖川宮熾仁 좌대신은 오오쿠마와의 약속을 깨고 조기 국회개설을 주장한 1881(명치 14)년 3월의 오오쿠마의 건백서를 산죠 태정대신과 이와쿠라에게 은밀히 보여주었다. 오오쿠마의 건백서가 제출되고 3개월 이상이 지나서, 오오쿠마의 건백서를 천황에게 제출해야하는 산죠는 이와쿠라에게 이토 참의 1명에게만 비밀리에 보여주고 다른 의견이 나오지 않도록 하고 싶다고 한 후, 의견서를 이토에게 건넸다.

　7월 2일 산죠가 이와쿠라에게 말한 것에 의하면, 이토는 오오쿠마의 건백서를 자세히 읽고 '경악'했다. 지금까지 자신은 모든 것을 오오쿠마와 상의했고 원로원 건의에 대해서도 의견을 교환했는데, 동료에게 상의도 없이 우회하는 형태로 건백서를 상주하는 것은 괘씸하기 그지없다고 했다. 산죠에 의하면 이토는 병을 빙자하여 출근도 하지 않고 사임할 각오라고 했다(「岩倉具視日記」 1881년 7월 15일, 『大隈重信関係文書』 4권).

　이토는 산죠에게 7월 1일, 잘못된 추측이겠지만, 오오쿠마의 건백서는 필시 혼자의 생각이 아니라는 의심이 든다며 그에 대한 불신을 표출하고, 이 상태에서는 사임할 수밖에 없다는 생각을 전했다(三条 앞 伊藤書状, 1881년 7월 1일, 「三条家文書」). 오오쿠마가 건백서를 제출한 지 3개월 이상이 지난 6월 하순에 이토는 그것을 처음 알았기 때문에 오오쿠마에 대한 분노와 강한 불신을 가지게 된 것이다. 7월 3일, 이와쿠라는 자기를 찾아온 이토에게, 오오쿠마를 만나 의견을 들을 테니, 그의 건백서를 몰래 본 것으로 사표를 내는 것은 보류해 주길 바란다고 했다. 그 후 이와쿠라는 산죠와 연락하여 4일에 오오쿠마를 방문, 이토에게 해명하도록 권고했다. 오오쿠마는 바로 이토를 방문하고, 돌아가는 길에 이와쿠라에게 들러 의혹이 말끔히 해소되었다고 전했다. 또 산죠도 이와쿠라에게 같은 이야기를 했다(「岩倉具視日記」 1881년 7월 15일, 『大隈重信関係文書』 4권).

　이토는 7월 4일 오오쿠마가 방문했을 때 주고받은 이야기를 3개월 후에 다음과 같이 회상했다. (1) 오오쿠마는 이번 일은 매끄럽지 못했으며 죄송하다며 사죄했다. (2) 오오쿠보가 암살되었을 때 오오쿠마는 자신은 미력하나 이토를 도와 '죽을 때까지' 전력을 다하기로 맹세했으면서 한마디 상의도 없이 대단한 제언을 한 오오쿠마의 행동은, 제언의 내용을 떠나, 매우 불만이라고 이토는 말했다. (3) 이에 대해 오오쿠마는 자기의 생각을 반드시 실행하려는 의지를 가진 것은 아니라며 부디 용서해달라고 하고 돌아갔다 (『保古飛呂比』 10권, 1881년 10월 4일).

오오쿠마의 추방을 결심

다음날, 1881(명치 14)년 7월 5일에 이토는 정부에 출근하여 오오쿠마에게 다음과 같은 말을 했다. (1) 오오쿠마의 건백서는 대신부터 '천황의 측근 관리'까지 민선으로 선출하는 것으로, 군권君權을 민권에 방기放棄하는 정신이기에 동의할 수 없다. (2) 이 만큼 구상이 다른 이상, 오오쿠마가 모든 것을 행하라, 나(이토)는 관여할 수 없다. (3) 오오쿠마가 평소와 달리 이번 일은 실로 바보 같은 짓으로, 설령 내각에서 이의가 없더라도 안심할 수 없는 일이다. (4) 오오쿠마는 참의라는 중직에 있으면서 '후쿠자와 같은 자의 대리'노릇을 하는 것은 우스운 일이며, 후쿠자와의 헌법안과 오오쿠마의 건백서는 같다. 이에 대해 오오쿠마는, 건백서는 실행 가능성을 가지고 한 것이 아니라 단지 개인의 구상을 상주한 것뿐이다. 의심을 해도 도리가 없으나, 후쿠자와와 상담한 적은 없다고 답했다. 이토는 오오쿠마의 변명을 듣고 '분개'했지만, 굳이 논쟁을 하면 오히려 '분통이 터져' '내각의 추태'가 된다고 생각해 논의를 멈추었다(『保古飛呂比』 10권, 1881년 10월 4일).

이와쿠라는 이토와 오오쿠마를 화해시키려 움직였고, 7월 4일에 이토가 오오쿠마와 화해했다고 생각했다. 그러나 그것은 지금까지 연대를 해온 선배 이와쿠라의 체면을 세워주기 위한 것뿐으로 이토는 오오쿠마를 용서하지 않았다. 이토는 오오쿠마가 자신에게 아무 말도 하지 않고, 조기 국회개설과 정당 내각제의 건백서를 제출하고, 후쿠자와 등 재야 세력과 연결되어 있다고 보았다. 지금까지 오오쿠마와 많은 일을 상의해왔으며, 둘 사이가 좋은 관계라고 생각했던 데 대한 반동으로 이토는 오오쿠마에게 절망했다. 오오쿠마가 눈치 채지 못하도록 기회를 봐서 자기를 지지하는 쵸슈의 이노우에 가오루井上馨, 야마가타, 이와쿠라, 산죠 등의 대신, 그리고 사쓰마파와 연대망를 구축하는 것이 최우선 과제가 되었다. 7월 8일부터 이토는 다시 출근을 시작했다.

(홋카이도)개척사 관유물 불하 문제

1881(명치 14)년 7월 21일, 참의 겸 개척사開拓使 장관 구로다 기요타카黒田清隆는 개척사5)의 관할하에 있던 홋카이도의 관유물(국유재산—옮긴이) 불하를 신청했다. 30일에 천황의 허가를 받아 8월 1일에 불하가 발표되었다. 이사이 7월 26일부터 자유민권파의『도쿄 요코하마 마이니치신문東京横浜毎日新聞』은 개척사開拓使가 구로다 장관과 같은 고향인 사쓰마 출신의 정상政商 고다이 도모아쓰五代友厚에게 부당하게 헐값으로 관유물을 불하하려 한다고 폭로했다. 이 문제를 둘러싸고 9월까지 정부에 대한 비판 여론이 끓어올랐다.

번벌 내에서는 후쿠자와 유키치와 미쓰비시의 이와사키 야타로岩崎弥太郎 등과 결탁한 오오쿠마 참의가 개척사 관유물 불하문제에 편승하여 민권운

---

5) 개척사(開拓使). 1869년 홋카이도 개발을 위해 설립한 관청. 1870년 사할린 개척사가 따로 독립하여 홋카이도 개척사라 했으나, 1871년 다시 통합되어 개척사라 함. 1870년 구로다 기요타카(黒田清隆)가 개척차관이 되면서 사쓰마 번이 독점하는 관청이 됨.

동을 이용하여 정부의 주도권을 장악하려 한다는 의혹이 퍼졌다. 이토는 먼저 동지인 이노우에 가오루 외무경과의 연대를 긴밀히 하기 위해 그가 있는 히로시마 현의 미야지마宮島에 이노우에 고와시井上毅를 보냈다. 7월 말 경 이노우에 가오루도 오오쿠마에게 강한 불신을 가지고 있었다. 한편 6월 에는 이노우에 고와시의 영향을 받았는지, 이노우에 가오루도 오늘과 같은 형세에서는 빨리 독일식 헌법을 배워 법제를 '세밀'하게 하여 하원도 개설 해야 한다고 조기 국회개설을 주장했다(伊藤 앞 井上馨書状, 1881년 7월 27일, 『伊藤博文関係文書』 1권). 이노우에 고와시는 독일식 헌법제정을 이와쿠라 도모미岩倉具視 우대신과 이토에게 진언한 적이 있다.

이토는 8월 6일 (1) 자신이 3월의 오오쿠마 건백서를 저지한 것을 일반인 들은 모르고 있으니 건백에 관련된 것을 다른 사람에게 누설하지 않도록 주의해 주기 바란다. (2) 만일의 경우에는 자신이 '황실의 방패'가 되어 희생 할 결의를 가지고 있다는 뜻을 이노우에 가오루에게 전했다(井上馨 앞 伊藤 書状, 1881년 8월 6일, 「井上馨文書」). 오오쿠마를 정부에서 추방하는 등의 강경책을 취한다는 의미였다. 그러나 이토는 이노우에 가오루의 권유에도 불구하고 조속히 헌법을 만드는 것에는 반응하지 않았다.

이사이, 이토는 5,000만 엔의 공채를 새로 모집하여 대중앙은행을 설립하 고 지폐정리를 하려는 오오쿠마의 건의를 기다렸다가, 연명으로 건의하여 8월 1일에 이를 채용했다(『大隈重信関係文書』 4권, 475~482쪽). 이 건의를 받 아들인 것은 이토가 오오쿠마를 방심하게 하기 위한 것이며, 오오쿠마와의 연대를 중시한 것은 아니었다. 2개월 후 오오쿠마가 정부에서 추방되자 대 중앙은행 구상은 중지되었다. 이토는 정직한 성격이지만 오오쿠마가 배신 을 한 이상, 이런 행동에 망설임은 없었다. 이노우에 가오루에게 보낸 편지 에서도 알 수 있듯이, 이런 격정이 이토의 장점이었다.

오오쿠마 포위망 형성

　　　　　　　『도쿄요코하마 마이니치신문』의 관유물 불하에 대한 비판으로 타격을 입은 개척사(장관) 구로다 기요타카黑田淸隆는 오오쿠보 도시미치大久保利通 사망 후 사쓰마의 최고 유력자였다. 그래서 이 사건 후 사쓰마계의 유력자는 자연히 이토를 중심으로 모이는 형태가 되었다. 1881(명치 14)년 8월 2일, 마쓰카타 마사요시松方正義 내무경은 헌법조사에 대해 이토와 마쓰카타松方, 구로다黑田, 사이고 쓰구미치西鄕從道 참의 사이에 합의가 성립했다고 보고했다(井上馨 앞 松方書狀, 1881년 8월 2일, 『井上馨傳 史料編』 5권). 이것은 오오쿠마 건백에 대한 비판으로부터 독일식 헌법을 만들려는 대세가 형성된 것으로, 이토에게 유리한 상황 전개였다.

　　문제는 실력자 이와쿠라 도모미岩倉具視 우대신의 동향이었다. 그는 마침 지병인 두통이 심해져 휴가를 내 7월 6일에 도쿄를 출발, 교토에서 요양하고 있었다. 태정대신 산죠는 이와쿠라의 동향을 알기 위해 야마다 아키요시山田顯義 참의(쵸슈 출신)를 교토에 파견했다. 9월 18일, 야마다는 이와쿠라와 만났다(「岩倉具視日記」 1881년 9월 18일, 『大隈重信關係文書』 4권, 三條 앞 岩倉書狀, 1881년 9월 27일, 『岩倉具視關係文書』 7권).

　　그러나 이와쿠라는 오오쿠마 추방 건에 대해 즉답을 하지 않았다. 천황이 순행에서 도쿄로 돌아올 예정인 10월 11일까지 돌아가서 이토와 상의해 결단하겠다고 대답하는 데 그쳤다. 천황은 7월 30일부터 10월 11일까지 동북 지방과 홋카이도를 순행했다. 순행에는 오오쿠마를 비롯해 아리스가와 노미야 우대신, 구로다 참의, 마쓰카타 내무경 등이 수행했다.

　　오오쿠마를 추방하는 데 있어서 또 하나의 문제가 남았다. 이토 등 도쿄에 남아 있던 참의들은 개척사 관유물 불하를 속행할 각오였으나, 천황의 순행을 수행하고 있는 아리스가와미야 우대신, 오오쿠마, 오오키 다카토우 등의 참의들이 사표를 각오하고 중지를 요구했다. 이와쿠라도 이 문제로 내각의 의견이 갈리는 것에 불안해했다(「岩倉具視日記」 1881년 9월 24일,

『大隈重信關係文書』4권; 三条 앞 岩倉書狀, 앞의 책, 1881년 9월 27일). 필시 이토는 사쓰마와 쵸슈의 미묘한 관계 속에서 사쓰마계 참의의 지지를 확보하기 위해 불하를 속행하려고 결심했을 것이다. 그러나 이와쿠라와 아리스가와노미야 두 대신의 동의를 얻지 못하면 문제는 달라진다.

10월 초가 되자 이토는 마쓰카타松方 내무경, 사이고 쓰구미치 등 사쓰마계 참의, 그리고 구로다와 불하 중지를 위해 조정을 시작했다. 이노우에 가오루참의 겸 외무경와 야마가타 아리토모참의 겸 참모본부장도 협력했다(伊藤 앞 松方書狀, 1881년 10월 3·5·7일, 伊藤 앞 井上馨書狀, 1881년 10월 5일, 伊藤 앞 山縣有朋書狀, 1881년 10월 6일, 『伊藤博文關係文書』1·7·8권, 三条 앞 伊藤書狀, 1881년 10월 5일, 『大隈重信關係文書』4권). 10월 6일 이와쿠라는 도쿄로 돌아와 7일에 이토와 만났다. 이와쿠라도 어쩔 수 없다며 오오쿠마를 그만두게 하는 데 동의했다. 구로다는 8일, 천황의 명을 따른다며 사실상 불하 중지에 동의했다(「岩倉具視日記」 1881년 10월 6·7일, 앞의 책 4권). 드디어 오오쿠마 추방 계획이 완성된 것이다.

또 이 날까지 정부 수뇌에서는 국회 개설에 대해 합의한 것 같다. 이토는 이와쿠라 우대신에게 국회 개설의 시기는 1, 2년을 다투어야 할 것은 아니나, '1890(명치 23)년'으로 하면 "완급이 적절하다"고 제안했다(岩倉 앞 伊藤書狀, 1881년 10월 8일, 「岩倉具視文書」〈対岳〉). 이토는 지금까지와 마찬가지로 신중했다.

정변과 이토 체제의 정착

명치 천황에게는 정부 내에서 오오쿠마 참의를 추방하는 데 대한 합의가 이루어진 것이 전혀 알려지지 않았다. 천황은 오오쿠마가 개척사 관유물 불하에 반대를 하면 참의들이 그를 공격하여 굴복시킬 것이라는 정도로 생각하고, 10월 11일에 예정대로 황궁으로 돌아왔다.

그러자 대신·참의 일동으로부터 헌법제정과 국회개설 및 오오쿠마 면직에 대한 상주가 있었다. 천황은 오오쿠마의 면직에는 소극적이었지만, 내각의 의견이기 때문에 모두 승낙했다. 오오쿠마에 대한 사임 권고는 이토가 맡고, 사이고 쓰구미치가 동행했다. 오오쿠마는 사임 권고를 받아들였다. 이렇게 해서 상주는 모두 재가를 받았다(『保古飛呂比』 10권, 1881년 10월 13일).

다음날 12일, 개척사 관유물 불하를 중지하고 1890년의 국회 개설과 오오쿠마의 사임이 공표되었다. 그리고 헌법은 정부의 수뇌부가 만들고 천황의 재가를 거쳐 흠정헌법으로 공포한다는 것도 암묵적 합의사항이 되었다.

10월 13일, 오오쿠마의 면직에 항의하여 야노 후미오矢野文雄: 통계원 간사 겸 태정관 대서기관, 후쿠자와 문하생, 이누카이 쓰요시犬養毅: 통계원 권소서기관·경응의숙 출신, 오자키 유키오尾崎行雄: 통계원 권소서기관·경응의숙 출신 등 오오쿠마계의 관료가 사임했다. 얼마 안 있어 오노 아즈사小野梓: 회계검사원 1등검사관 등도 사임했다. 사임하지 않은 관리는 파면되었지만 오노 아즈사 등과의 관계 유무에 대한 판단은 이토가 영향력을 행사했다(岩倉具視 앞 伊藤書狀, 1881년 (11개월) 4일, 「岩倉具視文書」〈対岳〉).

그리고 10월 21일, 마쓰카타 마사요시松方正義: 사쓰마 출신, 대장경 겸임, 오오야마 이와오大山巌: 사쓰마 출신, 육군경 겸임 등 4명이 새로 참의에 임명되었다. 참의 겸 대장경이라는 요직에 취임한 마쓰카타는 개척사 관유물 불하 중지 문제에서 구로다를 설득하는 등, 사쓰마 출신이면서 이토에게 전력을 다해 협력한 인물이다. 참의 겸 육군경이 된 오오야마는 야마가타와 연대하여 육군을 주도하고 있는 인물이다. 한편, 개척사 관유물 불하로 민권파 등으로부터 공격을 받은 구로다는 이듬해 1882년 1월 11일에 참의 겸 개척장관을 의원 면직하고 내각고문이라는 한직에 취임했다.

이처럼 명치 14년 정변은 1881(명치 14)년 3월에 오오쿠마 참의가 조기 국회개설과 정당내각을 요청한 의견서에서 시작되어 10월 오오쿠마의 면직과 이듬해 1월의 구로다 개척장관(참의)의 사임으로 끝이 났다. 이 과정에서 이토는 정치체제 구상에 있어 자신의 이념에 충실하게 흔들리지 않고 행동했다. 또 오오쿠마 추방이라는 결단을 신중히 그리고 과감하게 실행했다. 그 결과 다음과 같은 두 가지 의미에서 오오쿠보 사망 후에 형성된 이토 체제를 정착시켰다.

첫째, 이토의 라이벌이 될 만한 존재였던 오오쿠마(사가 출신)와 구로다(사쓰마 출신)가 실각하거나 크게 상처를 입었다. 물론 이토의 성격으로 봤을 때 1881년 전반 경에는 그들의 실각을 희망했던 것은 아니다. 오히려 그들과 연대하여 민권파의 공격을 막아내고 질서있는 형태로 입헌국가를 형성하려 했다.

둘째, 정변 과정을 통해 사쓰마의 사이고 쓰구미치 참의와 마쓰카타 마사요시 등 유력자가 이토의 뜻을 받아들여 적극적으로 활동하고, 이토계에 준하는 존재가 되었다. 이토는, 이미 언급한 것처럼, 오오쿠보 암살 직후에 사쓰마의 유력자 사이고 쓰구미치의 참의 취임에 전력을 다했다. 또한 1878년 12월 육군 참모본부 설치를 둘러싸고 이토는 소수파의 사쓰마 해군을 배려하여 사이고 쓰구미치와 협력했다(岩倉 앞 伊藤書狀, 1878년 11월 15일(2통), 12월 4일, 5일, 「岩倉具視文書」〈対岳〉). 이것은 공평한 지도자로서 사이고 쓰구미치와 사쓰마계로 부터 신뢰를 얻는데 도움이 되었다.

사쓰마계까지 발을 넓혔다는 의미에서, (사쓰마 출신인-옮긴이)오오쿠보 도시미치가 이토와 야마가타 등 쵸슈계에게 까지 기반을 확대한 것처럼, 이토는 사쓰마와 쵸슈를 망라한 권력 기반을 얻은 것이다. 이토는 실력자인 이와쿠라 우대신과 연대를 유지하고, 쵸슈의 동지 이노우에 가오루井上馨: 참의 겸 외무경와 야마가타(참의 겸 참모본부장) 등 쵸슈계를 뭉쳤다. 그리고 사이고 쓰구미치와 마쓰카타를 통해 사쓰마계에도 영향을 미치게 되었다. 그렇다고 해도 사쓰마와 쵸슈의 대항의식은 골이 깊었다. 청일전쟁 전까지는 어떤 사건을 둘러싸고 이토가 사쓰마의 유력자를 다치게 하는 형태가 되면,

사쓰마계는 곧바로 구로다를 맹주로 단결하여 이토에게 대항도 마다 않는
요소를 남기고 있었다.

: 제7장

헌법조사에 대한
의욕

– 일본의 전통과 서구화

'헌법정치'에 대한 포부와 중압감

　　　　　　　　명치 14년 정변의 결과, 9년 후 1890년에
국회를 열게 되었다. 이를 위해서는 헌법 외에 여러 가지 법령을 제정해야
했다. 근간이 되는 헌법도 먼저 유럽의 군주국에서 실제로 시행되고 있는
정치를 견문하고, 헌법과 법령의 관계를 생각한 후에 어떻게 일본이라는
나라의 구조를 바꿀 것인가라는 큰 틀의 전망을 확립할 필요가 있었다. 그
런 후에 헌법을 제정하지 않으면 (헌법–옮긴이)실시와 함께 정체를 맞을 것
이다. 헌법조사를 위해 이토는 1882(명치 15)년 3월 14일 유럽으로 출발하
여 이듬해 8월 3일에 귀국한다.

　전술한 것처럼, 이토를 제외하고 오오쿠마를 포함한 대신·참의와 법률
통인 이노우에 고와시井上毅도 헌법제정을 꽤 안이하게 생각하고 있었다. 이
문화에서 배양된 헌법을 일본에 도입하여 제정하는 것만이 아니고, 그것을
실제로 운용해 가는 것이 얼마나 큰일인가에 대해 이토 만큼 생각이 미치
지 않았다. 이토가 그러한 어려움을 생각할 수 있었던 것은 유럽이라는 이

문화에 대한 깊은 통찰력을 가지고 있었기 때문이다. 이토는 헌법제정과 운용을 포함하여 '헌법정치'를 일본에 정착시키려고 했다.

　　이토는 대일본제국 헌법제정 10주년인 1899년쯤부터 일본은 '헌법정치'의 시험에 합격했다는 등, '헌법정치'라는 용어를 즐겨 사용했다. 이토는 유럽에 헌법조사를 하러 가서 1882년 8월에 슈타인 교수로부터 헌법을 배워 자신감이 생기자, 헌법은 큰 틀이라 그렇게 힘든 것은 아니지만 '시치施治'(헌법의 운용)·'경제' 두 가지는 실로 국가의 성쇠에 관한 것이라고 했다. 그리고 '헌법정치'에 필수불가결한 것으로 '제가帝家의 법'(헌법)·'정부 조직'·'입법부 조직'을 들었다(伊藤博文, 「国会及憲法に対する意見手簡案」·「伊藤博文文書」, 국립국회도서관 헌정자료실 소장). 이토가 일찍부터 '헌법정치'라는 용어를 사용한 예는 1882년 11월 30일의 산죠 사네토미와 이와쿠라 도모미 앞으로 보낸 편지(『伊藤博文伝』 중권, 332쪽)와 1883년 4월 27일 이노우에 가오루에게 보낸 편지에서였다(「井上馨文書」).

　이토는 유럽에서의 헌법조사를 적극적으로 요구한 것이 아니었고, 그의 헌법조사가 정부 내에서도 당연한 것으로 받아들여진 것도 아니었다. 왜일까. 경과를 따라가며 생각해보자.

　이토가 유럽에 파견되는 직접적인 계기는 1881(명치 14)년 11월 6일 이와쿠라 우대신 앞으로 보낸 데라시마 무네노리寺島宗則: 원로원의장의 건의였다(稲田正次, 『明治憲法成立史』 상권, 565~566쪽). 이토가 헌법조사를 위해 유럽에 가는 것에 대해 당시 참의 가운데 적어도 사사키 다카유키佐佐木高行, 야마다 아키요시山田顕義, 오오키 다카토우大木喬任 등 3명은 회의적이거나 반대했다. 이와쿠라 우대신도 당초 매우 소극적이었던 것 같다. 그런 분위기 속에서 이토의 유럽행이 실현된 것은 이노우에 가오루 참의가 야마가타, 오오야마, 사이고 쓰구미치 등의 유력 참의를 설득했기 때문이라고 생각된다.

　사사키 다카유키의 일기를 보면, 11월 23일 동료인 이노우에 가오루마저

헌법조사 그 자체의 필요성만으로 이토의 유럽행을 논한 것은 아니었다. 이노우에는 '노이로제'로 매일 밤 불면으로 술 한 병씩을 마시는 이토에게 유럽행은 요양이 될 것으로 생각했다. 정부계열의 『도쿄니치니치신문』과 재야의 『도쿄요코하마 마이니치신문』, 『쵸야朝野신문』, 『유빈호치郵便報知신문』 등의 유력지도 이토가 헌법조사를 위해 유럽으로 가는 것을 의문시했다(瀧井一博, 『ドイツ国家学と明治国制』, 171~173쪽).

이 시기 이토는 명치 14년 정변으로 오오쿠마 추방이라는 큰 사건도 마무리되었고 당분간 큰 일이 없어지게 되면서, 갑자기 헌법의 조사와 제정, '헌법정치'를 정착시킬 과제로 중압감을 느끼기 시작했다. 그러나 이번 조사는 영어권이 아닌 독일어권이 중심이다. 이토는 독일어를 못했다. 그리고 친구인 이노우에 가오루를 비롯해 누구도 헌법조사가 얼마나 중요한 일인지를 이해하지 못했다. 지금 자신은 그들에게 그 의의를 설명하고 설득할 정도의 지식조차 없었다. 이런 안달로 인해 천하의 이토도 '노이로제'에 걸리고 과음을 했다. 그 후 1882년 3월 3일, 이토에게 유럽의 입헌국가들의 조직과 실제 상황을 조사하라는 칙령이 내렸다.

3월 14일, 이토 일행은 영국배 '겔릭호'를 타고 요코하마 항을 출발했다. 일행 속에는 후에 이토의 계승자로서 이토가 창설한 본격 정당인 입헌정우회의 제2대 총재가 될 32세의 사이온지 긴모치西園寺公望도 있었다. 사이온지는 파리대학 등 프랑스에서 9년 반 동안 공부하고, 프랑스법 지식을 익힌 후 약 1년 반전에 귀국했다. 사이온지와 이토를 연결해 준 것은 이와쿠라 도모미岩倉具視였다(伊藤之雄, 『元老西園公望』 제2장·3장; 岩倉 앞 三条書状, 1881년 11월 2일, 「岩倉具視文書」〈対岳〉). 출발 며칠 전, 이와쿠라는 술과 생선을 가지고 이토의 다카나와高輪 저택을 방문하여 둘이서 송별회를 했다. 그는 요코하마 항 출발 때도 일부러 배웅을 왔다(「岩倉具視」(直話), 『伊藤公全集』 3권, 9쪽). 이와쿠라는 이토가 귀국하기 2주 전에 서거했다. 이것이 영원한 이별이 되었다.

베를린에서의 고생과 희망

　　　　　　이토 일행은 1882(명치 15)년 5월 5일 나폴리를 거쳐 16일 베를린에 도착했다. 3일 후에 그나이스트Rudolf von Gneist: 베를린대학 교수 -옮긴이를 만나 헌법강의에 대해 상의했다. 그나이스트는 제자 모세Isaac Albert Mosse: 독일법률가. 주독일본대사관 고문. 명치헌법의 아버지라 일컬어짐-옮긴이에게 강의를 일임하였다. 모세의 강의는 5월 25일부터 7월 29일까지 계속되었다.

　이토는 프러시아의 비스마르크Otto von Bismarck 수상이 있었다. 당시 비스마르크는 담배 전매법을 두고 의회와 대립하고 있었다. 이토는 다망한 비스마르크 등 정치가와 만나는 것보다 학식 있는 선생과 깊이 있는 대화를 하는 편이 얻을 것이 있다고 생각해, 베를린에 와서 2개월이 지날 동안 비스마르크와 만나지 않았다. 아오키 슈조青木周蔵 공사가 걱정할 정도였다(井上馨 앞 伊藤書状, 1882년 7월 5일, 「井上馨文書」).

　이토는 독일어를 못했고, 독일에 대해 공부한 적도 없었기 때문에 처음에는 난감해 했다. 동지인 이노우에 가오루에게 다음과 같은 내용의 편지를 보냈다. 특히 독일의 헌법과 행정을 조사하는 데에는 '전문적'인 언어가 많고, 영어에 대응시켜 그 의미를 해석할 수 있는 수준이기 때문에 매우 어려움을 느끼고 있다. 그렇지만 헌법의 "장단점을 논할 때에는 실로 침식을 잊는 기분"이 든다며 재미도 찾고 있었다. 이어서 이토는 각 조항에 대한 문장의 뜻을 이해하는 정도로는 법의 '정신도 실제(의 운용)'도 이해할 수 없다고 생각했다. 학문적 분석만 하고, '(실제의) 사정'에 대해 논하지 않는 것은 피상적 이해에 그치고 말 것이다. 되도록 '핵심'을 깊이 구명하여 조금은 '(일본의 헌법제정에 관해) 효능'을 얻고 싶어 열심히 노력하고 있습니다 라고 솔직한 심정을 털어 놓았다.

　그리고 이토는, 그나이스트 교수가 8월 초순부터 오스트리아의 온천으로 피서를 가기 때문에 오스트리아로 가 유명한 슈타인Lorenz von Stein: 빈대학 교수을 방문하여 그의 견해를 배우고 싶다고 생각하고 있었다(앞의 문서, 井上馨

헌법조사를 위해
독일 체재 중의 모습

앞 伊藤書狀).

독일어와 독일에 무지한 이토가 고생을 하면서도 단기간에 그 정도로 성과를 올리기 시작한 것은 첫째, 그때까지 내무성, 공부성, 대장성 등 여러 성에서 중견부터 최상위의 지위까지 실제 행정을 해온 경험이 있었기 때문이다. 독일과 일본은 제도가 다르지만, 이토는 정치와 행정의 실제를 상상할 수 있었다. 둘째, 영어를 통해 미국의 헌법과 헌법제정 역사, 영국의 국제國制: 헌법 형성 등의 역사를 배웠기 때문에 법률과, 행정자체에 대한 학문적 맥락도 분별할 수 있었다. 셋째, 명치 14년 정변까지의 과정에서 이노우에 가오루의 헌법에 관한 의견이나 민간의 다양한 헌법초안을 이토 자신이 검토하여 쟁점을 파악하고 있었던 것도 독일헌법 등의 이해에 도움이 되었을 것이다. 또 이토는 헌법조사 수행원 중에서 사이온지 긴모치西園寺公望를 필두로, 후에 헌법제정을 보좌할 이토 미요지伊東巳代治 등 심복이 될 인재를 발굴해 그들에게 학습의 기회를 주었다. 이것이 이토의 헌법조사의 부산물이었다.

슈타인과의 만남

1882(명치 15)년 8월 8일, 이토는 빈에 도착했다. 그날 바로 이토는 슈타인(빈대학 교수)을 만났다. 이토는 슈타인의 학설을 들은 다음 날, 이와쿠라 도모미岩倉具視에게 보낼 편지에 그 감명을 기록했다. 이 편지는 발송되지 않았으나(稲田正次, 『明治憲法成立史』 상권, 583~584쪽), 요지는 다음과 같다. (1) 영국인은, 정부(행정)는 국회에서 다수를 차지한 당파의 영수가 담당한다고 하며, 프랑스인은 정부는 국회 다수의견의 가신이라고 하며, 독일인은 정부는 다수의견을 채용하지만 '독립행위의 권한'이 있다고 한다. (2) 그리고 (독일에서) 군주는 입법·행정의 대권을 직접 장악하고 군주의 인가를 받지 않고 법률이 되는 것은 하나도 없으며, 군주의 허가를 얻지 않고 '실시'하는 것은 하나도 없다. (3) 이점에서 고찰하면, '국가'는 '군주'이며, '군주'가 즉 '국가'라는 것도 가능하다. 그러나 그 정치는 (군주)전제가 아니다. '입헌군주국'에서는 입법의 조직(議員)·행정의 조직(각 대신의 협동) 및 모든 '정치'는 일정한 '조직규율'에 따라 운용된다, 등이다.

이토가 슈타인 교수와의 대화에서 감명을 받은 것은 첫째, 독일이 전제군주국가인 것은 알고 있었지만, 그래도 국회의 다수의견을 채용하고, 국회와 정부가 대립할 때는 최종적으로 군주가 판단을 내리는 정치와 군주의 관계를 체계적으로 알게 되었다((1)·(2)). 둘째, 그것 이상으로, 독일의 예를 일반화하여 군주국이라도 군주 전제는 아니라는 실태를, 즉 입헌국가에서는 군주도 포함해 입법, 행정 등 모든 '정치'가 일정한 '조직규율'에 의해 운용된다는 것을 이해할 수 있었다((3)).

이러한 생각은, 군주는 국가에 의해 제약을 받는 하나의 기관이며, 군주가 입법부와 행정부로부터 제약을 받아도 문제가 안 된다(군주가 입법부와 행정부의 의사를 완전히 무시하고 자유롭게 행동해서 좋은 것은 아니다)는 것이다. 이것은 군주권은 신으로부터 받은 것이며 군주는 전제적으로 행동해도 좋다는 생각을 부정하기 위해 생긴 인식으로 당시 유럽 군주제에 대한 첨단 학설 즉 군주기관설이었다. 이토는 슈타인과의 대화에서 그 뜻을 이해할 수 있었다. 그래서 전통적으로 천황 전제(천황 친정)가 행해지지 않은 일본의 실정에 맞는 헌법을 만들기 위한 단서가 보이기 시작했다고, 이토는 기뻐했다.

헌법구상에 대한 확신

이토는 1882(명치 15)년 8월 11일에 쓴 편지를 이와쿠라 우대신에게 보냈다(『伊藤博文傳』 중권, 294~299쪽). 편지에서 이토는 첫째, 독일에서 유명한 그나이스트Rudolf von Gneist, 슈타인 두 교수에게 배우고, 국가조직의 큰 틀을 이해했으며, 황실의 기초를 다지고, (천황) 대권을 쇠퇴시키지 않는다는 대목적에 대해 충분히 전망이 섰다는 자신감을 보였다. 그리고 '영국, 미국, 프랑스의 자유 과격론자의 저술'만을 '금과옥조'로 과신하여 국가를 기울게 하려는 자들에게 대항할 수 있는 '방법과 수단'을 얻어 '마음 편히 죽을 곳을 찾은 기분'이라고 썼다.

둘째, 이와쿠라에게 보내지 않은 8월 9일자 편지에 쓰여 있었던 오해하기 쉬운 표현, 즉 군주국이라도 전제와 다른 것이 있다는 말은 사용하지 않고, '군주 입헌정체'에서 '군위군권君位君權'은 입법 (의회)의 위'에 있다며, 의회에 대해 '군위군권'을 강조한 것이다.

이토의 의도는 정부와 의회가 대립할 경우, 예를 들어 의회에서 법률이 가결되어도 정부가 승낙하지 않으면 군주는 허가, 공포하지 못하고 법률로 성립하지 않는다. 즉 군주권을 인용해 정부의 권력(행정권)을 강조했다. 이것은 당시 일본의 실정에 맞았다. 논리적으로는 행정권이 군주권을 제약하는 것이 되지만, 편지에는 그 점은 명시하지 않았다. 그리고 군주권을 강조하는 일환으로 군주의 지위는 헌법 제정과 국회가 창설되었을 때 군주로 인정받는 것이 아니라 이미 역사적으로 보장되어 있는 것이다고 논했다.

마지막으로 이토는 서남전쟁 참가를 획책했다는 이유로 감옥에 있는 무쓰 무네미쓰陸奧宗光 등의 형을 가볍게 할 것을 주장했다. 무쓰와는 유신 후 오오쿠마, 이노우에 가오루 등과 함께 기도 다카요시木戸孝允 저택에 출입하며 친밀하게 미래를 이야기한 사이였다. 오오쿠마가 조기 국회개설과 정당내각제를 제창하여 이토에게서 멀어진 지금, 그에게는 함께 근대국가를 만들어 갈 역량이 있는 인재가 한명이라도 더 필요했다.

다키이滝井 씨가 논한 것처럼 이토는 슈타인을 만난 이후 완전히 그에게 매료되었다. 만난 지 19일 후에 야마다 아키요시山田顕義 참의 겸 내무경(죠슈 출신) 앞으로 보낸 편지에 슈타인을 일본으로 초대할 의사를 전했다. 그 후 8월 28일, 이토는 베를린에서 독일황제 빌헬름1세와 식사를 같이하고, 30일에는 러시아 황제 즉위식에 파견된 아리스가와노미야 다루히토有栖川宮熾仁 좌대신을 파리에서 만난 후 9월 18일부터 슈타인의 강의를 들었다. 이 무렵 이토는 유럽 체재를 연장하고 싶다고 정부에 요청했다(山県有朋 앞 伊藤書狀, 1882년 9월 23일, 『山県有朋関係文書』 1권). 슈타인과의 만남에서 받은 자극이 컸을 것이다.

이토는 아리스가와노미야 등에게도 슈타인의 강의를 함께 들을 것을 권했다. 그는 10월에 이토와 함께 수강생이 되었다. 이토는 11월에 슈타인에게 일본 방문을 요청했지만 고령을 이유로 거절당했다(瀧井一博, 『ドイツ国

家学と明治国制』, 175~182쪽). 11월 5일 이토는 빈을 거쳐 14일부터 베를린에서 모세의 강의를 들었다.

군주기관설적 사고의 도입구상

유럽의 헌법조사에서 이토는 슈타인에게 가장 많은 영향을 받았다. 그의 가르침은, (1) 행정권이 우위에 있어야 하지만 행정권·군주권·의회 권한의 삼권이 긴장관계에 있는 것이 바람직하다(삼권은 모두 다 중요하고 거꾸로 군주권이라고 해도 제한되어야 한다). (2) 헌법은 그 나라 고유의 역사를 반영한 것이어야 한다. (3) 역사는 변화하는 것으로 헌법의 운용과 제도도 변화해 가는 것이 자연스럽다, 등이다.

이토는 슈타인을 통해 헌법 하에서 군주권을 제한해 간다는 생각을 일본에 도입한 것이다. 이것은 19세기 전반 유럽의 시민혁명의 영향을 받아 출현한 헌법이론으로, 군주기관설이라 하며, 유럽에서 최첨단 인식이었다(瀧井一博, 『ドイツ国家学と明治国制』 제5장 보론; 瀧井一博, 『文明史のなかの明治憲法』 제2장). 약 30년 후 미노베 다쓰키치美濃部達吉 도쿄제국대학 법과 교수(헌법학)가 제창한 천황기관설[6]도 그 연장선상에 있다고 할 수 있다.

이토는 일본 출발 전부터 독일헌법을 모델로 하여 그것을 일본의 실정에 맞게 정리하려고 생각하고 있었다. 이토는 슈타인과의 만남으로 그 방침에 한층 더 확신을 가졌다. 이미 언급한 것처럼 이토는, 헌법상 주권은 군주에

---

6) 천황기관설(天皇機関説): 명치헌법의 해석을 둘러싼 미노베 다쓰키치(美濃部達吉)를 대표로 하는 학설. 천황 주권의 원칙을 인정하나, 동시에 천황의 권력을 절대적인 것으로 보는 데에는 반대한다. 천황은 통치권의 주체이며 법인으로서의 국가를 대표하고, 헌법의 규정에 따라 통치의 기능을 행사하는 최고 기관이다. 이 기관설은 1930년대 군국주의화의 진행과 함께 일본의 국체(國體, 천황이 지배하는 국가 체제)에 어긋난다는 이유로 우익, 군부, 정당으로부터 규탄을 받았다.

게 있지만, 그 대권은 각 기관에 위임되어 있으며, 그것은 간단히 빼앗을 수 없다는 일본의 전통에 입각한 설명으로 군주권을 제한하려고 했다. 이렇게 해서 군주권을 제한한다는 의미에서 실질적으로 군주기관설적인 사고를 일본에 도입한 것이다. 이토는 슈타인과의 만남으로 독일 및 오스트리아의 헌법조사에서 많은 성과를 거둘 수 있었다. 1년 예정의 헌법조사였지만 정부에 연장을 신청하여 1883년 6월 중순까지 체재하는 허가를 받았다.

그 후 이토는 1883년 2월 19일 베를린을 출발해, 벨기에 브뤼셀을 거쳐, 3월 3일 런던에 도착했다. 그때부터 5월 초순까지 약 2개월 간 영국에서 헌정 운용에 대해 연구했다(『伊藤博文伝』 중권, 332~355쪽). 영국 체재에 대해 이토는 동지인 이노우에 가오루 참의 겸 외무경에게, 거의 2개월 간 매일 조사를 해 중요한 대목은 '철두철미'하게 다 훑었다고 생각하지만, '헌법정치'는 배우면 배울수록 '어렵다'는 것을 느끼고 있다고 전했다(井上馨 앞 伊藤書状, 1883년 4월 27일, 「井上馨文書」). 이토는 영국의 헌정 모델을 정말 중요하다고 생각했고, 미래의 일본 정치가 지향해야 할 본보기로 여기고 있었다.

이토가 1871(명치 4)년에 미국 헌법과 근대세계에서 첫 공화제 국가가 만들어 진 것에 대해 흥미를 가지고 영어 책을 읽었던 사실은 앞에서 언급했다. 이노우에 가오루 등 다른 독일 헌법론자와 비교하여 이토가 대국적인 면에서 뛰어난 점은, 독일의 헌법과 헌정을 연구할 뿐만 아니라 대척점에 있는 영국의 국제(헌법)와 헌정에 대해서도 배척하지 않고 검토하여 이해하려 했다는 점이다. 즉 1882년부터 이듬해에 걸쳐 헌법조사를 하는 단계에서, 장래 일본 헌정이 성숙하면 앞으로 만들 헌법을 영국의 헌정과 같이 운용할 때가 올 수도 있다고 생각했을 것임이 틀림없다. 그것은 천황(군주)의 정치관여를 억제하고, 행정부가 입법부의 의사를 존중하는 형태로 만들어지는(정당 내각제) 것을 천황이 승인하면 되는 것이다.

후술하지만, 이토가 청일전쟁 이후에 정당과의 제휴를 지향하고, 약 18년 뒤에 이상적인 정당으로서 입헌정우회를 창립하여 '헌법정치'를 완성하려한 것은 그의 이상을 실현하기 위한 첫걸음이었다.

자신감을 가지고 귀국

1882년도에 독일 및 오스트리아에서의 헌법조사가 일단락되자, 이토는 독일 각지를 방문하면서 유럽 정세를 살폈다. 거기서 이토의 결론은, 영국이 이집트를, 프랑스가 베트남을 지배한 것처럼, 유럽 제국의 식민지 확장 정략은 재연되고 있으며, 표면적으로는 어떻든 진정으로 일본을 동정할 나라는 없다는 것이다. 여기에는 기독교 국가와 비기독교 국가라는 점도 관계가 있다고 이토는 생각했다. 따라서 일본은 독립을 지키기 위해 군비를 충실히 하고 경계를 소홀히 하지 않아야 한다고 생각했다(松方正義 앞 伊藤書狀, 1883년 1월 8일, 『伊藤博文伝』 중권, 334~ 339쪽). 이토는 이 단계에서는 기독교라는 종교로 유럽을 획일적으로 보는 미숙한 외교인식을 가지고 있었다.

그 후 1883(명치 16)년 1월 30일에 프러시아(독일) 수상 비스마르크Otto von Bismarck와 회견하고, 비스마르크가 조약개정에 관해 일본에 호의적인 자세를 가지고 있다는 것을 알게 되었다. 비스마르크는 슈타인을 대신할 적절한 행정학자를 일본에 초대하는 것을 주선했다(井上馨 앞 伊藤電報, 1883년 1월 30일, 『伊藤博文伝』 중권, 348~349쪽). 그리고 이토와 주독 아오키 슈조靑木周蔵 공사의 노력에 힘입어 조약개정을 주선할 목적으로 독일이 암암리에 각국에 회람문을 보내게 되었다(井上馨 앞 伊藤書狀, 1883년 1월 8일·4월 27일, 「井上馨文書」).

이번 유럽행에서 이토는 헌법제정과 그 운용에 대한 근본적인 사고를 익혔을 뿐만 아니라 제국주의 시대 열강의 아시아 제국에 대한 냉엄한 태도를 피부로 느꼈다. 그리고 이러한 상황에서도 기독교 국가이거나 아니거나

에 상관없이, 자국의 근대화를 배경으로 합리적으로 집요하게 교섭을 한다면 비스마르크와 같이 일본에 호의를 보여줄 지도자도 있다는 것을, 유럽행의 최종단계에서 알게 되었다. 즉 열강 상호 간에도 모순이 있고, 열강의 행동규범을 잘 이해하여 그에 따라 합리적으로 교섭한다면 길이 열릴 가능성이 있다는 것을 알았다. 이토는 완전히 자신감을 얻었다.

1883년 8월 4일, 이토는 수행원들과 함께 프랑스선 '다나이스호'로 요코하마 항에 도착했다. 상해를 출발한 후 심한 파도에도 불구하고 이토는 '더욱 기력이 왕성'해졌다(『東京日日新聞』 1883년 8월 6일). 그러나 지금까지 자기를 지지해 준 이와쿠라 우대신은 2주전에 세상을 떠났다. 명치 천황은 이토의 집에 술과 요리를 보내 노고를 치하하고 위로했다. 6일 이토는 입궐하여 유럽의 견문 등을 보고하고, 산죠 사네토미三条実美 태정대신, 아리스가와미야 좌대신, 야마가타 참의, 후쿠오카 다카치카福岡孝弟 참의 등과 함께 천황에게 오찬을 대접받았다(『明治天皇紀』 6권, 94쪽).

같은 날 정부계 신문은 이토가 참의의 상석에 앉아 '프라임 미니스터(수상)'의 실권을 장악할 것이다. 그 경우 정략은 독일의 비스마르크와 비슷하거나, 영국의 글래스톤과 같을 것이라는 등의 억측이 있다고 논했다(『東京日日新聞』 1883년 8월 6일). 정부 측에서 이토에 대한 기대는 높았다. 지금까지 논한바와 같이, 이토는 장래 영국과 같은 입헌군주제까지 시야에 넣고 있었으며, 당분간 독일 모델을 수정한 입헌군주제를 만들려한다는 사실이 막연하게 알려졌다. 8월 하순이 되자 출옥한 무쓰 무네미쓰陸奥宗光: 전 대장성 조세장, 원로원 부의장가 이토를 방문, 환담했다. 이토도 후일 무쓰를 방문했다(『東京日日新聞』 1883년 8월 23·24일). '헌법정치' 형성을 향해 이토와 무쓰의 협조가 다시 시작되었다.

제8장

국내정치 우선과
청 · 일 협조

- 초대 수상

갑신정변

　　명치유신 후, 근대화를 하는 일본과 노대국 청국은 류큐를 둘러싼 국경 문제 등으로 대립하고 있었지만, 1879(명치 12)년에 이토 참의 겸 내무경의 주도로 류큐를 일본의 오키나와 현으로 편입시켰다(제5장). 그 후 1880년대가 되자 일본은 조선의 근대화를 '지원'(따옴표—옮긴이)하기 위해 적극적으로 움직였다. 조선이 청국의 '속국'(따옴표—옮긴이)이지만, 유약한 상태였기 때문에 러시아의 진출을 우려해 일본은 친일파를 육성하려 했다.

　　조선에서는 고종高宗의 왕비였던 민비(명성왕후) 일족이 일본의 지원 하에 근대화 개혁을 추진하게 되었다. 그 일환으로 병제 개혁도 행해졌으나, 1882(명치 15)년 7월 23일, 이에 불만을 가진 구 군대 병사가 반란을 일으켰다. 여기에 개국으로 생활이 곤란해진 민중이 합류, 수도 한성(서울)에 있는 일본 공사관 등을 공격했다. 임오군란이다.

　　이토가 헌법 조사를 위해 유럽에 있을 때 일어난 이 사건에 대해 병중인

이와쿠라 도모미岩倉具視 우대신을 대신해 참의인 이노우에 가오루외무경와 야마가타 아리토모참의원 의장 등이 중심이 되어 대응했다. 두 사람은 구로다 기요타카黑田淸隆 등 사쓰마 번계열의 강경론을 누르고 8월 30일에 제물포조약을 맺어 청국과의 전쟁 위기를 피했다(高橋秀直, 『日淸戰爭への道』, 29~74쪽). 말하자면 이토 체제의 핵심 인물이 사건을 해결한 것이다.

임오군란 발발 2년 4개월 후, 1884년 12월 4일, 한성(서울)에서 김옥균 등 조선의 급진개화파가 다케조에 신이치로竹添進一郎 공사 및 일본주둔군과 연대하여 쿠데타를 일으켰다. 이렇게 갑신정변이 시작되었다. 김옥균 일행은 국왕을 옹립하여 일시적으로 정권을 장악했지만, 친청파와 결합한 청국군의 반격으로 (3일 만인)6일에 패했다. 이 혼란 속에서 일본 거류민 30여 명이 살해되고 일본 공사관도 소실되었다. 김옥균 일행은 일본으로 망명했다.

일본 정부는 19일에 각의를 열고 앞으로의 방침을 정했다. 이노우에 가오루 참의(외무경)를 특파전권대사로 파견하지만 청국과의 개전을 피하기 위해 소극적으로 조선에 간섭한다는 내용이다. 이노우에 가오루는 이토와 마찬가지로 청국과의 전쟁을 피하고 헌법제정 등 일본의 근대화를 추진하려 했다.

임오군란 때와 같이, 사쓰마의 최고유력자로 내각고문이라는 한직에 있던 구로다 기요타카가 사쓰마계의 대청국 강경론자의 지지를 받아 조선특사로 갈 것을 희망했다. 그러나 이토와 이노우에 가오루 두 참의는 이노우에 가오루의 파견을 강행했다. 이노우에 가오루는 2개 대대(1,200명 정도)의 호위를 받으며 한성으로 갔다. 다음해 1885년 1월 9일, 일본과 조선 사이에 한성조약이 체결되었다. 조선이 일본에 사죄하고 피해를 보상하는 등의 내용이다(앞의 책, 142~162쪽).

특파전권대사로서 청국행 자원

일본과 조선 사이에 한성조약이 체결되어도 청국군은 그대로 한성(서울)을 제압하고 있었다. 조선은 청국의 '속국'이었지만 지금까지 조선이 청국에 조공을 하는 등 느슨하게 복속되어 있을 뿐이었다. 그러나 청국 군대의 한성 주둔 상태가 계속되면 실질적인 청국의 조선 지배로 연결된다. 아무래도 청일간의 교섭이 필요하다.

이토와 이노우에 가오루 두 참의는 청국과의 전쟁을 피하려고 생각했다. 그러나 사쓰마계의 장군들은 청국과의 개전론을 주창했으며, 사이고 쓰구미치西鄕從道 참의 겸 농상무경(전 육군경)과 가와무라 스미요시川村純義 참의(해군경)도 영향을 받았다. 또한 후쿠자와 유키치福沢諭吉가 경영하는 유력신문 『지지時事신보』는 정부 내의 이러한 대립을 의식하여 대청국 개전론 캠페인을 펼치며 사쓰마계의 개전론자들을 부추겼다.

1885(명치 18)년 1월 중순이 되자, 이번에도 한직에 있던 구로다 기요타카가 청국의 특사 파견을 자청했다. 2월 말 이토는 사쓰마와 쵸슈의 참의들과 이에 대한 대응을 의논한 뒤, 그 회합에 구로다를 불러 조정하려 했다(黑田 앞 伊藤書狀, 1885년 1월 29일, 「黑田淸隆文書」, 국립국회도서관 헌정자료실 소장). 결국 다시 청국 특사 파견을 거절당한 구로다와 사쓰마계의 체면을 살려주기 위해서는 최고유력자 이토가 갈 수밖에 없었다.

이렇게 해서 2월 7일 각의에서 장시간 검토한 끝에 이토의 청국 파견이 결정되었다. 그리고 청국군의 철군과 청일 양국 군의 충돌에 책임이 있는 청국 장성의 처벌을 요구하기로 했다. 이 각의에서는 32세의 명치 천황이 임석하여 "청국과 평화롭게 끝내야 한다"는 칙유를 내렸음에도 이와 같은 강경한 내용으로 결정된 것은 이례적이었다. 천황도 청국과의 전쟁을 피하고 싶었던 것이다(高橋秀直, 『日淸戰爭への道』, 163~172쪽).

이토와 이노우에 가오루 등은 강하게 밀어붙이면 안 될 것도 없겠지만, 헌법제정, 근대적 내각 제도의 창설 등 내정에 많은 과제를 안고 있었기 때문에 사쓰마계에 응어리를 남기지 않는 형태로 청국과의 문제를 해결하고 싶었을 것이다. 2월 24일, 이토가 특파전권대사로 청국에 파견되고, 별도로 사이고 쓰구미치 참의가 동행하도록 천황의 칙지가 내렸다(『明治天皇紀』6권, 366~367쪽).

사쓰마계 가운데에서는 사이고 쓰구미치가 이토와 친했다. 오오쿠보 사후에 그를 참의로 추천한 것도 사쓰마의 최고유력자가 된 구로다가 아니고 이토와 이와쿠라였다. 3월 6일 아침, 이토는 청국으로 향하는 도중 나가사키에서, 만일 청국이 조선으로부터 철병을 거부할 경우를 우려하는 편지를 썼다(內閣諸公 앞 伊藤書狀, 1885년 3월 6일, 「三条家文書」). 사이고 쓰구미치를 동반시킨 것은 청국과의 교섭이 잘 이루어지지 않을 경우에, 사쓰마계가 이토에게 응어리를 남기지 않도록 배려했기 때문일 것이다. 이토의 청국 파견은 이토 체제의 중심세력이 주도했다고 할 수 있다.

천진조약의 체결

1885(명치 18)년 3월 14일, 이토는 천진에 도착했다. 일단 북경에 들어간 후, 4월 3일부터 청국 정부의 실력자 이홍장李鴻章: 북양대신과 천진天津에서 교섭을 시작했다. 플랜캣Roy J. Plunket 주일 영국공사는 청국이 철병에 동의할 것이라는 정보를 일본 측에 전했고, 이토에게도 전달된 것 같다. 그래서 이토는 교섭에서 청국 장성의 처벌을 확보해야 한다고 생각했다. 교섭에 임해 이토는 배상과 함께 이를 강력히 요구했다.

당연히 이홍장은 거부했고, 7일 제3차 회의에서 교섭은 결렬 직전까지 갔다. 9일 이토는 이노우에 가오루에게 전보를 보내 이홍장이 지금과 같이 거부하면 결렬될 것이라고 전했다(高橋秀直, 『日淸戰爭への道』, 176쪽). 약 10년 전에 오오쿠보 도시미치大久保利通 참의는 대만출병을 둘러싸고, 결렬도 각오한 교섭을 통해 청국이 배상금을 지불하도록 양보를 받아냈다. 청국과

의 전쟁을 피하고, 일본의 위신을 세워 일시적으로 번벌 정부 내의 균열을 막았던 것이다. 이토는 오오쿠보의 행동을 생각했을 것이다.

결국 4월 18일 이토와 이홍장 사이에 천진조약이 조인되었다. 청일양국은 조선으로부터 철병하고 재파병 시에는 사전에 통지하도록 합의했다. 청국 장성의 처벌과 배상문제는, 사건 때 청국 병사들의 불법행위가 밝혀지면 해당 장성을 견책한다는 이홍장의 보증을 조건으로 타협했다(앞의 책, 176~ 177쪽).

이토의 목적은 청국과의 전쟁을 피하고, 조약 체결로 국내가 불온하게 되거나 사쓰마계에 응어리를 남기지 않는 것이었다. 그런 의미에서 이토의 청국행은 대성공이었다.

하라 다카시의 발굴

이번 청국행의 부산물은 천진 영사였던 29세의 하라 다카시原 敬를 발굴한 것이다. 하라는 후에 이토가 창립한 정당 입헌정우회의 제3대 총재로서 하라 내각을 만든 인물이다. 하라는 이미 나카이 히로무中井弘: 시가 현령의 딸 사다코貞子와 결혼했다. 나카이는 사쓰마 출신이면서도 사쓰마 번벌을 좋아하지 않았고, (쵸슈 출신인―옮긴이)이토 및 이노우에 가오루 등과 친했다. 이토는 친구 나카이의 사위인 하라의 이름은 알고 있었을 것이다.

1885년 3월 14일, 이토 일행은 천진에 도착했다. 이토는 3월 17일 북경으로 가서 4월 2일 천진에 되돌아올 때까지의 기간을 빼고 천진 영사관에서 생활했다. 4월 19일 천진을 떠났기 때문에 약 20일 동안 하라 다카시와 가까워지게 되었다(『原敬日記』 1885년 3월 17일~4월 19일).

뿐만 아니라 그 사이 하라는 3월 24일에 에노모토 다케아키榎本武揚 주청국 공사의 명으로 이홍장을 만나 일본이 청국과 전쟁을 하려고 한다는 뜬소문을 부정하고 잘 마무리했다. 에노모토榎本 공사는 하라의 보고서에 감명을 받고 그것을 이토에게도 보여줬다(山本四郎, 『評伝原敬』 상권, 160~165쪽). 하라도 천진조약 성립에 한 몫을 한 것이다.

대개혁의 시동

헌법조사를 끝낸 이토가 1883(명치 16)년 8월에 귀국했을 때, 과제는 크게 세 가지였다. 첫째, 일본의 헌정을 규정하는 헌법과, 의원議院 법·중의원의원 선거법·귀족원령令 등 헌법부속법, 그리고 황실제도의 큰 틀을 정하는 기본법(후의 황실전범)을 제정하는 것이다. 둘째, 새로운 헌법에 걸맞은 근대적인 내각 제도와 관료 조직 및 상원 구성원이 될 귀족(후의 華族)을 만드는 것이다. 내각과 궁중을 분리할 필요도 있다. 셋째, 헌법과 조화를 이루면서, 병행하여 만들어지는 황실기본법(후의 황실전범)에 잘 어울리게 궁중 제도와 의식을 개혁하는 것이다.

헌법과 황실전범 제정을 시야에 두고 우선은 둘째, 셋째의 과제에 착수했다. 이에 대해 간단히 살펴보자. 헌법조사 후 귀국한 이듬해 3월 17일, 이토는 헌법준비를 위해 제도조사국을 설치하고 자신이 장관을 겸했다. 이토는 특히 이노우에 고와시井上毅, 이토 미요지伊藤巳代治, 가네코 겐타로金子堅太郎: 태정관 권대서기관, 하버드대 법과 졸업에게 헌법조사를 시켰다. 법률과 문장의 귀재인 이노우에 고와시, 헌법조사단 가운데 독일법과 독일학에 가장 정통한 이토 미요지, 영어를 통해 영미법과 정치에 대한 이해를 가지고 있는 가네코 겐타로라는 이질적인 세 사람을 조합한 것이다.

이토 참의는 제도조사국 장관 외에 3월 21일에는 궁내경도 겸했다. 근대적인 내각 제도 창설과 함께 본격적으로 궁중을 개혁하려고 생각했기 때문이다.

근대적 내각 제도를 창설

　　　　　　　이토 참의의 지휘 아래 제도조사국에서 화족령
華族令을 제정하여 1884(명치 17)년 7월 7일 반포했다. 그리고 7월 중순까지
공작, 후작, 백작, 자작, 남작의 작위를 수여 받은 504명의 이름을 발표했다.
최상위의 공작과 후작은 조정 중신과 도쿠가와 가家 및 구 유력 번주에게
주어졌으며, 이토는 같은 쵸슈 출신인 야마가타와 이노우에 가오루, 사쓰마
출신의 구로다와 마쓰카타松方, 오오야마 이와오大山巖 등과 함께 백작을 수여
받았다. 작위상으로는 구 중견 번주에 해당한다. 작위 선정에서 이토는 산
죠 태정대신과 제휴하고, 사쓰마계에 대해서는 구로다 기요타카와 상담하
는 등 실권을 행사한 것 같다(三条 앞 伊藤書状, 1884년 7월 7 · 14일, 「三条家
文書」).

　다음은 태정관제 하의 낡은 내각 제도를 수상을 중심으로 한 근대적 내
각 제도로 바꾸는 것이었다. 이 이야기는 늦어도 1885년 2월 초에는 시작되
었다. 이토와 이노우에 가오루는 야마가타의 동의를 얻은 후, 사쓰마의 사
이고 쓰구미치 등의 참의와 산죠 사네토미 태정대신의 합의를 얻으려했다
(伊藤 앞 井上馨書状, 1885년 2월 2일, 伊藤 앞 山県書状, 1885년 2월 8일, 『伊
藤博文関係文書』 1 · 8권).

　그 후 11월 14일, 근대적 내각 제도를 출발시키는 준비의 일환으로 이토
는, 사쓰마의 최고 유력자로 한직에 있던 구로다 기요타카黒田清隆를 이와쿠
라 사후 공석이 된 우대신에 앉혀 그의 불만을 완화하려 했다. 이 안은 산
죠 사네토미 태정대신의 동의를 얻어 천황에게 주청하여 승인을 받았다.
그러나 구로다가 우대신 취임을 고사했기 때문에 철회되었다. 근대적 내각
제도가 만들어지면 이토가 초대수상이 되는 것은 당연한 노선이었기 때문
에 구로다는 우대신 취임을 고사한 것이다. 이토가 헌법조사를 마치고 귀
국했을 때 이미 정부계 신문에서 논란이 됐을 정도로 그의 수상취임은 당
연한 것으로 받아들여졌다.

1887년 초대 수상 때

　이렇게 해서 이토 등 사쓰마와 쵸슈의 참의를 중심으로 근대적 내각 제도를 만드는 작업이 진행되었다. 12월 22일, 태정관제는 폐지되고 새로운 내각 제도가 만들어졌다.

　초대 수상에는 이토가 취임했다. 야마가타는 내무대신, 이노우에 가오루는 외무대신, 마쓰카타松方는 대장대신, 오오야마大山는 육군대신, 야마다 아키요시山田顯義가 사법대신이 되었다. 대부분이 태정관제 하에서의 참의 겸 경(장관)과 같은 직위에 취임한 것이다. 구로다를 이은 사쓰마계의 실력자 사이고 쓰구미치전 농상무경가 해군대신이 된 것도 주목할 만하다. 문부대신에는 교육의 근대화를 맡을 인재로 기대 받고 있던 모리 아리노리森有礼: 전 주영공사를 발탁했다.

이토 내각은 이토 체제의 중추인 쵸슈계의 이노우에 가오루 및 야마가타, 그들과 제휴하고 있던 사쓰마계의 사이고 쓰구미치, 마쓰카타, 오오야마가 중요 각료가 되었으며, 거기에 이토의 충복인 모리가 가담했다.

참의와 함께 태정대신, 좌대신, 우대신(결원)이 폐지되었다. 태정대신인 산죠는 천황의 보좌역으로 신설된 내대신으로, 좌대신 아리스가와노미야 다케히토有栖川宮威仁 친왕은 참보본부장이 되었다. 두 사람 모두 이토 체제에서 제외된 존재로 앞으로 제도적으로 권한이 더 축소되어 영향력을 더욱 상실하게 된다. 그리고 궁내성은 근대적 내각 제도에서 분리되어 궁중과 부중(정부)이 별개가 되었다. 그러나 총리대신 이토가 궁내대신을 그대로 겸임하는 기묘한 출발이었다. 궁중개혁이 아직 완성되지 않았기 때문이다. 이토는 형식보다 현실의 필요성을 중시했다.

새로운 관료 제도의 육성

새로운 내각 제도가 출발한 4일 후, 이토 수상은 각의를 거쳐 각 성의 사무정리 강령을 지시했다. 요지는 다음과 같다. (1) 각 성에는 국과 과를 설치한다. 관리의 인원수를 한정하고 비용 절감과 관리의 삭감 계획을 각의에 제출하고, 각 성을 거의 균일한 조직으로 한다. (2) 관리의 선발 및 임명 방법이 아직 정해지지 않았고 정실 임명이 있으므로, 법을 정해 채용과 승진은 시험으로 한다. (3) 포고한 법률에 필요한 설명을 붙여 의문이 없도록 하고, 공문서의 수발 기한을 정한다. 또 국 및 과 회의에서의 의결 등을 검열하는 법을 만들어 사무에 효율을 기한다. (4) 각 성은 불필요한 인건비 등을 줄여 절약한다. (5) 관리의 규율을 엄격히 한다, 등이다.

이토는 근대적 내각 제도를 창설했을 뿐만 아니라 내각을 뒷받침하는 관료조직을 번벌의 정실이 아니라 법과 규칙, 시험제도를 통해 근대적이며

효율적인 것으로 하도록 방침을 정했다. 이것을 실현하기 위해 이토는 번벌관료를 대신할 인재로 전문지식을 가진 고급관료를 양성하고자 했다. 다음해 1886(명치 19)년 3월 2일 제국대학령이 발표되고, 도쿄대학을 개조하고 충실하게 해서 제국대학을 설립했다. 1887년 7월 관리임용법으로 '문관시험 시보試補 및 견습규칙'을 제정했다. 이 규칙에 따라 문관시험을 고등시험(고등관 채용)과 보통시험(판임관 채용)의 두 종류로 나누었다.[7] 합격자를 각각 시보와 견습으로 채용, 3년간의 사무연습을 거쳐 시보는 주임관으로, 견습은 판임관으로 채용하는 시스템이 만들어졌다. 이 단계에서는 주임관 위의 칙임관에 대한 규정은 없었지만 주임관에서 칙임관이라는 전문관료의 채용·승진의 큰 틀이 만들어졌다고 할 수 있다(瀧井一博,『ドイツ国家学と明治国制』, 202~254쪽; 清水唯一朗,『政党と官僚の近代』, 24~29쪽).

이때부터 약 20년이 지난 러일전쟁 후에는 제국대학을 나온 관료들이 각 성의 차관, 국장이라는 칙임관까지 승진하여 번벌관료를 대체했다. 또한 1886(명치 19)년 2월 4일, 이토수상 겸 궁내대신이 주도하여 궁내성 관제도 정해졌다. 그 결과 궁내성에는 다른 관청과 같이 궁내대신 이하 차관, 서기관, 비서관(주임관 이상)과 속屬: 판임관을 두었다. 그리고 성에는 두 개의 과(내사과, 외사과)와 다섯 개의 직職: 시종직, 식부(式部)직 등, 여섯 개의 요寮: 내장료(재무), 주전료 (主殿寮-궁전의 유지 및 안전관리) 등, 네 개의 국어료국-御料局(황실재산), 시의국 등 및 황족의 가사를 맡는 황족 직원을 두었다. 이 중 5직과 6료 4국에는 각 성의 국장에 해당하는 장관長官을 두었다. 예를 들면, 식부의식을 담당하는 곳 옮긴이직 장관은 식부장관이지만 재정담당인 내장료의 장관은 내장두內蔵頭의 명칭을 사용했다. 이토는 부국 명칭에는 궁중의 전통 호칭을 남겨 급격한 개혁에 대한 반발을 피하면서 궁내성도 다른 성과 유사한 합리적인 조직에 근접하도록 했다.

---

[7] 관리임명 형식은 다음과 같다. 칙임관(勅任官): 천황의 칙명으로 임명되는 관리. 주임관(奏任官): 내각 총리대신(수상)의 추천으로 임명되는 관리. 판임관(判任官): 천황의 위임으로 각부 장관이나 지방관청의 장이 임명하는 관리.

그런데 근대적인 내각 제도와 관료 제도를 만드는 전후의 시기에 명치 천황이 참의(각료)의 집을 방문하는 행행行幸이 실시되었다. 제일 처음 다카나와의 이토 저택(1885년 7월 7일), 다음으로 야마가타(1885년 10월 19일), 구로다(1887년 11월 27일), 이노우에 가오루(1887년 4월 26일), 마쓰카타 마사요시松方正義(1887년 10월 14일)의 순이었다(『明治天皇紀』 6권, 346~827쪽). 이 기획에 수상 겸 궁내상인 이토가 관여하지 않을 리 없었다. 그 의미는 이토를 필두로 야마가타, 구로다, 이노우에, 마쓰카타 등 5명은 천황의 방문을 받을 정도로 특별한 존재이며, 산죠 사네토미, 이와쿠라 도모미, 오오쿠보 도시미치, 기도 다카요시와 동급이 되었다는 것을 세상에 보여주기 위한 것이다. 신 내각의 위신을 높이려는 의도였다. 또 이토, 야마가타, 구로다, 이노우에, 마쓰카타라는 번벌 내에서의 서열도 보여주고 있다. 사이고 쓰구미치는 구로다와 이노우에의 중간이거나 이노우에와 거의 같은 시기에 천황의 방문을 받아야 할 존재였으나, 형 사이고 다카모리가 (유신정부에 반기를 든 서남전쟁에서—옮긴이)죽은 사정을 생각해서 아마 비밀리에 사양했을 것이다.

육군개혁의 틀을 결정

육군은 1880년대 전반, 야마가타 아리토모와 오오야마 이와오라는 쵸슈와 사쓰마 출신의 두 참의가 육군경과 참모본부장으로 있으면서 일본 육군의 전투력을 영·불 등 열강 수준에 근접하도록 개혁과 증강에 노력했다. 1884(명치 17)년 2월부터 이듬해 1월에 걸쳐 오오야마 육군경을 장으로 하는 군사시찰단이 유럽에 파견되었다. 이토는 이 군사시찰단 파견을 적극 지원했다(三条実美 앞 伊藤書状, 1883년 11월 29일·12월 4일, 「三条家文書」). 그들이 귀국한 후 1885년 5월에 정리한 진대조례鎭台條例는 1889년까지 전시의 육군병력을 두 배로 늘려 8만 명으로 하는 것이었다.

그러나 이것을 실현하기 위한 예산이 확보되지 않았기 때문에 참의 이토 는 1885년 8월, 이 문제를 다른 참의 및 산죠 태정대신과 의논했다. 그리고 이노우에 가오루 참의(외무경)를 대표로 하여 육군의 대표자로 인정받고 있던 야마가타 참의(이때는 내무경과 참모본부장 겸임)를 설득했다. 야마 가타는 사정을 이해하고 이토 체제를 지지하는 다른 참의들과 기본적으로 공동행동을 취해, 10월까지 타협점을 찾은 듯 했다. 결국 당초 육군 증강 계획은 1885년부터 1888년도까지 6개 사단 및 근위사단을 완성하는 것이 목표였으나, 1893년까지로 연기되었다.

쵸슈의 이토와 이노우에, 야마가타, 사쓰마의 사이고 쓰구미치西鄕從道와 오오야마 등이 협의하여 같은 해 8월 말에 야마가타가 참모본부장 겸임을 그만두게 되었다. 야마가타가 육군 내에서 비판의 표적이 되는 것을 피하 기 위해서였다.

태정관제 하에서는 육해군 관계의 중요 인사는 문관이 다수인 내각(대신 과 참의) 회의에서 실질적으로 결정하고, 천황의 재가를 받아서 정식 결정 되었다. 근대적인 내각 제도에서도 야마가타의 참모본부장 겸임문제에 문 관인 이토와 이노우에가 개입한 것처럼, 청일전쟁까지는 육해군의 인사는 이토 등 문관 유력자가 강하게 관여했다(伊藤之雄, 『山県有朋』 제7장). 이토 체제는, 해군에 비해 발언권이 강한 육군을 통제하는 데에도 기능하고 있 었던 것이다.

(불평등)조약개정 교섭의 위기

이토는 조약개정에 계속 관심을 가지고, 1878(명치 11)년 7월에 이노우에 가오루를 공부경 겸 참의로 취임시켰다. 이듬해 9월 10일에는 공부경을 그만두고 외무경을 겸하게 했다. 동지인 그가 조약개정을 달성하기를 기대했기 때문이다.

　그러나 이토는 참의와 수상으로서 조약개정에는 적극적으로 관여하지 않고, 이노우에 가오루 참의 겸 외무경(후에 외상)에게 완전히 맡겼던 것 같다. 조약개정의 쟁점은 전문적이어서 상당한 시간을 들이지 않으면 충분히 이해하기 어렵다. 이토는 헌법제정과 궁중개혁에 집중하고 있었다. 이노우에 가오루도 이토뿐만 아니라 다른 각료에게도 정보를 알리지 않고 자신과 외무성을 중심으로 일을 진행했다(井上馨 앞 伊藤書狀, 1887년 7월 23일, 「井上馨文書」).

　그로부터 약 2년 반이 지나 이토는 이노우에 가오루의 성격에 대해 '아주 성급한 기질로' 결단력이 없는 사람들과 함께 하기는 어렵다고 말했다(末松謙澄 앞 伊藤書狀, 1889년 12월 7일, 하기萩박물관 소장). 이노우에 가오루의 강인한 외교교섭은 그의 급한 성격이 나쁜 형태로 드러나고 만 것이다. 1887년 5월 초순, 이노우에 가오루 외상의 조약개정에 대한 비판이 이토 수상의 귀에까지 들어왔다. 내각 고용 법률고문 부아소나드Gustave Émile Boissonade가 외국인 판사 등용과 서양식 법률편찬을 조건으로 한 신조약에 위기감을 가지고 반대운동을 시작한 것이다. 이노우에 고와시井上毅: 내각서기관장가 이에 동조했다. 6월이 되자 반대운동은 원로원 그리고 도리오 고야타鳥尾小弥太, 미우라 고로三浦梧樓, 소가 스케노리曾我祐準 등의 장군까지 가세했다. 이토 수상이 궁(내)상宮相을 겸임하고 있는데 대한 비판도 거세져 사쓰마와 쵸슈의 사이가 벌어질 우려도 있었다. 그래서 5월 29일, 이토는 일단 사표를 냈지만 천황은 이를 각하했다. 그리고 천황에게 휴가를 얻어 6월 1일부터 근교의 조용한 곳에 가서 '긴요(한) 서류'를 천천히 읽으면서 치밀하게 검토하려 했다(三条 앞 伊藤書狀, 1887년 6월 1일, 「三条家文書」). 아마 이토는 조약개정에 관계되는 서류를 자세히 검토했을 것이다.

　그 후에도 위기는 계속되었다. 6월 23일에 다니 다테키谷干城: 농(무)상가 유럽 시찰에서 귀국하자, 7월 3일 조약개정에 대한 반대 의견서를 내각에 제출했다. 이렇게 해서 내각과 궁중도 조약개정 문제의 와중에 휩쓸렸다. 당연히 이노우에 가오루 외상과 연대해온 이토에 대한 비판도 거세졌다. 이토는 다니가 '민권론자'가 되었다고 비판했고, 사쓰마의 최고유력자인 구로다 기요타카黒田清隆: 내각 고문와의 소통을 통해 위기를 넘기려했다(黒田 앞 伊藤書状, 1887년 7월 5일, 「伊藤博文文書」, 국립국회도서관 헌정자료실 소장). 그러나 비판에 끝까지 저항하지 못하고 7월 18일, 이토 수상은 이노우에 외상을 설득하여 열강과의 조약개정 회의를 12월까지 연기하기로 결정했다. 결국 7월 25일에 다니를 면직시키고, 29일에 조약개정 회의를 무기 연기한다는 통지를 하여 조약개정을 둘러싼 분란이 수습되었다. 사실상 조약개정은 중지되었다(坂本一登, 『伊藤博文と明治国家形成』, 208~218쪽).

이 배경에는 조약개정 문제 외에 이토 수상의 권력 장악에 대한 사쓰마파와 정부 내의 반대파 및 비주류파의 반발이 있었다. 9월 17일 이노우에 가오루가 외상을 사임했기 때문에 당분간 이토가 외상을 겸했다. 그리고 이전부터 비판이 있었던 궁상宮相 겸임도 같은 날 그만두었다. 이토가 외상을 겸한 것은 오오쿠마 시게노부大隈重信를 외상으로 입각시켜 오오쿠마계의 야당 권력을 회유함과 동시에 조약개정을 진행하고 싶었기 때문이다. 이듬해 2월 1일, 야마가타 아리토모 내무대신의 반대에도 불구하고 오오쿠마를 외상으로 임명했다(伊藤之雄, 『山県有朋』, 223~226쪽).

이전에 이토는 1881년 3월의 오오쿠마의 조기 국회개설 의견서를 보고 분개했다. 그러나 결과적으로 보면, 그 후의 과정에서 입헌제에 대한 국민 의식은 높아졌다. 유럽에서의 헌법조사를 거쳐 일본의 헌법제정을 염두에 둔 이토는 오오쿠마에 대한 응어리를 과거사로 돌리고 함께 일본의 근대화를 추진할 한 사람으로 그를 다시 정부에 끌어들인 것이다. 오오쿠마를 정부에 끌어들인 이토의 목적 중 하나는 성공했다. 오오쿠마를 사실상의 리더로 여기고 있는 개진당改進党은 정치 참가의 확대를 주장했지만 정책면에서는 정부에 유화적으로 되어 갔다(五百旗頭薫, 『大隈重信と政党政治』, 74~75쪽).

제9장

일본의 형태를 만들다

– 대일본제국헌법과 명치 천황

헌법 초안을 만들다

　　　　　근대적 내각 제도의 창설과 관제개혁이 일단락되자, 1886(명치 19)년 5월경, 이토는 이노우에 고와시井上毅, 이토 미요지伊東巳代治, 가네코 겐타로金子堅太郎 등 3명에게 흠정헌법주의, 양원제 의회 등 헌법초안의 원칙을 제시했다. 이듬해 1887년 3월 하순에는 황실제도를 규정하는 황실전범 초안이 완성되었고, 4월 하순에서 5월에 걸쳐 갑, 을 두 개의 헌법초안이 만들어졌다. 그리고 9월 초와 중순에 의원議院법(국회법–옮긴이)과 귀족원령 초안도 만들어졌다.

　헌법 초안은 먼저 6월 1일 이후부터 8월에 걸쳐 이토 그룹에 의해 가나가와 현의 나쓰시마夏島에서 집중적으로 검토되어 나쓰시마 초안이 되었다. 그것을 10월에 도쿄 다카나와의 이토 저택에서 다시 검토하여 다음해 1888년 4월 27일 천황에게 상주할 헌법초안이 확정되었다(大石眞, 『日本憲法史』 초판, 87~148쪽).

이 입법 작업이 집중적으로 행해진 1887년 5월부터 9월에 걸쳐 이토 수상은 궁상宮相 겸임을 공격받고, 이노우에 가오루 외상의 조약개정이 비판을 받는 등 정치적 위기에 있었다. 그럼에도 불구하고 입법 작업을 정력적으로 진행할 수 있었던 것은 이토의 정신적 강인함이었다. 이 과정에서 헌법 초안 작성에 가장 큰 역할을 한 것은 이노우에 고와시였다. 그러나 독일 등에서의 헌법조사로 실력을 쌓은 이토가 그에게 끌려간 것은 아니다. 이노우에 고와시가 작성한 갑, 을 두 개의 헌법초안에 이토는 자기의 관점에서 많은 의견을 더했다. 1887년 5월 23일 이노우에 고와시가 이토에게 쓴 편지는 두 사람의 이러한 관계를 보여주고 있다(『伊藤博文関係文書』 1권).

이토는 갑 안에 법률고문 로에스러(Karl Friedrich Hermann Roesler8)의 초안 등을 참고해서 가필하여 같은 해 8월 나쓰시마 초안을 만들었다(稲田正次, 『明治憲法成立史』 하권, 65~213쪽). 이 때 헌법 초안 작성의 모습을 이토 미요지는 다음과 같이 회상했다.

당시 나쓰시마에서의 이토 공을 비롯한 우리들의 공부는 실로 대단한 것이었다. 매일 아침 9시에 이노우에 군이 여관에서 달려오고, 4명이 다 모이면 논의를 시작했다. 점심도 먹지 않고 밤까지 이어진 적도 많았으며, 밤에도 거의 12시정도까지 논쟁을 벌였다…(중략)…때로는 이토 공의 의견을 정면에서 공격한 일도 한 두 번이 아니었다. 세 명 중에서 연장자인 이노우에 고와시井上毅(궁내성 도서관장)가 국장급 관료에 지나지 않았음에도 이러한 논쟁이 가능했던 것은 "이토 공이 자기가 생각하는 의견을 마음껏 말하라는 명령"이 있었기 때문이다.

---

8) 독일의 법학자, 경제학자로 1878년 외무성 공법 고문으로 방일했다. 그 후 이토의 신임을 얻어 내각고문이 되었으며, 헌법과 상법 제정의 중심 멤버로 활동했다. 그의 헌법 초안은 대부분 받아들여져 일본헌법제정에 크게 영향을 미쳤다. 그는 보수적으로 국가의 권한 강화를 지향했으며, 법치주의와 입헌주의를 중시했다. 그의 사상은 이노우에 고와시(井上毅)에게도 영향을 미쳤다.

이상의 과정에서 이토는 대체적으로 군주권과 행정권 우위를 주장하는 보수적 방향에서 가필을 하거나 논의를 진행했다. 1887년 2월이 되어서도 이토는 국회개설에 즈음하여, 구 민권파계 정당 의원이 다수를 차지하지 않을까, 의회에 대해 강한 불신을 가지고 있었다(앞의 책 하권, 455~456쪽). 헌법초안의 형성과정에서 이토가 보수적 태도를 취한 것은, 일단 강한 군주권을 규정해 두고 만약 장래 야당세력이 유화적이 되었을 때 군주권을 위임하는 형태로, 행정권뿐만 아니라 입법권으로도 군주권이 억제될 수 있도록 하려는 구상이 있었기 때문이었다.

조정 군주의 창출

이토가 유럽의 헌법조사에서 배운 것은 헌법만이 아니라 그 헌법을 운영하기에 적합한 군주(천황)를 창출해내야 한다는 것이었다. 헌법에 어울리는 군주는 전제군주가 아니다. 일상적으로는 정치관여를 삼가고 필요한 경우에는 번벌(행정권) 내부의 대립을 조정調停할 수 있는 천황이다. 그리고 의회를 구성하는 재야세력이 원숙해지면 내각과 의회의 대립을 조정하는 것도 기대할 수 있다.

이 이론적 배경은 군주는 정부와 의회 등 국가로부터 제약을 받는 군주기관설이다. 이토는 천황의 대정大政 위임이라는 일본의 전통적 사고방식을 이용하여 실질적으로 군주기관설을 실현하려 했다. 이토는 유신 이후 그다지 실권이 없는, 전제군주가 아닌 천황의 실태를 슈타인의 가르침 등을 활용하여 이론화한 것이다. 그러나 실제 명치 천황은 '만기총람萬機總攬'한다고 교육 받았음에도 30살이 지나도 정치적 실권이 주어지지 않은 데 대해 불만을 갖기 시작했다. 자신을 로봇처럼 장식용으로 취급하는 것이 아닌지에 대해 이토 등 각료를 의심하고 있었다.

이 때문에 32, 33세가 되는 1884(명치 17)년과 1885년에는 병을 빙자하여 공식적인 자리에 출석하지 않거나 출석해도 잠시였으며, 각료들이 국사를 상주하려고 해도 만나 주지 않은 적도 있었다. 천황의 정무 사보타지였다. 이토의 충고 등으로 천황은 다시 정무에 의욕을 보이기 시작했다. 그러나 이토는 천황이 슈타인의 헌법론의 근간을 바로 배워 군주의 역할을 제대로 이해할 필요가 있다고 생각했다(伊藤之雄, 『明治天皇』, 221~255쪽). 그리고 슈타인의 헌법을 알게 하기 위해 천황의 신뢰가 두터운 시종 후지나미 고토타다藤波言忠: 조정 중신 출신를 유럽에 출장 보냈다. 그는 천황과 같은 나이로 소년 시절부터 천황을 모시고 있었다.

1885년 8월, 후지나미는 통역관 니이야마 쇼스케新山莊輔를 수행원으로 하여 유럽으로 향했다. 이토는 슈타인에게 편지를 써서 후지나미가 그의 강의를 들을 수 있도록 조치를 취했다. 후지나미는 말馬이 전문으로 헌법도 외국어도 몰랐지만 천황에게 강의를 하는 데에는 후지나미가 가장 적임자라고 이토는 생각했다(堀口修, 「侍從藤波言忠とシュタイン講義」, 『「明治天皇紀」談話記錄集成』 1권, 478~480쪽).

이토의 부탁을 받은 슈타인은 빈에서 후지나미와 통역관 니이야마를 앞에 두고, 자신이 명치 천황 앞에서 하는 것처럼 영어로 열심히 강의를 했다. 내용은 헌법뿐만 아니라, 정치·교육·종교·산업 등의 각 방면에 걸쳐 입헌국가 군주로서 익혀야할 것과 황실로서 해야 할 것에까지 미쳤다(堀口修編著, 『明治立憲君主制とシュタイン講義』, 129~359쪽).

후지나미와 니이야마는 슈타인의 강의를 다 듣고 1887년 11월 2년 3개월 만에 귀국했다. 그 후 후지나미는 2, 3일에 한 번 오후 9시 반부터 10시 반까지 슈타인에게 배운 것을 천황과 황후에게 강의했다. 천황과 황후는 열심히 강의를 들었다. 천황은 이해가 되지 않으면 후지나미에게 질문을 했다. 후지나미의 강의는 33시간에 걸쳐 해를 넘겨 1888년에 끝났다. 천황이 궁중 이외의 행정부와 입법부에 관여하는 것을 억제하는 군주기관설적인 사고방식을 익힌 것이 틀림없다. 이토는 헌법 운용에 적합한 군주(천황)를 육성했다. 헌법발포 준비는 진척되었다.

초대 추밀원 의장

　　1888(명치 21)년 4월 30일, 헌법과 황실전범 등 중요 법령을 심의하기 위해 추밀원이 설치되었고, 이토는 수상을 사임하고 초대 추밀원 의장이 되었다. 전년도부터 이토의 강대한 권력에 대해 재야 세력뿐만 아니라 사쓰마와 반주류파 등의 비판이 높아 그만둘 때였다. 이토의 후임으로 사쓰마의 최고 실력자인 구로다 기요타카黑田淸隆가 수상에 취임하였고 모든 각료는 유임됐다. 이토는 반열班列대신(현재의 무임소 장관)으로 계속 각의에 출석할 수 있게 되었다. 이토는 각의에 출석할 수 있을 뿐 아니라 3개월 후 동지 이노우에 가오루가 농상무상農商相으로 입각했고 야마가타도 내무대신 그대로였다. 사쓰마의 마쓰카타 마사요시大藏相와 사이고 쓰구미치海軍相 등도 내각에 그대로 있어 이토 체제는 계속되었다.

　이토는 추밀원 의장으로서 헌법제정을 마지막까지 책임지게 되었다. 이토를 도와 헌법 초안 작성에 전력을 다 한 이노우에 고와시는 추밀원 서기관장(법제국 장관을 겸임)이 되었고 차관급으로 승격했다. 그리고 이토 미요지와 가네코 겐타로는 추밀원 서기관이 되었고, 의장 비서관도 겸했다. 5월 8일, 천황이 참석한 추밀원 개원식이 열렸다.

　그러나 개원식 전날, 명치 천황을 격노시킨 사건이 발생했다. 천황이 개원식에서 읽을 칙어 안을 이토 추밀원 의장이 히지카타 히사모토土方久元 궁내상宮相을 통해 겨우 하루 전에 제출했기 때문이다. 천황의 연설문인 칙어를 검토할 틈도 주지 않고 단순히 낭독만 시키려는 것이었다. 천황은 개원식에 참석하지 않을 것이며 칙어 안은 이토에게 돌려보내라고까지 했다. 그러나 천황은 생각을 바꿔 개원식에 출석했다. 이토는 히지카타 히사모토 궁내상으로부터 전날의 일을 보고받자 황송하여 바로 배알을 신청해 입궐하여, 사죄하고 앞으로는 이런 일이 없도록 근신하겠다고 맹세했다. 이토가 깨끗이 사과했기 때문에 그 후에도 천황의 이토에 대한 신뢰는 흔들리지 않았다(『明治天皇紀』 7권, 6162쪽).

추밀원은 1888(명치 21)년 5월 25일부터 황실전범 원안을 심의하기 시작해 6월 15일에 마쳤다. 헌법 초안 심의는 6월 18일에 시작되어 7월 13일에 끝났다(稻田正次, 『明治憲法成立史』 하권, 567~568쪽).

이토가, 군주권이 행정권과 의회의 권한으로 제약되는 군주기관설적인 헌법을 생각하고 있었다는 사실은 추밀원 심의에서도 확인되었다. 6월 18일, 헌법 원안 제4조 "천황은 국가 원수로서 통치권을 총람하고, 이 헌법의 조규에 의해 이를 시행한다"에 대해 야마다 아키요시山田顯義 법상法相: 쵸슈 출신 등은 '국가 원수로서'와 '이 헌법의 조규에 의해 이를 시행한다'를 삭제하자는 의견을 제시했다. 이토는 "헌법정치를 시행할 때는 군주권을 제한하지 않을 수 없다", 이 조항이 없으면 이 헌법은 '핵심'을 잃어버린다고 반론했다. 투표 결과 원안은 24대 2의 다수로 가결되었다. 이토는 군주는 헌법에 따라야 한다는 의미로 헌법으로 군주권을 제한하는 당연한 원칙을 지켰다.

같은 날, 원안 제5조 "천황은 제국 의회의 승인을 거쳐 입법권을 시행한다"의 '승인'이라는 용어를 둘러싸고 격론이 벌어졌다. 이전에 천황 친정 운동을 전개한 모토다 나가자네元田永孚는 승인이라는 말은 아래로부터 위에 허가를 구하는 의미이므로 천황과 의회의 위치가 전도되어 있다고 비판했다. 이 용어는 다른 조문에도 사용되어 그 때마다 문제가 되었다. 이토는 타협하지 않을 수 없었다. 이노우에 고와시가 재조사를 하여 의회의 권한을 약하게 하는 뉘앙스의 '협찬協贊'이라는 말로 통일했다. 이토는 '승인'이나 '협찬'이나 의회를 통과하지 않으면 천황은 '입법권'을 행사할 수 없으므로 권한의 차이가 없다고 생각했다. 이처럼 이토는 의회를 장식용으로 하려는 의도는 전혀 없었다(稻田正次, 『明治憲法成立史』 하권, 588~623쪽).

'흠정'헌법의 발포와 이토에 대한 평가

추밀원에서의 헌법초안 심의는 1888(명치 21)년 7월 13일에 끝났다. 황실전범과 헌법의 심의 후, 추밀원은 1888년 9월 중순에 의원법, 회계법 등 헌법 부속법안 심의에 들어갔다. 그 후 1888년 말부터 1889년 초에 걸쳐 이토와 이노우에 고와시, 이토 미요지, 가네코 겐타로가 종합적으로 재검토하여, 1889년 1월 헌법초안은 재심의 되었다(稲田正次, 『明治憲法成立史』 하권, 798~849쪽).

명치 천황은 추밀원 심의에 모두 출석했고 발언은 하지 않았지만, 수정 조항은 붉은 글씨로 하여 제출하도록 했다. 이해되지 않는 부분은 이토 추밀원 의장을 불러 설명을 들었다. 군주기관설적 천황 상을 받아들인 명치 천황은 새로운 헌법 제정을 충분히 이해하면서 지켜보았다. 1889년 2월 11일, 대일본제국헌법(명치헌법)이 발포되고, 동시에 의원법·중의원의원 선거법·귀족원령 등 헌법부속 법령이 공포되었다. 같은 날 황실전범도 제정 되었다(공포절차는 취하지 않음).

대일본제국헌법은 이토가 슈타인으로부터 배운 군주기관설을 반영하여, 이토의 추밀원 심의의 발언에 있듯이, 조문상으로도 천황의 권한을 제약하고 있다. 예를 들면 대일본제국헌법은 "만세일계萬世一系의 천황이 통치한다"(제1조)로 되어 있는 한편, 추밀원의 심의에서도 문제가 된 "천황의 통치는 헌법 조규에 의해 행한다"(제4조)는 제한이 붙었다.

물론 일본제국헌법에는 천황은 법률을 재가하고 공포와 집행을 명한다(제5조), 행정 관제와 문무관의 봉급을 정하고 문무관을 임면任免한다(제19조), 천황은 육해군을 통수統帥하고(제11조), 육해군의 편제 및 상비 병력을 정하고(제12조), 선전(포고)과 강화를 하고, 조약을 체결한다(제13조)는 등, 천황의 정치관여를 보장하는 유명한 조문이 있다.

그러나 천황은 귀족원과 중의원으로 구성되는 제국의회의 협찬에 의해 입법권을 행사하고(제5조, 제33조), 모든 법률은 제국의회의 협찬을 거쳐야

1881년 6월 16일 헌법심의회 첫날의 광경
(중앙에 천황, 우측에 서있는 사람 이토 히로부미)

한다(제38조). 매년 예산은 제국의회의 협찬을 거쳐야 하며(제64조), 제국의
회는 매년 소집한다(제41조) 등과 같이, 의회가 천황의 행위를 제약한다. 그
리고 각 국무대신은 천황을 보필(보좌)할 책임이 있고 법률·칙령과 국무에
관한 조칙은 모두 국무대신의 부서(천황의 서명 왼쪽에 서명)를 필요로 한
다(제55조)와 같이 국무대신도 천황의 행위를 제약한다. 사법에 관해서도
사법권은 천황의 이름으로 법률에 의해 재판소가 행하게 되어 있어(제57조)
천황이 자의적으로 개입할 여지는 거의 없다.

천황은 신성하여 범할 수 없다(제3조)는 유명한 조문은 천황이 법률적,
정치적 책임을 지지 않는다는 것이며 군주가 마음대로 관여할 수 있다는

헌법공포 광경
(1889년 2월 10일)

의미는 아니다(伊藤之雄, 『明治天皇』, 270~271쪽). 그리고 이토가 입헌군주
제로서는 강한 천황대권을 헌법에 규정한 것도 당분간은 정부(행정부)가
그것을 위임받고, 재야세력이 '헌법정치'에 성숙하게 됨에 따라 중의원(입법
부)으로 위임을 확대해 갈 것이라는 전망을 가졌기 때문이다.

　헌법제정을 통해 명치 천황의 이토에 대한 신뢰와 평가는 흔들림이 없게
되었다. 그것은 헌법 발포 당일 날 새로 제정된 욱일동화旭日桐花 대훈장을 이
토 한 명에게만 준 것에서 알 수 있다. 이 훈장은 그 때까지 신하가 받은
훈장으로서는 최고였던 욱일대훈장 보다 격이 높은 것으로 만들어진 것이
다.

　1881년 이후 고생 끝에 결실을 맺은 헌법이 완성된 그해 4월, 병약했던

20세의 딸 이쿠코가 심복인 스에마쓰 겐쵸末松謙澄: 내무성 현치(縣治) 국장와 결혼했다. 이토는 47세였다. 당시로서는 초로라고 할 수 있으나 아직 건강했다. 1889년 2월부터 4월경까지 수개월 간은 이토 인생에서 가장 행복한 시기 중 하나였을 것이다.

: 제10장

어긋난 전망과
망설임

– 오오쿠마 조약개정문제와 제1회 의회

오오쿠마 안에 대한 비판 분출

앞에서 살핀 바와 같이, 이토는 가까운 이노우에 가오루 외상에게 조약개정을 맡겼으나, 외국인 판사 임용문제로 그는 외상을 사임하지 않을 수 없었다. 이토는 수상으로서 1887(명치 20)년 9월 17일부터 외상을 겸했으나, 그에게는 헌법제정이라는 더 중요한 문제가 있었다. 같은 해 10월에는 이노우에의 조약개정에 반대하는 그룹이 대동단결운동을 벌여, 지조地租 경감, 언론집회의 자유, 외교의 쇄신(일본에 불리한 조약개정 반대) 등 세 가지의 요구를 하게 되었다. 12월에는 세 가지의 요구를 담은 건백서를 가지고 각 현의 유지와 대표들이 계속해서 동경에 모였다. 12월 25일 이토 내각은 야마가타 내무대신의 주도하에 보안保安조례를 공포, 시행하고 경찰과 헌병의 힘으로 대동단결 운동을 억압했다.

한편으로 이토는 개진당의 실질적 당수인 오오쿠마와 연대하여 대동단결운동 그룹의 한 축인 개진당을 분리, 붕괴시키려고 했다. 또 오오쿠마에게 외상을 맡겨 정체되어 있는 조약개정교섭을 진전시키려 했다(伊藤之雄, 『山縣有朋』 제8장). 1888년 2월 1일 오오쿠마는 이토 내각에 외상으로 입각하고, 4월 30일 이토는 수상을 사임했다. 그 후 각료들은 거의 그대로 인 채로 구로다 기요타카黑田淸隆 내각이 성립했다. 이토는 조약개정문제를 오오쿠마에게 맡기고 추밀원의장으로서 헌법과 황실전범 등 중요 법령의 심의에 진력했다(제9장).

그런데 오오쿠마 외상은 지금까지의 이토와 이노우에 가오루의 조약개정 입안 작업의 연장선상에서 '오오쿠마 조약개정 안'을 작성했다. 그 과정에서 오오쿠마 외상은 이토, 이노우에, 구로다 기요타카 수상과 상의해서 같은 해 가을 오오쿠마 안을 만들었다. 내용은 일본이 신관세로 관세 수입을 늘리고, 치외법권을 철폐하기 위해 법전을 정비하고, 외국인을 피고로 하는 재판에는 외국인 판사를 대심원大審院: 현재의 최고재판소에 해당에 임용한다는 것이다. 11월 26일에는 최초의 교섭 상대국인 독일의 주일 대리공사에게 오오쿠마 안을 전달했다(大石一男, 『條約改正交涉史』, 35~40쪽).

그 후 구로다 내각은 오오쿠마 안으로 다음해 2월 20일에 미국과, 6월 11일에 독일과 개정통상항해조약을 조인하는 데 성공했다. 오오쿠마 외상은 다른 열강에게도 조약 조인을 부추기기 위해 조약을 맺은 국가에게 일본 국내를 개방하려고 생각했다. 조약을 조인한 국가의 국민은 일본 국내에서 통상을 할 수 있으나, 조약 개정에 응하지 않은 국가의 국민은 종래와 마찬가지로 거주지 내에서만 통상을 할 수 있기 때문에 매우 불리하다. 또 조약 개정을 재촉하기 위해 구 관세의 적용을 받는 국가가 있는 한, 미국과 독일에게는 높은 신관세를 실시하지 않는다는 것을 보장했다. 오오쿠마 외상은 이처럼 개별 교섭으로 열강과 조약개정을 진행하고, 그래도 조약개정에 응하지 않는 국가가 있을 경우, 조약을 폐기한다고 위협하는 강경 전략을 취할 생각을 하고 있었던 것 같다(앞의 책, 40~42쪽).

오오쿠마 조약개정 안에 대한 반대는 외국인 재판관을 대심원에 임용하는 문제를 중심으로 증폭되었다. 1889(명치 22)년 6월 6일 이노우에 고와시 井上毅 법제국장은 헌법상 관리는 일본인이어야 하는 데, 외국인 판사를 대심원으로 임용하는 것은 헌법에 모순된다고 조약 안을 비판했다.

이노우에 고와시의 제언으로 야마다 아키요시山田顕義 법무대신은 조약 안의 문제점을 알고, 7월 19일 각의에서 귀화법을 제정하여 대심원에 임용하는 외국인 판사에게는 일본국적을 취득하게 할 것을 주장했다. 이노우에 고와시와 그와 연대한 천황 측근인 모토다 나가자네元田永孚: 추밀원 고문의 적극적인 설득으로 이토 히로부미와 이노우에 가오루도 귀화법 제정에 찬성했다. 또 이미 오오쿠마 안에 조인한 미국과 독일에게 그 공문을 철회할 것을 요구하는 데 찬성하게 되었다. 이토와 이노우에 가오루는 조약 안이 문제가 있다는 점을 이해하고 어렵더라도 정정할 필요가 있다고 생각한 것이다.

이토 추밀원 의장은 반열대신(지금의 무임소 국무대신)도 겸하고 있었기 때문에 8월 2일 각의에 참석하여 오오쿠마 외상에게 조약 (개정의—옮긴이) 시행을 연기 또는 중지할 것을 요구했다. 앞에서 지적한대로, 이토와 이노우에는 오오쿠마와 함께 오오쿠마 안을 만들었으나 문제점을 발견하고, 오오쿠마에게 조약개정 교섭을 다시 하도록 하려는 것이었다. 그러나 오오쿠마 외상은 귀화법을 만들어 외국인 판사에게 일본 국적을 취득케 하는 것은 받아들였으나, 조약개정 교섭을 연기하는 데에는 동의하지 않았다. 오오쿠마는 구로다 수상의 지지를 배경으로 무리하게 내각을 끌어갔다. 오오쿠마의 결론은 신조약에 조인하지 않는 열강에 대해서는 현행조약(불평등조약—옮긴이)을 폐기할 가능성까지 포함한 강경한 것이었다. 이에 대해 각의에 참가한 다른 멤버들로부터 그 후 많은 의문과 비판이 있었다.

천황의 두터운 신뢰

　　　　　　　　이노우에 가오루 농상무상農商相은 1889(명치 22)년 8월
2일의 각의에 크게 실망했다. 다음날 그는 병을 이유로 이토에게 농상무상
을 사임할 의사를 비쳤다(伊藤宛井上馨書狀, 1889년 8월 3일, 『伊藤博文關係
文書』 1권). 그러나 이토는 8월 2일의 각의 후에도, 가능하면 오오쿠마 외상
이 스스로 자각하여 방침을 바꾸기를 기다리기로 했다. 자기와 이노우에가
오오쿠마 외상을 지지해온 연유가 있기 때문이다. 또 사쓰마의 최고 유력
자인 구로다 내각을 쵸슈 출신인 이토와 이노우에가 붕괴시키면, 여러 면
에서 사쓰마와 쵸슈 연합에 균열이 생기고, 그 후의 정권운영에도 큰 영향
이 있을 것이 예상되었기 때문이다.

　그 후 8월 8일 오오쿠마 외상은 러시아와 신조약을 체결하는 데 성공했
다. 그러나 열강 가운데 무역이 가장 많으며 이해관계가 깊은 영국과 신조
약을 체결하는 교섭은 순조롭지 않았다. 오오쿠마는, 만약 영국이 일본의
조약 개정 요구를 거절하면 현행 조약을 폐기하는 수밖에 없다고 천황에게
보고했다. 천황은 오오쿠마의 과격한 방법에 불안을 느꼈을 것이다. 천황
은 요시이 도모자네吉井友實 궁내성 차관을 통해 이를 극비리에 이토에게 알
렸다. 조약개정에 대해서도 천황은 이토를 매우 신뢰하고 있었다.

　8월 18일, 이토는 이노우에 농상무상에게, 조약폐기와 같은 이야기가 외
부로 흘러나가 영국 정부의 감정을 상하게 해서는 되는 것이 없으며, 두렵
다는 편지를 보냈다. 편지에서 이토는 국가를 위해 우려하지 않을 수 없으
며, "국가를 위기에서 구하는 것은 보통의" 수단으로는 안 된다. 단지 가만
히 진행상황을 지켜보고 만에 하나라도 불행하게 되지 않기를 희망할 뿐이
라고 하면서까지 오오쿠마의 조약폐기론에 위기감을 보였다. 어떻게 해야
좋을까. 방법을 찾을 수 없다고 한탄했다. 또 마쓰카타 마사요시 대장상도
크게 염려하여 영국이 신조약으로 개정하는 것을 허락하지 않을 경우를 대
비하여 정부의 방침을 정해 두어야 한다며 진력하고 있다고 이토는 덧붙였

다(井上馨 앞 伊藤書狀, 1889년 8월 18일, 「井上馨文書」).

이토는 논란이 되고 있는 조약폐기론을 오오쿠마가 정말 실행에 옮기려 하고 있다는 것을 알고 최종적으로 오오쿠마를 포기했다. 사쓰마의 유력자 마쓰카타도 조약폐기론을 크게 염려했다. 그들은 천황과 불안을 공유하고 있었던 것이다. 8월 하순 이후가 되자, 대동구락부 등 재야 세력의 조약개정 중지론이 고조되었다. 9월 1일 이노우에는 전지 요양을 명목으로 야마구치현 다지리에 가서 내각에 대한 비판적 자세를 취했다. 이 무렵 이토는 매일 아침 복통에 시달렸다(伊藤博文 앞 伊東巳代治書狀, 1889년 9월 6일, 『伊藤博文関係文書』 2권). 조약개정 문제에 대한 불안으로 강인한 이토도 건강을 해친 것이다.

9월 20일 천황은 조약개정을 염려한 탓에 오오쿠마 외상에게 조약개정의 상황에 대해 묻는 한편, 모토다 나가자네를 이토에게 보내 조약개정에 대해 자문을 구했다. 이토는 외국인 판사를 대심원에 임용하는 신조약의 고지 공문은 귀화법을 제정해도 헌법과의 모순은 남기 때문에 열강에게 보낸 고지 공문을 철회하고 조약개정의 실시 시기를 연기해야 한다고 했다. 또 이토는 스스로 반대의견을 내거나 사직을 하는 등으로 내각이 붕괴되는 것을 원치 않는다. 그러나 구로다 수상과 오오쿠마 외상이 사임하면 현재의 위기를 극복하고 조약개정에 대한 대응책도 가능하다고 했다. 다음 날 21일, 모토다는 입궁하여 천황에게 이토의 의견을 보고했다(『明治天皇紀』 7권, 351~354쪽).

야마가타의 귀국

천황이 조약개정을 매우 염려했으나, 이토는 자기 책임으로 무리하게 내각을 붕괴시키는 일은 피하고 싶었다. 9월 23일 이토는 오오쿠마 외상을 만났다. 조약개정을 위한 교섭과 정세는 특별히 변화가 없고, 현재의 정세는 '매우 우려할 만'하며, 오오쿠마 외상이 진퇴양난에 빠졌다고 이토는 보았다. 그러나 이토는 적극적으로 움직이려 하지는 않았다(元田永孚 앞 伊藤博文書状, 1889년 9월 24일, 『元田永孚関係文書』). 야마가타 아리토모山県有朋가 유럽에서 귀국하기를 기다렸다.

1888년 12월에 일본을 출발하여 두 번째 유럽에 간 야마가타는 미국을 거쳐 10월 2일에 요코하마 항에 도착할 예정이었다. 조약개정을 둘러싼 대립 상황을 해결할 단서를 찾지 못하고 있는 사이에 야마가타가 사태를 해결해주기를 바라는 기대가 높아졌다. 예정대로 10월 2일 야마가타가 요코하마에 도착하자, 곧바로 조약개정 중지론자인 마쓰카타松方 대장상藏相, 사이고 쓰구미치 해군대신海相: 둘 다 사쓰마 출신, 야마다 아키요시 법무대신法相: 쵸슈 출신이 야마가타를 만나 의견을 교환했다. 마쓰카타와 사이고는 같은 사쓰마 출신인 구로다 수상을 경질하고 야마가타가 정권을 담당할 것을 권했다.

당일 날 저녁 동경으로 돌아온 야마가타는 다음 날 3일 천황을 알현하고 귀국 보고를 한 후 5일에서 6일에 걸쳐 요코하마를 다녀왔을 뿐, 7일 저녁까지 집에 머물렀다. 그 사이 시나가와와 노무라 야스시野村靖: 추밀원 고문, 전 체신차관, 야마가타와 동향의 죽마고우, 이노우에 고와시 법제국 장관을 면회하여 조약개정 문제에 관한 사정을 들었다. 이토는 야마가타의 귀국을 학수고대했었다. 이토는 야마가타가 가나가와 현 오오이소大磯에 있는 별장 오유루기암小淘庵에서 쉬고 있다고 생각하고 10월 4일 그곳으로 찾아갔으나, 그는 동경에 머물고 있었다. 그래서 그는 편지로, 귀국을 학수고대하고 있었으며 형편이 좋을 때 찾아 뵐 예정이라며, 그에 대한 기대를 전했다. 그런데 야마가타는 이토의 편지에 적극적으로 답하지 않고, 10월 7일부터 별장 오유루기암에 칩거하고 있었다(伊藤之雄, 『山縣有朋』 제8장). 이토의 예상과 다르게 야마가타는 신중했다.

야마가타의 귀국으로도 사태가 풀리지 않자 천황은 구로다 수상에게 사람을 보내 이토와 협의하여 각의를 열 것을 몇 번이나 전했다(井上毅 앞 元

田永孚書状, 1889년 · 10월 · 10일,『井上毅伝 · 史料編』5권). 천황은 사태해결의 중심은 야마가타가 아니고 이토라고 생각한 것이다.

구로다 수상도 천황의 반복되는 재촉에 굴복하여 사이고 해군대신海相을 대리인으로 하여 오다하라에 있는 이토를 방문케 했다. 그러나 이토가 몇 번이나 이야기했음에도 구로다 수상과 오오쿠보 외상은 조약개정을 낙관적으로 보고 강경한 자세를 누그러뜨리지 않았다. 야마가타도 귀국 후에 직접 책임을 지려는 태도를 보이지 않았다. 이토는 더 이상 구로다와 오오쿠마 등과 이야기해도 시간 낭비일 뿐 의미가 없다고 판단한 것 같다.

내각 붕괴의 책임

이토는 추밀원 의장을 사임하기로 하고 1889(명치 22)년 10월 11일 야마가타를 방문했다. 야마가타는 이토가 곧장 사표를 내는데 반대하고, 먼저 구로다에게 의사를 밝히도록 권했으나, 이토는 응하지 않고 구로다에게 바로 사표를 제출했다(伊藤之雄,『立憲国家の確立と伊藤博文』, 16~17쪽). 달리 사태를 해결할 방법이 없는 이상, 사쓰마의 최고 유력자 구로다와 등을 지더라도 스스로 희생을 하여 조약개정을 위한 교섭을 연기할 수밖에 없다고 결단한 것이다. 이토의 행동에 놀란 구로다는 오오쿠마를 통해 사표를 철회하도록 설득했다. 12일 오오쿠마가 이토를 만났으나 소득이 없었다. 오오쿠마는 이토와 함께 오오이소의 야마가타를 방문해 그와 함께 이토를 설득했으나 뜻을 굽히지 않았다(『明治天皇紀』7권, 378~380쪽).

그래서 구로다는 직접 오다하라를 방문해 이토를 설득할테니 그의 사표를 승인하지 말도록 천황에게 상주했다. 15일의 각의에는 천황도 임석했다. 오오쿠마 외상이 조약개정의 경과를 설명하자 고토 쇼지로後藤象二郎 체신대신이 두 시간에 걸쳐 격렬하게 반대론을 개진했다(伊藤博文 앞 伊東巳代治 書状, 1889년 10월 16일,『伊藤博文関係文書』2권). 이처럼 상황이 절박해지자 천황은 이토에게 상담과 사후 수습 역할을 더욱 기대하게 되었다. 이토가 사표를 제출하고 4일이 지난 10월 15일이 되어도 천황은 이토를 유임시킬 방법을 생각했다.

이토의 사표 제출은 조약개정 교섭과 정국에 결정적 영향을 미쳤다. 그 무렵, 이노우에 가오루 농상무대신도 야마구치 현 미타지리에서 부하 국장에게 우편으로 사표를 보내고 이를 이토, 야마가타 내무대신內相, 마쓰카타松方 대장상藏相, 야마다山田 법무대신法相 등에게 신속히 알리도록 전보를 보냈다. 사표는 22일 구로다 수상에게 제출되었다. 10월 18일에는 야마가타 내무대신도 조약개정의 연기를 요구하는 의견서를 구로다 수상에게 제출했다. 같은 날 조약개정을 반대하는 청년이 던진 폭탄에 오오쿠마 외상이 중상을 입었다.

이어서 19일 야마가타, 야마다, 사이고, 오오야마, 마쓰카타 등 5대신은 조약개정 연기(중지)를 결의하고, 이를 받아들이지 않으면 사직을 할 각오로 구로다 수상을 설득하기로 했다. 구로다 수상은 야마가타와 함께 조약개정 연기를 천황에게 상주하고, 10월 22일 다른 각료들과 함께 천황에게 사표를 제출했다(오오쿠마 외상은 상처가 회복된 후 12월 14일에 사표를 제출). 구로다 내각은 붕괴했다.

10월 21일 천황은 사람을 보내 구로다 수상, 마쓰카타 대장상, 오오야마 육군대신 등 사쓰마의 유력자 세 명에게 총사직에 대한 의견을 들었다. 이들 세 명은 사직은 불가피하며 후임 수상으로는 야마가타가 적당하다는 의견을 내었다. 천황이 예상한 대로였다. 다음 날 22일, 구로다 수상은 각료들의 사표와 함께 야마가타를 수상으로 할 것을 천황에게 상주하고, 다음 날 그를 방문하여 수상 취임을 권했다. 그러나 야마가타는 응하지 않았다. 24일에도 마쓰카타, 야마다, 오오야마 등 각료들이 야마가타에게 수상 취임을 권유했으나 응하지 않았다(伊藤之雄, 『山縣有朋』 제8장).

9월 단계에서, 이토가 내각 붕괴를 도모했기 때문에 이토와 구로다 수상 등 사쓰마계와의 관계는 악화되었다. 이토가 예상했던 대로다. 그래서 야마가타에 대한 후계 수상의 기대가 커졌다. 그러나 야마가타가 수상 취임에 응하지 않기 때문에, 10월 25일 천황은 할 수 없이 산죠 사네토미三条実美 내대신(內大臣9))에게 수상을 겸임시켜 임시로 신내각을 발족시켰다. 각료들은 구로다 내각 그대로였다. 12월 24일 야마가타 내각이 성립했다. 야마가타가 내무대신을 겸하고, 외상은 야마가타의 심복인 아오키 슈죠青木周藏: 쵸슈 출신, 전 외무차관를 임명했다. 다른 각료들은 구로다 내각 거의 그대로였다.

이토는 위험한 오오쿠마의 조약개정 교섭을 중지시키기 위해 스스로 불 속에 뛰어들어 사쓰마계의 비난을 샀기 때문에 조각을 할 수 없었다. 승부욕이 강한 이토의 성격으로 봤을 때, 애써 만든 일본제국헌법과 그 부속법 하에서 실시되는 최초의 총선거와 의회를 자기 손으로 직접 담당하고 싶었을 것이다. 그 기회를 야마가타에게 빼앗겨 버린 모양새가 되어버렸다. 천황은 이토의 실의와 구로다 전 수상의 응어리를 잘 알고 있었을 것이다. 1889(명치 22)년 11월 1일 산죠 사네토미 내각 하에서 이토와 구로다에게 다음과 같은 칙어가 내렸다.

> 짐[은] 궁중 고문관 종2위 훈1등 백작 이토 히로부미(구로다의 경우는 추밀 고문관 육군 중장 종2위 훈1등 백작 구로다 기요타카였다)를 맞이하는 데 있어 특별히 대신의 영(令)으로 원훈(元勳)(원로-옮긴이) 대우의 뜻을 밝히노라 (『官報』 호외, 1889년 11월 1일).

후에 이 칙어는 원로元老10)의 법적 근거가 되었다. 원로는 헌법이나 법령에 규정된 기관은 아니고, 후계 수상 후보자를 천황에게 추천하여 실질적

---

9) 내대신은 궁중에서 상시 천황을 보필하고, 궁중의 문서 관리를 담당했다.

10) 원로는 명치후기에서 소화시대 초기에 걸쳐서 헌법상의 기관은 아니었으나 정무적 결정, 후계수상 결정 등에 큰 영향력을 가지고 있었다. 쿠로다 기요타카(黒田清隆), 이토 히로부미(伊藤博文), 사이온지 긴모치(西園寺公望) 등이다.

으로 수상을 결정하는 등 중요한 국무에 관해 천황의 자문에 응하는 관례화된 기관이다. 그러나 이 시점에서는 두 사람을 원로로 한다는 등의 특별한 의미를 가진 조칙은 아니었다(伊藤之雄,「元老の形成と変遷に関する若干の考察」).

앞 장에서 언급한 것과 같이, 제1차 야마가타 아리토모 내각이 성립하고, 최초로 총선거를 실시하여 제국의회를 개설하는 방향이 거의 결정되었다. 그런데 이토는 야마가타 내각 성립 후 20일도 지나지 않아서 가까운 이노우에 가오루에게 편지를 보냈다. 편지에서 이토는 지방관 교체 등 표면적으로는 과감하게 보이나 인선이 적절하지 않으며 오히려 평가받지 못할 것이라고 불만을 터트렸다(井上馨 앞 伊藤博文書状, 1890년 1월 12일,「井上馨文書」).

이토와 야마가타의 감각은 어떻게 달랐을까. 1890년 2월 이토는 그의 심복인 이노우에 고와시 법제국장에게 의회개설을 위한 의원議院서기관을 갑자기 서구식으로 바꾸는 것은 좋지 않고 '질서 있는 진보'가 필요하다는 이야기를 했다(井上毅 앞 伊藤博文書状, 1890년 2월 12일,『井上毅傳 史料編』5권). 이토에게는 야마가타가 보수적이며 질서 있는 진보를 억제하고 있는 것으로 보였던 것이다. 또 명치 천황은 조약개정이나 제국의회개설에 대해 불안하게 생각하고 있었으며, 야마가타 수상보다 이토를 더 신뢰하고 있었다.

야마가타 수상도 이를 알고 아오키 슈조青木周蔵 외상이 조약개정에 관한 정부의 각서를 천황에게 상주했을 때, 천황에게 이토를 불러 하문하도록 주청했다. 1890(명치 23)년 1월 29일, 천황은 이토를 불러 의견을 들었다. 같은 달 31일 천황은 아오키 슈조 외상에게 조약개정에 관해서는 이토와 상의한 후 각의에 제출하도록 명했다. 야마가타는 같은 해 봄에 수상의 격무를 견디기 어렵다는 이유를 들어 이토에게 수상 취임을 요청했다. 야마가타의 조각에 대해 이토가 불만을 가지고 있다고 느낀 때문이다. 그러나 이토는 야마가타의 진의가 아니라는 것을 알고 동의하지 않았다. 그래도 야마가타는 천황에게 이토가 수상이 되어야 한다고 상주했다.

야마가타의 진의를 알지 못한 천황은 그의 제안에 동의하고 5월 14일, 이토에게 칙어를 내려 조각을 명하려고 했다. 천황은 유신 이후 명치정부의 기초를 세운 것은 기도 다카요시와 오오쿠보 도시미치이지만 그들은 이미 죽고 없다. 이토 만이 10여 년간 정부의 요직에 있으면서 그 공이 적지 않다며, 이토를 오오쿠보와 기도에 버금가는 인물로 평가하고 있었다. 그래서 천황은 이토가 정부에서 자기를 보필할 것을 명했던 것이다. 그러나 이토가 조각에 응하지 않아 유야무야 되고 말았다. 결과적으로 이토와 천황은 야마가타 내각의 존속을 승인하는 형태가 되었다(伊藤之雄, 『山県有朋』, 246~248쪽).

7월 1일 야마가타 내각은 '불편부당不偏不党'주의를 내걸고 제1대 총선거를 큰 혼란 없이 끝냈다. 이 시점에서 당선자의 소속은 유동적이었지만, 전체 300개의 의석 가운데 구 자유당계열의 3개 파가 100여 석, 입헌개진당이 50여 석을 차지했다. 이 외에도 정부에 비판적인 의원이 당선되어 정부가 의회에 제출하는 예산과 법안의 국회(중의원) 통과에 대한 전망이 밝지 않았다.

그런데 7월 25일 야마가타 내각은 '집회 및 정사政社: 정당·옮긴이법'을 공포하고 정당 활동을 억압하려고 했다. 이전의 집회에 관한 조례를 의회개설에 맞춰 개정한 것이다. 그 내용은 정담政談 집회(정치 연설)의 개최와, 결사의 신고 절차를 간단하게 하는 등 단속을 완화하는 한편, 제국의회 개회 중에는 국회로부터 3리(약 12킬로미터) 이내에서의 옥외 집회와 데모를 금지하는 등 새로운 규정을 만들었다. 또한 정사(정당)가 지부를 설치하거나 다른 정사(정당)와 연락하는 것을 금지하는 등의 점에서는 구 집회조례와 같았다. 이토는 야마가타 내각의 '집회 및 정사법' 공포에 관하여 특별한 의견을 내지 않았다.

초대 귀족원 의장

　　　　　최초 의회의 개최를 앞두고 야마가타 수상을 비롯한 각 료들은 이토가 궁중 고문관이라는 한직에 있는 것이 마음에 걸렸다. 그래서 야마가타는 이토에게 귀족원 의장에 취임하기를 간청했으나 이토는 응하지 않았다. 이를 알게 된 명치 천황은 1890(명치 23)년 7월 1일 귀족원 의장이 싫으면 추밀원(천황의 최고 자문기관―옮긴이) 의장이 되도록 설득하였으나 이토는 이 또한 받아들이지 않았다(伊藤之雄,『山県有朋』, 249~250쪽). 그럼에도 불구하고 야마가타는 이토를 한직에 내버려 둘 수는 없었다. 천황의 도움을 얻어 귀족원 의장의 승낙을 받았다. 이렇게 해서 이토는 10월 24일 초대 귀족원 의장에 취임했다.

　　제국의회는 중의원과 귀족원으로 구성되었다. 예산은 중의원에 먼저 제출되어야 하나, 예산과 법안은 양 의원 모두 통과하지 않으면 성립되지 않으며, 양 의원의 지위는 대등하다. 중의원은 피선거인과 선거인(유권자)에게 납세액의 제한이 있지만, 투표로 선출되며 국민을 대표하는 성격을 가진다. 그들은 번벌藩閥정부에 비판적이었다. 이에 대해 귀족원은 화족(작위를 가진 사람과 그 가족―옮긴이)이나 번벌 관료의 대표자 성격이 강하고, 번벌 정부를 지지하는 경향이 강했다(小林和幸,『明治立憲政治と貴族院』; 内藤一成,『貴族院と立憲政治』).

　　번벌 정부에게 귀족원은 중의원의 법안을 저지하는 의미에서 중요했으며, 번벌 세력이 지배하고 있었다. 귀족원 의장직은 수상과 추밀원 의장에 비해 중요성이 떨어진다. 이토는 뭔가 직책을 가지기를 요구받고 있었기 때문에, 그렇게 중요하지 않은 귀족원 의장이라면 구로다黒田와 사쓰마파의 반발도 적을 것이라 생각했을 것이다.

제1회 의회 준비

일본 최초의 의회인 제1회 제국의회는 1890(명치 23)년 12월 25일에 소집되어, 1월 29일 개원식을 가졌다. 아시아에서 의회가 정착된 곳은 아직 없었고, 1880년대에 이토가 중심이 되어 추진한 헌법제정 작업의 총 마무리라 할 수 있다.

헌법에는 공포일과 시행일이 있다. 제2차 세계대전 후 일본 헌법은 1946 (소화 21)년 11월 3일 공포되고 다음해인 1947년 5월 3일 시행되었으며, 5월 3일을 헌법기념일로 하고 있다. 대일본제국헌법(명치헌법)은 앞서 말했듯이, 1889년 2월 11일에 공포되었다. 천황의 공포문上諭에 제국의회는 1890년에 소집하고 의회개회 때에 "헌법을 유효한 것으로 한다"고 되어 있다. 때문에 이러한 의미로 명치헌법의 시행일은 제국의회 개회 날인 11월 29일이다.

제국의회는 헌법시행의 중요한 요소이다. 이토는 제1회 의회에서 충분한 심의를 거친 후 예산 등 중요 법안이 성립되는 것을 중시했다. 제1회 의회는 유럽이나 미국인이 아닌 일본인이 헌법과 국회운영을 충분히 실행할 능력이 있다는 것을 보여주는 중요한 기회였기 때문이다. 의회가 계속 혼란스러우면 조약개정까지 영향을 미친다. 이것은 이토 등 번벌과 많은 대의사代議士: 국회의원 옮긴이들에게 공통된 생각이었다.

문제는 번벌 측과 민당民党: 번벌 정부에 반대하는 자유당, 개진당 등의 총칭 옮긴이 측이 어느 정도 서로 양보해서 타협점을 찾을 수 있을 것인가였다. 뒤에서 언급하겠지만, 이토는 번벌과 민당이 일본의 독립과 근대화라는 이념을 공유할 수 있다고 생각하고, 번벌 측도 의회 해산이나 선거 간섭과 같은 고압적인 수단을 최대한 피하고 싶다고 생각하고 있었다. 이토는 민당과 이념의 공유를 원했을 뿐만 아니라 번벌과 민당 대립의 불씨가 되는 요인을 최소화 하려고 노력했다. 그것은 먼저 헌법 제67조의 해석 등을 확실히 해두는 것이었다. 이토는 법률통으로 수재인 법제국 장관 이노우에 고와시井上毅와 이토

미요지伊東巳代治: 귀족원 의원에게 조사를 시켜 검토했다.

헌법 제67조는 정당이 중의원에서 지조를 경감하기 위한 재정 확보를 위해 예산안에서 관리의 인건비 등의 삭감을 막고자 한 것이다. 관리의 인건비 등을 '헌법상의 대권', '법률의 결과'에 따라 또는 '법률상 정부의 의무에 속하는 세출'로 해서 정부 동의 없이는 의회에서 '삭제 또는 삭감'할 수 없다고 규정한 것이다. 헌법 제67조는 "헌법상의 대권에 근거한 기성 세출 및 법률의 결과에 의하거나, 또는 법률상 정부의 의무에 속하는 세출은 정부의 동의 없이 제국의회가 이를 폐지 또는 삭감할 수 없다."고 규정하고 있다(伊藤博文, 『憲法義解』).

문제는, 예를 들면, 중의원에서 정당 측이 관리의 봉급 등 '헌법상 대권'에 근거한 것을 예산에서 삭제하고 정부가 그것에 동의하지 않은 경우이다. 이 때 그것을 제외한 부분의 예산은 성립하는가, 아닌가 하는 것이다(佐々木隆, 『藩閥政府と立憲政治』, 31~47쪽). 정당 측을 설득할 수 있는 명확한 해석을 확립해 두지 않으면 예산 심의에 큰 혼란이 일어나고, 의회가 해산되는 것은 불을 보듯 뻔하다(伊藤博文 앞 井上毅書状, 1890년 2월 26일 『伊藤博文関係文書』 1권). 이에 대해 1891년 2월 중순, 의회가 열리고 있는 중에 이토 미요지는 정부의 동의 여부에 따라 예산 전체가 성립되지 않는 것은 아니라고 이토에게 보고했다.

이토의 의회에 대한 두 번째의 준비는 정당의 동향을 장악하여 만일의 경우를 대비한 파이프를 가지는 것이다. 이토에게는 이토계 관료인 무네미쓰 농상무農商相 대신과 이노우에 고와시, 이토 미요지의 두 개의 루트가 있었다. 와카야마和歌山 번 출신인 무쓰 무네미쓰陸奧宗光는 유신 후 가나가와 현령県令: 후에 현 지사, 대장성 조세국장 등에 취임하지만, 번벌 출신이 아닌 자로서 불만을 가지고 있었다. 그래서 서남전쟁에 가담하려고 해서 5년 형에 처해졌었다. 출옥 후 민권운동에 가담하지 않고 이토와 이노우에 고와시의 노력으로 1883년부터 1886년까지 3년 간 구미에 유학했다. 귀국 후 그들의 지원을 받아 외무성에 들어가 1888년 주미 특명전권공사(현재의 주미대사)가 되었다.

무쓰는 미국 현지에서 정당 정치를 관찰하고 제1대 총선거로 눈을 돌려 와카야마 현의 자파 기반을 정비했다. 무쓰는 와카야마 현에서 당선되어 중의원에 의석을 가진 유일한 각료가 되었다. 한편 자신을 포함한 와카야마 현 대표 의원 5명을 통합하여 무쓰파를 형성했다(伊藤之雄,『立憲國家の確立と伊藤博文』제2부 1장).

이 무쓰파보다도 자유당 간부 호시 도오루星亨가 무쓰의 정치력의 배경이었다. 호시 도오루는 무쓰파의 서생으로 수학한 적이 있다. 의회개설을 준비하기 위해 도오루도 1년 반 동안 구미를 시찰했다. 1890년 10월 5일 귀국하여, 24일 재건된 입헌자유당에 입당했다(有泉貞夫,『星亨』, 147~148쪽).

이노우에 고와시,
이토를 위해 진력

이노우에 고와시井上毅는 의회 개원식 한 달 반 전에 결핵이 악화되었다. 왼쪽 폐의 통증이 오른쪽 폐로 전이되었다. 이 상태로는 격무를 담당하기가 무리라는 생각이 들었을 뿐만 아니라 신경과민도 심해져 밤에 잠을 잘 수가 없었다. 괴로움과 분노가 교차해 베개를 걷어차며 헛소리를 한 적도 있다고 야마가타 수상에게 괴로움을 토로하면서 약한 모습을 보이기도 했다. 급기야 휴양을 요청했다(山県有朋 앞 井上毅書状, 1890년 10월 10일,『伊藤博文関係文書』1권). 그러나 야마가타 수상은 이노우에의 휴양을 허락하지 않았고, 이토도 7월 때와는 달리 휴양을 제안하지 않았다. 최초의 의회를 앞두고 여유가 없었기 때문이다.

그럼에도 불구하고 이노우에 고와시는 이토에게 충실했다. 1891년 1월부터 3월에 걸쳐 헌법 제67조의 해석과 정당 각파의 동향에 관한 정보를 이토에게 보고했다. 이토 미요지伊東巳代治와 이름을 나란히 한 것도 있지만, 어디까지나 이노우에 고와시가 격이 높은 위치에 있었다(伊藤博文 앞 井上毅書狀, 1891년 1월~3월,『伊藤博文関係文書』1권, 411~414쪽).

헌법 제67조의 해석이 의회에서 쟁점이 되자 이노우에 고와시 법제국 장관이 그 해석을 천황에게 상주했다. 명치 천황은 법률통 수재인 이노우에 고와시의 해석을 들었지만 염려가 되어 1891년 2월 19일, 히지카타 히사모토土方久元 궁내상宮相을 보내 이토 히로부미에게 해석을 부탁했다. 같은 날 이토는 자신과 이노우에 고와시의 생각이 조금도 차이가 없다고 상주했다(井上毅 앞 伊藤博文書状, 1891년 2월 19일,『井上毅伝·史料篇』5권).

법률가로서 이노우에 고와시의 재능은 동시대의 누구보다 탁월했다. 하지만 천황은 법률의 본질을 이해하고 또한 번벌과 정당세력의 동향도 배려해서 결단을 내릴 수 있는 인물의 조언이 필요했다. 그것이 가능한 이는 이토 외에는 없었다. 이노우에 고와시가 입안하고 이토가 지지한 제67조의 해석은 무엇인가. 먼저 이토와 이노우에 고와시가 생각한 제67조의 전제를 살펴보자.

(1) 미국 같은 공화국과 달리 입헌군주국에서 관제 조직은 '군주의 대권'에 속하기 때문에 의회의 개입은 불가능하다.

(2) 의회가 예산 심의를 할 때, 예산 전체를 없애거나 과도하게 삭감하는 등 국회가 정부에 대해 불신임을 표명하고, 이것을 정부에 대한 '협박 수단'으로 한 예는 예전 유럽의 역사에서 가끔 볼 수 있다. 오늘날 학자들의 저술에도 그 논의가 남아있다.

(3) 그러나 최근 유럽의 '문명국'에서는 예산 거절을 수단으로 정부를 압박하는 것은 거의 볼 수 없다. 이는 '역사의 흔적'에 불과하다.

(4) 그 이유는 각국의 헌법에 대한 소양이 차츰 높아지고 각국의 재력이 증진되어 매년 세입이 세출을 초과하게 되었기 때문이다.

(5) 그러나 처음으로 헌법을 실시하는 국가와, 국가의 재력이 아직 발전하지 못한 경우에는 '예산에 필요한 금액을 폐지·삭감하'여 정부를 '곤경

에 빠뜨리는' 일이 자주 있다.

(6) 그래서 헌법 제67조에 예산 심의의 약속을 명기하고 빈발하는 충돌을 방지하려고 했다.

(7) 만약 입헌의 기초가 이미 확고해져서 행정과 입법 사이에 원활한 관습이 생긴 후라면 제67조가 없어도 의회는 미리 정부 위원과 상의해서 충분한 숙의(熟議)를 거친 뒤에 의결할 것이다(伊東巳代治自筆,「憲法第六十七条に関する井上毅子の意見」,『井上毅伝 史料篇』2권, 333~337쪽).

유럽의 헌법조사에서 슈타인에게 배운 바와 같이, 이토는 역사는 항상 변하고 헌법의 운용과 제도의 변화도 자연스러운 것이라는 헌법관을 가지고 있었다. 이노우에 고와시는 그 틀을 전제로 하여 안을 짰다. 법률가로서 이노우에 고와시는 이토의 스승 역할이라기보다도 이토의 큰 틀의 제안을 충분히 받아들여 개별 조문을 만들어 도우는 역할을 했다. 이노우에 고와시는 계속해서 제67조 해석에 대해 아래와 같은 결론을 내놓았다.

(8) 제67조가 지시하는 점은 먼저 사전 협의로 정부의 동의를 얻은 후에 (예산의) 폐지·삭감이 가능한 것으로, 의결을 확정하기 전에 먼저 정부와 상의해야만 한다(앞의 문서,「憲法第六十七条に関する井上毅子の意見」).

즉, 이토와 이노우에 고와시는 헌법 제67조에 대해, 중의원과 귀족원은 예산을 폐지·삭감을 하기 전 미리 정부와 상의해야 한다는 해석을 주장했다. 이 해석은 제1회 의회에서 실제로 다수를 얻어 승인되었다. 앞서 밝힌 바와 같이, 이 조문과 해석은 예산에 관한 의회의 주장을 번벌 정부가 거절하는 수단은 아니다. 번벌과 의회는 미리 상의를 하고, 상호 이해의 폭을 넓힌 후, 예산을 성립시키는 관행을 형성하기 위한 것이다. 이토는 천성이 낙천적이어서 대립하는 사람과도 협의가 가능하다고 믿고 있었다. 또한 서구 '문명국' 역사를 봐도 그러한 관행을 형성할 수 있다고 믿고 있었다. 이노우에 고와시도 이러한 이토를 따랐다.

이토 미요지伊東巳代治는, 헌법해석과 조약개정에 대한 야마가타 수상과 이노우에 가오루 및 내각의 동향을 살폈지만, 의회가 시작되어도 정당과의 관계는 긴밀해지지 않았다. 그러나 1891년 1월쯤부터 정당의 움직임을 이토와 이노우에 가오루에게 알리게 되었다(伊藤博文 앞 伊東巳代治書狀, 1891년 3월 2일, 『伊藤博文關係文書』 2권; 井上馨 앞 伊東巳代治書狀, 1891년 1월 14일, 「井上馨文書」).

제1회 의회의 해산을 막다

야마가타 내각이 제1회 의회에 제출한 예산은, 세입 약 8,311만 4,000엔(지난해보다 약 195만 6,000엔 감소), 세출 약 8,307만 5,000엔(지난해보다 약 182만 7,000엔 감소)이었다. 여기에는 육해군의 확장비가 포함되어 있으나, 민당(야당) 측이 기대하는 지조 경감은 포함되어 있지 않았다. 이에 대해 1890(명치 23)년 12월 27일 중의원 예산위원회는 약 806만 엔(약 10퍼센트)을 삭감하는 사정안(=수정안)을 작성했다. 이 금액은 관리 숫자의 삭감이 포함 되어 있으며, 논밭의 지조를 5퍼센트 삭감하여 지가의 2.0퍼센트(0.5퍼센트 삭감)로 할 수 있는 것이다. 야마가타 수상과 내각은 관리 숫자의 삭감까지 요구하는 의회의 사정안에 반대했다. 이토의 생각도 마찬가지였다고 추정된다(伊藤之雄, 『立憲國家確立と伊藤博文』 제1부 제1장).

이미 4개월 전부터 야마가타 수상은 자유당계열의 과격파 의원을 매수해 제1회 의회를 돌파하려고 했다. 다음해 1월 중순까지 중의원에서는 사정안을 지지하는 숫자가 늘어났다(大江卓 앞 竹內綱書狀, 1891년 1월 19일, 「大江卓文書」, 국립국회도서관 헌정자료실 소장). 같은 해 1월 중순경에 이토는, 야마카타 내각이 의회에 대해 (국가의) 독립과 근대화를 달성하기 위해 현재는 지조

경감은 불가능하나, 장래에 대체 재원이 생기면 거부하지 않는다는 연설을 해야 한다고 생각하고 있었다. 그렇게 해서 중의원의 지지를 넓혀야 한다고 생각했으나, 야마가타 수상과 마쓰카타 대장상은 동의하지 않았다. 이토와 그들의 틈새가 벌어져 갔다(佐々木隆, 『藩閥政府と立憲政治』, 102~104쪽).

이토는 민당도 일본의 독립과 근대화를 도모하는 점에서 이념을 공유할 수 있다고 생각했다. 그래서 야마가타처럼 전술에 과도한 기대를 하는 것이 아니라, 이념을 내세워 이해를 구해야 한다고 주장한 것이다. 2월이 되자, 앞에서 언급한, 헌법 제67조의 해석이 중의원에서 커다란 쟁점이 되었다. 관리의 봉급 등 '헌법상의 대권'에 기초한 기존의 세출을 삭감하기 위해 정부의 동의를 구하는 건에 대해서였다. 먼저 중의원과 귀족원을 통과해서 의회의 의사가 확정된 후에 정부의 동의가 필요하다고 해석할 것인가, 아니면 의회의 의사를 결정하기 전에 정부의 동의가 필요하다고 해석할 것인가 하는 문제였다. 민당 등 사정안 지지파는 전자의 입장을, 야마가타 수상 등은 이토와 이노우에 고와시井上毅의 해석에 따라 후자의 입장을 취했다. 후자가 정부와 의회의 타협을 촉진하는 해석이다.

한편 2월이 되자 야마가타 내각은 해산도 불사한다는 강경자세를 비쳤다. 야마가타의 죽마고우로 강경론을 주장한 노무라 야스시野村靖: 쵸슈 출신, 전 체신차관 추밀고문관[11]은 오다와라에서 휴양중인 이토를 한 두 차례 방문하여 해산에 대한 이토의 의향을 살폈다. 이토와 야마가타가 직접 충돌하는 것을 피하기 위해서였다. 하지만 이토는 야마가타가 태도를 분명히 하지 않기 때문에 자신도 의사를 명확히 밝히지 않았다. 그 결과 내각에서 강경론이 우세해 짐에도 불구하고 야마가타는 해산보다 정당과의 타협을 바랐다. 그 이유 중 하나는 민당에 대항해 번벌을 하나로 단결시킬 자신이 없었기 때문이다. 특히 번벌의 최고 유력자인 이토, 이토와 가까운 이노우에 가오

11) 추밀원의 구성원을 가리키며, 원로·각료·고급관료 등으로 구성.

루(전 농상무대신) 등이 야마가타 내각의 강경책을 지지해 줄지가 불분명했다.

또 다른 이유는 조약개정 등을 생각했을 때, 구미 열강에게 일본의 의회 운영 능력을 보여주고 싶어서였다. 같은 쵸슈 출신인 이노우에 가오루와 시나가와 야지로品川弥次郎 추밀고문관(전 독일 공사)도 제1회 의회를 무사히 마치고 싶어 했다(伊藤博文之雄,『立憲国家の確立と伊藤博文』제1부 1장). 해산에 불안을 느낀 야마가타 수상에게 이토가 해산을 지지하는 의사를 밝히지 않은 것이 결정적 영향을 미쳤다.

2월 19일부터 다음날에 걸쳐 상황은 크게 변했다. 2월 20일 중의원 본회의에서 헌법 제67조 해석에 대해, 정부의 주장을 지지하고 정부와의 화해를 요구하는 동의가 137 대 108로 가결되었다. 대성회大成会 등 정부에 협력적인 정파와 입헌자유당 소속 24명의 의원이 찬성했다. 그들은 도사土佐 출신의 이타가키 다이스케板垣退助를 맹주로 하고 있었으며, 리더들의 대부분이 도사 출신이었다. 그래서 이들은 '도사파'라고 불리게 된다. 야마가타 수상이 무쓰 농상무대신을 통해 이타다키와 접촉한 것이 효과를 본 것이다.

'도사파의 배신'이라 불리는 이 사건의 직접적인 원인은, 야마가타 내각이 매수자금을 제공한 데 있다. 그러나 급진적 민권파로 불리는 우에키 에모리植木枝盛까지 이 '배신'에 적극 가담한 것에서 알 수 있듯이, 상당수의 민당계 의원은 제1회 의회를 무사히 마쳐야 한다는 생각을 공유하고 있었다.

그 후 정부와 중의원은 651만 엔을 삭감하기로 타협하고, 3월 2일 예산안은 157대 25로 가결되었다. 3월 6일 귀족원도 통과했다. 당초 의회는 약 806만 엔의 삭감을 요구했으나, 야마가타 내각은 요구액의 81퍼센트 삭감에 동의했다. 크게 타협한 것이다. 이상과 같이 야마가타 수상은 신중한 태도로 제1회 의회에 대응했다. 이토가 명확히 해산을 양해하지 않았기 때문에 이토에 동조하여 타협하기로 한 것이다. 이렇게 해서 제1회 의회는 3월 8일 무사히 폐회를 맞았다.

제11장

명치헌법을
지키다

– 제2대 총선거

아오키 외상에 대한
불신

오오쿠마大隈 조약개정이 실패한 후, 산죠 사네토미三
条実美 수상은 이노우에 가오루 농상무대신에게 조약개정 방침을 새로 만들
도록 했다. 그리고 각료가 아니지만 이토 히로부미(궁중 고문관)에게도 협
력을 구하고, 곧 수상이 될 예정인 야마가타 아리토모山県有朋 내무대신 등과
도 협의하여 각의에서 방침을 확정했다. 그것은 '장래 외교의 정략'이라 불
린 것으로, 1889(명치 22)년 12월 10일에 각의 결정이 이루어지고, 다음날
천황의 재가를 받았다. 특징은 다음과 같다.

(1) 외국출신 법률가는 대심원(대법원)에도 임용하지 않는다.
(2) 법전을 빨리 편성, 공포할 것을 약속하지 않는다.
(3) 영사재판(치외법권)이 철폐되지 않는 동안에는, 외국인에게 부동산 소
　　유권을 주지 않는다.

(4) 경제 및 법률상, 혹은 경우에 따라서는 외국인의 대우에 '특별한 제한'을 둔다.

(青木周蔵外相, 「条約改正記事」, 「陸奥宗光文書」 92-6, 국립국회도서관 헌정자료실 소장)

　그 후 제1차 야마가타 아리토모 내각에서 아오키 슈조青木周蔵 외상은 조약개정에 관한 아오키 '각서'를 토대로 영국과 교섭을 시작했다. 1890(명치 23)년 9월에는 영국 정부의 제안이 나왔다. 아오키의 건의로 9월 16일에 사이고 쓰구미치 내무대신과 고토 쇼지로後藤象二郎 체신대신(도사 출신, 전 자유당 대표)이 조약개정 전권위원에 임명되었다(青木周蔵, 「條約改正記事」, 「陸奥宗光文書」, 국립국회도서관 헌정자료실 소장). 아오키와 사이고, 고토가 조약개정의 담당자가 되고, 이토와 이노우에 가오루는 제외되는 형태가 되었다. 영국 정부의 제안이 조약개정의 기초로서 각의에 상정되자 많은 각료가 반대를 하여 10월에 내각은 반대 결의를 했다.

　아오키가 3월 중순경, 영국공사에게 보낸 조약개정안의 요점은 다음과 같다.

(1) 대심원에도 외국인 판사를 임용하지 않는 형태로 치외법권(영사재판권)을 철폐한다. 단, 조약실시 후 6년의 유예 기간을 인정한다.
(2) 관세자주권은 회복할 수 없지만, 종가(從價) 5푼의 세율을 평균 종가 1할 1푼으로 높인다.
(3) 일본이 신법전을 1년간 실시한다는 조약실시 조건을 삭제한다.
(4) 치외법권이 폐지되나 조약실시 후 6년간의 유예 기간을 두며, 치외법권을 폐지하기 전에 영국인에게 국내 여행을 위한 12개월 통용의 여권을 교부한다.

(青木周蔵, 「条約改正記事」)

　그 후에도 아오키 외무대신은 영국과 교섭을 계속했다. 그러나 이토의 동지인 이노우에 가오루는 이토에게, 5월 초순까지는 아오키의 조약개정 교섭이 중지되어야 한다는 생각을 써서 보냈다. 이노우에는 같은 쵸슈 출신의 야마다 아키요시山田顕義 법무대신과 파리 부임 전의 노무라 야스시野村靖 주프랑스 공사, 그리고 이미 다음 정권 담당자로 여겨지고 있는 마쓰카타 마사요시松方正義에게도 같은 의견을 전했다. 이노우에가 이러한 자세를 취한 것은 4월 4일 각의에서 확정안이 정해지기 전에 아오키 외무대신이 프레이 저Fraser 영국공사와 교섭을 시작하는 등, 그의 독단적인 행동이 위험하다고 생각했기 때문일 것이다(坂根義久, 『明治外交と青木周蔵』, 146~148쪽).

야마가타 내각의 조약개정 교섭 과정은 무쓰 농상무대신과 이노우에 고와시井上毅, 이토 미요지를 통해 이토와 이노우에 가오루에게 전해졌을 것이다. 당연히 이토와 이노우에 가오루는 영국 공사 프레이저가 신조약에 '어느 정도 영구적 성격'을 부여하려고 제안한 것을 알고 아오키 외무대신이 그에 합의하는 것을 매우 걱정했다. 그렇게 되면 완전한 조약개정의 기회를 놓치기 때문이다.

오오쓰 사건과 천황의 신뢰

야마가타 수상은 제1회 의회를 마친 후에 사임하려고 생각했다. 수상이 된 지 1년 3개월밖에 지나지 않았지만 최초의 의회를 무사히 마치는 등 해야 할 일은 했다. 야마가타는 이토에 이은 번벌 제2인자의 지위를 확립했다.

야마가타 수상과 명치 천황은 이토(귀족원 의장)가 후계 수상이 되기를 기대했으나, 이토는 받아들이지 않았다. 이토가 정권을 맡고 싶지 않은 것은 아니었다. 이토는 이노우에 가오루와 함께 오오쿠마 조약 개정안을 비판하여 구로다 내각을 무너뜨렸기 때문에 사쓰마계의 반발을 고려하여 다음 수상은 사쓰마계 출신으로 하려고 생각했다. 그래서 1891(명치 24)년 5월

6일, 사쓰마 출신의 마쓰카타 마사요시前 대장상를 수상으로 하는 제1차 마쓰카타 내각이 성립되었다. 일단 야마가타 내각의 각료는 유임되었으나, 쵸슈의 이토와 야마가타, 사쓰마의 구로다 등과 같은 번벌 최고유력자가 아닌 마쓰카타 수상의 리더십에 대한 불안이 있었다.

그즈음 러시아 황태자 니콜라이는 4월 27일에 나가사키에 도착하여 일본을 여행하고 있었다. 5월 9일 저녁 니콜라이가 교토에 도착하자 도시는 환영 분위기에 휩싸였다. 특히 숙소인 도키와常盤 호텔(현 교토 호텔오쿠라가 있는 곳) 근처는 구경꾼으로 매우 혼잡했다(『大阪朝日新聞』 1891년 5월 12일). 그러나 5월 11일 오후 1시 30분을 지나 니콜라이가 오오쓰쵸大津町: 현 시가현 오오쓰 시를 유람하던 중 경비를 보던 쓰다 산죠津田三蔵 순사의 샤벨에 찔렸다. 오오쓰 사건이다. 니콜라이는 바로 교토도키와 호텔로 돌아가 치료를 받았다.

1880년대부터 일본에서는 러시아가 조선을 통해 일본을 침략하는 것은 아닌지 경계심이 퍼지고 있었다. 이 사건을 계기로 니콜라이의 환영 분위기 대신에 러시아가 일본에게 전쟁을 걸어올지도 모른다는 공포심이 명치 천황과 정부 수뇌 및 국민에게까지 퍼졌다. 당시 일본은 대국 러시아와 싸울 힘이 없었다.

이 사건을 알리는 전보가 황궁에 도착하자 천황은 오다와라小田原에 있는 이토의 별장 '창랑각滄浪閣'으로 사자를 보내 이토를 불렀다. 이토는 하코네의 토노사와塔ノ沢 온천에 있었으나, 사건과 황궁의 명을 전해 듣고 곧 바로 도쿄로 향했다. 사건 발생 후 궁궐에 들어온 마쓰카타 수상, 사이고 쓰구미치 내무대신, 아오키 슈조 외무대신으로부터 조언을 듣고 천황은 다음 날 12일 오전 6시 30분 신바시 역에서 특별 기차로 교토로 가기로 했다. 그리고 직접 전보를 보내 니콜라이를 위문했다(『明治天皇紀』 7권, 810~814쪽; 「土方久元日記」 1891년 5월 11일, 首都大学東京, 도서정보센터 소장).

이토는 12일 오전 1시, 신바시 역에 도착했다. 황궁에서 보낸 마차를 타고 궁으로 갔으나 천황은 이미 침실에서 잠들어 있었다. 이토의 도착 소식을 들은 천황은 바로 침실로 이토를 불러 의견을 들었다. 이토가 물러가고 각료들을 만나 사정을 들으니 벌써 새벽 3시가 되었다. 오전 6시, 이토는 천황을 배웅하기 위해 신바시 역으로 갔다. 기차가 출발하기 직전 천황은 히지카타 히사모토土方久元 궁내상宮相을 통해 이토에게 다음 편 기차로 교토에 오도록 명했다(『明治天皇紀』 7권, 815~816쪽). 오오쓰 사건의 대응에 천황이 얼마나 이토를 의지하고 있었는가를 알 수 있다.

그리고 이토는 구로다 기요타카 전 수상과 함께 마쓰카타 수상 관저로 가서 각료들과 범인 쓰다의 처분에 대해 상의했다. 당시 일본 형법에는 외국 황족에 대한 범죄에 관하여는 특별한 규정이 없었다. 상처를 입힌 경우에 최고형은 무기징역이었다. 이토와 각료들은 러시아와 전쟁을 하는 최악의 사태를 피하는데 의견이 일치했다. 그래서 형법상 사형에 처할 수 있는 일본 황실에 대한 범죄 규정인 황실죄를 적용하여 범인 쓰다를 사형시키기로 했다. 이토는 이견이 분분할 경우에는 계엄령을 내리면 된다고까지 했다(須賀博志, 「大津事件という『神話』」, 『明治天皇紀』 7권, 815~816쪽).

판사 중에는 일본이 법치국가인 이상 법의 규정을 지켜야 하며, 황실죄 적용은 곤란하다고 하는 사람이 많았다. 이것은 법의 문제만 아니라, 재판관들이 막부 말기의 양이사상 전통을 가진 대외강경파 사상과 내셔널리즘의 영향을 받은 것과도 관계가 있었다. 현실주의자 이토는 러시아와 전쟁을 피하는 것을 최우선으로 삼고, 그 목적과 법치국가의 원칙을 어떻게 조정할지를 생각했다. 그 결과 황실죄를 준용한 법해석으로 돌파하려 했다.

제국주의의 시대에는 국제정치가 군사력 등 힘에 의해 움직이는 것이 현실이다. 그리고 한편으로 조약개정을 위해서는 일본이 법치국가가 되었다는 것을 열강에게 각인시켜야 하는 과제도 있다(須賀博志, 「大津事件という『神話』」). 이토는 이 딜레마 속에서 결단했다. 후에 서술하겠지만, 명치 천황도 이토의 판단을 지지했다.

교토에 가기 위해 시나가와 역으로 향하기 직전, 고토 쇼지로後藤象二郎 체신대신과 무쓰 무네미쓰陸奥宗光 농상무대신이 방문했다. 둘은 재판관들이 황실죄를 적용하는데 난색을 보이고 있다며, 쓰다를 암살하여 병사로 발표하는 것이 어떨지, 러시아에서는 가끔 이런 경우가 있다고 진언했다. 그러나 이토는 어떻게 그런 무법적인 처리가 가능하냐며 힐난했다(『明治天皇紀』 7권, 816쪽). 이토는 법 해석의 틀 안에서 쓰다를 사형시키려 했다. 그러나 암살이라는 비합법적 수단을 사용하는 데 대해서는, 법치국가를 세울 리더들이 그것을 운용할 도덕을 상실하게 되면 진정한 법치국가를 만들 수 없다고 강하게 반발한 것이다. 이토는 구로다 및 각료들과 대책을 논의하느라 천황보다 5시간 반 정도 늦은 정오에 기차로 시나가와 역을 출발해 교토로 향했다.

천황의 결단

황태자 니콜라이의 상처는 걱정할 정도로 깊지는 않았다. 그리고 천황이 15시간 가까이 걸려 바로 교토로 갔고, 밤인데도 불구하고 니콜라이를 문안하려는 성의도 러시아 측으로부터 인정을 받았다.

이토는 구로다 기요타카와 함께 천황보다 약 9시간 늦게 1891(명치 24)년 5월 13일 아침 6시에 교토에 도착했다. 기온祇園의 나카무라로中村樓에 투숙, 조식을 먹은 후 바로 러시아 공사를 면회하고, 교토 궁으로 가서 천황을 알현했다. 천황은 잠시 뒤, 도키와 호텔에서 니콜라이를 문안하고 12시경에 돌아왔다(松方正義 앞 伊藤博文書狀, 1891년 5월 17일, 我部政男他編, 『大津事件関係資料集』 상권, 358~361쪽). 이토와 구로다도 천황과 니콜라이가 대면 중인 방에 불려갔다(『大阪朝日新聞』 1891년 5월 14일).

인생 50년이라고 하는 당시에 이토는 노령에 가까운 49세였다. 그러나 이틀 전부터 거의 자지 못했음에도 불구하고 18시간 걸려 교토로 가서 러

시아 공사를 만나고, 천황을 알현했다. 그리고 천황의 니콜라이 병문안에
따라 가는 등 필사적이었다. 니콜라이는 예정을 변경하여 5월 19일 러시아
로 돌아갔다. 그 날 천황을 러시아 군함 '아조바'의 오찬에 초대했다.

교토의 궁에서 초대 소식을 들은 이토를 비롯한 구로다, 사이고 내무대신,
아오키青木 외무대신은 놀라 결론을 내리지 못했다. 왜냐하면 약 7년 전에 갑
신정변 후 청국 장군이 조선의 대원군大院君을 체포해 기선으로 청국에 납치한
것처럼, 천황의 납치를 우려했기 때문이다. 고베 항에 정박 중인 '아조바'는
약 6,000톤의 군함으로 일본에는 이에 대항할 수 있는 군함이 없었다.

그러나 니콜라이의 초대를 받은 천황은 아무 걱정도 하지 않고 바로 '가
겠다'고 답했다. 이것을 듣고 도쿠다이지 사네쓰네德大寺実則 시종장과 시종장
의 방에서 기다리고 있던 히지카타 히사모토土方久元 궁내상宮相 등은 모두 황
송하여 감읍했다(『「明治天皇紀」談話記錄集成』 2권, 95~97쪽). 이토는 명치헌
법을 운용하기에 어울리는 군주를 육성하려 했기 때문에, 이 이야기를 듣
고 도쿠다이지와 히지카타 히사모토 궁내상 이상으로 감동했을 것이다. 19일
천황은 '아조바'로 가서 평온하게 오찬을 즐기고 교토로 돌아왔다. 니콜라
이를 태운 '아조바'는 같은 날 저녁 블라디보스토크로 출발했다. 이렇게 위
기는 지나갔다.

21일 천황은 도쿄로 돌아가기 위해 오전 9시 30분발 기차로 교토를 떠났
다. 이토와 구로다 그리고 사이고 내무대신도 동승했다(『大阪朝日新聞』 1891년
5월 22일).

사건의 결말

이사이 이토를 비롯해 구로다, 이노우에 가오루 등 번벌 유력
자와 마쓰카타 수상 등 각료들은 만일의 경우를 생각해 황실죄를 준용하여
쓰다를 사형시키는 것이 좋겠다고 생각했다. 천황도 지지했다. 그래서 5월

12일부터 마쓰카타 수상, 사이고 내무대신, 야마다 법무대신은 고지마 이켄 児島惟謙 대심원장(현재의 대법원장)과 판사들에게 쓰다를 사형시키도록 직접 압력을 가했다(山川雄巳編蓚注,『児島惟謙・大津事件手記』, 15~20・29~35・74~86쪽). 16일에 이토는 러시아 공사로부터 범인을 사형시키도록 요구를 받았다(앞의 책, 松方 앞 伊藤書狀, 1891년 5월 17일). 범인 쓰다에 대한 판결이 사형이 아닐 경우 러시아의 반응이 걱정되었다. 그러나 고지마 이켄児島惟謙 대심원장 등 재판관들은 황실죄 적용에 반대한다는 당초의 자세를 바꾸지 않았다.

결국 5월 15일, 오쓰 지방재판소에서 대심원의 공판이 시작되었다. 27일 범인 쓰다 산죠에게 황실죄는 적용되지 않았으며, 형법으로 살인미수의 최고형인 무기징역의 판결이 내려졌다. 사형 판결이 날 것으로 생각하고 있던 천황은 이 판결에 놀랐다고 한다. 러시아 황제도 쓰다에게 사형 판결이 나지 않은 데 대해 의외라고 생각해 약간 불만인 것 같았으나, 그 이상은 말이 없었다(井上馨 앞 杉孫七郎書狀, 1891년 5월 30일, 「井上馨文書」, 국립국회도서관 헌정자료실 소장;『明治天皇紀』 7권, 836~850쪽).

고지마 등의 의지가 반영된 판결이 내려지고, 러시아 측도 특별한 행동을 일으키지 않은 것을 보면, '사법권 독립'을 지킨 고지마의 행동이 정당했던 것으로 보인다. 그러나 고지마는 5월 19일에 마쓰카타 수상, 야마다 법무대신에게 제출한 의견서에서, 일본이 법률을 왜곡하는 것은 러시아가 폭력으로 침공해 오는 것 이상으로 해가 된다는 것을 알아야 한다고 했다(山川雄巳編蓚注,『児島惟謙・大津事件手記』, 55~58쪽). 그들의 행동은 대외강경파 사상과 내셔널리즘의 입장에서 '사법권 독립'만을 생각한 것으로, 제국주의 시대였음에도 불구하고 황태자의 부상 정도와 러시아의 동향을 충분히 고려한 것은 아니었다.

이토 및 번벌 측의 대응은 국제정세의 긴장감을 배경으로 하여 전쟁이라는 위험을 최소화하려는 것이었다. 그런 의미에서 정부 지도자로서 만일의 경우를 대비한 정당한 것이라고 할 수 있다.

정치에 대한 책임감

오오쓰 사건은 아오키 외무대신이 사임하는 결정적인 이유가 되었다. 이토와 이노우에는 연합하여 아오키의 사임을 추진했다. 그리고 오오쓰 사건의 책임을 지는 형태로 마쓰카타 내각이 사임하면 이토는 조각을 해서 이노우에 가오루를 중요 각료로 하고 싶다는 뜻을 그에게 비쳤다. 그러나 이노우에는 사쓰마의 제1인자 구로다 기요타카에게 앙금이 남아있어 이토의 의견에 동의하지 않았다(伊藤 앞 井上馨書狀, 1891년 5월 25일, 『伊藤博文関係文書』 1권). 결국 이토는 조각을 할 수 없었고 마쓰카타 내각이 계속 되었다.

1891(명치 24)년 5월에 마쓰카타 내각이 성립했을 때, 이토의 심복인 무쓰 농상무대신은 유임되었다. 이토의 과제는 무쓰를 축으로 하여 마쓰카타 내각이 정당과 적절히 타협하고 자기가 목표로 하고 있는 질서있는 진보를 추진하도록 내각을 유도하는 것이었다. 그리고 특히 구로다와 화해하고 사쓰마계와 융화하는 것이었다. 이렇게 해서 사쓰마와 쵸슈 세력을 총 결집하여 가까운 장래에 강력한 제2차 이토 내각을 탄생시켜 '헌법정치'(입헌정치)를 완성하고 조약개정이라는 과제를 해결하는 것이었다. 이것이 일본과 명치 천황에 대한 이토의 책임감이었다.

8월경 이토는 이토 미요지伊東巳代治에게 조약개정에 관한 의견서를 만들도록 했다. 이토 미요지는 이노우에 가오루로부터도 의뢰를 받았으나, 둘은 기본적으로 같은 것이었다(伊藤博文 앞 伊東巳代治書狀, 1891년 8월 29일, 『伊藤博文関係文書』 2권).

그러면 같은 해 8월 이노우에 가오루의 조약개정 의견서를 살펴보자. 주목해야 할 부분은 다음과 같다.

(1) 국제법에서 어느 한쪽의 내정 조직에 대변동이 발생하여 조약 체결 당시와 사정이 크게 바뀌면 조약을 무효로 할 수 있다.

(2) 따라서 영, 미, 독 등 대국으로부터 일본이 조약을 폐기하는 데 대해 동의를 얻은 후, 조약을 '평화적(으로) 배(폐)기'를 하고, 일본이 요구하는 조약개정을 실현해야 한다.

(3) 조약폐기 후에는 필요한 법률을 시행하여, 열강이 불편하지 않도록 한다. 만약 (불만을 表하는 옮긴이)시위 운동을 하는 나라가 있으면 전쟁도 불사한다는 결심이 필요하다.

(4) 그러나 조약폐기 때문에 만일에라도 전란이 일어날 우려는 없다고 믿는다.

의연한 태도로 치외법권의 철폐, 관세 자주권의 회복(단 특별 약정을 둔다)을 목표로 한 조약개정을 실현할 것을 주장한 것이다(井上馨, 「条約改正に関する意見」·「井上馨文書」). 이노우에는 '조약폐기'라는 용어를 사용했지만, 그것은 영, 미, 독 등 주요국의 동의를 얻어낸 후의 폐기였다. 즉 이토와 이노우에의 방침은, 영국에 대해 조약 폐기라는 협박을 사용하여 불평등 조약을 개정하려 한 오오쿠마의 방침과는 근본적으로 달랐다.

그리고 입헌정치의 완성이라는 점에서도 이토, 이노우에 가오루와 야마가타, 마쓰카타 수상 등 유력 각료는 수상 직속의 정무부라는 새로운 조직을 만드는데 합의했다. 다음 제2회 의회에서는 민당의 대공세가 예상되었다. 정무부는 민당의 공세에 대해 각종 정략의 조사와 검토, 각료의 답변 조정, 기밀비의 집중관리, 정부계 보도기관의 일원적 운용 등으로 대응하려는 것이었다(佐々木隆, 『藩閥政府と立憲政治』, 157~169쪽).

정무부장에는 이토와 이노우에의 기대대로 무쓰 농상무대신이 임명되었다. 그러나 각료와 관계 성청, 특히 내무성이 정무부로의 업무 이관에 협력하지 않아 정무부의 운영이 원활하지 않았다. 그래서 무쓰는 9월 16일에 정무부장을 사임했다. 10월 말, 무쓰는 마쓰카타 내각을 위한 정당과 의회 대책에 진력할 마음을 포기한 것처럼 보였다(伊藤博文 앞 伊東巳代治書狀, 1891년 10월 28일, 『伊藤博文関係文書』 2권).

헌법정지에 대한 불안

　　　　　　제2회 의회는 1891(명치 24)년 11월 11일에 소집되었다. 마쓰카타 내각은 자유당과 개진당 등 중의원의 민당(야당)과 정면으로 대결할 각오였다. 그리고 민당 측이 요구하는 정치참가의 확대와 경비 삭감 등에 타협하지 않고, 전 의회에서 예산을 삭감한 결과 남았던 650만 엔의 대부분을 군사비로 하는 예산안을 의회에 제출했다.

　민당 측도, 앞서 언급한 바와 같이, 제1회 의회에서는 열강에게 일본의 의회 운영능력을 보여주기 위해 의회 해산은 피하고 싶었다. 그러나 제2회 의회야말로 (정부 측의) 번벌에게 민당의 힘을 보여줄 기회라고 생각했다. 12월 25일 중의원은 예산을 대폭 삭감하고, 마쓰카타 내각은 바로 의회를 해산했다.

　마쓰카타 내각과 민당의 대립을 우려하여 12월 26일 명치 천황은 도쿠다이지德大寺 시종장에게 편지를 쓰게 해서, 야마구치에 체재하고 있는 이토 앞으로 다음의 내용을 전하게 했다.

(1) 제2회 의회가 해산되었으나 이토가 먼 곳에 있어 의논을 할 수 없어 유감으로 생각한다.
(2) 같은 의원이 재선이 되면 반복해서 해산을 하는 불길한 결과를 낳을 우려가 있다. 그래서 마쓰카타 수상에게도 수시로 주의를 촉구하고, 지방장관들에게도 주의하도록 명해 장래 '양민(良民)'의 의원이 의회를 구성하기를 희망한다.
(3) 이들 사항에 대해 이토가 의견을 주기를 바란다.

천황은 다시 반복되는 해산으로 의회가 열리지 않게 되고, 헌법이 사실상 정지되는 것을 매우 걱정하고 있었던 것이다(伊藤之雄, 『立憲国家の確立と伊藤博文』, 85~86쪽).

한편 12월 27일, 시나가와 야지로品川弥二郎 내무대신은 같은 쵸슈 출신의 스기 마고시치로杉孫七郎 궁내성의 재무국장에게 다음과 같이 말하며 희생적 태도를 보였다. 두세 번의 해산을 바라는 것은 아니지만 행할 각오다. 시나가와(본인)의 희생으로 번벌 유력자들이 이상으로 여기는 세상을 만들어 보이겠다(杉 앞 品川書状, 1891년 12월 27일, 「杉孫七郎文書」, 국립국회도서관 헌정자료실 소장). 시나가와는 천황의 진의를 오해하여 궁중(천황)과의 연대를 기대하고 있었던 것이다. 그리고 이토와 야마가타의 대립을 결정적인 것으로 보지 않고, 이토도 자기의 행동을 평가해줄 것이라 잘못 생각하고 있었다.

앞서 서술한 바와 같이, 1892년 1월 6일에 이토가 오다와라로 돌아오자 천황은 다음날 도쿠다이지 시종장을 보내 총선거 등에 대해 다시 물어보게 했다(『明治天皇紀』 8권, 3쪽). 이토는 다음과 같이 답했다.

(1) 추밀원 의장을 사임하고 정당을 만들면 오오쿠마의 개진당 정도의 국회 의원 수는 얻을 수 있다. 그렇게 움직이면 어느 정도 정부를 도울 수 있을 것이다

(2) 이에 대해 천황의 허가를 받을 수 없다면, 서양으로 가서 조약개정에 대해 각국 정부와 담판하는 것을 위임해 주기를 바란다.

(3) 아니면 청국에 파견하는 대사 또는 공사로 임명받아 이홍장(李鴻章)이 살아있는 동안에 동양문제와 조선의 독립 등을 의논해 두고 싶다.

(4) 그것도 허락되지 않는다면 궁내성 차관이 되고 싶다

(5) 이상의 어느 것도 허락되지 않는다면 고향의 산속에 들어가 남은 여생을 보내고 싶다.

이토는 마쓰카타 수상으로부터 가까운 시일 내에 야마가타, 구로다, 이노우에 가오루와 회의를 하고 싶다는 이야기를 듣고 있었다. 그래서 그 때 하나씩 끄집어내어 다른 유력자와 의견을 교환한 후 천황의 재가를 요청하려고 생각했다(「德大寺実則日記」(사본) 1892년 1월 16일 와세다대학교 도서관 소장).

(1)~(4)의 목적은 '헌법정치'의 완성, 조약개정, 조선 문제를 둘러싼 청일 관계의 안정, 근대적 궁중제도의 완성이며, 이토가 평소부터 해결하고 싶어한 중요문제였다. 이 시점에서 긴급한 과제 순으로 나열한 것이다.

이토가 천황의 사자인 도쿠다이지 시종장을 통해 올린 다섯 가지의 의견은 천황의 명으로 하지가타±方 궁내대신을 통해 은밀하게 마쓰카타 수상에게 전해졌다. 이토의 정당조직에 천황은 반대하며, 이토가 마쓰카타, 구로다, 이노우에 가오루, 야마가타 등 번벌 유력자 앞에서 갑자기 이를 끄집어내면 마쓰카타가 당황하여 적절히 대응을 하지 못할 것을 예방하기 위해서였다(佐佐木高行, 「佐佐木高行日記」(사본) 1892년 3월 19일, 국립국회도서관 헌정자료실 소장; 「德大寺実則日記」(사본) 1892년 1월 16일). 1월 22일 이토는 야마구치 현에서 돌아와 천황을 처음으로 알현하고 정당을 만들어 내각을 돕고 싶다고 재차 아뢰었다(『明治天皇紀』 8권, 10~11쪽). 같은 날 이토는 병중의 마쓰카타 수상을 방문하여 천황에게 요청한 것과 같은 구상을 이야기했다(伊藤之雄, 『立憲国家の確立と伊藤博文』, 89쪽).

정권담당 의욕

왜 이토는 추밀원 의장을 사임하고 정당을 만든다고 했을까. 이 유명한 사건은 지금까지 이토가 약 8년 8개월 후 본격 정당인 입헌정우회를 만드는 전사前史의 한 에피소드로 여겨져 왔다. 그러나 지금까지 이토의 언행을 살펴보면, 이 움직임은 번벌 내각과 서로 연대할 수 있는 정당을 만들어, 마쓰카타 내각이 조기에 붕괴되면 이를 발판으로 하여 제2차 이토 내각을 조직하려 한 것이라는 것을 알 수 있다. 그렇게 해서 총선거 후 제3회 의회를 무사히 넘기고 '헌법정치'를 완성시키는 한편, 본격적으로 조약개정에도 착수하여 지금까지의 현안을 정리하려 했던 것이다.

제2회 의회 해산 당일, 정수 300명의 중의원 각 회파會派: 원내교섭단체에 해당 옮긴이별 소속 의원 수는 자유당 92명, 개진당 43명이 주된 야당(민당)이었으며, 대성회大成会 46명, 제1회 의회에서 정부에 타협했던 구 자유당의 도사파 후신인 자유구락부 33명이 정부를 지지할 가능성이 있는 주된 정당·정파였다. 3월 중순 천황이 한 말에 의하면, 이토는 "대성회 등의 사람을 모아 정당을 만들"고 내각을 도울 의향으로 대성회 간부인 모토다 하지메元田肇와 연락이 있었다고 한다(「佐佐木高行日記」(사본) 1892년 3월 19일). 그리고 이토의 심복인 이토 미요지추밀원 서기관장가 경영하고 있는 신문에, 이타가키 다이스케板垣退助는 이토의 신당결성의 내용에 따라 찬성하거나 반대한다는 기사가 2월 하순에 실렸다. 조건부이지만, 자유당계가 이토에게 호의를 가지고 있다는 것을 보도한 것이다. 그리고 자유당 간부 호시 도오루星亨는 무쓰 무네미쓰陸奥宗光와 깊은 관계이며, 그는 제1회 의회 때부터 번벌 정부가 자유당에 접근한다면 연합할 수 있다는 유화적인 자세를 보이고 있었다.

그래서 이토는 대성회를 중심으로 와카야마 현의 무쓰파와 무소속 등의 참가를 기대하고 있었을 것이다. 40~50명의 이토 신당에, 총선거 후 자유당과 자유구락부(도사파)가 연대하면 중의원의 과반수를 확보할 수 있다. 이를 배경으로 번벌과, 중의원의 정당 그리고 귀족원의 지지를 얻어 강력한 제2차 이토 내각을 만들려고 한 것이다.

그러나 제2회 총선거에서 시나가와 내무대신이 대규모의 선거 간섭관권 부정선거 옮긴이을 추진했기 때문에 이토의 조각 구성은 복잡한 경로를 걷게 된다. 이토 구상뿐만 아니라, '헌법정치'의 토대를 위협할 수 있는 선거 간섭을 이토는 묵인할 수 없었다. 건달 단속을 목적으로 한 예계령予戒令12)이 1월 28일

에 시행된 직후였으나, 내무성은 예계령을 총선거에서 일반 현 의회나 촌村 의회에까지 적용했다. 그것을 이토가 비판하자 시나가와 내무대신은 격분 하여 이토가 정당을 조직하여 '과격한 언행'을 한다면 예계령을 이토에게도 적용하겠다고 하여, 이토는 격노했다(伊藤之雄, 『立憲国家の確立と伊藤博文』, 157쪽).

내무성은 자유당을 포함하여 1월 말부터 민당 후보자에 대해 탄압을 강 화했다. 고치 현을 중심으로 유혈 사태가 확산되어 사망자 25명, 부상자 388명을 내기에 이르렀다. 시나가와 내무대신은 적어도 중의원을 연속 3번 해산해도 괜찮다는 각오를 가지고 있었다. 이것은 야마가타의 의향을 반영 한 것이다(伊藤之雄, 『山県有朋』, 260~261쪽).

이러한 정황에서 이토는 무쓰를 동지로 기대하고 2월 1일, 가까운 시일 내에 만나 흉금을 터놓고 의논을 하고 싶다며 회견을 요청했다(陸奥 앞 伊 藤書状, 1892년 2월 1일, 「陸奥宗光文書」, 국립국회도서관 헌정자료실 소장). 마쓰카타 수상은 이토의 분노를 알고, 2월 4일 이전에 시나가와 내무대신의 사임은 불가피하고, 때가 되면 이노우에 가오루를 내무대신으로 임명하는 수밖에 없다는 뜻을 이토에게 전하고, 동의를 얻었다(松方正義 앞 伊藤博文 書状, 1982년 2월 4일, 「松方家文書」, 「憲政史編纂会収集文書」 수록).

그러나 이토의 정당 조직에 대해 번벌 세력 내에서 찬성하는 사람은 거 의 없었다. 2월 4일, 이노우에 가오루조차 무쓰 농상무대신에게 정당조직에 찬성할 수 없다고 했다. 그 밖에도 야마가타, 구로다, 마쓰카타 수상과, 자 유당과 연결고리를 가진 고토 쇼지로後藤象二郎 체신대신도 반대했다. 사이고 쓰구 미치와 심복인 무쓰가 이토를 지지하는 정도였다.

2월 15일 총선거 결과 역시 민당의 우위는 그대로였다. 이틀 후 이토는 추밀원 의장을 사임하고 정당을 조직하고 싶다, 사이고도 동의했고 무쓰를

---

12) 부랑자나 무산자, 집회 방해 행위, 타인의 업무를 간섭하는 자를 단속할 목적 으로 제정된 칙령.

앞세워 적극적으로 움직이고 싶다는 이야기를 했다. 마쓰카타 수상은 다른 번벌 유력자들의 의견을 듣기 위해 23일 수상관저에서 회의를 열었다. 출석자는 쵸슈 출신의 이토, 이노우에 가오루, 야마가타, 그리고 사쓰마 출신의 마쓰카타 수상과, 오오야마 이와오大山巖, 구로다, 사이고 등 7명으로, 각료는 마쓰카타 한 명이었다. 사람들은 이를 '원훈元勳회의'라 불렀다.

이 회의에서도 사이고가 이토에 가까운 입장을 취하고, 그를 지지하는 다른 유력자는 없었다. 그래서 같은 날 이토는 병을 칭하여 천황에게 추밀원 의장의 사표를 제출했다. 천황은 정당을 만든다는 제안을 번벌 유력자들이 지지하지 않았기 때문에 이토가 '몽니를 부려 사표를 낸 것'으로 보았다. 그러나 이토의 사표 제출에는 좀 더 깊은 뜻이 있었다(伊藤之雄, 『立憲国家の確立と伊藤博文』, 89~90쪽).

헌법을 지키다

앞서 본 것처럼, 이토는 '헌법정치'의 완성과 (불평등) 조약 개정의 실현, 그리고 내정과 외교에서의 질서 있는 진보를 지향하고 있었다. 그 이상을 실현할 수 있는 것은 자신뿐이라며 정권담당에 대한 의욕도 충만했다.

이 무렵 무쓰 농상무대신과 그 측근이 농상무성의 용지를 사용해 마쓰카타松方 수상에게 제출했다고 추정되는 문서에는, 마쓰카타 내각과 민당 세력의 대립으로 "헌법을 중지해야 한다"는 논의까지 나오는 정황에 대해, 번벌 정부는 "전제적 명령적 공략"을 바꿔 "유화적 논의의 방침"을 취해야 한다고 비판하고 있다(「松方正義文書」 52권, 8쪽, 국립국회도서관 헌정자료실 소장). 이토도 번벌 세력과 민당의 융화에 대한 구상이 전혀 진전되지 않고 있기 때문에 그 수단으로서 정당 조직을 제안한 것이다. 그것이 유력자들과 천황에게조차 부정당했기 때문에 지금 이대로 의회가 해산을 반복하면,

사실상 명치헌법의 정지라는 사태가 발생할 것을 우려했다. 그래서 추밀원 의장의 사표 제출이라는 최후 수단에 호소한 것이다.

이토는 명치 천황으로부터 항상 신뢰를 받고 있었기 때문에, 천황이 추밀원 의장 사직을 인정하지 않으리라 확신했을 것이다. 번벌 유력자이자 친우인 이노우에 가오루도 헌법정치가 기로에 서면 자신을 따라와 줄 것이라 믿었다. 단지 이토에게는 마쓰카타 내각을 심하게 공격하면서 겨우 일구어 온 구로다 기요타카黑田淸隆 등 사쓰마파와의 융화책이 수포로 돌아가게 되는 것이 안타까웠다. 그리고 시나가와 내무대신을 지지하고 있는 야마가타 아리토모와의 관계도 나빠지게 될 것이 뻔했다.

약 2년 4개월 전 1889(명치 22)년 10월의 오오쿠마 조약개정문제 때도, 유럽에서 돌아온 야마가타는 기대대로 움직여 주지 않았다. 때문에 자신이 추밀원 의장 사직이라는 강경수단으로 조약개정교섭을 중지시키는 계기를 만들었고, 구로다 내각을 도산시킴으로써 원한을 사 정권담당의 기회를 놓쳤다. 헌법을 지키기 위해 이번에 또 손해를 보는 역할을 맡을 수밖에 없는가. 앞서 서술한 2월 23일 수상관저에서의 '원훈회의' 전에 이토는 이렇게 자문을 하고 결단했던 것이다. 이노우에 가오루나 다른 누구에게도 의논하지 않았다. 일본에게 진정 필요한 것은 무엇인지를 폭넓은 시야로 논리적으로 생각해 결론이 나면 곧바로 돌진한다. 이것이 이토의 기개와 자부심이었다.

이토가 추밀원 의장 사표를 제출한 다음날 2월 25일에 마쓰카타는 천황을 알현했다. 천황은 이토의 사표는 납득할 수 없으며 이토는 오늘부터 조약개정에 진력해야 한다는 명을 내렸다(伊藤之雄, 『立憲国家の確立と伊藤博文』, 90쪽). 다음 26일, 천황의 명으로 도쿠다이지 사네쓰네德大寺実則 시종장이 오다와라의 '창랑각'으로 이토를 찾아가 사표를 돌려주었다. 그리고 27일 구로다가 이토를 찾아와 천황의 우려를 전하고 사임을 단념토록 설득했다. 이토는 한 번 더 사표를 제출할 가능성을 두고 일단 사표는 수중에 넣어두

었다(伊藤之雄, 『立憲国家の確立と伊藤博文』, 90~91쪽).

이토의 행동은 민당과 실업계 등에는 호의적으로 비쳤다. 예를 들면 오사카의 실업가 층 등이 주된 구독자인 유력지 『오사카 마이니치신문』(현재 『毎日新聞』의 전신)은 2월 28일 지금까지의 의회와 선거에 대해 정부와 민당의 반성을 촉구했다. 그리고 정당 내각은 조만간에 일본에도 생길 것이지만 현재 민당과 민당계 정치가만으로는 실력이 부족하다며 이토가 정당을 만드는 것이 일본의 정당 내각 형성에 도움이 될 것이라고 논했다.

이렇게 이토의 움직임에 대해 번벌 내에서 가장 반대를 한 것은 시나가와 내무대신(쵸슈 출신)과 가바야마 스케노리樺山資紀 해군대신(사쓰마 출신), 다카시마 도모노스케高島鞆之助 육군대신(사쓰마 출신) 등 번벌의 최고 유력자('원훈')에 준하는 사람들이었다(앞의 책, 93~94쪽). 그러나 3월 1일, 마쓰카타 수상은 이토에게 사의의 뜻을 밝혔으나, 이토는 여름 의회까지는 계속하는 편이 좋겠다고 조언했다(井上馨 앞 伊藤博文書状, 1892년 3월 1일, 「井上馨文書」). 그래서 3월 4일까지 마쓰카타 수상과 구로다는 시나가와 내무대신을 스스로 사직하게 하고, 이노우에 가오루를 내무대신으로 하여 이토, 이노우에 가오루 등과 협력하여 위기를 극복할 방침을 세웠다. 그러나 가바야마 해군대신은 의회의 정지를 각오하고 2번, 3번이라도 해산을 강행해야 한다고 시나가와에게 전했다. 그러나 야마가타는 시나가와에게 제3회 의회까지 내무대신을 계속하는 것이 좋겠다고 할 뿐, 의회 해산을 반복하는 데 대해서는 지지하지 않았다.

결국 3월 11일에 시나가와 내무대신이 사임하고, 같은 날 이토는 천황의 칙유로 추밀원 의장 사표를 철회했다. 칙유를 내리는 데에는 이노우에 가오루, 야마가타, 구로다, 마쓰카타 수상이 관여했으며, 문장력이 있는 이노우에 고와시가 초고를 작성하여 천황의 뜻에 따라 도쿠다이지德大寺 시종장이 대필한 신한宸翰이라는 형태로 칙어가 하사되었다(「佐佐木高行日記」(사본) 1892년 3월 20일). 천황은 이토의 유임을 바랐지만, 이토의 행동을 충분히 이해하지 못하고 대필이라는 형태로 불만을 표했다. 또한 이토와 마쓰카타 수상, 이노우에 가오루가 유임하도록 권했음에도 불구하고 무쓰는 3월 14일에 농상무대신을 사임했다.

이토는 사쓰마파 및 야마가타와 균열이 생겨 다음 내각을 조직할 때에 불리하게 될 것을 각오하고, 굳이 추밀원 의장의 사표를 제출하여 헌법 정지의 위기를 넘긴 것이다.

야마가타와의 '악감정'

이토의 추밀원 의장 사임 과정에서 마쓰카타 수상이 이토에게 사의를 표했으나, 여름 의회까지는 계속해야 한다는 권유를 받아 유임했다. 마쓰카타 내각의 운명이 길지 않다는 것이 분명해졌다. 그리고 1892(명치 25)년 5월 2일에 소집된 제3회 의회는 선거간섭에도 불구하고 자유당과 개진당의 민당 세력이 정수 300명의 과반에 육박하는 130명을 차지했다. 무쓰의 영향을 받은 신 회파 독립구락부도 25명이나 의석을 차지했다. 자유, 개진 양당과 독립구락부는 선거간섭을 행한 마쓰카타 내각을 비판하는 공동전선을 형성하고 있었다. 제3회 의회를 맞이하여 마쓰타마 내각의 앞날이 내다보였다.

그러나 정당과 융화할 수 있는 번벌을 총망라한 내각을 지향하는 이토에게 두 가지 큰 문제가 있었다. 첫째, 마쓰카타 수상과 구로다 등 사쓰마파와의 관계이다. 이토가 추밀원 의장의 사표를 제출하여 마쓰카타 내각의 운명이 다함으로써 이토와 마쓰카타 수상의 관계가 매우 악화된 것이다 (「佐佐木高行日記」(사본) 1892년 3월 20일). 이미 살펴 본 것과 같이, 이 문제를 처리하는 과정에서 사쓰마의 중진인 구로다 기요타카^{전 수상}가 마쓰카타를 도우고 있었다. 마쓰카타 내각의 앞날이 뻔했기 때문에, 조금 개선되기 시작한 이토와 구로다의 관계도 원래의 안 좋은 상태로 되돌아갔다.

둘째, 더 중요한 것으로, 야마가타와의 관계가 악화된 것이다. 야마가타는 제1회 의회에서도 이토와 정면 대결은 피해왔으나, 시나가와 내무대신의 선거간섭과 사임으로 둘 사이는 더욱 악화되었다. 그것은 1892년 6월 친우인 이노우에 가오루가 이토에게 다음과 같이 충고한 것에서도 알 수 있다. 이노우에는 야마가타와의 관계는 당분간 주의하는 편이 좋다, 서로 얼굴을 맞대고 논의하는 것은 그렇게 '나쁜 감정'을 낳지 않지만, '부하'나 다른 사람과 담소하며 상대의 결점을 이야기하면 그것이 각색이 되어 상대에게 전해지기 때문에 삼가야한다고 이토에게 충고했다(伊藤之雄, 『山県有朋』, 262~263쪽).

이토에게는 오오쿠보 도시미치大久保利通가 죽은 후 번벌의 최고 지도자로서 국정을 이끌어 왔다는 자부심이 있다. 그리고 야마가타를 몇 번이나 궁지에서 구해주었다는 우월감도 있다. 그런 야마가타가 독자적인 주장을 하여 입헌국가 건설을 방해하려 하고 있고, 이에 분개한 이토는 다른 사람과 이야기하면서 무심코 야마가타의 욕을 해버린 것이다. 그것이 야마가타에게 전해져 두 사람의 관계는 점점 어색해져 갔다.

가족과 자신의 병

여기서는 오오쿠마 외무대신의 조약개정이 문제가 된 무렵부터 이토가 제2차 내각을 조각하기 전까지, 즉 1889(명치 22)년 여름부터 1892년 여름 무렵까지의 이토의 사생활을 살펴보자.

1890년 이토는 오다와라에 별장을 만들었다. 태평양의 거센 파도를 바라볼 수 있기 때문에 '창랑각倉浪閣'이라는 이름을 붙였다. 이토는 1878년 이후, 도쿄의 다카나와高輪에 본집을 두고 가나가와 현의 나쓰시마夏島에 별장을 가지고 있었다. 이후 이토의 생활은 오다와라의 '창랑각'을 중심으로 이루어졌다. 헌법 완성 후 안도감도 있고, 온난하고 자연에 둘러싸인 오다와라의

동경에서 가족과 함께(1883년)
(이토 히로부미, 장남 유키치, 장녀 이쿠코, 차녀 아사코)

'창랑각'으로 거처를 옮긴 것이다. 이 시기의 이토는 앞서 언급한 정쟁뿐 아니라 자신을 포함한 일가의 계속되는 병으로 시달렸다.

먼저 오오쿠마 조약개정안이 헌법과 모순되는 등 문제가 많은 것을 알게 되었을 무렵의 일이다. 1889년 7월 16일 밤, 이토는 대를 이을 아들 유키치勇吉: 이노우에 가오루의 조카, 나중에 이토가를 이어 이토 히로쿠니(伊藤博邦) 공작이 된다가 유럽 유학

중에 '폐질'(폐병)에 걸려 7월 14일 마르세유에서 일본 우편선으로 일본으로 출발했다는 것을 알게 되었다(末松 앞 伊藤書狀, 1889년 7월 17일, 하기萩 박물관 소장). 1889년 8월 22일경, 유키치는 무사히 고베 항에 도착했고 그대로 고베에서 요양했다. 다망한 이토는 고베로 가 유키치를 찾아볼 여유가 없었다(伊藤博文 앞 伊東巳代治書狀, 1889년 8월 22일, 『伊藤博文関係文書』 2권; 伊藤勇吉 앞 伊藤博文書狀, 1889년 10월 15일, 伊藤公 자료관 소장).

그리고 7년 가까이 지나도 유키치의 상태는 완전히 회복되지 않은 듯했다. 1896(명치 29)년 8월, 이토의 딸 이쿠코와 결혼했던 심복 스에마쓰 겐쵸末松謙澄: 법제국 장관는 이토에게 다음과 같이 편지를 보냈다. 유키치가 도쿄에서 '아주 기분' 좋게 지내고 있으며, 덥지도 않고 기후도 매우 좋아 하루 이틀 더 머물도록 '허락'해주시기를 바랍니다(伊藤 앞 末松書狀, 1896년 8월 2일, 『伊藤博文関係文書』 5권). 스에마쓰의 편지에서 이토가 유키치에게 매우 마음을 쓰고 있으며, 가정의 큰일도 도맡아 처리하고 있다는 것을 알 수 있다.

그리고 1890년 6월경에는 스에마쓰에게 시집간 딸 이쿠코가 병이 들었다. 이토도 매우 '걱정'했다. 이쿠코의 병은 정신적인 것 같았다. 스에마쓰에 의하면 이쿠코는 '세상물정'에 적응하지 못했는지 아주 제멋대로인 면도 있으나, '본심'은 매우 기특하여 감탄한 적이 많았다. 그리고 제멋대로라는 것도 이쿠코가 스에마쓰를 허물없이 생각하는 면이 있기 때문으로 이것은 시간이 지나면 고쳐질 것으로 믿고 있으니 안심하라고 했다(伊藤 앞 末松書狀, 1890년 6월, 『伊藤博文関係文書』 5권). 처 이쿠코가 병이 들자 스에마쓰는 이토에게 매우 면목 없어 했다.

그리고 8월이 되자 평상시 건강한 이토의 몸 상태도 나빠졌다. 8월 12일 이토 미요지伊東巳代治를 방문했던 사람이 하루, 이틀 전부터 이토가 '큰 병'에 걸렸다고 알려주었다(伊藤 앞 伊東巳代治書狀, 1890년 8월 12일, 『伊藤博文関係文書』 2권). 이 무렵까지 이토는 지병인 '위장병'을 앓고 있었다(伊東巳代

治 앞 伊藤博文書狀, 1892년 3월 25일, 「伊東巳代治文書」). 우메코 부인도 '허약한 체질'이었다(앞의 문서, 伊藤 앞 末松書狀, 1890년 6월).

1889년 여름부터 1892년 여름까지 정치적으로 다망해 스트레스가 많았던 시기에 이토는 아들 유키치, 딸 이쿠코, 부인 우메코와 자신의 '위장병'에 시달렸다. 그러나 그 때문에 정치가로서 이토가 나약해진 흔적은 보이지 않는다. 이 무렵 이토의 나이는 47세에서 50세였다. 인생 50년이라고 하는 당시로서는 노년에 접어든 시기였으나 아직도 기력이 충만했다.

: 제12장

민당과의 제휴와
조약개정

– 제2차 이토 내각

'원훈 총출동' 내각의 성립

1892(명치 25)년 6월 마쓰카타 마사요시松方正義 내각은 그리 길게 유지되지 않을 것이 분명해졌다. 뒤를 이을 최고의 유력 후보는 이토였다. 이토는 이토 미요지伊東巳代治 추밀고문관과 사위인 스에마쓰 겐쵸(중의원 의원)에게 정보 수집과 연락 역할을 하게 해서, 어떻게든 번벌의 유력자인 '원훈元勳: 명치유신의 공로자, 원로 옮긴이'을 총망라한 내각을 만들려고 진력했다. 친구인 이노우에 가오루도 같은 쵸슈 출신인 야마가타와의 관계를 조정하려고 하는 등 이토를 도왔다(『伊藤博文関係文書』 1·2·5권, 「井上馨文書」 등). 이토는 강력한 내각을 만들어 입헌국가를 완성하고 조약개정 등을 달성하고 싶었다.

이토의 생각이 '원훈'들에게 충분히 전달되지는 않았다. 6월 29일 마쓰카타 수상의 저택에서 있었던 원훈들의 회합에서 야마가타는 자신의 입각은 오히려 해가 된다며 거절했다. 4일 후 야마가타는 조금 타협적이 되어 입각해도 좋다고 이노우에 가오루에게 전했다. 그러나 자기는 몇 달 지나지 않아 사임하게 될 것이라며 호의적이지는 않았다.

7월 31일 이토는 이노우에 가오루에게 다음과 같이 말했다. 현재와 같은 형세가 계속되면 이 삼 년 내에 번벌 정권은 무너지고, 수습 불가능 상태가 될 것이다. 지금처럼 번벌 정치가들이 각자의 '작은 성 지키기'에 급급해 시기심을 불태우고 있으면, 외교문제를 해결 할 수도 없으며 번벌 내에서 적과 동지를 구분할 수 없는 형세가 된다. 그래서 이러한 우려를 없애는 것이 긴급한 과제이며, 번벌의 단결이 무엇보다 필요하다(伊藤之雄, 『立憲国家の確立と伊藤博文』, 106~107쪽).

결국 마쓰카타 수상은 두 번째 사표를 제출했고, 8월 8일 제2차 이토 내각이 성립했다. 내각은 쵸슈의 야마가타 아리토모법무대신, 이노우에 가오루내무대신, 사쓰마의 구로다 기요타카체신대신, 오오야마 이와오육군대신 등이 입각한 '원훈'을 총망라한 내각이었다. '원훈'이면서 입각하지 않은 것은 마쓰카타 전 수상과 사이고 쓰구미치 두 명뿐이다.

봄부터 이토 내각의 준비를 담당했던 이노우에 가오루가 부총리격이었다. 이토는 조약개정 책임자로 심복인 무쓰 무네미쓰陸奥宗光를 외상으로 앉혔다. 무쓰는 무쓰파와 자유당 간부인 호시 도오루와의 관계도 밀접했기 때문에 정당 대책의 의미도 있었다. 이외에도 각료는 아니지만 평소 신뢰가 두터운 이토 미요지를 내각 서기관장, 사위인 스에마쓰 겐쵸를 법제국장관으로 임명했다. 그들의 현재까지의 활동에 대해 보답을 하고, 또 그들을 앞으로의 정보, 연락, 입안, 입법기능의 핵심으로 삼기 위해서였다.

법률 작성 등에 관한 한 누구보다 신망이 두터웠던 유능한 인재 이노우에 고와시井上毅는 새로운 자리가 주어지지 않고 추밀고문관 겸 (궁내성-옮긴이)문사비서관장文事秘書官長 그대로였다. 지난 달 마쓰카타 수상이 이노우에 고와시를 법무대신에 임명하려고 했으나, 그는 병으로 거절했었다.

이토는 마쓰카타의 체면과 번벌의 일치라는 대의를 생각하면, 법무대신을 거절한지 한 달도 지나지 않은 이노우에 고와시를 제2차 이토 내각에 입각시킬 수는 없었다. 이 시기 이토와 이노우에 고와시의 관계는 좋았으며, 소통도 잘되었다. 7개월 후 이토는 이노우에 고와시를 결핵 요양 중임에도 불구하고 문부대신에 임명했다. 지금까지의 그의 노력에 보답한 것이다(伊藤 앞 井上馨書狀, 1892년 8월 2일 『伊藤博文關係文書』 1권).

제2차 이토 내각에 대한 민당의 반응은 어떠했을까. 제일 유력한 민당인 자유당은 제2대 총선거 이후 번벌 세력 내의 동요를 보고 공세를 강화했다. 한편 이타가키 다이스케板垣退助 총리(당 대표)와 호시 도오루 등 간부들은 제2차 이토 내각이 자유당의 체면을 세워주는 형태로 양보를 한다면, 정부와 타협·제휴해도 좋다고 마음먹고 있었다. 이것은 1889년 말 이후 호시 도오루의 노선이기도 했다. 호시는 1889년부터 1년 반 동안 구미를 시찰하고 특히 영국의 정당정치에 깊은 인상을 받고 돌아와 이러한 생각에 더욱 확신을 가졌다(伊藤之雄, 『立憲國家の確立と伊藤博文』, 13~14·32~34·107~108쪽).

한편 중의원의 제3정파에 지나지 않는 개진당은 제1회 의회 이후 존재감을 보이기 위해 번벌 내각에 대해 강경한 자세를 취했다. 제2차 이토 내각에 대해서도 자유당과 개진당을 축으로 한 민당연합을 만들고, 제4회 의회를 향해 국민과 번벌 세력에 대해 존재감을 심으려고 노력했다(앞의 책, 21~31·43~44·108쪽).

그런데 제4회 의회 개원을 이틀 앞둔 1892(명치 25)년 11월 27일 이토 수상은 마차 사고로 중상을 입고 오오이소大磯에서 휴양을 하게 되었다. 다음 날부터 이듬해 2월 6일까지 이노우에 가오루가 임시 수상 대리직을 맡았다. 다행히 예산과 시정 방침은 이토가 사고를 당하기 전 각의에서 결정되어 있었다. 이노우에 수상 대리가 의회에서 '먼 장래의 이해利害'를 고려하여 국력을 키우고, 열강의 군비 증강에 대응하여 군비, 그 중에서 특히 해군을 강화하는 등 '자위의 길'을 추구해야 한다는 시정방침을 발표했다.

제2차 이토 내각의 재정 방침은 증세를 하여 해군의 요구를 기본적으로

만족시키기 위해 총액 3,000만 엔에 달하는 방대한 함선 제작 계획을 실행하는 것이다. 거기에 더해 치수治水사업비를 늘리고, 국내 박람회를 열고, 흉작에 대비한 자금을 축적하고, 수해 토목비를 보조하는 등 적극적인 산업 진흥 및 재해 구조 정책을 실시하려 했다(室山義正, 『近代日本の軍事と財政』, 185~186쪽).

이토 내각의 재정 정책의 큰 틀은 낙천적이며 적극적인 성격의 이토와 이노우에 내무대신의 의향이 반영된 것이다. 아마 이토는, 호시 도오루의 영향력이 강한 자유당에는 무쓰 외상의 영향력도 있고 해서, 번벌계의 국민협회와 함께 중의원도 이토 내각을 지지하게 될 것으로 기대했을 것이다. 그래서 이토 내각이 의회에 제출한 예산은 민당에 대해 고압적이었다. 자유당에 대한 양보는 일부 지역의 지조를 줄이는 지가地價 수정법안뿐이었다. 군함 건조비에 새로운 전함 두 척 분을 추가하고, 지조 감소분은 주세, 담배세, 소득세를 늘려 보충하려 했다. 이때 만들어진 전함 '후지' 등은 몇 년 후 러일전쟁에서 큰 활약을 하는 세계 최첨단의 것이다.

별다른 보상이 없는 고압적 예산을 앞에 두고 자유당도 반정부 입장으로 태도를 바꾸어 갔다. 중의원의 예산위원회는 전함 제작비를 삭감하는 등 정부제출 예산 8,375만 엔의 약 11퍼센트 900만 엔을 삭감하기로 했다. 1893년 1월 12일 중의원 본회의도 이를 가결했다(有泉貞夫, 『星亨』, 178~179쪽).

이토의 제4회 의회에 대한 자세

그 동안 요양하고 있던 이토는 중의원이 삭감한 예산안을 가결하려는 상황을 보고, 1893(명치 26)년 1월 8일 야마가타, 구로타와 이노우에 가오루 수상 대리에게 서신을 보내 주목할 만한 제안을 한다. 정부가 예산안에 타협하지 않는 자세를 지지했다. 그리고 신문은 2주간 발행을 정지시키는 것만으로 충분히 단속할 수 있으니, 민당에 대한 보상으로 신문의 발행 금지를 폐지하는 내용으로 신문지조례를 완화할 것을 제안했다.

신문지조례는 신문이 정부와 황실을 비판하는 것을 단속하는 법령으로 1875년 자유 민권 운동을 단속하기 위해 제정 되었다. 이 조례는 그 후 개정되어 행정권(내무대신)과 사법권(사법대신)에 의한 신문의 발행정지 및 금지를 규정하고 있다. 하지만 민당 측은 제1회 의회 때부터 조례를 폐지 또는 완화할 것을 요구했다. 그로부터 약 일 년 후 제4회 의회에서 자유당 최고 간부조차도 신문의 발행금지를 폐지하고 발행정지 기간을 1주일로 해야 한다고 했다. 이에 비하면 이토가 제안한 발행 금지(조항)를 없애고 2주간 발행 정지로 한다는 것은 번벌 측의 제안으로서는 매우 급진적인 것이다.

이토는 같은 해 1월 8일의 서신에서 민당의 태도에는 문제가 많다. 그러나 번벌 세력도 민당에 대한 대항에만 신경을 쓰고 국민을 염두에 두지 않는 것 같다며, 정부는 민당에 양보해야 한다고 주장했다. 민당과 타협하려는 이토의 열의를 알 수 있다. '입헌국가의 완성'이라는 큰 이념을 실현하기 위해 참신한 타협안도 제시할 수 있는 현실주의자라는 것을 다시 확인 할 수 있다.

그러나 이토의 이러한 제안에도 불구하고 정부 내에서 신문지조례의 완화를 검토한 흔적은 없다. 이토 또한 이노우에 가오루 수상 대리가 내무대신이라고는 하지만, 보수파인 야마가타와 구로타를 설득하고 내무 관료의 반대를 무릅쓰고라도 신문지조례를 완화할 역량과 가능성이 있다고는 크게 기대하지 않았다. 정부는 신문지조례 완화와 같은 보상을 구체적으로 검토하지 않은 채 1월 16일, 이노우에 수상 대리가 중의원의 예산 수정에 동의하지 않는다는 성명을 발표했다. 민당 측의 태도는 더욱 강경해졌다.

제2회 의회 이후 의회 운영에서 민당은 본격적으로 번벌에 도전했다. 마쓰카타뿐만 아니라 기가 센 이노우에 가오루도 힘들어 했다(伊藤 앞 井上馨

書狀 1893년 1월 18일, 『伊藤博文關係文書』 1권). 이노우에 가오루는 성격이 급했기 때문이다.

이토는 1893년 1월 18일 정부의 반대당은 정부를 무너뜨리려는데 뜻이 있기 때문에 정부가 어떤 양보를 해도 타협(和衷協同)은 불가능하다고 생각했다. 그렇기 때문에 자기의 뜻에 따라 국가를 유지할 수밖에 없다는 내용의 편지를 보내 이노우에를 격려했다(井上馨 앞 伊藤書狀, 1893년 1월 18일, 「井上馨文書」).

'화협' 조칙으로 헌법 수호

1893(명치 25)년 1월 23일 중의원은 고노 히로나카河野広中(자유당), 이누카이 쓰요시犬養毅(개진당) 등 세 개 파의 세 명이 주축이 되어 142명의 연서로 천황에게 올리는 상주안上奏案을 의결하려 했다. 상주안은 정부가 중의원의 예산 수정안에 동의하지 않아 입법과 행정이 '화충협동和衷哀協同: 마음으로부터 화합하여 힘을 합친다. 줄여서 화협(和協)이라 함-옮긴이'의 결실을 맺지 못한다고 정부를 비판했다. 1월 18일 이토가 이노우에에게 보낸 서신과 23일 중의원의 상주안이 다 같이 '화충협동'이라는 말을 사용하고 있는 것은 흥미롭다. 목표와 타협점에서 이토와 민당 사이에는 꽤 차이가 있지만, 양측이 양보한다면 타협이 완전히 불가능한 것은 아니었다.

상주안이 중의원에 제출됨으로써 이노우에 수상 대리 내각은 2월 6일까지 5간 정회를 선포했다. 내각은 예산안을 견지하기로 하고 무쓰 외무대신의 부하인 기슈紀州 출신 중의원 의원(5명) 등을 분리시켜 민당에 대항하고자 했다. 그러나 중의원의 대세는 바뀌지 않았고, 2월 7일 의회 재개 후 중의원은 181대 103이라는 큰 차로 상주안을 가결했다. 다음날 8일 중의원 의장 호시 도오루가 입궐하여 상주안을 봉정했다. 호시는 민당 특히 자유당과 번벌 정부의 타협을 이상으로 삼았지만, 번벌 측의 확실한 양보가 없는 한 어쩔 도리가 없다고 생각했다.

이러한 상황 아래 2월 6일 이토는 수상직에 복귀했다. 복귀한 다음날 그는 먼저 야마가타 법무대신과 민당 대응책을 논의했다. 야마가타는 민당에게 정권을 양보하고 싶다는 말까지 했다. 2월 8일 이토는, 민당에게 정권을 양보하는 것도 중의원을 해산하는 것도 현실적이지 않다고 야마가타에게 편지를 보냈다. 야마가타는 민당에게 정권을 양보할 마음이 없음에도 불구하고 정권을 양보하거나 중의원을 해산하는 방법밖에 없다고 말함으로써, 은근히 이토에게 해산을 부추긴 것이다. 이에 대해 이토는 부정적인 입장을 보인 것이다.

9일 이토는 천황에게, 상주안에 대한 답신을 통해 중의원에게 정부와 '화협和協'하여 의사를 진행하게 하든지, 아니면 곧바로 해산을 명하도록 요청했다(伊藤之雄,『立憲國家の確立と伊藤博文』, 111~112쪽). 이토와 명치 천황은 자신들이 만든 헌법인 명치 헌법을 무엇보다 자랑스럽게 생각하는 일본인이다. 이토는 헌법정지의 위험이 있는 해산을 원하지 않는 천황의 뜻을 잘 알고 있었다. 야마가타가 불만이 없도록 하기 위해 천황의 판단을 요청했을 것이다.

2월 10일 천황은 6년 간 내정비內廷費: 국고에서 지불되는 황실 및 황족의 일상 경비로 공금은 아니다-옮긴이에서 30만 엔(내정비의 10퍼센트)과 관리들이 봉급의 10퍼센트를 납부하여 전함 건조비를 보조할 테니 의회와 내각은 '화협'의 길을 찾도록 하라는 조칙을 발표했다. 이 아이디어는 1년 전 이노우에 고와시井上毅의 착상을 원용한 것이다(伊藤 앞 井上毅書狀 1892년 3월 8일,『伊藤博文關係文書』 1권). 이노우에 고와시와 이토는 이 협화의 조칙에 큰 역할을 한 것이다.

그 후 2월 13일 귀족원과 중의원은 조칙을 따른다는 봉답문奉答文을 의결하고, 26일 원안보다 세입을 약 43만 엔 늘리고 세출을 262만 엔 줄이는 타협안을 성립시켰다. 이토 내각은 이 타협안에 맞추어 제5회 의회까지 행정개혁을 통해 경비를 절감하고, 특히 해군은 서둘러 대개혁을 단행한다고 공약했다. 제4회 의회는 회기를 연장하고, 2월 28일 무사히 폐회했다. '협화의 조칙'은 이토와 이노우에 고와시의 조언을 이용해 명치 천황과 연계하여 실현된 것이다. 이렇게 해서 이토는 지난해에 이어 이번에도 헌법 정지의 위기를 막을 수 있었다. 제4회 의회의 폐회 일주일 후, 1893(명치 26)년 3월 7일 이노우에 고와시는 문부대신에 임명되었다. 하지만 결핵이 악화되어 다음해 8월 29일 사임, 반 년 후인 1895년 3월에 서거했다.

이토와 무쓰의 콤비로
(불평등) 조약개정 교섭 시작

이토는 제2차 내각 조직 전부터 (불평등) 조약개정에 강한 의욕을 가지고 있었다. 무쓰 무네미쓰陸奥宗光를 외무대신으로 하여 이를 실현하고자 했다. 그러나 제4회 의회 직전에 마차 사고로 중상을 입고 민당 측의 강력한 공세로 조약개정 준비는 꿈도 꾸지 못했다. 그런데 진작부터 조선과의 사이에 방곡령 사건이 쟁점이 되어 있었다. 방곡령 사건이란 조선이 흉작을 이유로 일본에 곡물 수출을 금지하는 '방곡령防穀令'을 실시하고, 이에 대해 일본은 방곡령의 철폐와 일본 상인에 대한 손해 배상을 요구한 사건이다.

제4회 의회 후 1893(명치 26)년 5월, 이토 내각은 약 3년 반 전에 일어났던 이 사건을 청나라의 협조를 얻어 (조선으로부터—옮긴이)11만 엔(현재 약 30억 엔)의 배상금을 받는 조건으로 일본에 유리하게 해결했다. 1885년의 천진조약을 기초로 청나라와의 협조노선을 유지한 것이었다(高橋秀直, 「防穀令事件と 伊藤內閣」). 그 후 같은 해 7월 5일 무쓰 외무대신이 조약개정 방침을 각의에 제출하고, 19일 천황의 재가를 받았다. 주요 내용은 다음과 같다.

1. 치외법권(영사재판권)의 철폐와 '대등 상호주의'의 통상항해조약에 조인
   한다.
2. 새로운 수입 세목, 실시 기한, 외국인 거류지에 관한 사항은 별도의 의정
   서로 정한다.
3. 조약은 승인 후 일정 연한의 준비를 거쳐 실시한다.
4. 교섭은 영국, 독일, 미국을 먼저하고 러시아, 프랑스 등으로 넓힌다.
          (大山梓·稻生典太郎編, 『條約改正調書集成』 하권, 5~31쪽)

　치외법권의 철폐는 실현하지만, 관세 주권의 완전한 회복은 어려웠기 때
문에 국내의 대외강경파의 비판을 누그러뜨리기 위해 조약의 본문은 대등
주의로 작성하고, 열강과 타협하는 부분은 의정서에서 정하기로 한 것이다.
또 관세에 대해서는 이전의 아오키青木와 그것을 계승한 에노모토榎本武揚 외
상 두 사람의 개정안보다 국내산업 보호라는 견지에서 개별 품목별로 관세
를 정해 유리하게 하려는 목적이 있다. 무엇보다 아오키의 안에 대해 영국
은 신조약이 영속성을 가져야 한다고 제안했으나, 이번 안에는 그와 같은
언질을 주지 않도록 하는 것이다. 이것은 작년까지의 이토와 이노우에 가
오루井上馨의 조약개정 구상을 계승한 것이다.

　무쓰 외상은, 아오키 슈조 주독일 공사가 외무대신으로 있을 때 영국과
교섭한 경험이 있었던 것을 알고, 7월 25일 그에게 영국의 의향을 살필 것
을 명하는 서신을 보냈다. 이 서신은 미리 이토 수상, 이노우에 내무대신과
의논을 한 후에 썼으며, 야마가타 아리토모山県有朋 추밀원 의장에게도 동의
를 받았다(앞의 책, 같은 쪽). 이처럼 조약개정도 이토 체제의 중추인 이토,
이노우에, 야마가타 그리고 무쓰 외상이 전체적인 책임을 지는 형태로 추
진되었다. 그 후 독일과 미국은 일본과의 조약 개정교섭에 적극적이지 않
았다. 그래서 1893년 9월부터 영국과 예비교섭에 들어가고 11월 하순경에
는 본 교섭을 시작하기로 결정했다(大石一男, 『條約改正交涉史』, 171~274쪽).

조약개정의 위기

　　　　그런데 국내적으로 이토 수상과 무쓰 외상의 조약개정을
위기에 빠뜨리는 사태가 전개되기 시작했다. 같은 해 1893(명치 26)년 10월
1일 범 대외강경파들의 조직으로 '대일본협회'가 설립되었다. 게다가 누구
보다 적극적으로 번벌정부를 지지해 '어용'이라 불리던 국민협회의 중의원
의원들이 가장 적극적으로 대일본협회에 참가하고 있었다. 이전의 선거간
섭 문제로, 국민협회의 지도자의 한 사람인 시나가와 야지로品川弥次郎: 전 내무대
신와 이토의 관계가 악화된 것이 원인이었다. 국민협회는 10월경부터 조약
을 일본 내에서 엄격하게 실시하도록 정부에 요구하는 '조약 이행론'을 주
장하고 개진당과 연대를 모색했다. 예를 들면 조약에는 외국인은 정해진
거류지에만 살게 되어 있으나, 좁은 거류지를 싫어해 거류지 밖에서 살고
있는 외국인도 있었다. '조약 이행론'은 조건을 엄격하게 실행하여 외국인
을 불편하게 하여 조약개정의 실마리를 찾고자하는 것이다(酒田正敏,『近代
日本における対外硬連動の硏究』, 48~53쪽; 佐々木隆,『藩閥政府と立憲政治』,
340~346쪽).

　이러한 대외강경파들의 운동은 열강의 항의를 초래하여 조약개정 교섭
을 늦출 우려가 있었다. 게다가 호시 도오루와 무쓰 외상을 통하여 자유당
과 연대를 구축한 후 '어용'인 국민협회를 이용하면서 중의원의 다수를 확
보하려는 이토 수상의 의회전략을 근본적으로 위협하였다.

　제5회 의회가 시작되자 11월 29일 이토 내각은 세입 9,067만 5,000엔(전년
보다 262만 9,000엔 증가), 세출 8,547만 2,000엔(전년보다 362만 4,000엔 증
가)의 예산안을 제출했다. 정부는 행정 개혁을 하고 (관리의) 봉급 등에서
170만 엔을 삭감했으나, 자유당과 개진당의 행정 개혁 요구와는 거리가 있
었다. 같은 해 11월 하순, 영국인이 일본인에게 폭행을 당하는 것을 보고도
경찰이 못 본 척한 사건이 일어났다. 이 사건은 재일 외국인 여성에게 공포
감을 주었다. 외무성은 영국, 독일, 프랑스 등의 공사로부터 어떻게 대응할

것인지 항의를 받았다. 이토는 이 사건을 심각하게 받아들여 1월 29일 천황에게 보고하고 보안조례에 따라 처벌해야 한다고 상주했다(伊藤 앞 陸奧書狀, 1893년 11월 25일, 『伊藤博文関係文書』 7권; 『明治天皇紀』 8권, 313~312쪽).

한편 국회에서의 싸움은 예산안이 아니라 이토 내각과 자유당 연대의 축인 호시 도오루 중의원 의장에 대한 공격으로 시작되었다. 그 원인은 호시 도오루가 소우마 가相馬家의 집안싸움에서 변호사로서 부정을 저지르고, 주식거래소로부터 법안 통과와 관련해 뇌물을 받았다는 의혹이었다. 결국 12월 3일 그는 자유당에서 탈당할 수밖에 없었고, 13일 중의원 의원에서 제명되었다.

이사이 국민협회와 개진당 등은 12월 8일 '현행조약 이행 건의안'을 중의원에 제출했다. 무쓰 외상은 건의안이 조약개정교섭에 크게 걸림돌이 된다고 보았다. 건의안이 의사일정에 오르는 날 중의원의 정회를 명령하고, 정회의 기일이 끝나면 내각이 건의안 철회를 선포한다. 이에 중의원이 응하지 않으면 천황에게 해산을 주청해야 한다는 의견을 각의에 제출했다(『明治天皇記』 8권, 339~341쪽). 호시 도오루가 없는 자유당의 상황을 고려했을 때, 만약 여기에서 중의원을 해산하게 되면 두 번 세 번 해산이 반복되어 헌법이 정지되는 상황을 초래할 가능성이 높았다. 이토 수상은 무쓰 외상으로부터 입헌국가의 완성과 조약개정이라는 2대 목표 가운데 양자택일을 요구받았다. 그래서 무쓰와 수차례 논의를 했지만 결단을 내리지 못한 듯했다. 이러한 이토의 마음이 영향을 미쳤는지 각의는 정회 후 해산이라는 가능성을 포함한 강경책을 곧바로 결단하지는 못했다. 그러자 12월 11일 무쓰 외상은 이토에게 사표를 제출했다.

이토는 며칠 후 의회의 상황과 무쓰의 제안을 천황에게 상주했다. 천황도 의회의 상황을 우려했다. 12월 19일 조약이행 건의안은 국민협회와 개진당 등 중의원의 다수를 차지하는 대외강경파 6개 파의 지지를 얻어 의사일정에 올랐다. 그러자 천황은 이토의 의견에 따라 10일간 정회를 명했다. 6개의 강경파가 건의안을 철회하려 하지 않았기 때문에 천황은 이토 내각의 방침에 따라 정회가 끝나는 12월 29일 다시 14일 간의 정회를 명하고, 30일 중의원을 해산했다. 이렇게 하여 이토 내각은 조약개정의 위기뿐만 아니라 헌법정지의 위기에 직면하게 되었다.

이토의 국제관과 조약 폐기론

중의원을 해산했지만 이토 내각은 '조약이행 건의안'에 대항하는 논리를 제시해야 했다. 그래서 이토 미요지내각 서기관장가 경영하는 『동경니치니치신문東京日日新聞』에 '조약이행론'에 대해 반론을 제시했다. 신문은 1894(명치 17)년 1월 7일과 11일에 "여러 가지로 완전하지도 올바르지도 못한 조약을 이행하는 것보다 이것을 개정하거나 확실하게 폐기를 시도하는 용기와 이익에 필적하는 것이 없다"며 조약폐기를 각오하고 조약개정에 임해야 한다는 강한 논조를 폈다.

1월 13일 무쓰 외상은 이 기사들에 대해 이토 미요지가 요구한 비용을 지급해 달라고 이토 수상에게 서신을 보냈다(伊藤 앞 陸奧書狀, 1894년 1월 13일, 『伊藤博文関係文書』 7권). 이 기사는 이토와 무쓰가 합의해서 게재한 것이다. 그러나 이들 기사는 어디까지나 국내용이며, 이토와 무쓰 등이 '조약폐기전술'을 받아들인 것은 아니었다.

물론 이 시점에서 일본 군사력 특히 해군력은 4년 전의 오오쿠마 조약 개정 때와는 비교되지 않을 정도로 강화되어 있었다. 오오쿠마 조약개정 당시 일본 해군의 주력함은 3,650톤의 순양함 '나니와浪速'와 '다카치호高千穂' 두 척밖에 없었으나, 지금은 최신식 순양함인 '이쓰쿠시마厳島'(4,110톤, 1891년 9월 준공), '마쓰시마松島'(1892년 4월 준공)' '요시노吉野'(3,500톤 1893년 9월 준공)가 실전 배치되었고, '하시다테橋立'(4,210톤, 1894년 6월 준공)와 '아키쓰시미秋津洲(3,150톤, 1894년 3월 준공)도 곧 실전배치를 앞두고 있었다.

일본의 조약교섭 상대국인 영국도 일본의 군사력이 강화된 것을 잘 알고 있었다. 1894년 1월 12일 외무 차관보 바디의 메모에는 다음과 같이 쓰여 있다. 일본이 실제로 조약을 폐기할 경우 지역적으로 봐서는 현행조약의 권리를 강요할 수 없다. 일본은 청나라에 거의 필적할 만한 해군력을 지니고 있다. 해안 방위는 거의 완성되었고 7만 명의 육군은 잘 무장되어 있으며 고도의 훈련으로 단련되어 있다(大石一男, 『條約改正交涉史』, 286~287쪽).

이러한 영국의 정보는 이토 수상, 무쓰 외상과 주독일 공사로 영국과의 조약개정교섭을 담당하고 있는 아오키青木에게도 들어왔을 리 없다. 설령 이토가 이 정보를 알았다 하더라도 '조약폐기론'을 실행하려 하지는 않았을 것이다. 영국이 조약폐기를 한 일본에 대응하기는 버겁다고 해도, 독일, 러시아, 프랑스 등이 협력하면 일본은 굴복하지 않을 수 없다. 1년 반 후 일본은 청일전쟁에서 승리하여 청나라로부터 요동반도를 할양받았다. 그러나 독일, 러시아, 프랑스 3개국이 요동반도를 청나라에 되돌려 줄 것을 요구하고, 일본은 이를 수락하지 않을 수 없었다(이른바 삼국간섭-옮긴이).

그런데 이토와 무쓰가 국내용으로 『동경니치니치신문』에 게재한 조약폐기론은 생각지도 않은 곳으로 영향을 미쳤다. 일본이 조약폐기론은 흘려 위협을 하고 있다고 영국이 받아들인 것이다. 그래서 1894년 4월 2일 제1차 정식 교섭에서 영국은 조약폐기론으로 아오키 공사를 추궁했다(大石一男, 『条約改正交涉史』, 292~294쪽). 이토 수상은 영국이 조약폐기론을 들고 나오자 깜짝 놀라 무쓰에게 물었다. 무쓰는 병상에 있었지만, 4월 6일 무언가 오해가 있으며, 가까운 시일 안에 하야시 다다스林 董: 외무차관를 파견하여 진상을 조사하도록 하겠다고 편지로 답했다.

결국 4월 16일 무쓰 외상은, 아오키 공사에게 영국이 무쓰의 발언을 오해하고 있다고 변명하라고 전했다. 다음날 17일 일본 정부는 현행조약에 의하여 조약개정을 한다는 '구상서口上書'를 프레저 공사에게 보내 이 건을 해결했다. 이 문제로 세계 최강의 영국과 싸워 조약개정이 정체되면 일본이 얻을 것은 아무것도 없기 때문이다.

우리의 두 어깨에
일본의 운명이

1874(명치 27)년 7월 16일 일본은 당초 목표로 했던 범위 내에서 영국과 신조약을 체결하게 되었다. 그 내용은 첫째, 치외법권(영사재판권)을 철폐하고, 둘째, 부속의정서의 규정을 포함해 관세를 종래의 5퍼센트에서, 개별품목별로 5퍼센트부터 15퍼센트 사이에서 협정을 맺는다는 것이다(그 외 아연, 철 등은 예외적으로 낮다). 이 조약개정으로 일본은 독립국으로서의 자긍심을 얻고 국내 산업을 보호할 수 있게 되었다.

셋째, 외국인의 부동산 소유는 인정하지 않으나, 외국인의 거주와 여행은 제한하지 않는다. 즉 내지잡거內地雜居를 인정했다. 이것은 대등한 국가로서 열강들이 상호 인정하고 있는 것이며, 첫째와 둘째를 실현하기 위한 교환이었다. 넷째, 신조약의 기한을 12년으로 했다. 3년 전쯤 아오키靑木 외상과 영국의 교섭에서 영국은 가능하면 신조약을 영구적인 것으로 하기를 희망했다. 무쓰 외상이 당초 희망했던 7년은 아니지만 12년으로 할 수 있었다. 아오키 외상 때와 비교하면 일본의 군사력은 커졌다. 그 외 조약 존속기간과 같은 12년간 일본은 영국에게 일본의 연안무역을 편무적으로 허용하고, 신조약 발효까지의 기간 동안 일본은 영국인이 1년간 사용할 수 있는 여권을 발급하는 등 몇 가지 양보를 했다.

당시의 일본 국력을 고려하면 이토 수상과 무쓰 외상에게 이 조건은 충분히 만족할 수 있는 것이었다. 신조약 체결 이틀 전날 밤, 이토 수상은 무쓰 외상에게 다음과 같은 편지를 썼다. 지금부터 16시간 동안 아무 일이 없으면 신조약이 맺어진다. 마치 백리를 가는 데 마지막 한 걸음을 남겨둔 느낌이다. 우리 두 사람의 어깨에 이 나라의 운명이 걸려있다(陸奧 앞 伊藤書狀, 1894년 7월 14일, 「陸奧宗光文書」).

한편 조선에서는 '농민반란'(따옴표—옮긴이)인 갑오농민전쟁이 일어나 6월에 일본이 출병을 했다. 이토 수상은 조약개정이라는 '대어'를 어떻게든 놓치고 싶지 않았다.

신조약은 예정대로 7월 16일 조인되었다. 17일 아오키 공사로부터 전보가 와서 천황에게 상주하자 천황도 기뻐했다. 아오키 공사는 영국 외상의 동의를 얻어 조약 사본을 주영국 독일 및 미국 대사관에 전했다. 미국 대사관은 매우 만족스러운 결과라고 축하해 주었다. 20일 일본 정부는 아오키 공사의 전보를 받고 이 사실을 알았다(中田敬義編, 「日英條約改正記事」, 大山梓·稻生典太郎編, 『條約改正調書集成』 하권, 333~341쪽).

주영국 미국 대사가 신조약에 대해 호의를 보여 미국뿐만 아니라 다른 열강과의 조약개정에 대한 전망도 밝았다. 이토 수상은 아오키가 보내온 전보를 보고, "크게 안심했다", '순조롭게 성공'해 국가를 위해 크게 다행스런 일로 생각한다며, 무쓰 외상에게 기쁨을 표했다(陸奧 앞 伊藤書狀, 1894년 7월 20일, 「陸奧宗光文書」). 하지만 완전한 조약개정을 주장하는 대외 강경주의자들에게 이 신조약을 납득시키는 큰 문제가 남아 있었다.

헌법중지의 위기

앞서 말한 바와 같이, 1893(명치 26)년 12월 중의원에서 조약이행 건의안이 의사일정에 올랐을 때, 이토 수상은 천황에게 주청해 중의원을 해산했다. 영국과 조약개정 교섭이 우선이었기 때문에 헌법정지의 위험을 무릅쓴 것이다. 이토 수상은 무쓰 외상을 놓치고 싶지 않았다. 다음날 1894년 3월 1일 실시된 제3대 총선거 결과 자유당이 중의원 의석을 크게 늘려 약 40퍼센트를 차지했다. 조약이행론으로 이토 내각을 공격했던 여섯 개의 강경파는 개진당과 합쳐도 의석의 30퍼센트에 지나지 않았다. 특히 국민협회가 의석을 반으로 줄였다.

5월 12일 소집된 제6회 특별의회에 즈음하여 무쓰 외상과 이토 미요지伊東巳代治 내각 서기관장은 인맥을 동원하고, 철도 건설로 의원을 유혹을 하고, 매수공작을 해서 정부파를 늘리려고 했으나 막바지에 이르러 실패했다. 5월 31일, 6개의 강경파가 추진한 이토 내각을 비판하는 상주안이 찬성 153, 자유당 등의 반대 139로 가결되고, 6월 1일 중의원 의장이 상주안을 천황에게 올렸다. 그러나 다음날 천황은 궁내대신을 통해 구두로 상주안을 받아들이지 않는다고 전했다. 같은 날 중의원은 또 다시 해산되었다.

정부비판 상주안 가결 후의 대응은 모두 이토 수상의 생각대로였다. 6월 1일 하라 야스타로原保太郞: 도쿄부 출신 야마구치현 지사는 중의원을 치료할 수 없다면, "칙유勅諭로 명치 50(1917)년까지 헌법을 중지한다는 대명을 내리고", 그동안 "유신정부가 업적을 쌓아 명치 50년에 다시 헌법을 실시하자"는 제안을 이노우에 가오루 내무대신에게 보냈다(井上馨 앞 保太郞書狀, 1894년 6월 1일, 「井上馨文書」). 하라 야스타로는 미국에 유학도 했으며, 특별히 야마가타나 시나가와 등과 가까운 번벌 관료는 아니다. 하라 야스타로마저 이렇게 생각하고 있는 것을 보면 번벌 관료들 사이에 제6회 의회의 상황에 대한 절망감이 퍼지고 있다는 것을 알 수 있다. 심각한 헌법 위기였다.

그런데 이러한 상황에서도 이토 수상과 무쓰 외상은 야스타로 지사처럼 위기감이 없었다. 3월 8일에는 조선의 친일파 지도자 김옥균이 상하이에서 암살당했다. 유해 송환을 둘러싸고 일본과 조선이 대립하기 시작했다. 그 배경에는 청나라도 있었다. 4월 26일 동학교도와 농민이 백산白山에 집결해 갑오농민전쟁(동학혁명—옮긴이)이 시작되었다(伊藤之雄, 『立憲國家の確立と伊藤博文』, 144~151쪽).

영국에 의지

　　　　1894(명치 27)년 6월 2일 이토 내각은 조선에 혼성여단(병력은 수천 명)을 보내기로 결정하고 5일 파병했다. 이 때 무쓰 외상은 청나라와의 대결을 생각하고 있었지만, 이토 수상은 천진조약 이후 10년 가까이 지속해 온 청국과의 협조관계를 유지하고자 했다(高橋秀直, 『日清戦争への道』, 317~336쪽).

　6월 10일 일본이 조선에 병사를 보낸 데 대해 청나라가 "조선은 청의 속국이다"고 통지해 왔다. 무쓰 외상은 "조선을 독립국으로 인정하기 때문에 이를 받아들일 수 없다"고 회답했다. 다음날 이토 수상은 야마가타 추밀원 의장을 만나 현재 상황과 장래에 대해 의논했다. 이때 이토와 야마가타는 앞으로 청일관계가 불편해질지 모른다고 생각했다(앞의 책, 井上馨 앞 芳川顕正書状 1894년 6월 12일).

　6월 5일 이토 내각은 청나라가 동의하지 않더라도 일본이 독자적으로 조선을 개혁하기로 결정한다. 이후 청나라가 일본의 조선 관여를 방관하면 전쟁을 하지 않겠지만, 그렇지 않으면 전쟁이다. 이토 내각은 경우에 따라서는 전쟁을 할 수밖에 없다고 결정한 것이다. 그러나 청나라의 태도뿐만 아니라 열강의 움직임에 대해서도 이토 수상은 충분한 확신이 없었다. 결국 이토는 북경의 일본 공사관에서 온 전보의 사본을 읽고, 6월 30일, 일본이 영국에 의지하는 것도 나쁘지 않다는 결론에 도달했다(앞의 책, 陸奥 앞 伊藤書状 1894년 6월 30일).

　7월 1일 이토는 무쓰 외상에게 요코하마에 정박 중인 영국 함대가 예정된 하코다테로의 회항을 멈추고 가능하면 조선 근해를 항행하든가 아니면 그대로 요코하마에 머물도록 영국에 부탁하라고 제안했다. 사쓰마 출신이면서 이토가 아끼는 가와카미 소로쿠川上操六 참모차장(육군 중장)도 이토에게 여러번 이와 같은 의견을 제시했었다. 또 다음날 이토는 러시아 공사관에 일본을 비판하는 구실을 주지 않도록 하라고 무쓰에게 주의를 주었다

(陸奧 앞 伊藤書狀, 1894년 7월 1~2일, 앞의 책). 7월 초, 이토 수상, 무쓰 외상 그리고 군당국 사이에는 청일전쟁이 발발할 경우 영국에 의지하면서 러시아를 경계하는 데 합의를 했다. 그러나 7월 중순경까지도 이토는 일본이 무리하게 청국을 전쟁으로 몰아가는 것은 정당하지 못하다고 주저했다.

예를 들면 7월에 청국이 고무라 쥬타로小村寿太郎 주청국 공사에게 일본의 행동에 대해 조회를 해왔을 때, 무쓰 외상은 고무라 쥬타로에게 청국과의 전쟁을 유인하는 듯한 회답을 보냈다. 고무라는 현재 중국이 교전 상대국이 아닌 이상 이와 같은 명령을 내리는 듯한 무쓰 외상을 따를 수 없다고 무쓰에게 답했다. 7월 16일, 이토 수상은 무쓰 외상에게 좋은 안이 있으면 자기의 생각을 고집하지 않겠다며 완곡하게 무쓰에게 재고를 요청했다(陸奧 앞 伊藤書狀, 1894년 7월 16일, 「陸奧宗光文書」). 7월 19일 청국군이 조선에 증파되었다는 정보를 접하고 일본 정부는 연합함대와 혼성여단에게 청국군이 증파되면 이를 격파하라는 명령을 내렸다. 청일전쟁에 착수하려는 판단이었다.

그러나 무쓰 외상과 현지에서 지휘를 맡고 있는 오오토리 게이스케大鳥圭介 조선 주재공사가 바라던 조선 왕궁 포위 계획은 각의에서 거부되었다. 이토 수상과 천황은 청국과 교섭을 해서 전쟁을 피하기 위한 가능성을 남겨두고 싶었기 때문이다. 다른 각료들도 이토의 방침을 지지했다.

그런데 현지의 오오토리 공사와 오오시마 요시마사大島義昌 소장(쵸슈 출신)은 독단으로 군을 동원해 7월 23일 이른 아침에 조선왕궁을 점령했다. 조선의 행정 중추를 장악한 것이다(高橋秀直, 『日淸戰爭への道』, 349~357 · 426~443쪽). 이어서 25일 일본 해군은 증파부대로 서울로 갈 청국병사를 실은 수송선과 호위함을 풍도 앞바다에서 격침시켰다. 청일 전쟁이 시작되었다.

: 제13장

이토 체제의 전성기

－ 문관 수상의 청일전쟁

대본영 참여와 군사 관여

일본이 혼성여단을 조선에 파병한 다음 날인 1894(명치 27)년 6월 5일에 출병한 장병을 통솔하는 최고작전지도 회의로서 참모본부에 대본영이 설치되었다. 명치유신 이후 가장 큰 전쟁이었던 서남전쟁 때는 군사 관련 사항은 교토 황궁의 행궁^{行在所}에서 발령했으며, 오사카에 정벌총독부 본영을 설치하여 오오쿠보 토시미치와 이토 히로부미 등이 군 동원과 편제 및 중요 인사, 전체적인 전략 등을 맡았다. 얼마 안 있어 정벌총독부 본영을 큐슈로 옮긴 후에도 오오쿠보와 이토 등이 오사카에서 전략의 큰 틀과 중요 인사를 지휘했다(제4장).

대본영의 설치는 이번이 처음이다. 전년도 5월에 공포된 전시대본영 조례에 따른 것으로 참모총장이 참모장(막료장^{幕僚長})이다. 과거에는 태정관제 하의 대신, 참의로 구성되는 각의가 중심이 되어 전쟁을 지도했다. 서남전쟁의 경우는 실력자인 오오쿠보와 이토가 문관이면서 전쟁지도에서도 실질적으로 가장 중요한 역할을 했다. 이번에는 명치헌법에 따라 "천황은 육해군을 통수한다"(제11조)는 통수권 독립조항에 따라 조직이 바뀌었다.

대본영의 최초 회의는 7월 17일 천황이 출석한 어전회의로 열렸다. 참석자는 참모총장인 아리스가와노미야 다케히토有栖川宮威仁 친왕, 육군대신 오오야마 이와오大山巖, 해군대신 사이고 쓰구미치西郷従道 등 육해군 당국자와 육군의 원로이자 대장인 야마가타 아리토모 추밀원 의장 등 무관들이었다.

드디어 청국과의 전쟁 가능성이 높아지자 천황은 7월 27일 오전의 대본영회의에 이토 수상을 불러 앞으로 대본영회의에 참석하도록 지시했다. 출병 경비뿐만 아니라 군사작전에 대해서 이토 수상이 자세하게 아는 것이 외교 교섭에 필요하다고 생각했기 때문이다. 7월 26일, 이토는 천황의 명을 받아들였다(伊藤 앞 德大寺実則書状, 1894년 7월 26일 (2통), 『明治天皇紀』 8권, 469쪽). 이토는 번벌 세력 가운데 최고 실력자이며 천황의 신뢰가 두터웠기에 문관이면서 전쟁의 작전지휘에 관여하는 것을 천황에게 인정받은 것이다.

천황의 결정은 명치헌법 조문에 비춰보면 보면 조금 이례적이다. 그러나 앞서 본 바와 같이, 1880년대까지 이토, 이노우에 가오루 등 문관이 군비 계획과 군 인사라는 중요 사항에도 관여했다. 명치헌법 발포 후 1893년 3월에도 니레 가게노리仁礼景範 해군대신(사쓰마 출신)의 후임 인사에 이토 수상(문관), 야마가타 법무대신(대장), 구로다 기요타카 수상(문관), 이노우에 가오루 내무대신(문관), 오오야마 육군대신(육군 대장)과, 사쓰마와 쵸슈의 문관도 관여하여 사이고 쓰구미치사쓰마 출신를 해군대신으로 선정했었다(伊藤之雄, 『山県有朋』 제6・7장). 이토의 대본영 출석은 명치 유신 이후 문관의 군사 관여라는 관행에 따른 것이다. 그리고 유력 문관 중에서도 이토 한 사람만 출석을 인정받았기 때문에 이토의 특별한 지위가 새롭게 확인되었다.

의도대로

청일전쟁에서 일본과 청국의 최초 군사충돌은 1894(명치 27)년 7월

25일 풍도豊島: 인천 앞바다에 있는 섬 옮긴이 해전이었다. 이 해전의 승리 소식은 7월 27일 저녁부터 28일 저녁에 걸쳐 대본영에 들어왔다. 침몰한 수송선에는 영국 국기가 걸려있고 영국인 두 명이 타고 있었다는 정보가 있어, 이토 수상은 바로 사이고 쓰구미치 해군대신에게 확인을 했다(西郷従道(山本権兵衛) 앞 伊藤書状, 1894년 7월 28일, 「山本権兵衛文書」, 국립국회도서관 헌정자료실 소장). 이토 수상은 군사 행동을 항상 외교와 연관시켜 생각하고 넓은 시야에서 통제하려 했다.

이어서 육군은 29일에 성환成歡, 30일에 아산牙山을 점령했다. 8월 1일, 일본은 청국에 선전포고했다. 전과는 매일같이 각 신문 지면을 장식했고,『오사카아사히大阪朝日신문』(현재『아사히신문』)이 "천황의 병사는 조선의 문명화를 위해 싸움을 하고 있다"(8월 14일)고 논한 것처럼, 일본국민은 조선을 개혁하고 청국으로부터 독립시키려는 '대의'에 취해있었다.

그 이전 7월 16일 런던에서는 치외법권을 철폐하는 등의 신조약이 조인되었고, 8월 20일에 조약 본문과 부속 의정서가 일본에 도착했다. 조약은 24일에 추밀원에서 심사, 가결되어 비준되었다. 다음날 25일, 외무성에서 무쓰 외상과 영국 공사 사이에 비준서가 교환되고, 27일에 공포되었다. 신조약에 대해 대외강경파는 다소 불만을 표했으나, 조약반대운동은 일어나지 않았다. 개전직후의 승리 덕분이었다.

명치 천황은 군사작전의 수정 등 가장 중요한 사항에 대해서도 문관인 이토 수상에게 기대하는 부분이 컸다. 예를 들면 제3사단의 조선 출병 문제였다. 8월 13일 대본영은 이미 조선에 파견되어 있는 제5사단에 더해 제3사단을 출병시키기로 결정했다. 천황은 현재 상황에서 제5사단만으로도 충분하다고 생각했다. 그래서 제3사단은 언젠가 다른 필요한 장소에 출병하겠지만, 경비절감도 되므로 우선 제3사단의 출병을 보류하도록 가와카미 소로쿠川上操六 중장(참모차장, 사쓰마 출신)에게 통보하라고 이토 수상에게 명했다(伊藤 앞 德大寺実則書状, 1894년 8월 23일,『伊藤博文関係文書』6권). 당시 제도로는 참모총장인 아리스가와노미야 다루히토有栖川宮熾仁는 육·해군 위에 있는 참모총장이며, 가와카미가 육군의 작전 최고책임자였다.

천황은 근대국가로서 처음으로 하는 대외 전쟁에 불안했을 것이다. 그렇다고 해도 이때의 천황의 행동은, 군주는 정부의 의사결정이 곤란한 상황에서만 조정을 위해 정치에 관여할 수 있다는 군주기관설의 틀에서 벗어난 것이다. 천황에게도 그러한 자각이 있었기 때문에 대원수로서 가와카미 참모차장에게 직접 명령하지 않고 이토 수상에게 명한 것이다. 이에 대한 대답이 늦어지자 천황은 도쿠다이지德大寺 시종장을 통해 8월 23일 이토 수상에게 회답을 요구했다(위와 같음). 결국 작전은 변경되지 않고 제3사단의 일부로 구성된 지대支隊는 8월 하순에 조선 북동부의 원산에 상륙, 제3사단 본대는 9월 중순에 한성(서울)에 가까운 인천에 상륙했다. 이에 앞서 대본영은 제5사단과 제3사단으로 제1군을 편성하고 8월 30일, 야마가타 아리토모 대장을 제1군 사령관으로 임명했다.

그 후 육군은 9월 15일부터 16일까지의 평양전투에서, 해군은 17일 황해해전에서 압승하여 일본의 승리가 굳어졌다. 그리고 전쟁에서의 대승리에 호응하여 국민들의 전쟁협력과 정부 지지 분위기가 더욱 강해졌다. 조약개정이 실현되고 헌법 위기가 해소된 점은 이토 수상이 의도한 대로였다(伊藤之雄, 『立憲国家の確立と伊藤博文』, 172~173쪽).

전후 신체제의 모색

1894(명치 27)년 9월 중순 평양전투와 황해해전에서 일본군이 대승하자 승리에 대한 전망도 밝아져 천황은 크게 안심했다. 이토 수상도 무쓰 외상, 와타나베 구니타케渡辺国武 대장상 등과 외교, 경제 문제를 처리하면서 전후를 향해 대내외 체제를 정비하려는 여유가 생겼다. 8월 29일, 이노우에 고와시井上毅는 병이 악화되었다는 이유로 문부대신을 사임

했다. 이토 수상은 내각에 젊은 인물을 등용하려 했으며, 44세의 사이온지 긴모치西園寺公望가 발탁되었다. 이토가 처음 태정관제 하의 내각 멤버인 참의가 된 것은 32세 때였고 근대적 내각 제도가 생기고 초대 수상이 된 것이 44세 때였다. 이에 비하면 시온지의 입각이 빠른 것은 아니다. 이토 등과 약간 후배 세대가 오랫동안 계속해서 각료 자리를 차지하고 있었기 때문에 각료의 연령은 해마다 높아졌다. 그래서 이토는 젊은 세대를 등용하여 10년 후에 자신의 세대가 은퇴할 시기가 되어도 순조로운 세대교체가 가능하도록 노력했다. 언제나 수년에서 10년 앞을 내다보고 행동할 수 있는 것이 이토의 장점이다.

사이온지는 20세부터 30세까지 9년 반이나 프랑스에서 유학을 하고 법률을 공부했다. 귀국 후 이토에게 발탁되어 헌법조사단의 일원으로 유럽으로 건너갔으며, 후에 외교관으로 유럽에 오래 체재했다(伊藤之雄, 『元老 西園寺公望』 제2·3장). 이토는 영어를 잘하며 영국 유학(밀항)을 통해 서구에 대한 경험이 많다. 그래서 그는 자기와 유사한 경력을 갖고 있고 일본 사회를 점진적으로 질서 있게 진보시키려는 생각을 하고 있는 인물을 선호했다.

이 시기 이토 수상은 장래 구상으로 '조선개혁'도 염두에 두었다. 이토와 무쓰는 헌법을 유지하고 입헌국가를 완성시키기 위해, 그리고 조약개정에 대한 비판을 막기 위해 때마침 발생한 조선문제를 이용했다(12장). 일본 정부는 열강에게 '조선개혁'을 청일 개전의 '구실'로 내세웠다. 따라서 이토는 '얼마간' '성과'를 내지 않으면 '국가 위신'에 관계된다고 생각했다.

당시 조선주재 공사는 오오토리 게이스케大鳥圭介: 청국 공사와 겸임였다. 이토는 조선 실정을 조사하기 위해 사위이자 심복인 스에마쓰 겐쵸末松謙澄 법제국 장관을 조선에 파견하였으나, 개혁은 매우 어렵고 도저히 아무것도 할 수 없는 상황이었다. 이토 수상은 이노우에 가오루 내무대신에게 오오토리 공사의 후임을 선발하려 해도 인재가 없어 곤란하다는 괴로운 심경을 토로했다(井上馨 앞 伊藤書狀, 1894년 9월 24일, 「井上馨文書」). 이토는 말은 못했지만 내심 이노우에 가오루에게 내무대신에서 한 등급 낮춰 조선 공사가 되어 수상 급의 공사로서 '조선개혁'에 임해주기를 부탁한 것이다.

이토는 현재의 조선정부가 무슨 말을 해도 장래를 기할 수 없고, 군국기무처와 대원군大院君이 양립하는 형태로 대립하고 있으며, 지방에서는 어떤 명령도 먹혀들지 않는 곤란한 상황이라는 등, 조선의 현상을 엄중하게 보고 있었다(井上馨 앞 伊藤書状, 1894년 10월 12일, 「井上馨文書」). 이 때 거물이며 수완이 있는 이노우에가 필요했다.

이노우에 가오루는 10월 15일에 내무대신을 사임하고 조선 주재공사가 되었다. 3일 후, 무쓰 외상은 조선문제는 이미 유럽 각국의 '본무대의 각본'이 되어 '훌륭한 배우'가 그 기량을 마음껏 펼치고 있다고 이노우에 공사에게 편지를 보냈다. 각국 공사도 이노우에 공사에게 주목하고 있었고(井上馨 앞 陸奥宗光書状, 1894년 10월 18일, 「井上馨文書」), 이토 수상의 대담한 인사는 성공적인 것처럼 보였다. 이노우에 공사는 명치유신 이후 (일본의—옮긴이) 근대화 과정을 모델로 하여 조선의 내정을 개혁하려 했다(森山茂徳, 『近代日韓関係史研究』, 23~52쪽).

무쓰와 이노우에 가오루의 도움과
전쟁 지도

1894(명치 17)년 9월 13일부터 전장에 가까우며 군 주력부대의 출발지인 히로시마에 대본영이 설치되었다. 천황은 9월 13일 히로시마를 향해 출발, 15일 저녁 무렵에 히로시마 대본영에 도착했다. 이토도 같은 열차로 히로시마로 향했으나, 도중에 병이 나서 나고야에서 치료를 받은 후 19일 히로시마에 도착했다.

이토 수상은 전시외교에 관해 무쓰 외상과 조선공사가 된 이노우에 가오루井上馨를 매우 중시했다. 이토 내각의 중심은 이 세 사람이었다. 이노우에

가 조선으로 출발하기 전부터 영국이 일본에게, 청국과 전쟁을 끝낼 것을 중개하려고 제안해 온 것에 대한 대응을 그 예로 들 수 있다. 무쓰 외상과 이토 수상은 몇 번 토론을 거친 후에 영국의 제안을 거절하기로 했다. 무쓰는 이토의 부탁을 받고 그가 이토에게 보낸 편지 복사본과 함께 이러한 사정을 알리는 편지를 10월 26일 이노우에에게 보냈다(井上馨 앞 陸奥宗光書狀, 1894년 10월 26일, 「井上馨文書」).

그로부터 6일 후, 이토 수상도 이노우에 공사에게 편지로 다음과 같은 내용을 알렸다. 다른 유럽의 '대국'들은 '시기상조'로 영국의 움직임에 가담하지 않고, 영국도 '일단 단념'한 것으로 보인다. 청국은 간단하게 화해를 청하지 않을 것이기 때문에 여순旅順을 함락시키고 천진天津에 대공세를 펼 필요가 있다. 그 사이 (이것을) '군무軍務' 담당자에게도 일러두겠다. 마지막으로 조선관계는 먼저 이노우에에게 의논하도록 무쓰 외상에게 지시해두었다(井上馨 앞 伊藤書狀, 1894년 11월 1일, 「井上馨文書」).

이처럼 전시외교는 무쓰와 이노우에 가오루가 이토 수상을 보좌하며 전개되었다. 그리고 영국과의 조약개정이 성공하고, 영국을 의지하는 것을 방침으로 하고 있어도, 틈을 보이면 영국은 이익을 확대하려고 움직일 것이라고 경계했다. 이토는 항상 긴장감을 가지고 영국을 대하고 있었다.

그러나 위의 편지에서 무쓰는, 야마가타 아리토모 대장(제1군 사령관)은 이전부터 외교교섭의 건으로 '고민'하고 있기 때문에, 야마가타에게 편지를 쓸 기회가 있으면 영국과의 교섭에 대해서 대체적인 내용을 전해도 지장이 없다고 이노우에 공사에게 전했다(井上馨 앞 伊藤書狀, 1894년 10월 26일, 「井上馨文書」). 이토와 무쓰, 이노우에 등 중심그룹과 야마가타는 외교교섭에 관한 중요 기밀의 개요를 공유할 정도로 연대하고 있었다.

야마가타의 병을 걱정

　　　　　　야마가타는 제1군 사령관으로 조선에 건너가 인천에 상륙, 육로로 한성(서울)을 거쳐 평양까지 갔다. 1894(명치 27)년 10월 하순, 제1군이 조선과 청국의 국경인 압록강을 건너자 야마가타도 따랐다. 그러나 야마가타는 인천 상륙 후부터 기관지와 위장병에 시달렸다. 11월 초에는 위장병이 악화되어 눈에 보이게 쇠약해졌다. 조선과 남만주(만주는 중국 동북지방)의 늦가을에서 초겨울에 걸친 추위와 험한 여정은 56세의 야마가타에게 크게 영향을 미쳤다.

　이토 수상은 야마가타의 병을 걱정하여 그를 일본으로 돌아오도록 명치천황에게 주청을 한 것 같다. 11월 29일에 칙어가 내리고, 12월 8일 야마가타는 압록강 의주에서 칙어를 전달받았다. 다음날 야마가타는 제1군 지휘를 노즈 미치쓰라野津道貫 중장(제5사단장)에게 일임하고 천황이 머물고 있는 히로시마의 대본영으로 향했다.

　야마가타는 귀국에 매우 불만이었다. 귀국 도중, 야마가타는 인천에서 이노우에 공사를 만난다. 이노우에는 야마가타의 모습을 보고 이토에게, 귀국 후 야마가타를 대본영 소속으로 하여 아리스가와노미야 다루히토有栖川宮熾仁 참모총장을 보좌하도록 할 수밖에 없다고 제안했다. 그렇지 않으면 야마가타는 제1군 사령관을 해직당한 것을 이유로 육군을 은퇴할 결심을 하고 있는 것 같다고 했다(伊藤之雄, 『山県有朋』, 273~279쪽).

　야마가타는 12월 16일, 우지나宇品 항(현재 히로시마항)에 도착했다. 이토 수상은 히지카타 히사모토土方久元 궁내상宮相 및 육해군 장관 등과 함께 소형 증기선으로 야마가타가 탄 배까지 마중을 갔다(『東京日日新聞』 1894년 12월 20일). 야마가타에 대한 이토의 배려였다.

　같은 날, 이토는 이노우에 가오루 조선공사에게 다음과 같은 편지를 썼다. 자신은 제국의회 준비를 위해 하루 이틀 내에 도쿄에 가야하지만, 야마가타의 자리를 정하지 않고서는 안심이 되지 않아 할 수 없이 출발이 늦어지고 있다(井上馨 앞 伊藤書状, 1894년 12월 16일,「井上馨文書」). 이토 수상과 이노우에 공사는 야마가타의 앞날을 걱정하여 군 인사에 개입하려 했다.

여순 학살사건에 대한 분노

　　　　　　　　같은 편지에서 이토는 제2군 제1사단이 여순 점령 때 청국 병사의 포로와 여순 주민을 학살한 사건에 대해서도 언급했다. 이 사건은 1894(명치 27)년 12월 12일에 미국 신문『뉴욕월드』에 보도된 후 유럽과 미국에서 주목을 받았다. 같은 달 17, 18일 무쓰 외상이 미국 각 신문에 변명의 글을 게재한 후 유럽과 미국의 일본 비난 논조는 진정되었다(大谷正,『近代日本の対外宣伝』제2부 제4장). 이토는 '여순학살 운운의 건'은 열강의 '감각'으로는 매우 유쾌하지 않은 것으로, 전력을 다하여 변호에 자금을 들여 노력하고 있다고 이노우에 가오루에게 알렸다. 여순이 함락되자 미국이 강화 중개를 제안해 왔다. 무쓰 외상은 이토 수상과 요동반도를 확보하는 등의 강화 조건을 검토하기 시작했다(伊藤 앞 陸奥書状, 1894년 11월 26일,『伊藤博文関係文書』7권). 그래서 이토와 무쓰는 열강 특히 미국의 사건보도에 대해 신경을 곤두세웠던 것이다.

그 후 여순 학살사건에 대해 대본영은, 제2군의 '비위'를 묻는 것은 바람직하지 않다며 불문에 부쳤다(伊藤 앞 伊東巳代治書状, 1895년 2월 15일,『伊藤博文関係文書』2권). 이토 수상은 제국주의 시대의 국제 규범에 항상 신경을 쓰고, 이에 대한 배려가 없는 육군을 한탄하는 한편, 발생한 사건에 대해서는 미국과 유럽을 설득하는데 힘썼다.

(19세기 말에 여순 학살사건이 열강 저널리즘의 관심을 끈 것과 같이, 비전투원과 포로 살해는 '문명국'이 해서는 안 되는 규범이 형성되고 있었다. 그러

나 미국에서도 1890년 인디언과의 전쟁에서 중무장한 기병대가 부인과 아이들을 포함한 200명의 수Sioux족을 살해한 '운디드 니의 학살Wounded Knee Massacre'이 있었듯이 규범의식은 불충분했다.)

야마가타를 궁지에서 구출

　　　　　　　　귀국한 야마가타는 1894(명치 27)년 12월 18일 천황의 '치하致賀'를 받고 추밀원 의장과 제1군 사령관을 면직 받고 감군監軍: 군대의 교육, 군기, 풍기 등 군무를 감독하는 직책-옮긴이에 임명되었다. 감군은 육군 안에서 한직으로 어디까지나 일시적 조처였다. 그리고 야마가타는 12월 20일에 두 번째 '원훈 우대'의 조칙을 받았다. 이토와 구로다는 이 조칙을 한 번밖에 받지 못했다. 야마가타에 대한 파격적인 대우였다. 이것은 틀림없이 이토 수상과 명치 천황의 배려였을 것이다(伊藤之雄, 『山県有朋』, 279~280쪽). 이토 수상은 12월 18일 오전 11시 50분 기차로 도쿄로 돌아오기 위해 히로시마를 출발했다(『東京日日新聞』1894년 12월 19일). 야마가타에 관한 모든 조치를 취한 뒤였다.

　야마가타는 귀국 후, 대본영 평의회軍議에 다시 나오게 되었지만, 가와카미 소로쿠川上操六 참모차장(육군중장, 사쓰마 출신) 등 후배 군인들과의 관계가 원활하지 못했다. 그 배경에는 청일전쟁의 작전을 둘러싸고 제1군 사령관이었던 야마가타가 가와카미 등 대본영의 작전에 충실하지 않았던 것도 있었다. 1895년 1월 15일, 아리스가와노미야 다루히토有栖川宮熾人 참모총장이 병사했다(공식 사망 일시는 1월 24일). 당시 참모총장은 참모차장(육군)과 군령부장(해군)의 상위직으로 육해군 작전을 통솔하는 입장이었다. 야마가타에게는 분에 넘치는 자리였다.

　이토 수상은 이노우에 가오루 조선공사와 연대하여 야마가타를 참모총장에 취임시키기 위해 움직였다. 그러나 가와카미 참모차장과 가바야마 스케노리樺山資紀 군령부장(해군중장, 사쓰마출신)은 표면상 이토에게 찬성하는 자세를 보이면서 내심은 야마가타가 참모총장이 되면 둘 다 사임할 생각을 하고 있었다. 황족의 경우와 달리 야마가타가 그 자리에 오면 자기주장을 강하게 펼 것으로 예상되었기 때문이다.

그래서 이토는 1월 25일 고마쓰노미야 아키히토小松宮彰仁 친왕(육군대장)을 참모총장으로 하고, 야마가타는 사이고 쓰구미치 해군대신이 겸임하고 있는 육군대신을 맡도록 권유하기로 했다. 육군대신은 전시에는 비교적 부담이 없는 자리이며, 제1군이나 제2군 사령관, 참모총장 쪽이 명예로운 중요한 자리였다.

이토는 체면을 구긴 야마가타의 기분을 너무 잘 알았다. 이토가 야마가타에게 엄동설한의 매화가지를 그린 그림에 매화의 상쾌함과 봄기운을 읊은 칠언절구를 써서 보낸 것은 야마가타가 참모총장이 되지 못한 직후였을 것이다. 결국 3월 7일 야마가타는 감군 겸 육군대신에 취임했다. 야마가타는 육군대신에 임명된 것을 '복직'으로 여기며 매우 기뻐했다. 이토의 우정을 느꼈기 때문일 것이다(伊藤之雄, 『山県有朋』, 280~283쪽).

시모노세키 강화조약과 삼국간섭

야마가타의 자리 문제가 계속되고 있던 1895(명치 28)년 1월 27일, 청일전쟁의 강화조건이 어전회의에서 심의되었다. 참석자는 명치 천황과 이토 수상, 무쓰 외상, 야마가타 대장(감군), 사이고 쓰구미치 해군대신 겸 육군대신, 가바야마 스케노리樺山資紀 해군 군령부장, 가와카미 소로쿠川上操六 참모차장이었다. 이 회의를 위해 무쓰 외상은 이토 수상과 의논하여 기본적인 강화조건의 원안을 만들었다. 무쓰는 조선의 독립, 요동반도 할양과 전비 배상 등을 제시했고, 참석자 사이에 이의가 없어 천황의 재가를 받았다(『佐佐木高行日記·かざしの桜』, 1895년 7월 29일).

시모노세키조약 조인식(1895년 4월)
왼쪽에서부터 무쓰 무네미쓰, 이토 히로부미, 이홍장

그 후 2월 2일에 일본군은 청국 최강의 북양해군의 근거지로 산동반도에 있는 위해위威海衛를 점령했다. 3월 20일, 이토 수상과 무쓰 외상을 전권으로 하여 청국의 최고 유력 정치가이자 전권인 이홍장李鴻章과 시모노세키의 슌반로春帆樓에서 강화회의가 시작되었다. 4일 후에 이홍장이 저격을 당해 부상을 입는 사건도 영향을 미쳐 청국은 일본의 강화조건에 저항했다.

이토는 러시아의 동향을 가장 걱정했다, 이토는 3월 중순에 러시아는 독자적으로라도 간섭을 시도할 것이라는 정보를 파악했다(陸奧宗光 앞 伊藤書狀, 1895년 3월 19일, 「陸奧宗光文書」). 강화조약이 조인되기 이틀 전, 러시아가 요동반도의 할양 등 대륙 분할에 동의하지 않는 것은 명백하며, 프랑

스 해군과 연합하여 일본의 팽호제도澎湖諸島 점령을 방해하려 한다는 비밀정
보도 이토에게 전해졌다. 영국은 아예 방관하는 것 같았다. 러시아는 조선
에 대해서도 무언가 요구를 할 것이 틀림없다고 생각되었다. 이렇게 국제
적으로는 어려운 상황이었지만 이토는 기본적인 강화조건을 관철할 심산
이었다. 그 즈음 무쓰는 병이 악화되어 이토 혼자 문제를 처리해야 할 상황
이었다(井上馨 앞 伊藤書狀, 1895년 4월 15일, 「井上馨文書」).

시모노세키 조약의 최종안도 이토 수상이 중심이 되어 작성해서 무쓰 외
상에게 최종 확인을 구하는 형태가 되었다(陸奧 앞 伊藤書狀, 1895년 4월 16일,
「陸奧宗光文書」). 4월 17일, 조선의 독립승인, 요동반도·타이완·팽호제도
의 할양, 배상금 2억 량(약 3억 1,000만 엔) 지불을 내용으로 하는 청일강화
조약이 시모노세키에서 조인되었다. 일본은 당초 3억 량(약 4억 6,500만 엔)
의 배상금을 요구했으나 완화되었다. 그렇다하더라도 청일전쟁의 전비 약
2억 엔의 1.5배의 배상금이 일본으로 들어오게 된 것이다.

이토는 시모노세키 강화조약에 대해 어느 정도 만족했다. 그러나 러시아
등 열강의 간섭을 경계하여 영국과의 신조약 체결 당시와 비교해 대놓고
기뻐하지는 않았다. 그리고 결핵에 걸리면서도 외상으로서 청일전쟁의 지
도부터 강화조약 체결까지 큰 역할을 한 무쓰를 공로 이상으로 칭찬했다
(陸奧 앞 伊藤書狀, 1895년 4월 19일, 「陸奧宗光文書」). 이토는 강한 자부심을
가지고 있으나 부하들의 역할을 감사하는 마음으로 평가하는 순수하고 공
정한 정신을 가지고 있었다. 이는 이노우에 고와시에 대해서도 마찬가지였
다.

시모노세키 강화조약의 내용을 알게 된 러시아는 독일, 프랑스와 함께
4월 23일, 일본에게 요동반도를 청국에 반환하도록 권고했다. 러시아는 영
국에게도 참가를 권유했으나 영국은 응하지 않았다.

영국은 청일전쟁에서 드러난 일본의 국력을 보고 극동에서 전란 등이 일
어났을 때 영국의 이익을 지키기 위한 연합의 상대는 청국이 아닌 일본이

바람직하다고 생각하게 되었다. 그래서 간섭에 참여하지 않았다(*Ian H. Nish, The Anglo-Japanese Alliance*). 그러나 특히 해군력에서 일본은 삼국을 상대로 싸울 힘이 남아있지 않았다. 이토 수상은 삼국간섭에 대해 야마가타 육군대신과 무쓰 외상의 의향을 중시하여 검토했다(伊東巳代治 앞 伊藤書狀, 1895년 4월 25일, 「伊東巳代治文書」). 이토는 지금에 와서 러시아가 물러서지는 않을 것이며, 단독으로라도 간섭을 시도할 것이라고 보았다(陸奧 앞 伊藤書狀, 1895년 5월 3일, 「陸奧宗光文書」). 그리고 5월 4일, 각의에서 삼국의 제안을 받아들여 요동반도를 포기하기로 결정했다.

삼국간섭에 대한 굴복에 이토는 분해했다. 그러나 이것이 그 당시 일본의 국력이었다. 러시아를 경계했으나 일본으로서는 도리가 없었다는 것이 솔직한 심정이었을 것이다.

파격적인 포상

시모노세키 조약에서 청국으로부터 대만을 할양받은 일본은 대만점령을 위해 근위사단을 파병했다. 사단은 1895(명치 28)년 6월 7일에 대북台北을 함락시키는 등 대만점령을 착착 진행해나갔다. 이렇게 청일전쟁의 전후처리도 일단락되고, 8월 5일 제1차 전쟁 포상에 대한 발표가 있었다.

문관 이토 수상은 대훈위大勳位 국화대수장菊花大綬章을 받았다. 황족이외에 일본인으로 대훈위 국화대수장을 받은 것은 이토가 처음이었다. 계속해서 이토에게 신하로서 최고의 명예가 주어진 것이다. 쵸슈와 사쓰마의 최고 유력 군인인 야마가타 아리토모제1군사령관, 후 육군대신와 오오야마 이와오大山巖: 제2군 사령관, 사이고 쓰구미치해군대신 겸 육군대신는 무관 신하로서 최고 공功2급 긴시金鵄 훈장(연금 1,000엔, 현재 약 2,000만 엔)과 욱일동화대수장旭日桐花大綬章을 받았다. 이토는 이미 명치헌법발포 때 욱일동화대수장을 받았다.

그리고 이토는 야마가타, 사이고, 오오야마와 함께 백작에서 후작으로 작위가 올랐다. 의식의 서열인 궁중 석차는 기본적으로 현직 지위와 훈장으로 정해지기 때문에 작위만으로는 서열이 올라갈 수 없다. 이토가 받은 대훈위 국화대수장은 현직 서열이 최고인 수상보다 위이다. 이토는 모든 공식행사에서 신하로서 최고 석차를 얻게 되었다. 또 천황의 특별 배려로 이토에게 10만 엔(현재 20억 엔 이상), 야마가타, 사이고, 오오야마에게 각각 3만 엔이 하사되었다. 야마가타 등 3명에게는 긴시 훈장의 연금 1,000엔이 지급되지만, 금전 면에서도 이토의 대우는 파격적이었다.

번벌 최고 유력자에 대한 훈장 하사는 수상 및 번벌 최고 유력자 등의 조언을 중시하여 보통 명치 천황이 결정한다. 이 관례에 따르면 수상이면서 번벌의 필두로서 천황의 신뢰가 두터운 이토는 천황에 대한 조언을 통해 훈장 결정의 실권을 가지고 있었을 것이다. 그러나 이번에는 이토와 번벌 최고 유력자들이 관련되어 있었기 때문에 이토에게 의논하지 않고 천황이 궁내상과 시종장 등 궁중 관계자와 의논하여 결정한 듯하다. 이토 수상이 무쓰에게 보낸 편지에 이러한 사정이 잘 나타나 있다(陸奧 앞 伊藤書狀, 1895년 8월 7일, 「陸奧宗光文書」).

민비(명성황후) 시해[13]사건

삼국간섭 후 프랑스 공사는 그 연장선상에서 조선에 대해, 러시아와 제휴하여 일을 진행하는 것이 좋을 것이라고 조언했다. 그래서 1895(명치 28)년 6월 3일, 무쓰 무네미쓰陸奧宗光 외상은 이토 수상에게 일본의 조선정책을 재검토해야 한다고 제안했다. 종래대로 일본이 독자적으로 간섭정책을 실시할지, 간섭을 자제해야 할지를 검토해야한다는

---

13) 원문에는 살해(殺害)로 되어 있음.

의미였다. 지금까지 일본은 독자적으로 조선의 내정을 개혁해왔으나 성공하지 못했다. 각의에서는 명확한 정책 결정을 하지 못했다.

그 후 10월에 일어난 명성황후明成皇后: 전 민비 閔妃 시해에 대해 최근 한국에서는 이토 수상과 각료가 관련되어 있다는 견해가 발표되었으나, 사료 오독에서 나온 실수이다.

(2005년 10월 6일에 한국의 유력지 『조선일보』는 이토 히로부미가 명성황后明成皇后: 전 민비 閔妃 시해에 연관이 있다는 선정적인 기사를 게재했다. 이 기사(Digital Chosunilbo, Japanese Edition에 의하면)는 요시카와 아키마사芳川顯正 법무대신이 (야마가타 아리토모山県有朋와) 무쓰 무네미쓰 외상에게 보낸 1895년 6월 20일자 편지를 들어 다음과 같이 적고 있다. (1) "1895년 명성황후 살해에 일본 총리대신 이토 히로부미와 각료가 관련되어 있다는 것을 뒷받침하는 사료가 일본 국립국회도서관 헌정자료실에서 발견되었다". (2) 요시카와는 이노우에 가오루 주한공사에게 "(이토 총리에게) 미봉책은 단연히 포기하고 결행의 방침을 채택하도록 강하게 권하자"는 내용의 이야기를 하고 있다. (3) "요시카와는 편지에서 '(이노우에의) 의중을 살핀 바 반대하지 않는 것 같기에 이쪽의 희망대로 움직일 듯하다'고 적혀있다"고 했다. 또 이태진 서울대학교 교수의 "내각 차원에서 명성황후의 시해를 의논하고 있었던 것으로 보인다"거나, 최문형 한양대학교 명예교수의 "이토의 명성황후 살해사건에 대한 개입을 명확히 암시하는 자료이다"라는 이야기로 주장을 뒷받침하려 하고 있다. 이 편지는 국립국회도서관 헌정자료실 소장의 「무쓰 무네미쓰문서陸奧宗光文書」에 있는 것으로 목록까지 갖춰져 있어 '발견'이라 할 수는 없다.

그리고 1895년 6월 20일자 편지의 '결행의 방침'은 졸저 『입헌국가의 확립과 이토 히로부미(立憲国家の確立と伊藤博文)』에서 제시했듯이, 그 사건의 약간 이전부터 화제가 되었던 것으로, 일본이 독자적으로 조선을 간섭하는 정책 방침을 포기하고 러시아와 제휴하는 등의 대전환을 하는 것을 가리킨다. 명성황후 시해사건은 이로부터 4개월이나 뒤에 일어난 일이다. 이 편지 이외의 사료도 읽고 당시의 정치외교적 흐름 속에서 고찰하면, 이것이 명성황후 살해사

건을 가리키지 않는다는 것을 쉽게 알 수 있다. 또한 이 시점에서 이토의 최대 관심은 외교정책의 전환보다도, 재정정책의 대립으로 마쓰카타 마사요시松方正義 대장상이 이토 내각을 무너뜨리려는 것으로 보고, 이에 어떻게 대응할 것인가에 있었다(陸奧 앞 伊藤書狀, 1895년 6월 17일, 「陸奧宗光文書」).

그리고 6월 20일자 편지의 원문 해석에도 오류가 있다. 이 편지의 원문은 다음과 같다. "슌포하쿠春畝伯: 이토의 호-옮긴이(이토 히로부미)와 면회나 담화 때에는 반드시 미봉책은 단연 포기하고 결행의 방침을 채택해야한다고 강하게 권유해 주도록 (요시카와가 이노우에에게) 반복해서 이야기하니, (이노우에는) 잘 알았다고 답했다. 그 의중을 (요시카와가) 살펴보니 (이노우에는) 동의하는 것으로 보여, 아마 희망대로 운동해 주지 않겠느냐고 생각했다고 했다". 즉 "아마 이노우에가 야마가타와 무쓰의 희망대로 이토에게 운동해 줄 것이다고 요시카와는 생각했다"는 의미이며 이노우에의 움직임에 대해 요시카와의 희망적 관측을 이야기한 것에 지나지 않는다. 『조선일보』의 기사에 실린 "이쪽 희망대로 움직일 것 같다"처럼, 정부 내의 합의 형성을 암시하는 해석은 명백한 잘못이다. 그리고 이 기사 작성의 관련자는 수신인의 하나인 '간세쓰솜틀 장군'(간세쓰는 야마가타 아리토모의 호)의 글자를 읽지 못했거나 이해하지 못했는지, 보다 중요한 야마가타의 이름을 누락시키고 이 편지를 무쓰에게만 보낸 것으로 하고 있다.)

그 후 조선에서 일본의 입장을 만회하기 위해 8월 17일, 이노우에 가오루를 대신해 미우라 고로三浦梧楼가 조선공사로 새로 임명되었다. 미우라는 1847년에 쵸슈 번 무사의 자식으로 태어나 기병대奇兵隊에 참가했다. 유신 후 도쿄 지역사령관(육군중장)까지 승진했으나 육군개혁을 둘러싸고 야마가타와 대립, 좌천되어 육군을 그만뒀다. 그 후 학습원 원장과 귀족원 의원을 역임하고 관계에서 은퇴했다.

미우라三浦는 공사 취임 의뢰를 받자 정부의 조선정책 방침을 묻는 의견서를 냈으나, 명확한 답을 얻지 못한 채 조선으로 부임했다. 이토 내각은 러시아와 영국을 중심으로 한 열강의 동향을 충분히 파악하지 못해 조선정책을 결정할 수 없었던 것이다. 미우라가 부임하자 실권을 장악한 고종 측의 명성황후가 일본 장교가 훈련시킨 군대인 훈련대의 무장해제를 승낙하도록 요청해 왔다. 조선에 대한 일본의 영향력을 더욱 약화시키기 위해서였다. 미우라 공사는 고종의 아버지 대원군을 옹립하여 쿠데타를 일으키기로 결의했다.

사건에 놀라다

10월 7일 밤부터 8일 아침에 걸쳐 미우라 공사의 뜻에 따라 훈련대는 대원군을 호위하고, 일본 수비대와 무장한 공사관 및 영사관 직원의 일부가 참가하여 쿠데타가 실행되었다.

(일본에서도 최근, 나카쓰카 아키라中塚明 나라여자대학 명예교수가 김문자金文子 씨의 『조선왕비 살해와 일본인(朝鮮王妃殺害と日本人)』(高文研, 2009)을 들어 다음과 같이 이토 수상의 명성황후 살해사건의 관여를 주장한다. [ ] 안의 내용은 필자가 첨가한 것이다.

미우라三浦 공사로부터 출병 요청이 있을 때는 언제라도 응할 수 있도록 조처해주길 바란다고 이토 수상은 육군대신에게 전했다. 사이온지西園寺 외상 [정식으로는 외무대신 임시대리]은 격노했다. 그러나 이토 수상에 의해, 9월 19일 미우라 공사가 이노우에 참모차장 앞으로 보낸 "······본관(미우라 공사)의 통지에 따라 언제라도 출병하도록 사전에 병참사령관에게 훈령했음······"은 추인되어 오오야마 육군대신에게 통지되고, 대본영과 적절히 상의하라고 전했던 것이다(中塚明, 「NHKスペシャル·日本と朝鮮半島·第一回『韓国併合への道』を見て」).

김문자 씨도 "이토에게 설득당한 사이온지가 마지못해 쓴 것은 아닐까. 즉,

미우라에게 군의 지휘권을 준 것은 이토 내각의 방침이"며 "이토는 미우라공사의 요청을 받은 [사이온지] 외무대신이 내각 총리대신에게 선처를 요구한 문서를 첨부해, 미우라 공사의 통지가 있는 대로 언제라도 출병하도록, 대본영에서 미리 재조선 병참사령관에게 훈령하기 바란다고, 대본영에 조회하도록 육군대신 오오야마 이와오에게 요청한 것이다"(『朝鮮王妃殺害と日本人』, 138쪽)라며 나카쓰카 씨와 같은 결론을 내리고 있다.

그러나 김문자 씨가 이용한 사료는 그렇게는 읽히지 않는다. 사이온지 외무대신(임시대리)이 1895년 9월 28일자로 이토 수상에게 보낸 문서는 다음과 같은 내용이다. 필자가 원본 사료를 직접 보고, 김문자 씨의 사료 번역의 오류도 포함하여, 다음과 같이 제시한다.

"[미우라 공사의 요청에 따라 조선내의 '적도(賊徒)' 진압을 위해] 필요한 경우, 조선정부의 의뢰에 응해 우리(일본─옮긴이) 수비병을 [조선] 내지(内地)에 파견해도 별 지장이 없으며, 청훈대로 대본영에서 조치를 취해주시기 바랍니다. 더구나 위와 같이 대본영으로부터 훈령이 있어도 역시 우리 수비병을 [조선] 내지에 파견할 경우에는 그 시기에 따라서는 정부에서 숙고를 해야 합니다. 미우라 공사에게는 파견 때마다 사전에 본 대신에게 보고를 하도록 훈령해야 합니다."(『朝鮮王妃殺害と日本人』, 137쪽, アジ研C03023051300)

다음에 제시하는 사료를 포함해, 짧은 인용 사료 가운데 오자를 제외해도 세 군데나 잘못 해석한 글자가 있다. 그것은 차치하고라도 사이온지 외상(임시대리)의 의견의 요점은 다음 두 가지이다.

(1) 조선정부의 의뢰에 응해 일본 수비병을 조선 내지에 파견하는 데는 지장이 없기 때문에 대본영에서 조처해주기를 바란다, (2) 제안대로 일본 수비병을 조선 내지에 파견하는 경우에는 시기에 따라서는 일본 정부에서 가부를 숙고해야 하는 경우도 있으므로 미우라 공사에게는 파견을 요청할 때 마다 사전에 사이온지 외상에게 허가를 받기를 바란다고, 사이온지가 미우라 공사에게 훈령을 하고자 한다. 아마 사이온지 외상(임시대리)은 미우라 공사로부터 일본 수비병 파견을 요청받으면 각의에 부치거나, 급한 경우라면 이토 수상에게 의논하여 결단하려고 했던 것이다.

사이온지의 요청에 관해, 이토 수상은 9월 28일자 사이온지의 문서를 첨부하여 오오야마 이와오(大山巖) 육군대신 앞으로 10월 2일자로 다음과 같은 문서를 보냈다.

"별지 외무대신의 요청(請議), 재조선 우리 수비대[兵의 오타]의 내지 파견에 관한 건은, 요청에 대한 각의 결정에 따라, 미우라 공사의 통지가 있으면 언제라도 출병하도록, 사전['豫'의 오타]에 재조선 병참 사령관에게 훈령하도록 대본영에 조회하는 건을 적절히 조처해 주시기를 바랍니다."(앞의 책, 136~137쪽; アジ歴 C03023051300)

이 내용은 (1) 9월 28일자의 사이온지 외상(임시대리)의 요청인 재조선 일본 수비병을 조선 내지로 파견하는 건은 [미우라 공사가 파견을 요구할 때 마다 사전에 사이온지에게 허가를 구하는 건을 포함], 각의에서 결정했다, (2) 그래서 미우라 공사로부터 통지가 있으면 언제라도 출병하도록 대본영이 사전에 재조선 병참사령관에게 훈령하길 바란다는 취지를 오오야마 육군대신이 대본영에 조회하는 건을 적절히 조처해 달라는 것이다. 이 문서는 김문자 씨와 나카쓰카 씨의 해석과 다르며, 미우라 공사가 조선정부의 요청으로 재조선 일본 수비병을 조선 내지에 파견하려는 경우는 사이온지 외상(임시대리)에게 허가를 구하고 사이온지가 그 때마다 훈령을 주도록 하는 것을, 이토 수상을 포함한 각의에서 결정한 것이다. 이토 수상이 사이온지 외상 임시대리의 제안을 받아들이지 않고 미우라에게 병력 파견에 대한 판단을 위임한 것은 아니다. 김문자 씨도 나카쓰카 씨도, 이토 히로부미가 '명성황후 시해'에 관계하고 있었다는 것을 성급하게 논증하려 했기 때문에 초보적인 사료 해석의 잘못을 범한 것이다[伊藤之雄, 『伊藤博文をめぐる日韓関係』, 166~169쪽]).

쿠데타에 참가한 일본인은 조선인 복장을 하고 한성(서울)의 경복궁에 침입하여 명성황후 등을 살해했다. 이 광경은 당시 왕궁에 있던 러시아인과 미국인에게 목격되었다. 그리고 날이 밝은 후 이상한 모습의 일본인이 왕궁에서 철수하는 것을 일반 조선인도 보았다. 이렇게 하여 일본인이 명

성황후를 시해한 것이 알려지게 되었다(伊藤之雄,『立憲国家の確立と伊藤博文』, 192~194쪽). 이러한 사실은 사건이 끝난 날인 1895(명치 28)년 10월 8일 이토 수상이 이노우에 가오루에게 쓴 편지에서도 알 수 있다.

10월 8일 오전 6시 32분에 한성(서울)에서 니이로 도키스케新納時亮 소령少佐이, 훈련대가 대원군을 옹립하여 왕궁으로 쳐들어갔다고 가바야마 스케노리樺山資紀 군령부장에게 전보를 쳤다. 이토는 이 전보로 사건을 알고 "일본 사관의 훈련에 관련된 부대가 대궐(왕궁 문)을 범하기에 이른 사태는 범상한 일이 아니라고 생각됩니다", "어떻게 보십니까"라고 곧바로 이노우에 가오루에게 의견을 구했다(井上馨 앞 伊藤書状, 1895년 10월 8일,「井上馨文書」). 이것은 공개를 전제하지 않은 친구 앞으로 보낸 편지이다. 이것을 보면 이토가 이 사건을 전혀 몰랐다는 것이 명백하다.

또 사건 발생 13일 후, 이토 수상은 사건에 대한 상주문을 작성했다. 거기에서 미우라 공사 일행이 저지른 범죄는 "증거가 명확"하다고 인정하고, 열강으로부터 조선의 독립을 무시하는 것이라는 비난을 받지 않는 것이 필요하다고 논했다. 또 이노우에 공사의 귀국과 동시에 러시아에 일본의 조선에 대한 방침 및 철병 등의 조치를 취할 것을 통고하려고 하고 있었는데, 예상치 못하게 돌발적으로 이번과 같은 사건이 발생했다고 썼다. 그래서 조선에서 일본의 지위에 "일대 변화가 생겼다"고, 그간의 사정도 적었다(「伊東伯爵家文書・朝鮮王妃事件關係資料」, 국립국회도서관 헌정자료실 소장). 이 상주 의견서도 이토가 사전에 사건에 연관되어 있지 않았다는 것을 증명하고 있다.

이 사건의 결과, 미우라 공사는 파면되었고, 다른 공사관 관계자도 자리에서 쫓겨나는 등의 처분이 있었다. 그러나 히로시마에서 열린 재판에서는 증거 불충분으로 관계자 모두 무죄를 받았다. 이토 수상은 사건에 대해 열강의 국제 기준을 벗어났다며 분개했다. 이토의 심복인 사이온지 긴모치 외상 임시대리는 10일쯤 뒤 무쓰 무네미쓰陸奥宗光에게 '조선 일건一件'은 '대사건'이 될 것이라 생각한다고 편지에 썼다(伊藤之雄, 『元老·西園寺公望』, 90쪽).
그러나 이토는 관계자에게 엄벌을 내리라고 추궁하지는 않았다. 번벌 내에
서 이를 꺼리는 분위기가 강했기 때문일 것이다.

이토 수상은 이러한 사건이 다시 일어나서는 안 된다고 분명하게 생각하
고 있었다. 예를 들면 다음해 1896년 5월 5일 『중앙신문中央新聞』에 조선에서
정변이 임박했다는 제목으로 친일파 '개화당'의 세력 회복이 거의 실현될
것 같다는 기사가 실렸다. 이토는 무쓰 외상에게 고무라 조선 공사로부터
아무런 '소식'이 없으면, 전보로 알아보라고 부탁했다. 이토는 '아닌 밤중에
홍두깨'가 되면 큰일이라고 생각했기 때문이다(陸奧 앞 伊藤書狀, 1896년 5월
5일, 「陸奧宗光文書」). 이토는 명성황후 시해사건과 같은 쿠데타 계획을 우
려한 것이다.

러일협상 노선

조선에서는 명성황후 시해사건 후, 친일내각이 들어섰다.
그러나 사건에 대한 조선국민의 반감은 강해졌다. 친일 내각에 반대하는
기운이 전국으로 확산되어, 일본이 조선에 관여하는 것을 막아야 한다고
외치는 '게릴라'(따옴표─옮긴이) 의병 활동도 시작되었다. 고종도 일본에 대
해 호의적이지 않았고, 자신도 살해될지 모른다고 두려워하고 있었다.

이러한 분위기를 이용하여 러시아 공사 베베르는 러시아 군함에서 약
110명의 부대를 한성(서울)에 투입하였다. 그리고 친러적인 명성황후파의
대신들과 모의하여 1896(명치 29)년 2월 11일 고종과 세자(황태자)를 러시
아 공사관으로 데려왔다. 고종은 새로운 친러파 정권을 만들었다. 그 후 1년
간 고종과 세자는 러시아 공사관에 머물며 정무를 보았다(이른바 아관파천
─옮긴이).

조선은 청나라의 '속국'이었으나, 일본은 청일전쟁으로 청을 내쫓고 조선

을 독립시켜 일본의 세력권으로 하려 했다. 이 목표는 전쟁에서 승리하고 시모노세키 조약으로 성공한 듯 보였으나, 금세 궁지에 몰리게 되었다. 조선 국왕이 러시아 공사관에 들어가고 보름이 지나도록 이토 내각은 조선을 일본의 독자적인 세력권으로 할지, 열강과 협의하여 조선의 정세에 대응할지, 이해관계가 가장 밀접한 러일 양국이 협정을 맺어 대처해야 할지를 결정하지 못하고 있었다(『日本外交文書』 29권, 745쪽).

러시아에서는 그 해 5월 황제 니콜라이 2세의 대관식이 예정되어 있었다. 이미 작년 11월에 이토는 같은 쵸슈 출신의 야마가타 대장이나, 사쓰마 출신의 구로다 다카요시木戸孝允 또는 마쓰카타 마사요시에게 수상직을 물려주고 대관식 출석을 겸해서 유럽에 가고자 했다. 조선 문제 등을 러시아 및 열강 수뇌들과 논의하여 해결하고 싶었기 때문이다.

그러나 명치 천황에게 유럽행을 청원했으나 동의를 받지 못했다. 무쓰 외상 등도 반대를 해 흐지부지 되었다(伊藤之雄, 『元老・西園寺公望』, 91~92쪽). 청일전쟁 후의 군비확장과 전후 경제정책 등 일본의 방향을 결정하는 제9회 의회가 1895년 12월부터 다음 해 3월까지 예정되어 있었기 때문이다.

그러나 제9회 의회가 한창인 때, 전술한 바와 같이 조선국왕이 러시아 공사관으로 가 버리자, 이토 수상은 전권대사가 되어 황족 수행원으로서 니콜라이 2세의 대관식에 참석하기를 강하게 희망했다. 조선 국왕이 러시아 공사관에 들어가기 약 1주일 전, 중의원 본회의에서 전후경영 예산이 가결되었고, 제9회 의회가 무사히 끝날 전망이 보였다. 그런데 무쓰 외상과 원로 등의 반대로 이를 결정할 1896년 2월 20일 각의는 천황이 임석한 엄숙한 분위기가 되었다. 각의가 열리기 전, 야마가타 대장은 건강에 자신이 없어 전권대사가 되어 러시아로 가는 대신에 내각을 구성해도 좋으니, 이토가 러시아로 가야한다고 생각하고 있었다. 그러나 각의에서 이토는 러시아행을 고집하지 않았다. 그 결과 황족인 후시미노미야 사다나루伏見宮貞愛 친왕과 야마가타가 전권대사로 결정되었다(山県 앞 伊藤書状, 1896년 2월 29일, 「井

上馨文書」).

야마가타는 3월 중순 전권대사로서 러시아로 출발했다. 그 사이, 고종 등이 러시아 공사관으로 들어갔을 즈음 일본은 열강의 의향을 살폈으나, 영국을 포함한 열강은 일본을 지지하여 개입할 자세를 보이지 않았다. 한편 주일 러시아 공사는 이토 수상과 사이온지 외상 임시대리에게 러일협상을 부추겼고, 일본은 러일협상을 맺는 방향으로 교섭을 추진했다. 6월 9일에 조선에 대해 러일이 정치적으로 대등하다는 내용의 야마가타-로바노프 협정이 성립되었다. 이 협정은 조선에서 양국의 세력권을 명확하게 분할하지는 않았으나, 일단 러시아가 북쪽 반(서울 이북), 일본은 남쪽 반(서울 이남)을 세력권으로 했다(伊藤之雄, 『立憲国家の確立と伊藤博文』, 196~199쪽).

러일협상 노선은 이토 수상과 내각, 그리고 야마가타 전권대사의 합작품이다. 이토는 자신이 직접 러시아와 교섭을 할 각오를 가질 정도로 러일관계에 신경을 쓰고 있었으나, 뚜껑을 열어보니 뜻밖에도 쉽게 타협이 성립했다. 러시아의 극동정책이 임기응변식으로 일관된 방침이 없었고, 러시아의 주된 관심이 발칸반도 등 유럽을 향하고 있었기 때문이었다.

청일전쟁 후 경영의
큰 틀

청일전쟁 중에 이토의 심복이자 내각 서기관장인 이토 미요지伊東巳代治와 자유당 도사파 간부인 하야시 유조林有造 사이에, 내각과 자유당(중의원 제1당)의 제휴관계가 긴밀해지고 있었다. 청일전쟁 후, 내각과 자유당의 제휴가 진전되어 1895(명치 28)년 11월 22일 자유당이 이토 내각 지지를 선언하기에 이르렀다. 그 보답으로 이토 내각은 자유당에 대해 (1) 의회(폐회-옮긴이) 후에 이타가키 다이스케板垣退助: 당 대표의 입각 등, 자유당의 의견을 받아들여 정치를 한다, (2) 자유당 기관지의 발행 비용을 보조

한다, (3) 정치적 자유를 확대한다, 등을 보장했다.

이 교섭 과정에서 수상이 자유당에 가입하는 등의 안도 나왔으나, 이토 수상은 자유당의 제휴조건에 대한 요구가 너무 커지는 것을 경계했다(伊藤之雄, 『立憲国家の確立と伊藤博文』, 186~189쪽). 앞에서 서술했듯이, 조선을 둘러싼 러일 간의 대립이 깊어지고 있었다. 이토 수상은 야마가타 대장 등 번벌 내 보수파의 협력을 얻어 일본의 방침을 확정할 필요가 있었다. 청일전쟁 후 예산을 심의하는 제9회 의회의 중의원에서 내각을 지지하는 다수파를 만들고 정당 발전을 촉진하는 것은 중요했다. 그러나 야마가타 등으로부터 지지를 잃는 것은 막아야 했다.

11월 29일 각의에서 제9회 의회에 제출할 예산이 합의가 되자, 이토 수상은 다음 날부터 요양을 위해 가나가와 현 오오이소의 별장 '창랑각'으로 돌아갔다. 그곳에서 약 1개월 간 머문 후 12월 15일 도쿄로 돌아왔다. 청일전쟁을 전후해 3년 이상 정권을 담당해 건강이 나빠졌다. 3개월 후의 일이지만 이토는 베르츠Erwin von Bälz: 독일의사, 29년 간 일본에 머물며 의학발전에 힘씀 옮긴이로부터 지병이 점차 악화되어 거의 회복을 기대하기 힘들다는 이야기를 들었다고 무쓰에게 알렸다(陸奥 앞 伊藤書状, 1896년 2월 17일, 「陸奥宗光文書」).

1895년 12월 25일, 제9회 의회가 소집되었다. 이토 내각은 세입 약 1억 3,800만 엔(전년도의 1.5배), 세출 약 1억 5,200만 엔(전년도의 1.7배)의 1896년도 예산안을 제출했다. 러시아에 대항하기 위해 방대한 군비확장과 실업장려를 위한 금액이 포함된 예산이었다. 중의원에서는 개진당 등 대외강경파인 5개 정파가 행정비 1할 삭감, 육군확장비 절반 삭감, 해군확장비 두 배 증액 등 대폭적인 수정안을 제출해, 내각에 대항했다. 이에 대해 자유당과 번벌계의 국민협회가 정부 예산안에 찬성하여 거의 원안대로 통과되었다. 자유당은 이토 내각과 제휴를 선언하고 있었고, 야마가타의 영향으로 국민협회가 이토 내각을 지지했다. 3월 5일, 귀족원도 중의원의 수정안 그대로 예산을 성립시켰다. 이렇게 하여 이토 내각은 러일협상 노선뿐 아니라 청일전쟁 후 국가 경영의 큰 틀도 확정했다.

그런데 이토 수상과 자유당의 제휴가 진척되자, 사쓰마의 유력자 마쓰카타 마사요시松方正義: 전 수상와 오오쿠마 시게노부大隈重信: 전 외상도 제휴를 진행했다. 마쓰카타는 이토 내각의 대장상이었다. 그러나 균형 재정을 주장하는 마쓰카타와, 마쓰카타만큼 균형 재정에 구애받지 않는 이토 수상은 뜻이 맞지 않았다. 1895년 8월 27일에 마쓰카타는 사임했다(室山義正, 『近代日本の軍事と財政』, 224~248쪽). 결국 1896년 3월 1일, 개진당을 중심으로 대외강경파가 모여 진보당을 결성했다. 참가 의원 수는 103명으로 제1당인 자유당에 필적했다.

내각의 용퇴

제9회 의회에서 예산 통과에 협력했던 자유당에게 이토 내각이 어떤 보상을 해줄지가 중요했다. 의회 폐회 후 1896(명치 29)년 4월 14일, 자유당 대표 이타가키 다이스케가 내무대신으로 취임했다. 그리고 같은 도사파에서 두 명이 현치縣治 국장과 내무대신 비서관이라는 고급 관료에 임명되었다. 이토 수상은 이타가키의 내무대신 취임을 이토 미요지 내각서기관장과 신중히 의논하여 진행했다. 4월이 되어도 친우인 이노우에 가오루와 심복인 무쓰 무네미쓰 외상, 사쓰마의 유력자 구로다 기요타카黒田清隆: 추밀원의장 겸 반열(무임소)대신 정도만이 알았다. 야마가타는 러시아 황제 대관식에 참석하기 위해 유럽에 있었기 때문에 알지 못했다.

이토 내각과 자유당의 제휴, 그리고 마쓰카타와 오오쿠마가 제휴하여 진보당을 만든 데 대해 번벌 관료들이 반발했다. 그래서 1895년 11월경부터 다음 해에 걸쳐 번벌 관료들은 야마가타를 자신들의 맹주로 기대하게 되었고, 내무성을 중심으로 야마가타계 관료 파벌이 형성되어 갔다(坂野潤治, 『明治憲法体制の確立』, 125쪽; 伊藤之雄, 『立憲国家の確立と伊藤博文』, 188쪽).

그러나 이토 수상에게 당면한 문제는 진보당과 야마가타계의 관료 파벌의 형성이 아니었다. 자유당이 이타가키의 내무대신 취임 등으로는 만족하지 않고 더 많은 관직을 요구하는 것이었다. 이타가키 입각 후 3개월 정도 지난 7월 하순이 되자, 보상 인사로서의 지사 교체가 본격적으로 문제되기 시작했다. 제2차 세계대전 후인 1947년까지 지사는 내무성의 관료였고, 내무대신이 실질적인 인사권을 가지고 있었다. 이 요구에 응하기 위해 이타가키 내무대신, 하야시 유조林有造, 이토 미요지 내각 서기관장이 협의하여 8월에 자유당원 한 명이 군마현 지사에 취임했다. 이토 수상은 자유당의 관직 요구가 많아지는 것은 바람직하지 않다고 생각했다.

결핵이 악화되어 1896(명치 29)년 5월 30일 무쓰 외상이 사임한 것이 이토 내각 사직의 서곡이었다. 이어서 마쓰카타의 후임으로 대장상이 된 와타나베 구니타케渡辺国武: 전 대장성 차관는 마쓰카타와 같은 거물이 아니어서 은행 등 실업계에서 인기가 없었다. 그래서 국채를 모집할 수 없는 사태가 발생했다. 이 때문에 차년도 예산 편성이 곤란해졌고, 7월 하순 와타나베 대장상은 사직했다. 이노우에 가오루는 이토 수상에게 오오쿠마를 외상으로, 마쓰카타를 대장상으로 하여 내각을 보강하도록 진언했으며, 이토는 이를 받아들였다.

이토에게는 자만심이 있었다. 번벌 세력뿐만 아니라 자유당, 개진당 등 주요 정당의 유력자를 망라한 강력한 내각을 이끌어서 '헌법정치'를 정착시키고, 외교 노선을 확립하고 싶었다. 또 하나의 목표는 오오쿠마의 진보당과, 이타가키와 하야시의 자유당이 경쟁하여 자유당의 관직 요구를 저지하는 것이다. 그렇게 되면 야마가타와 야마가타계 관료의 신뢰도 유지할 수 있을 것 같았다.

8월 17일, 이토 수상은 구로다 기요타카추밀원 의장, 반열대신, 오오야마 이와오육군대신, 사이고 쓰구미치해군대신 등 4명의 사쓰마계 각료와 이타가키 내무대신을 도쿄시 이사라고伊皿子의 저택에 불러 내각의 진퇴에 대해 의논했다. 그 내용은 (1) 이타가키를 제외한 각료들은 마쓰카타와 오오쿠마의 입각에 찬성했다, (2) 이타가키는 마쓰카타의 입각은 지지했으나 오오쿠마가 입각하면 사임할 의사를 보였다. 또 같은 날, 마쓰카타는 오오쿠마의 입각을 자신의 입각 조건으로 했다.

결국 이타가키 내무대신과 마쓰카타, 오오쿠마의 입각 문제는 조정이 안되었다. 8월 27일, 이토 수상은 사표를 제출하고 31일 천황의 승인을 받았다. 청일전쟁을 전후해 4년 이상 수상직을 맡았고, 지병도 악화되어 그만둘 때가 된 것이다(伊藤之雄,『立憲国家の確立と伊藤博文』, 222~224쪽).

'창랑각'을 오오이소로

이토는 도쿄에서 오다와라를 왕복하면서 중간에 있는 가나가와 현 오오이소大磯에 들르곤 했다. 아늑한 오오이소의 기후가 마음에 들었다. 교통편도 좋았다. 청일전쟁 후 1896(명치 29)년 5월 13일 오오이소에 저택을 준공했다. 5월 24일에는 황태자 요시히토嘉仁 친왕도 행차했다(『伊藤博文伝』하권, 291~292쪽). 이토는 오다와라 저택과 같은 '창랑각'이라 이름을 붙이고 오다와라를 떠나 본집으로 삼았다. 우메코 부인과 어머니 고토코琴子도 오오이소의 '창랑각'에서 지냈다(古谷久綱,『藤公余影』, 239~240쪽). 1897년 10월에는 본적도 도쿄에서 이곳으로 옮기고, 오오이소는 명실 공히 본집이 되었다. 같은 해 겨울, 도쿄의 이사라고에 있는 저택은 매각했다(『孝子伊藤公』, 333쪽).

오오이소의 '창랑각'은 약 5,500평방미터의 광대한 부지였다. 그곳에 일본식 방에 새지붕으로 된 주택과 벽돌구조의 2층 기와지붕 양옥을 세웠다. 건평은 각각 87평과 70평이었다. (대표적 저널리스트—옮긴이)도쿠토미 소호德富蘇峰가 '창랑각'을 시골 군청이나 동사무소로 보인다고 평했듯이(德富蘇峰,『東西史論』), 꾸밈없는 이토의 성격을 보여주고 있다.

오오이소 창랑각(2008년 옮긴이 촬영)
위: 현재 남아있는 일부,
아래: 프린스호텔 별관으로 바뀜.

이토 히로부미 부부와 그의 딸 부부(1902년 5월)
(앞 중앙 이토 부부, 오른쪽이 둘째 딸 아사코, 왼쪽이 장녀 이쿠코, 뒷줄 오른쪽이 아사코의 남편 니시 겐시로, 뒷줄 왼쪽이 이쿠코의 남편 스에마쓰 겐쵸)

　이토 히로부미에게는 아들이 없었다. 친우 이노우에 가오루의 조카 유키치勇吉: 후에 이토가를 이은 히로쿠니(博邦)를 양자로 들였다. 그러나 1885(명치 18)년 12월 15일에 첫 친아들 분키치文吉가 태어났다. 이토가 44세 때였다. 분키치의 어머니는 본처 우메코가 아닌 도쿄의 다마 근처에 사는 사람의 딸로 예절 견습을 위해 이토 집에서 일하고 있던 여성이다(「伊藤文吉」,『吉野信次』수록; 伊藤真一,「父・博文を語る」,『日本文化を考える〈村松剛対談集〉』, 30~32쪽). 분키치는 태어나자마자 우메코의 오빠 기다 이쿠자부로木田幾三郎: 전 야마구치 변사에게 보내져 거기서 자랐다. 분키치는 우수했다. 후에 구제 야마구치 고등학교와 도쿄제국대학 법학과를 졸업한 후 농상무성에 들어갔다. 우메코는 분키치의 생활비와 학비를 계속 송금했다.
　분키치에 이어 1890년 7월 1일, 이토의 친아들 신이치真一가 태어난다. 엄

마는 신바시의 게이샤藝者 '우타歌'였다. 그 후 '우타'는 궁내성 고관인 스기
마고시치로杉孫七郞: 쵸슈 출신, 황태후궁 대부(大夫: 국장)의 '집사家扶'를 하고 있던 호리堀 씨
와 결혼하였으며, 신이치는 그들 부부에게서 자랐다. 신이치도 수재로 당시
도쿄에서 가장 우수한 부립府立 제1중학교를 다녔다. 그리고 이토의 강권으
로 구제 고교에서 가장 우수한 제1고등학교에 지원했으나, 실패했다. 그 후
센다이에 있는 제2고등학교에 진학하여 도쿄제국대학 법학과를 다녔다
(「父・博文を語る」, 『日本文化を考える〈村松剛対談集〉』, 30~46쪽).

이토에게는 우메코가 낳은 이쿠코 외에 많은 친자가 있다는 소문이 있지
만, 이토의 친자로 확인된 것은 우메코 부인이 낳은 사다코(어릴 때 사망)
와 이쿠코, 그리고 다른 여성과의 사이에서 태어난 아사코朝子, 분키치, 신이
치와 사와코澤子: 스에마쓰 겐쵸(末松謙澄)와 이쿠코 부부의 양녀로 자람뿐이다. 아사코는 후에 쵸
후長府: 현 야마구치현 시모노세키 시 출신의 외교관 니시 겐시로西原四郞와 결혼했다. 사와
코는 분키치의 소개로 1920년 5월, 대장성 관료인 오타케 토라오大竹虎雄: 도쿄제
국대학 법학과 졸업와 결혼했다(『京都日出新聞』 1920년 5월 21일). 이토 사후에 자
손들은 이토 가의 후광으로 나름의 대우를 받았다.

:

제3부

노후

제14장

원로로서의
강한 자부심

- 제3차 이토 내각·요양과 충전

빅토리아 여왕 즉위 60주년 참석

　　　　　　　제2차 이토 내각의 차기 수상 선정에 관해 명치 천황은 야마가타 아리모토, 구로다 기요타카, 이노우에 가오루, 마쓰카타 마사요시에게 하문했다. 그들은 이토를 제외하고 삿쵸(사쓰마와 쵸슈) 출신의 유력자였다. 이미 진보당의 당수격인 오오쿠마 시게노부大隈重信와 마쓰카타는 연대가 성립되어 있었으며, 상공업자와 언론은 오오쿠마와 마쓰카타에게 강한 기대감을 가지고 있었다. 그 흐름에 맞춰 마쓰카타가 수상으로 선정되었으며, 1896(명치 29)년 9월 18일 제2차 마쓰카타 내각이 출범했다.

　각료로서는 마쓰카타 수상이 대장상을 겸하고 오오쿠마를 외무대신으로 했다. 사쓰마계 3명, 야마카타계 2명, 그 외 2명이다. 이토계는 한 명도 없다(伊藤之雄,『立憲國家確立と伊藤博文』, 214~216쪽). 이토는 잠시 정권을 떠나 충전을 한 다음 기회를 준비하기로 했다. 문제는 이타가키가 내무대신이 된 지 4개월 반 만에 이토가 정권을 내놓았기 때문에 자유당 내의 불만이 커진 것이다. 1896년 10월경 이토는 이토 미요지伊東巳代治를 시켜 상당한 금액을 자유당의 활동 자금으로 전했다(伊藤 앞 伊東巳代治書狀, 1896년 10월 20일『伊藤博文關係文書』 2권). 이토는 앞으로 정권에 복귀해서도 자유당과의 연대를 중요하게 여기고 있었다.

이토는 나라, 마이코, 히로시마, 미야지마, 시모노세키를 거쳐 12월 13일 후쿠시마 현의 미이케三池에 도착했다. 그 때 도쿄에 있는 구 사쓰마 번주가 위독하다는 소식을 전해 듣고 도쿄로 돌아왔다. 이듬해 4월 22일 천황은 아리스가와노미야 다케히토有栖川宮威仁 친왕에게 영국의 빅토리아 여왕 즉위 60주년 기념식에 참석할 것을 명하고, 축의금 3만 엔(현재 약 6억 엔)을 주었다. 아리스가와노미야 친왕은 임무가 막중한 만큼 이토를 수행원으로 하여 일행의 권위를 높이고자 했다. 하지만 천황은 이토가 도쿄를 떠나 멀리 가는 것을 원하지 않아 쉽게 허락하지 않았다. 마침내 5월 4일 허락을 받고, 7일에 이토는 천황으로부터 은화 2만 엔을 수당으로 하사받고 요코하마 항을 출발한다. 헌법조사를 위해 유럽에 간 이후 십 수 년 만의 유럽행이다. 네 번째의 유럽행이다. 서일본 유람을 통해 피로도 어느 정도 풀렸으며, 오랜만에 유럽의 실태를 살피고 싶었던 것이다.

출발 후 5월 25일 천황은 이토에게, 빅토리아 여왕 60주년 기념식에 참석하는 동안만 아리스가와노미야 다케히토有栖川宮威仁를 수행하고, 나머지는 프랑스, 독일, 러시아, 오스트리아, 이탈리아 등을 순시하라고 명령했다. 특별 경비로 은화 3만 엔을 더 주었다. 이토의 유럽 순방은 일본 외교에도 도움이 되며, 뒤에 정권을 담당했을 때에도 도움이 될 것이라 생각해 오오쿠마 외상이 천황에게 부탁해서 이루어진 것이다(『明治天皇紀』 9권, 258쪽). 오오쿠마는 이토가 유럽에 오래 머물러 있는 편이 자기가 마쓰카타 내각을 주도하기 쉬울 것이라 생각해 이런 제안을 한 것 같다.

이토는 미국을 거쳐 6월 6일 파리에 도착, 그리고 영국으로 갔다. 21일

축전 첫째 날 아리스가와노미야 친왕을 수행하여 버킹검 궁전에 들어가 빅토리아 여왕을 알현했다. 그날 밤 만찬에 참가하고 28일까지 행사를 마쳤다. 그 후 아리스가와노미야 친왕을 따라 파리로 갔다. 7월 13일 아리스가와노미야 친왕은 파리를 떠나 귀국했다. 수행원으로서의 이토의 임무도 끝났다. 그 후 이토는 영국, 프랑스, 이탈리아. 오스트리아 등 4개국을 시찰했다. 계속해서 독일과 러시아를 방문하려고 할 때, 제2차 마쓰카타 내각의 인기가 떨어지고 이토에 대한 기대가 높아져 귀국할 필요가 있다는 정보가 들어왔다(伊藤 앞 伊東巳代治書狀, 1897년 7월 8일, 『伊藤博文關係文書』 2권).

8월 7일 귀국길에 올라 9월 5일 일본에 도착했다. 이틀 후 7일에 궁궐에 들어가 아리스가와노미야 친왕의 수행과 유럽 정세에 대해 보고했다(『伊藤博文伝』 하권, 303~312쪽).

이토는 귀국 후 번벌 관료, 자유당, 진보당을 배경으로 하는 '거국일치'내각을 만들어 헌법정치의 발전과 외교정책을 확립하고 싶었을 것이다. 이러한 책동에는 후쿠자와 유키치福沢諭吉도 가담하고 있었다. 명치 14년 정변 전과 마찬가지로 후쿠자와는 정치적 야심이 있었다(『大板每日新聞』 1897년 9월 8일). 이토가 귀국하는 도중 8월 24일 무쓰는 53세의 나이로 서거했다. 무쓰는 직접 자유당에 들어가 당대표가 되어 정당내각을 만들려는 야심을 가지고 행동했다. 그래서 외상 사임 후 이토와 무쓰의 정신적 유대는 이미 느슨해져 있었다. 이토는 그의 죽음을 슬퍼하기보다 새로운 정권에 대한 포부에 불타 귀국했다.

이토에 대한 기대

유럽에서 돌아온 이토는 이 연대에는 큰 문제가 있다는 것을 알았다. 이토 미요지伊東巳代治와 이와사키 야노스케岩崎弥之助 남작의 노력과 정보 분석, 그리고 이토의 기대에도 불구하고 진보당의 오오쿠마 외상이 이토 내각에 대한 협력에 소극적이었던 것이다.

제2차 마쓰카타松方 내각은 재정난을 해결하기 위해 지조를 올리려고 했다. 그러나 농민이 강력하게 반대하고 선거에서도 불리하게 작용하기 때문에 진보당은 이를 실행할 생각이 크게 없었다. 그래서 마쓰카타 내각은 진보당의 환심을 사기위해 1897(명치 30)년 오오쿠마 외상을 포함해 진보당 인사 11명을 국장, 지사 등에 임명했다. 제2차 이토 내각에서 자유당 인사 4명을 임명 한 것보다 3배나 많았다. 그럼에도 불구하고 진보당은 만족하지 않았다. 1897(명치 30)년 10월 31일 오오쿠마와와 진보당 측은 마쓰카타와 사쓰마파의 호의가 불충분하다고 보고, 마쓰카타 내각의 지조 증세에 반대하고, 연대도 끊었다.

독일과 러시아 여행을 중단하고 의욕을 가지고 귀국했음에도 불구하고, 이토를 둘러싼 정당의 상황은 변하지 않았다. 이토는 크게 실망하면서도 정국을 지켜볼 수밖에 없었다. 11월 하순 마쓰카타 내각은 중의원의 2대 정당인 진보당과 자유당의 협력 없이 제11회 의회를 헤쳐 나가야 했다. 게다가 재정난에 빠져있었기 때문에 군비확장 계획 등을 실시하기 위해서는 지조 증세 법안을 통과시켜야 했다.

한편 같은 해 10월, 한국(10월 16일 조선은 국호를 대한제국으로 바꿈)이 병사 훈련을 위해 러시아 장교를 초빙한다는 사실이 밝혀졌다. 마쓰카타 내각과 번벌들은 긴장했다. 이것은 약 일 년 반전에 야마가타-로바노프 협정을 체결할 때 야마가타 대장 등 일본 측이 동의하지 않아 다시 협상하기로 한 것이다. 그렇기 때문에 러시아가 일방적으로 병사 훈련을 위해 장교를 파견하면 러일협상 체제는 무너질 가능성도 있다.

더욱이 11월 14일 독일이 중국의 교주만膠州灣을 점령하고, 12월 15일 러시아 함대가 여순 항에 들어오는 등 열강의 중국 분할 분위기가 팽배해졌다. 번벌 세력 특히 야마가타계 관료는 위기를 느꼈다. 12월 23일 야마가타의 측근인 히라타 도스케平田東助: 추밀원 서기관장는 열강으로부터 일본이 고립될 우려

가 있으며, 마쓰카타 내각으로는 불안하니 내각을 무너뜨려야 한다는 의견
을 야마가타에게 제언했다. 12월 21일 제11회 의회가 소집되고, 25일 진보
당과 자유당이 내각불신임 결의안을 상정했다. 마쓰카타 내각은 이미 대응
할 힘이 없었다. 마쓰카타 수상은 천황에게 중의원 해산을 상주하고 사표
를 제출했다(伊藤之雄, 『立憲國家確立と伊藤博文』, 216~217·226~230쪽).

이렇게 해서 중의원은 해산되었다. 총선거에서 진보당과 자유당이 다수
를 얻을 것으로 예상되었다. 따라서 헌법 중지를 각오하지 않는 한, 천황과
번벌은 번벌 세력을 결집하고 양당 또는 그 중 어느 하나와 연대 할 수 있
는 정권의 등장을 기대했다. 이것이 가능한 인물은 이토뿐이다. 명치 천황
은 구로다 추밀원 의장에게 뒤처리를 하문했다. 구로다는 12월 27일 이토나
야마가타 가운데 선정을 하면 좋을 것이라고 천황에게 보고했다. 천황은 29
일 이토를 궁에 불러 조각을 명했다.

제3차 이토 내각의 험난한 출범

1897(명치 30)년 12월 31일 이토는 마쓰카
타松方가 사표를 제출한 후 두 번째 입궐했을 때, 조각의 명을 받아들이고,
조각 구상과 상황을 천황에게 보고했다. 이토는 오오쿠마와 이타가키를 입
각시켜 진보당과 자유당의 협력을 얻으려고 했다. 그러나 오오쿠마나 이타
가키와는 뜻이 맞지 않아 중의원 2대 정당의 협력 없이 제3차 이토 내각이
1898(명치 31)년 1월 12일 발족했다. 이토 수상 외의 각료로는 육군대신 가
쓰라 다로桂太郎: 야마가타계, 당초안과 동일, 해군대신 사이고 쓰구미치西鄕從道: 사쓰마 출신, 당
초안은 야마모토, 대장상은 이토의 절친한 친구 이노우에 가오루井上馨: 천황의 의견도 있어
서 이노우에를 궁내부대신으로 하는 것을 철회, 법무대신 소네 아라스케曾禰荒助: 초슈출신. 이토 및 야마가
타와 좋은 관계, 농상대신 이토 미요지伊東巳代治: 이토계, 문부대신 사이온지 긴모치西園
寺公望: 이토계 체신대신 스에마쓰 겐쵸末松謙澄: 이토계, 내무대신 요시카와 아키마사

芳川顕正: 야마가타계, 외무대신 니시 도쿠지로西德二郞: 사쓰마 출신, 외교관 등이다.

소네 아라스케曾禰荒助[1]법무대신을 제외하면 이토 수상을 포함한 이토계의 5명이 중심이었으며, 군과 치안을 담당하는 육군과 내무는 야마가타계의 2명이었다. 그리고 내각은 사쓰마파의 유력자 사이고 쓰구미치의 협력을 얻었다. 내각은 이토가 목표로 했던 정당의 협력을 얻은 '거국일치' 내각이 아니라 이토계 관료를 중심으로 한 내각에 지나지 않았다. 조각 과정에서 진보당과 자유당의 협력을 얻지 못하게 된 것을 알고, 이토는 천황에게 어전회의 개최를 요청해서, 1월 10일 어전회의가 열렸다.

어전회의에서 이토는 작년 유럽순방 때 영국의 솔즈베리Salisbury 수상 및 프랑스 외상과 극동정세에 대해 회담한 내용을 보고했다. 러시아는 만주보다 중국의 요동반도 및 대련·여순을, 프랑스는 운남 지방을, 영국은 양자강(長江) 하구를, 독일은 교주만과 산동성을 영유하려 하고 있다. 이러한 열강의 중국분할 움직임은 일본에게 위기라는 것이 그의 인식이었다. 계속해서 그는 영국이 한국의 인천항에 군함을 정박시키고 있는데, 만약 영국과 러시아 사이에 전쟁이 발발하면 영국을 지지해 러시아, 프랑스, 독일을 적으로 돌릴 것인가, 그렇지 않으면 러시아를 지지해 영국을 소외시킬 것인가에 대해 아무런 전망이 없다고 했다. 마지막으로 그는 지금 일본은 군사력도 약하고 재정도 어려워 강적을 상대할 수 없다. 따라서 국외중립으로 안전을 도모할 수밖에 없다고 결론지었다. 야마가타 등 원로들은 이토의 의견에 이의가 없었으며, 천황도 특별한 의견이 없었다(「德大寺実則日記」 (사본), 1898년 1월 10일).

이미 기술한 바와 같이, 이토는 열강 사이의 국제 규범을 이해하고 지킴으로써 일본의 안전을 확보하려고 했다. 그러나 극동에서 열강의 중국 분할이 진전되는 등 열강의 대결로 국제규범이 혼란에 빠지면 충분히 대응할

---

1) 이토 히로부미가 한국 통감일 때 부통감을 역임하고, 이토가 통감을 사임하자 뒤를 이어 통감이 됨.

수 없다고 생각했다. 일본의 국력을 과신하지 않았기 때문에 자신이 없었던 것이다.

'헌법정치'의 위기에 대한 초조함

　　　　　　　　　　제3차 이토 내각이 발족하고 3일 후인 1898(명치 31)년 1월 15일 주일 러시아 공사는 니시 도쿠지로西 德二郎 외상에게 새로운 러일협상의 체결을 제안했다. 러시아도 조선에 대한 영향력 확대에 실패하고 있지만, 의화단 사건으로 영국이 러시아에 간섭할 생각이 없기 때문에 일본은 독자적으로 러시아를 상대해야 한다고 보고 있었다.

이토 수상과 니시 외상은 협상을 지지했다. 4월 25일 이토 내각은 예전 야마가타-로바노프 협정에서, 러시아와 일본은 한국에서 정치적으로 대등하다고 규정한 내용을 니시-로젠 협정에서 다시 확인했다. 협정에서 러시아는 일본이 한국의 상공업을 발달시키고자 하는 현실을 인정하고 그것을 방해하지 않는다고 약속했다(제3조). 제3조는 3월 27일 러시아가 청나라로부터 여순, 대련을 조차하는 것을 일본이 묵인하는 대가였다.

1898년 4월 24일 이토 내각은 청나라가 복건성과 연안 해역을 다른 나라에게 양도하거나 조차租借하지 않는다는 내용의 협상을 체결했다. 복건성은 일본이 청일전쟁에서 얻은 대만의 대안對岸이다. 제국주의 시대 열강이 다투어 중국에서 세력권을 확장하고 거기에서 이권을 가져갔다. 이러한 상황에서 일본도 그렇게 하지 않으면 열강들에게 밀린다고 번벌 지도자들뿐만 아니라 많은 일본인이 믿고 있었다.

야마가타와 번벌 관료들은 일단 니시-로젠협정과, 청국이 복건성을 양도하지 않는다는 것에 만족했다. 동아시아에서조차 일본의 국력(군사력)이 열강 특히 러시아보다 약하다는 것을 알고 있었기 때문이다(伊藤之雄, 『立憲國家確立と伊藤博文』, 232~234쪽). 이처럼 제3차 이토 내각은 외교 면에서 그 나름 성과를 거두었다.

그런데 마쓰카타 내각이 총사직하기 전에 중의원이 해산되었기 때문에 3월 15일 총선거가 실시되었다. 총선거 후에도 이토 내각과 정당의 제휴 관계는 원활하지 못했다. 정당이 과도하게 자리를 요구했기 때문이다. 4월 14일 각의에서 이토 수상은 다음과 같이 정당의 현황을 비판했다. 자신은 헌법 공포이후 반드시 헌법을 '만족스럽게 운영'하려고 부단히 고심하고 노력했지만 이러한 정당 상황에서는 장래를 염려하지 않을 수 없다(山県有朋 앞 芳川顕正書状, 1898년 4월 16일,『山県有朋関係文書』3권). 이토는 자리나 이권만을 탐하는 자유당과 진보당의 행태에 초조함을 가지기 시작한 것이다. 또 같은 자리에서 이토 수상은 이타가키에게 정권을 완전히 건네주고 그들이 자유롭게 정권을 운영하게 하고 싶다는 이야기도 했다.

한편 야마가타계의 요시카와 내무대신은 이토의 말을 듣고, 정당에게 정권을 내주던가 아니면 정부와 의회가 충돌할 때마다 의회를 해산해서 가는데 까지 갈 수 밖에 없다고 했다. 다음날 구로다 추밀원 의장은 요시카와에게 경우에 따라서는 "헌법이 일시 정지되더라도" 마음을 모아 국가의 앞날을 '경영'하지 않으면 안 된다고 했다.

이토의 입장에서는, 정당이 자리를 탐내는 등 이권에만 눈이 어두운 가운데, 번벌 유력자들 사이에서 다시 '헌법정지론'이 거론되기 시작한 것이다. 헌법조사단을 거느리고 유럽을 다녀오고 십수 년이 흘렀으나 헌법정치의 앞날이 위험하다고 이토는 분개했다. 그래서 한 번쯤은 정당에게 정권을 맡겨 그들에게 정권운영의 어려움을 알게 하고 싶다는 감정적인 발언까지 한 것이다.

급진적 구상과 정신적 피로

총선거 후 제12회 임시 의회는 1898(명치 31)년

5월 14일 소집되었다. 이토 내각은 의회에 지조증징법안을 제출했다. 그때까지 지가의 2.5퍼센트였던 지조를 48퍼센트 올려 지가의 3.7퍼센트로 하는 것이다. 제12회 의회는 임시회로서 지조증징법안은 제13회 정기회에 제출해도 된다. 이노우에 가오루井上馨 대장상은 제출하지 않으려 했지만 이토 수상이 제출을 주장했다. 만약 통과되지 않으면 의회를 거듭 해산해야 한다. 이토는 경우에 따라 '헌법을 일부 중지하는' 상황이 오더라도 반드시 결행해야 한다고까지 대신들과 추밀원에 공언했다고 한다(平田東助,「伊藤內閣交迭事情」(미완고), 국립국회도서관 헌정자료실 소장).

'헌법 일부 중지'는 이토답지 않은 생각이다. 이토는 정당의 무책임한 주장에 화가나 있었다. 정당은 적어도 정부만큼 삼국간섭을 굴욕적이라고 생각하고 있었다. 제9회 의회에서 자유당과 진보당은 군비확장을 주장했다. 군비확장에는 재원이 필요하다. 재원이 없는데도 지조증징법안에 반대하고 대안조차 내지 않는다. 이토는 정당이 비합리적이라고 생각했다. 거기에 대한 분노가 '헌법 일부 중지'라는 마음에도 없는 발언을 하게 된 것이다. 또 중의원에 강력한 여당이 없는데도 지조증징법안이라는 곤란한 법안을 서둘러 임시 의회에 제출하려는 것도 이상했다. 이토는 정당에 진저리를 냈다. 그는 2년 전 제2차 내각을 지도하던 때와는 분명히 변해 있었다. 정신적 피로가 쌓였던 것이다.

게다가 야마가타계 관료, 사쓰마파의 구로다와 마쓰카타松方도 지조증징법안을 지지했다. 결과적으로 이 법안은 번벌 내각과 번벌 관료를 단결시키는 역할을 했다. 그런데 이토는 제12회 의회에 '중의원선거법 개정법안'도 제출했다. 이 법안은 청일전쟁 후 산업혁명이 진척되고 상공업자와 도시지역의 경제적 비중이 높아지고 있었기 때문에, 그들의 정치 참여와 선거제도를 개혁하기 위한 것이었다. 내용은 모든 시市를 독립선거구로 해서 도시상공업자를 기반으로 하는 도시지역 선출 의원 수를 현재의 5.7퍼센트에서 23.9퍼센트로 늘리는 것이다. 또한 유권자의 납세자격을 지조 15엔 이상에서 지조 5엔 이상 또는 소득세나 영업세 3엔 이상을 납부하는 만 25세 이상의 남자(연령과 남자라는 조건은 이미 시행되고 있는 법과 같다)로 하여 유권자를 5배 이상 확대하려는 것이다. 또 원칙적으로 소선거구제를 대선거구제로 바꾸고(군郡지역은 부현府県단위의 대선거구제) 투표는 단기·무기명제로 하는 것이다.

지조증징법과 선거법개정에는 이토 수상의 급진적인 체제 개혁의 의도가 담겨 있다. 산업혁명의 진전에 따라 농업 부문의 세금을 늘리고, 도시 상공업자의 참정권을 확대해서 일본을 농업국에서 상공업국으로 전환하기 위한 것이다. 두 개의 법안이 성립되면 지주층은 농업부문에서 얻은 수익을 농업에 재투자 할 뿐만 아니라 솔선해서 상공업부문에 투자할 것으로 보았다. 또 이전의 정당은 주로 지주를 기반으로 하고 있었지만, 이렇게 되면 도시 상공업자를 기반으로 하는 의원이 늘어나 정당의 체질과 입법 성향도 바뀌게 된다.

이토 내각이 선거법 개정안을 제출했을 때 상공업자들은 그다지 관심이 없었다. 이토의 구상은 시대를 앞서 간 것이다(伊藤之雄,「立憲政友会創設期の議会」). 하지만 야마가타계 관료들은 이토의 선거법 개정법안이 선거권을 대폭 확대한 보통선거에 가깝다고 염려했다.

한편 자유당과 진보당은 선거권 확대에 대해 크게 반대하지 않았지만 도시 출신 의원이 늘어나는 데에는 소극적이었다. 지주층을 주요 기반으로 하고 있는 정당으로서 지도자들에게 새로운 시대를 향한 명확한 구상이 없기 때문이다(伊藤之雄,『立憲國家の確立と伊藤博文』, 238~240쪽). 따라서 선거법 개정법안은 지조증징법안을 통과시키는 데 도움이 되지 않았으며, 지조증징법만큼 관심도 끌지 못했다. 체제를 개혁하려는 이토의 뜻은 헛바퀴를 돌았고, 두 개의 중요법안에 에너지가 분산되어 지조증징법안 통과에 집중하지 못했다.

그러나 이토 내각은 중의원에서 지조증징법안을 통과시키기 위해 농업이 발달한 긴키近畿, 쥬코쿠中國 지방 등에서 높아지고 있는 지가 수정 요구를 이용하고자 했다. 1870년대 후반에서 1890년대 초엽에 실시된 지조개정사업에서 지조의 기준이 되는 고정 지가를 결정할 때, 농업생산력이 낮은 동북지방 등은 지가가 낮게 책정되었다. 그런데 농업기술이 향상되어 지가가 낮게 책정된 지역의 농업생산력이 높아졌다. 당초 지가가 높게 책정된 긴키, 쥬코쿠 지방에서 상대적으로 지가가 너무 높다는 불만이 터져 나오고 지가를 낮춰달라는 운동이 일어나게 되었다. 이토 내각은 지가가 수정되면 지조증징법안에 찬성하는 의원이 상당수 나타날 것이라고 기대했다. 그렇게 되면 지조증징 반대파를 무너뜨려 지가 수정과 교환으로 지조증징법안이 통과된다. 그러나 반드시 그런 확신을 가지고 있는 것도 아니었다.

겨우 반년 만에 내각 붕괴

이토 내각의 지조증징법안에 대해 진보당과 자유당은 반대의사를 분명히 했다. 이토 수상은 1898(명치 31)년 6월 7일부터 9일까지 3일간 중의원을 정회했다. 6월 10일 재개된 중의원 본회의에서 지가地價수정 건의안은 찬성 127, 반대 156으로 상정이 부결되었다. 많은 지가 수정파들이 실망하여 지조증징에 반대로 돌아서, 지조증징법안은 찬성 27, 반대 247의 큰 표 차이로 부결되었다.

그 후 이토 수상은 시부사와 에이치渋沢栄一, 오오쿠라 기하치로大倉喜八郎 등 대상공업자와 협력해서, 번벌계의 국민협회, 지가수정에 찬성하는 의원과 상공업자를 모아 정당을 만들기로 했다. 총선거 후 임시의회에 대비하기 위해서였다. 6월 13일 정당 조직에 대한 합의를 얻기 위해 원로인 야마가타 아리토모 원수도 참석시켜 각의를 열었다. 하지만 야마가타도 절친한 친구인 이노우에 가오루와 다른 원로들도 이토의 의견을 지지하지 않았다. 이노우에는 정당에게 정권을 맡겨 국민이 정당에 실망하는 것을 기다렸다가 다시 조각을 하는 것이 좋겠다고 이토에게 충고했다. 야마가타와 히라타 도스케平田東助: 추밀원 서기관장 등은 번벌의 최고 유력자인 이토 수상이 정당의 대표가 되어 각료를 입당시키면 정당 내각이 된다고 반대했다. 야마가타는 일본에 정당 내각이 성립하게 되면 스페인이나 그리스와 같은 운명에 놓이게 될 것이라고 걱정했다(平田東助, 「伊藤內閣文迭事情」(미완성 원고); 平田東助, 「山県內閣」(미완성 원고)).

이사이 6월 7일부터 자유당과 진보당의 합당 움직임이 시작되고, 10일 중의원이 해산되자 합당 움직임은 더욱 탄력을 받았다. 23일 마침내 자유당과 진보당이 합당하여 '헌정당(憲政党)'이 만들어졌다. 자유당계의 이타가키와 진보당계의 오오쿠마 두 명 모두를 당대표로 할 수는 없어서 당대표는 두지 않았다. 또 겨우 2주라는 짧은 시간에 결성되었기 때문에, 예전부터 사이가 좋지 않았던 구 자유당계와 구 진보당계 사이에서는 경제 등 주요 정책에서 기본적인 합의조차 없었다. 그러나 헌정당이 다음 총선에서 압승할 것은 분명했다(伊藤之雄, 『立憲國家の確立と伊藤博文』, 241~247쪽). 이 상황에서 번벌 측이 할 수 있는 것은 일치단결해 헌법중지와 해산을 반복할 각오로 중의원이 번벌을 지지하도록 유도하거나 헌정당의 이타가키와 오오쿠마에게 정권을 내주는 것이다.

천황은 이 사태를 우려해 6월 14일 이토, 구로다, 야마가타, 사이고 쓰구미치, 이노우에 가오루, 오오야마 이와오를 불러 대응책을 논의하도록 명했다. 마쓰카타 마사요시는 효고현 미카게 별장에서 늦게 도착해 참석하지 못했다. 어전회의에서 이토는 원로 중 누군가 정권을 담당하지 않으면 헌정당의 오오쿠마와 이타가키가 조각을 하는 수밖에 없다고 했다. 야마가타는 정당내각 조직에 반대하고, 원로가 전부 입각해서 난국을 감당할 수밖에 없다고 했다(平田東助, 「伊藤內閣交迭事情」(미완성 원고); 井上馨 앞 伊藤書狀, 1898년 6월 25일, 「井上馨文書」). 최종적으로 6월 27일 천황은 이토의 권유에 따라 오오쿠마와 이타가키에게 조각을 명했다.

이토 체제의 몰락

　　앞서 기술한 바와 같이, 오오쿠보 도시미치大久保利通가 암살당한 후, 1878년부터 제2차 이토 내각이 무너진 1896년까지 이토는 이토 체제를 유지하고, 정부를 주도했다. 그리고 '헌법정치(입헌정치)'를 정착시켜갔다. 그것이 가능했던 것은, 첫째는 명치 천황의 신임을 얻고, 사쓰마계의 유력자들까지 협조할 수 있는 낙천적 성격이다, 둘째는 영어 실력 뿐만 아니라, 중국과 일본의 고전을 바탕으로 법률, 경제, 역사 등에 대한 깊은 통찰력이다. 그리고 서구의 규범에 대한 이해도 있었다. 마지막으로 현실주의적 입장에서 내정과 외교문제를 처리하는 실무능력과 '강릉강직剛凌强直'한 성격의 결단력이 있었기 때문이다.

　그러나 약 5개월 반 만에 제3차 이토 내각이 붕괴된 것처럼, 이토 체제는 명백히 그 기능을 상실했다. 20년 가까이 계속되어온 이토 체제가 몰락한 이유는 무엇일까. 첫째, 정당이 대두했기 때문이다. 이토가 목표로 한 '헌법정치'는 보다 많은 국민에게 교육을 보급시켜 국민들을 자각시키고, 점진적으로 국민의 정치참여를 확대하는 것이다. 그 후 정부(행정부)와 의회(입법부)의 합리적 논의를 통해 자각을 한 국민의 의사를 반영하여 국책이 결정된다고 이토는 생각했다. 이것이 이토가 이상적으로 생각한, 정부와 국회가 조화를 이룬 체제였다. 이것은 국력을 강하게 하는 원천일 뿐만 아니라 일본이 '문명국'임을 열강에게 보여줌으로써 조약개정 등 외교교섭에 도움이 된다고 생각했다. 초기 의회 이래 이토는 정당 상황에 불만이었으나, 위와 같은 목적을 위해 정당(의회)과 타협하고 그들의 요구도 가능한 한 수용하려고 했다. 또 정부가 폭력적으로 정당을 억압하는 것을 막았다.

　그래서 정당이 착실하게 실력을 쌓아 청일전쟁 후에는 자유당 그리고 진보당이 정부 여당이 되었으며, 이타가키와 오오쿠마도 입각을 하고, 당원이 고급 관료로 취임하기도 했다. 자신감이 붙은 자유당과 진보당은 번벌 정부와 연대하는 조건을 더욱 강화해 이토의 통제를 벗어났다. 이토의 심복

무쓰 무네미쓰陸奥宗光가 이토로부터 정신적으로 이탈해 간 것도 사쓰마와 쵸슈의 번벌에게 소외감을 느끼고, 정당이 대두한 것이 큰 요인이었다. 또 그의 병이 악화된 원인도 있었다.

이토 체제가 몰락한 두 번째 이유는 정당의 대두에 대한 대응을 둘러싸고 번벌 내에서 의견 대립이 발생하고 각 세력이 자립하기 시작했기 때문이다. 청일전쟁 후 야마가타 아리토모를 맹주로 하는 야마가타계 관료집단이 형성된 것이 대표적이다. 1880년대까지 야마가타는 같은 쵸슈출신의 이토와 이노우에 가오루의 지지를 얻어 사쓰마 출신의 오오야마 이와오大山巖와 연대해 육군을 통제하고 근대화를 도모했다. 그러나 야마가타의 목표는 육군을 가능한 한 정부의 간섭에서 벗어나 독립적인 전문가 집단으로 만드는 것이었다. 육군은 청일전쟁에서 승리해 위신을 높이고 자립성을 강화했다. 청일전쟁 후에는 이토조차 육군의 인사권 등의 중요 사항에 관여할 수 없게 되었다. 또 초기 의회 이래 번벌 정부와 정당이 대립할 때 이토가 정당에 유화적인 자세를 취한 것도 야마가타계 관료집단의 형성을 촉진했다. 1892년 제2대 총선거에서 시나가와 내무대신의 선거간섭 문제와 청일전쟁 후 제2차 이토 내각과 자유당의 접근으로 내무관료는 야마가타를 중심으로 결집하게 되었다.

그뿐만 아니라 사쓰마계도 이토로부터 이탈해 갔다. 이토가 시나가와 내무대신의 선거간섭을 문제 삼아 사쓰마계 관료가 많은 마쓰카타 내각을 무너뜨림으로써 마쓰카타를 비롯한 사쓰마계의 유력자는 이토와 냉랭한 관계가 되었다. 그때까지 마쓰카타는 사쓰마 출신이면서 '작은 이토'라고 불릴 정도로 이토를 따랐다. 그런데 제2차 내각이 붕괴된 후 이토로부터 독립하려는 경향이 강해졌다. 제2차 이토 내각에서는 재정문제에 대한 의견 차이로 약 5개월 남짓에 대장상을 사임했다. 그 후 이토의 재입각 요청을 거절하고 오오쿠마와 손잡고 제2차 마쓰카타 내각을 만들었다.

한편 이토는 오오쿠보가 사망한 후 사쓰마의 유력자인 구로다 기요타카黑田淸隆와 비교적 좋은 관계였다. 그러나 1889년 이토가 오오쿠마 조약개정을 중지시키기 위해 구로다 내각을 붕괴시킨 이후 두 사람의 관계는 원만하지 못했다. 구로다는 정당에 대해 원래 부정적이었다. 이토가 영향력을 미칠 수 있는 사쓰마계 유력자는 해군의 원로 사이고 쓰구미치西郷従道 정도밖에 없었다. 또 절친한 친구인 이노우에 가오루도 자신의 주장을 강력하게 관철시키려 했다는 의미에서 이토로부터 자립하기 시작했다. 이때는 대부분의 번벌 유력자는 수상을 경험했다. 형인 사이고 다카모리西郷隆盛에 대한 책임 때문에 계속 조각을 사양한 사이고 쓰구미치를 제외하면 수상을 경험하지 않은 사람은 이노우에 가오루뿐이다. 나이로 봐서 이노우에 가오루도 서서히 수상 자리를 욕심내기 시작했다. 이토를 돕기 위해 주요 각료로 입각해도 이전처럼 의욕적이지 않았다.

이상과 같이 이토의 권력, 즉 이토 체제는 몰락해 갔으나, 그는 그것을 충분히 자각하지 못하고 제3차 내각에서는 강압적으로 정권을 운영하려 했다. 이것이 이토 체제의 몰락을 더욱 부채질했다.

이토가 이렇게 행동한 것은 헌법정치의 정착을 목표로 현상을 분석하고 미래를 구상하는 통찰력이 너무 지나쳤기 때문이다. 현상을 변혁하려는 생각만이 앞서고, 그것을 어떻게 현실화시킬 것인가 하는 점을 간과했다. 당시 나이로는 노경에 접어들었으며, 체력이 이전만 못하고 쉽게 피로를 느껴 충분한 판단을 할 수 없는 상태였다.

와이한 내각2)의 성립과 청국행

1898(명치 31)년 6월 30일 제1차 오오쿠마

---

2) 일본최초의 정당내각인 제1차 오오쿠마(大隈) 내각을 통칭해 와이한(隈板)내각이라 한다. 1898년(명치 31)년 자유당과 진보당이 합쳐 성립한 헌정당(憲政党)이 중심이 되어 만든 내각. 오오쿠마 시게노부(大隈重信)가 수상 겸 외상, 이다카키(板垣退助)가 내무대신에 취임했다. 이 두 사람의 이름을 따서 와이한이라 함.

내각(와이한隈板내각)이 성립했다. 제1차 오오쿠마 내각은 육군과 해군대신을 제외한 모든 각료를 헌정당 당원으로 채웠다. 헌정당은 중의원에서 다수당이며 일본 최초의 정당내각이다. 각료는 구 진보당계가 오오쿠마 수상 겸 외상, 오자키 유키오尾崎行雄 문부대신 등 4명, 구 자유당계가 이타가키 내무대신, 마쓰다 마사히사松田正久 대장상, 하야시 유조林有造 체신대신 등 3명이었다. 구 진보당계가 한 명 더 많았다.

오오쿠마와 이타가키 둘 중 누구를 수상으로 할 것인가는, 이타가키가 외교 의식을 잘 모른다는 이유로 내무대신을 택했기 때문에 큰 문제가 되지 않았다. 문제는 구 진보당과 구 자유당의 치열한 자리 경쟁이었다. 오오쿠마가 겸하고 있는 외무대신 자리를 필두로 차관, 국장 그리고 지방의 지사와 간부에 이르기까지 자리를 차지하려고 대립했다(伊藤之雄,『立憲國家の確立と伊藤博文』, 243~249쪽).

그 후 이토는 오오이소에 돌아와 평화로운 파도 소리를 들으며 그간의 피로를 풀었다. 이토는 큰 타격을 받아도 오래 끌지 않고 조금 쉬고 나서 금방 털고 일어서는 성격이다. 7월 26일 이토는 오오이소를 출발해 청나라 유람을 떠났다. 오사카와 교토를 거쳐 8월 16일 고베 항을 출발했다. 목적은 열강의 중국 분할 상황을 살펴보고 청나라의 내부 정치 동향을 알아보는 것이다. 이 때 청나라에서는 6월 11일 젊은 광서제光緒帝가 변법자강의 조칙을 내려 국정 대개혁을 시작했다. 이토는 18일 나가사키에 도착, 한국의 인천을 거쳐, 25일에 서울(한성)에 들어갔다(『伊藤博文伝』하권, 394~395쪽).

인천에 도착하자 이토를 맞이하기 위해 조선의 황족 한 사람이 파견되었다. 서울에서는 매일 밤낮 극진한 대접을 받았다. 한국은 덥고 "땀이 비 오듯 하지만", "다행히 피곤하거나 지치지 않고 매일 바쁘게 다녔"다. 한국의 왕과 정부가 베푸는 대우는 지금까지 그 누구도 받은 적이 없을 정도로 좋았다고 부인에게 편지로 전했다(末松謙澄,『孝子伊藤公』, 345~348쪽). 이러한 환대에 이토는 자존심을 회복해 서서히 정변의 굴욕을 잊고 상태가 좋아졌다.

그 후 9월 8일 인천을 출발해 11일 청나라 천진天津에 도착, 14일에는 북경으로 갔다. 29일에는 북경을 출발해 10월 5일 상해에 도착, 한구漢口와 남경을 방문한 후 22일 다시 상해로 돌아왔다. 이토는 천진에서도 많은 사람들로부터 "필설로 표현할 수 없는 환영을 받았다". 밤낮 연회로 바빴으며 많은 중국인이 끊임없이 찾아와 중국을 위해 힘써줄 것을 부탁했다.

9월 20일 북경에서는 황제를 알현하고 전례 없는 융숭한 대접을 받았다. 그런데 21일 정변이 발생해 서태후가 권력을 장악하고, 실각했던 이홍장이 다시 중심 세력으로 복귀했다. 그 후에도 이토는 영국 공사관과 청나라 정부의 만찬에 초대받았다. 상해에서는 청국관리뿐만 아니라 학자와 상인들까지 이토를 방문해 청국 유람을 환영하고 향응을 제공했다고 부인에게 서신으로 전했다. 또 청나라의 정치 정세에 대해서도 알려왔다(앞의 책 348~354쪽).

일본에서는 이토 체제가 붕괴되었으나, 청나라와 한국에서는 그렇지 않았다. 유신 이후 근대국가를 향한 개혁의 지도자였으며, 일본 유수의 권력자로서 그의 명성과 기대치는 매우 높았다. 이토는 완전히 기분이 새로워졌을 것이다. 무더운 서울에서 밤낮으로 만찬을 즐겼듯이, 건강에 대한 자신감도 회복했다. 또한 부인과의 소통에서도 큰 힘을 얻은 듯하다. 그가 부인에게 보낸 편지에서, 부인을 단순히 가정 살림꾼으로서가 아니라 정치도 알고 이토와 속 깊은 의사소통을 할 수 있는 상대로 대하고 있다는 것을 알수 있다.

한편 제1차 오오쿠마 내각(와이한 내각)에서는 여당인 헌정당 내에서 구진보당계와 구 자유당계의 대립이 심해졌다. 구 자유당계의 호시 도오루는 주미대사를 사임하고, 8월 중순 귀국했다. 10월 상순에는 내각을 붕괴시키기 위해 이타가키 내무대신과 연대해 구 자유당계를 이끌고 행동에 돌입했다. 이타가키 등 구 자유당계 각료의 사임으로 오오쿠마 수상과 구 진보당

계 각료도 10월 31일 어쩔 수 없이 사표를 제출했다(伊藤之雄, 『立憲国家の 確立と伊藤博文』, 246~259쪽). 10월 말 오오쿠마 내각과 헌정당의 내분이 심해지자 천황은 도쿠다이지德大寺 시종장에게 상해에 있는 이토에게 귀국 전보를 보내도록 했다. 전보를 받고 이토는 즉시 상해를 출발해 일본으로 향했다.

'헌법 시험'은 '성공적'

오오쿠마 수상이 사표를 내자, 천황은 원로를 비롯해 번벌 관료가 야마가타에게 기대를 걸고 있다는 것을 알고, 이토의 귀국을 기다리지 않고 1898(명치 31)년 11월 5일 야마가타에게 조각을 명했다. 이토는 11월 7일 나가사키에 도착했으나, 이러한 흐름에 대해 어떻게 할 수가 없었다. 이토의 강력한 제안으로 제1차 오오쿠마 내각이 성립했음에도 불구하고 지난 4개월 동안 아무런 성과 없이 내분으로 무너졌다. 그래서 후임 수상 추천에 관한 이토의 권위는 떨어져 있었다.

11월 8일 60세의 야마가타는 제2차 조각을 완료했다. 신내각은 야마가타山県: 수상, 쵸슈 출신, 마쓰카타松方: 대장상. 사쓰마 출신, 사이고 쓰구미치西郷従道: 내무대신. 사쓰마 출신 등의 원로로 채워졌다. 나머지는 가쓰라 다로桂太郎: 육군대신. 쵸슈 출신. 유임, 기요우라 게이고清浦奎吾: 법무대신, 아오키 슈조青木周蔵: 외무대신. 쵸슈 출신 등 5명의 야마가타계 관료와 야마모토 곤베山本権兵衛: 해군대신. 사쓰마 출신 등의 번벌 관료가 차지했다.

호시 도오루가 이끄는 구 자유당계가 재 창립한 새로운 헌정당은 11월 29일 야마가타 내각과 연대를 성립시켰다.[3] 미국에서 돌아온 호시는 이전

---

[3] 헌정당의 분리와 최초 정당 내각의 붕괴 : 1898년 6월 번벌정부에 대항하기 위해 자유당과 진보당이 합동하여 헌정당을 결성하여 제1차 오오쿠마 내각(와이한 [隈板] 내각)을 조직했으나, 10월 말에 이타가키 다이스케(板垣退助)를 중심

의 연대와는 달리 입각을 요구하지 않고 철도 국유화, 선거권 확장 등 정책 실현을 요구하는 새로운 지향성을 보였다.

야마가타 내각의 최대 과제는 11월 7일 소집된 제13회 의회(1899년 3월 폐회)에서 예산의 재원이 되는 지조증징법안을 통과시키는 것이다. 중의원 의원은 헌정당(구 자유당계) 113명, 국민협회(번벌계) 18명 등 여당이 숫자에서 우세했다. 당초 야마가타 내각은 지조를 지가의 2.5%에서 4%로 약 1.6배 인상하려 했다. 그러나 이러한 급격한 증세에 대해 선거 기반인 지주층을 비롯한 농민의 반발을 우려해 헌정당 내에서도 의견이 일치하지 않았다. 헌정당 간부는 지조를 지가의 3.3% 즉 1.32배 인상하고 증세기간도 1899년부터 1903년의 5년간으로 한정하는 것으로 겨우 당내 의견을 모았다. 이렇게 해서 지조증징법안은 1898년 12월 20일 헌정당(구 자유당계), 국민협회, 무소속 의원을 합쳐 155대 15의 찬성으로 중의원을 통과했다(헌정 본당[구 진보당계]는 퇴장하고 표결에 참가하지 않음). 이 법안은 12월 27일 번벌계가 많은 귀족원에서도 가결, 성립되었다(伊藤之雄, 『立憲國家と日露戰争』, 30~34쪽).

제13회 의회가 개회 중인 1899년 2월 11일, 헌법반포 10주년 기념 축하식이 거행되었다. 이토는 제국호텔 연설에서, 최초의 의회에서도 야마가타가 수상이었고, 지금도 야마가타가 수상이다, "지금의 정세를 보면 의회를 해산할 필요도 없으며, 그 직무를 완벽하게 이행하는 데 대해 참으로 따로 드릴 말씀이 없다"고 야마가타를 칭찬했다. 더욱이 1899년부터 오늘에 이르기까지 지난 10년간은 '헌법의 시험'기라고 할 수 있다. 대체적으로 "헌법시험

으로 하는 구 자유당계가 헌정당 해산을 결의한 후 헌정당의 명칭을 그대로 하여 재창당했다. 그러자 오오쿠마 시게노부를(大隈重信)를 중심으로 한 구 진보당계는 11월 초 당명을 헌정본당(憲政本黨)으로 하여 재창립했다. 그 결과 11월 8일 최초의 정당내각인 오오쿠마 내각은 붕괴했다. 그 후 헌정당은 1900년 이토 히로부미가 창당한 입헌정우회로 흡수되어 여당화하고, 헌정본당은 계속 야당으로 남았으나 1910년 3월 해산했다.

은 성공적이었다"고 단언할 수 있다며, '헌법정치'의 성과를 높이 평가했다(『伊藤公演說全集』, 334~335쪽). 이것은 제13회 의회에서 헌정당(구 자유당계)의 협력으로 지조증징법안이 통과되었기 때문이다.

이토는 자신의 제3차 내각이 무너진 원인이 되었던 제12회 임시회에서는 정당에 크게 실망하고, 헌법정치의 앞날에 큰 불안감을 느꼈다. 자신이 실패한 지조증징법안을 야마가타가 비교적 간단하게 실현시킨 데 대해 질투하기보다는 '헌법정치'의 정착을 기뻐했다. 한편 1899년 7월 17일에는 5년 전 영국과 맺었던 신조약이 시행되었다. 입헌국가의 정착과 (불평등)조약 개정의 실시라는 명치유신 이후의 목표가 달성되는 것을 보고 이토는 매우 만족했다.

이토는 제2차 야마가타 내각이 지조증징법안을 성립시키고 순조롭게 전개되는 것을 보고 진심으로 기뻐했다. 헌정당이 변화해서 자신이 목표했던 헌법정치를 완성하는데 좋은 조건이 갖추어져 가는 것을 실감할 수 있었기 때문이다. 신조약의 시행으로 열강과 어깨를 나란히 할 수 있는 조건도 상당히 마련되었다. 거기에 더해 이토는 헌법정치를 완성하기 위한 이상적인 정당 만들기에 나서게 된다.

정당 창립 준비 움직임

지조증징법안이 성립되자 1899(명치 32)년 2월 제2차 야마가타 내각은 이전 이토 내각이 제출했던 선거법 개정법안을 제13회 의회에 제출했다. 법안의 내용은 이토 내각이 제12회 의회에 제출한 것과 기본적으로 동일한 내용이다. 지조 5엔 이상을 내는 자(당시 시행된 법에서는 15엔)에게 투표권을 주어 선거권을 대폭적으로 확대하고, 도시 지역 선출 의원의 비율을 22퍼센트로 늘리는 등 야마가타와 야마가타계 관료가 싫어하는 내용을 담고 있다. 이것은 야마가타 수상이 이토 히로부미와 직접 대립하는 것을 피하기 위해 귀족원에서 수정될 것을 전제로 제출한 것이다. 귀족원의 위원회에는 야마가타계를 중심으로 유권자 자격을 지조 10엔 이상으로 하고, 도시 지역 선출 의원의 비율도 14.3퍼센트 낮추는 등 법안을 보수적으로 수정했다(伊藤之雄, 『立憲國家と日露戰爭』, 34・36쪽).

그러나 이러한 수정에 대해 신당을 만들어 정당을 개선하려고 생각하고 있는 이토는 납득하지 않았다. 3월 9일 귀족원 본회의에서, 평소 잘 등원하지 않던 이토^{侯爵} 의원가 의원의 한사람으로 출석해 정부안을 옹호하는 연설을 했다.

이토는 일본의 인구는 4,000만 이상인데 참정권을 가지고 있는 사람은 약 40만에 지나지 않는다면서 중의원이 국민의 대표로서의 역할을 충분히 수행하지 못한다고 논했다. 그리고 5엔을 기준으로 하여 170~180만 명에게 선거권을 주고, 상공업자 층의 대표를 늘리는 것이 열강과 어깨를 나란히 할 수 있는 길이라고 호소했다. 연설의 결과로 이토의 심복 스에마쓰 겐쵸^{末松謙澄: 전 체신대신. 딸 이쿠코의 남편} 등에 의해 정부안을 부활시키는 의견이 속출하여 거의 원래의 정부안에 가까운 수정안이 본회의에서 가결되었다(『帝国議会貴族院議事速記錄 15』 하권, 714~716쪽).

귀족원에서는 야마가타계의 관료 세력이 힘을 키우고 있었지만 이토의 합리적인 호소의 영향력이 컸다. 그러나 귀족원의 수정안에 중의원이 동의하지 않아 선거법 개정안은 성립되지 않았다. 정부는 선거권 확대에는 찬성하지만, 다수의 의원들이 농촌을 기반으로 당선되었기 때문에, 도시지역 선출의원의 비율이 늘어나는 데에는 반대했기 때문이다.

제13회 의회가 끝나자 같은 해 4월 10일 이토는 나가노^{長野} 시에서 새로운 정당 창립을 호소하는 연설을 했다. 이것을 시작으로 전국 도시에서 유세가 시작되었다. 이토는 6월까지 오사카, 고베, 시모노세키, 오오이타, 후쿠오카, 야마구치, 히로시마, 나고야 등을 방문해 정치, 경제, 외교, 교육에 대해 20여 회 강연했다. 방문하는 도시에서 이토는 관민의 대환영을 받았다.

인기를 끈 이유는 도시 지역의 상공업자를 중시하는 자세를 보였기 때문이다.

러일협상 노선의 동요

　　　　　이토가 신당을 조직하기 위해 전국 도시에서 연설을 시작한 무렵, 1899(명치 32)년 5월 러시아 해군이 한반도 남해의 마산에 자국의 거점이 되는 토지를 마련하려고 했다. 작년 10월 주한 러시아 공사가 된 파브로프가 마산과 목포 같은 한반도 남부 해안의 항구에 러시아 세력을 확장하기 위해 활동을 시작한 것이다. 파브로프는 제국주의 시대의 기준으로 보아도 고집이 세고 음모를 즐기는 인간이다. 파브로프의 행동은 한국에서 "러시아와 일본은 정치적으로 대등하다"는 니시–로젠협정 정신을 위협하는 것이다. 다음 달 다무라 이요조田村怡與造 대좌참모본부 제1부장는 육군의 작전을 입안하는 책임자로서, 러시아가 마산을 지배한다면 일본은 아무것도 할 수 없다는 위기감을 보였다. 러일전쟁이 발발했을 때 일본군의 한반도 상륙 작전에 방해가 되는 것을 우려한 것이다(Ian Nish, The Origins of the Russo-Japanese War, pp.60~61).

　같은 해 10월 11일 야마가타 수상도 같은 의견서를 내고 상황을 무시할 수 없다고 호소했다. 야마가타의 의견서는 청일전쟁 후 이토와 야마가타가 연대해서 성립시킨 러일협상노선의 재검토를 주장하는 것으로서 경우에 따라 러시아와의 대결 가능성을 염두에 둔 것이다 또 군과 외무성 고관 중에는 야마가타 이상으로 늘 러시아는 남하를 목적으로 만주에서 조선반도를 노리고 있다며 러시아에 대해 강한 불신감을 가진 사람들이 있었다. 한편 이토는 야마가타의 의견과 달리 러일협상 노선을 유지하고자 했다(大山梓編, 『山県有朋意見書』, 254~255쪽).

의화단 사건과
야마가타 내각에 대한 조언

1899(명치 32)년부터 청나라 산동성山東省에서는 의화단이 세력을 키우고 있었다. 1900년 6월이 되자 천진, 보정保定으로부터 북경을 고립시키려는 기세가 강해졌다. 6월 10일 의화단은 독일 공사를 살해하고 북경에 포위되어 있던 열강의 공사관원, 군인, 거주민을 청나라 군대와 함께 공격하기 시작했다. 각국 공사관의 호위병과 거주민, 의용병은 모두 합해도 500명이 되지 않았다.

열강은 지원병을 보내려고 했지만, 청나라까지는 멀고 시간이 걸려 동원에 한계가 있었다. 7월 5일 영국의 화이트 헤드 주일 대리공사는 솔즈베리 Salisbury 수상의 명령으로 열강 중에는 반대가 없으니, 일본이 청나라에 지원 부대를 보내 주기를 바란다고 일본에 전했다(『日本外交文書』 313권, 716~718쪽). 의화단 사건으로 청나라와, 청나라에서의 열강의 질서가 크게 변화할 우려가 있었다. 7월 5일 아침 야마가타는 천황을 배알하여 청나라 문제에 대해 원로인 이토와 상의하라는 명을 받았다. 그 후 이토는 입궐하라는 명을 받고 저녁 5시 천황을 알현했다. 천황은 청나라 문제에 대해 의견을 듣고 각료들에게도 조언을 해주도록 명했다(伊藤之雄, 『立憲國家と日露戰争』, 48쪽).

일본은 북경에 (포위되어-옮긴이)있는 (열강의 공사관원을-옮긴이)구하기 위해 열강 가운데 가장 많은 2만 2천 명의 병사를 보냈다. 러시아는 두 번째로 많은 4천 명을 파병했다. 그와는 별도로 러시아는 8월이 되자 군대를 보내 북쪽에서부터 만주를 점령하기 시작했다. 8월 14일에는 일본을 포함한 연합군이 북경으로 들어가 출병 목적을 달성했다. 만주를 제외하고 일본은 열강 가운데 가장 많은 군대를 파견해 존재감을 높였다.

연합군이 북경을 점령하는 것을 보고, 8월 22일 이토는 야마가타 수상과 아오키青木 외무대신에게 출병 목적이 이루어졌으니, 열강에게 솔선해서 철

군을 제안하라고 권했다. 이토는 출병한 일본군이 형식상 독일 총지휘관의 휘하에 있는 것도 통수統帥상 문제가 있다고 지적했다(伊藤博文, 「清国事件に関し大命を奉したる以来の事歴」). 통수문제에 예민한 야마가타 수상에게 철군을 재촉하기 위한 작전이었다.

야마가타와 아오키는 이토의 의견에 동의하는 것 같았으나, 31일 되어도 실행되지 않았다. 러시아가 먼저 철군을 제의했는데도 야마가타 내각은 즉시 응하지 않았다. 이토는 일본이 철군 제안자로서의 명예를 잃고, 더욱이 철군에 흔쾌히 응하지 않은 것에 분개했다. 이토는 천황에게 사죄의 상주문을 올렸다(伊藤博文, 「清国事件に関し大命を奉したる以来の事歴」). 야마가타 수상 등은 군을 북경 주변에 남겨 일본의 발언권을 키우고, 경우에 따라서는 대륙에 세력권을 확장하려는 의도를 가지고 있었다. 이토는 천황의 명에도 불구하고 야마가타에 대한 자신의 영향력이 이렇게까지 약화되었는가라고 쓸쓸한 현실을 맛보았다.

8월 하순에는 아모이廈門사건이 발생했다. 고다마 겐타로兒玉源太郎: 야마가타계 관료파의 육군 군인의 모략이었다. 의화단 사건의 혼란을 이용하여 타이완 건너편에 있는 청나라의 아모이에 있던 혼간지本願寺 포교소를 불태우고 아모이를 점령하려는 사건이었다. 타이완과 복건성 두 지역은 사람과 상품이 자유롭게 오가고 있었다. 고다마 일파는 타이완 지배의 안정을 위해서도 대안에 있는 복건성을 지배해야한다고 생각하고 있었다.

이토는 이 사건의 진상을 몰랐으며, 야마가타 수상도 마찬가지였을 것이다. 야마가타 내각은 당초부터 사건 확대에 신중했다. 그러나 야마가타 내각은 현지에서 출병 요구가 있자 아모이 점령을 인정하고 보병 일개 대대(수백 명)의 소규모 병력을 파병하기로 결정했다. 천황의 허가를 얻어 우선 해군 육전대(해병대—옮긴이) 2개 소대를 아모이에 상륙시켰다.

그런데 영국을 비롯한 열강은 아모이에서 일본군이 철군하기를 요구했다. 고다마 등은 아모이 점령을 고집했으나, 사건의 진상을 안 이토는 철군을 강력하게 주장했다. 야마가타와 군부도 이에 동의해 일본군은 철수했다 (斉藤聖二, 『北淸事変と日本軍』 제5장). 의화단 사건 때와 달리 이번에는 이토와 야마가타의 의견이 일치해서 일본군이 즉각 철군할 수 있었다.

제15장

건강 악화와
'헌법'정치를 향한 이상
– 입헌정우회 창립 및 제4차 이토 내각

입헌정우회를 만들다

이야기를 국내정치로 돌려보자. 구 자유당계열의 헌정당憲政黨은 호시 도오루星亨를 대표로 하여 제2차 야마가타 아리토모山県有朋 내각과 1년 수개월 간 연대를 했다. 호시 등 헌정당 지도자들은 정당정치 실현의 한 단계로서 야마가타 내각과 연대를 한 것이다. 그러나 당원이 입각도 하지 않은 이러한 연대가 언제까지나 계속될 수는 없었다.

1900년 5월 31일, 호시 등은 야마가타 수상에게 내각의 각료가 헌정당으로 들어오든지 아니면 헌정당원을 입각시키도록 요구했다. 호시 등은 야마가타가 크게 양보를 해서 연대를 계속하든가, 아니면 이토에게 헌정당 지도자가 되어줄 것을 요청하든가, 방향을 정하려했다. 당연히 정당을 싫어하는 야마가타는 호시의 요구를 거절했다(伊藤之雄, 『山県有朋』, 319~325쪽). 야마가타는 수상의 성취감을 맛본 뒤라 슬슬 그만둘 때라고 생각하고 있었던 듯하다. 야마가타는 5월 24일, 천황에게 사의를 표했다.

6월 1일, 호시 일행은 이토에게 헌정당 지도자가 되어줄 것을 부탁하기 위해 그를 방문했으나, 이토로부터 거꾸로 신당 결성 이야기를 듣게 되었다. 호시는 정당 내각을 실현하기 위해 1년 이상 전부터 이토와 연대하기를 원하고 있었기 때문에 바로 이토의 신당에 참여하기로 결정했다. 이렇게 이토의 신당 구상은 구체화되었고, 후에 입헌정우회立憲政友会로 결실을 맺게 된다. 이토는 야마가타에게 양해를 구했으나, 야마가타는 강한 반대나 적극적인 지지도 하지 않았다. 야마가타는 이토의 신당 결성에 반대였지만 명확히는 하지 않았다. 이토도 충분히 알고 있었다. 이토는 7월 중에 심복인 이토 미요지伊東巳代治, 호시 등과 당 조직에 관해 의논했다. 이토는 관계官界와 실업계의 참여를 쉽게 하기 위해, 본부와 지방조직의 관계를 클럽으로 하여 느슨한 집단으로 할 생각이었다. 그러나 그렇게 하면 통제를 하지 못한다는 호시와 이토 미요지의 반대로 본부와 지부의 관계로 하기로 했다.

8월 25일, 이토는 도쿄 시의 시바공원 고요칸紅葉館에서 사이온지 긴모치西園寺公望 등 13명을 초청하여 신당의 창립 취지와 기본 방침을 발표하고 그들을 창립위원으로 했다. 그러나 이토 미요지는 이토가 자신을 충분히 존중해주지 않는다고 생각해 이토와의 감정 충돌로 창립위원에서 빠졌다. 이렇게 하여 이토 미요지는 정우회 창립에서 멀어지게 되었다(伊藤之雄, 『立憲国家と日露戦争』 53, 106쪽; 升味準之輔, 『日本政党史論』 2권, 345~358쪽; 山本四郎, 『初期政友会の研究』, 29~57쪽).

9월 13일, 헌정당은 해체되고, 당원은 자동적으로 입헌정우회로 들어오게 되었다. 이틀 후, 9월 15일에 1,400여 명이 참석하여 제국호텔에서 입헌정우회 창립식을 가졌다. 이토가 총재가 되었다. 제국호텔은 이토가 오오이소에서 도쿄로 올 때 머무는 단골 숙소였다.

이토가 정우회를 창립한 의도는 8월 25일, 이토 이름으로 발표된 신당의 창립 취지와 연설, 9월 15일 창립식 연설로 알 수 있다. 첫째, 정우회를 매개로 보다 많은 지방 유력자들의 의견을 정치에 반영하고, 입헌정부('헌법정치')의 완성을 목표로 하는 것이었다(8월 25일 연설). 둘째, 이토는 아직 정당이 충분히 발전하지 않았다고 생각해, 각료 임면과 내각의 정책에 되도록이면 정당의 관여를 줄이려 했다. 이를 위해 이토는 정우회 회칙에서 총재 권한을 강화했다.

회칙에는 총재의 임면과 임기에 대한 언급이 없고, 총재는 최고 간부인 총무위원과, 서무 및 회계를 담당하는 간사장과 간사 등 당 간부를 선임할 권한을 가지고 있다. 총재는 총무위원의 수를 정하고, 매년 1번 도쿄에서 당 대회를 개최하고 의회개회 중이나 필요에 따라 의원총회를 소집할 수 있다. 그리고 육체노동을 하는 무산자無産者의 입당을 피하고, 질서와 규율이 있는 당을 지향했다(8월 25일 연설).

이렇게 이토는 정책을 만들고 정권 담당 능력이 있는 본격적인 근대정당을 만들려고 했다. 이토는 1899년 2월에는 영국의 '당파 정부'(정당 내각)와, 7, 8백 년에 걸쳐 정치를 변혁시켜온 성과를 목표로 한다는 연설을 했다 (「欧州選挙法の変遷と我が改正案」, 『伊藤公全集』 2권). 이토는 정우회를 하나의 모델정당으로 만들려고 했다. 이에 자극을 받아 장래에 또 하나의 근대정당이 생겨 영국과 같은 2대 정당제가 되는 것을 부정할 마음은 없었을 것이다.

셋째, 이토는 정우회가 열강의 국제 규범을 익히도록 하고, 자신이 추진해 온 협조외교와, 균형 잡힌 국방과 산업진흥 정책을 지지하는 존재가 될 것을 기대했다.

이토의 정당 개조의 현실

이토 총재는 자신을 보좌하는 최고 간부로 13명의 총무위원을 임명했다. 이토계 관료 사이온지 긴모치전 외상, 문부대신, 스에마쓰 겐쵸末松謙澄: 전 체신대신, 이토의 딸 이쿠코의 남편, 가네코 겐타로金子堅太郎: 전 농상대신 등 7명이 중심이었다. 이 가운데에는 나중에 제4차 이토 내각 붕괴의 원인이 된 와타나베 구니타케渡辺国武: 전 대장상, 체신대신도 있다. 당료 출신으로는 헌정당(구 자유당)계의 호시 도오루(전 주미 공사), 마쓰다 마사히사松田正久: 전 대장상, 하야시 유조林有造: 전 체신대신 3명과 오자키 유키오尾崎行雄: 전 문부대신, 구 개진당·진보당계 등이 있다. 13명이라는 숫자는 당의 의사결정을 신속하게 하는 데는 많은 편이다. 되도록 많은 유력자를 모아 강력한 정당을 창립하기 위해서는 부득이 했다.

그리고 정우회 창립 후 약 1년간 하라 다카시原敬: 전 외무 차관, 조선 공사가 당을 이끌게 된다. 그는 무쓰가 사망한 후에도 이토, 이노우에 가오루와 접촉을 유지했고, 두 사람의 권유로 입당하려 했다(『原敬日記』 1914년 9월 17일). 그러나 오사카 마이니치신문사 사장을 사임하고 인수인계가 늦어져 정우회 창립식에는 참가할 수 없었다. 1900(명치 33)년 11월 하순에 겨우 오사카 마이니치신문사 사장을 사직하고, 12월 19일에 총무위원 겸 간사장에 취임 했다(伊藤之雄, 『立憲国家と日露戦争』, 54~57쪽).

그리고 구 헌정당원(구 자유당계)은 자동적으로 정우회에 입당하게 되었다. 이토가 정당을 개조하기 위해서는 구 헌정당 당원 이외의 사람을 입당시킬 필요가 있었다. 그래서 8월 26일 이후, 정우회 출범식에 맞춰 입당을 권유하는 안내문이 유력자들에게 폭넓게 발송되었다. 무소속 국회의원, 무소속 전 국회의원, 시장, 부시장, 시참사회 회원 및 시의회 의원, 상공회의소 회장, 부회장, 회사 사장(자본금 5만 엔[현재 약 7억 5,000만 엔] 이상), 고액 납세자, 부현府縣의회 의원, 군 의회 의원, 변호사, 은행장(자본금 10만 엔 이상), 그 외 각 부府와 현縣의 명망가들이었다. 황족을 뺀 귀족원 의원에게도 정우회 창립 취지서를 보내 완곡하게 입당을 권유했다.

그런데 야마가타계 관료파를 배경으로 이토와 어깨를 나란히 할 정도의 실력자인 야마가타 아리토모는 내심 이토의 정당 창립에 반대하고 있었다. 그래서 미쓰이三井, 미쓰비시三菱, 스미토모住友 등 중앙의 대상공업자들은 정쟁에 말려들지 않으려고 중립을 지켜 정우회에 거의 참여하지 않았다. 귀족원에서도 사이온지 긴모치와 가네코 겐타로 등 이토계 관료를 중심으로 몇 명만 참가했다.

9월 15일 창립 때 152명의 중의원 의원이 정우회에 소속했다. 이렇게 정우회는 중의원 300의석 중 단독으로 과반을 획득했다. 그러나 소속 중의원 의원 중에서 약 73%인 111명이 구 헌정당에서 입당한 사람들이었다. 정우회의 중심세력은 자유당에서 헌정당으로 바뀌는 흐름의 연장선상에서 성립된 것이다(즉 정당의 큰 흐름은 자유당 → 헌정당 → 정우회로 변화해왔다 ─옮긴이).

다만 지방도시의 유력 상공업자들은 선거법 개정에서 보여주었던 이토의 상공업자와 도시 지역을 중시하는 자세에 공감했다. 게다가 적극적인 공공사업을 기대하여 정우회에 꽤 많이 참가한 것 같다(伊藤之雄,『立憲国家と日露戦争』제2부 2장, 57~59쪽). 지주층을 기반으로 한 정당에서 유력상공업자도 참가하는 정당으로 바꾸려는 이토의 구상이 부분적으로 달성되었다.

'칙허정당' 정우회

입헌정우회의 창립과 운영 자금은 어디에서 나왔을까. 정우회를 만들고 총재가 되기 위해 1900(명치 33)년 9월 11일, 이토는 황실제도조사국 총재와 황태자 교육 고문 등 황실에 관계되는 자리를 사직하고, 14일 천황의 허락을 받았다. 명치 천황은 2만 엔(현재 약 3억 엔)과 홍백비단 1필을 이토에게 하사했다(「德大寺実則日記」(사본) 1900년 9월 11일).

하사의 사무 책임자인 다나카 미쓰아키田中光顕 궁내宮內대신에 의하면, 정당조직 비용으로 궁중으로부터 하사금을 받았다는 사실이 외부로 새어나가면 궁내성의 정치적 중립성을 의심받아 황실에 누를 끼칠 우려가 있었다. 그래서 표면상 하사의 이유를 '공신 우대'로 하였다. 그러나 이토는 이 은밀한 약속에 조금도 신경을 쓰지 않고, 정우회 회원에게 앞으로 필요하면 얼마든지 궁내성으로부터 돈을 받을 수 있다고 공공연히 말했다. 암암리에 천황의 기대를 받고 있다는 것을 자랑하고, 궁내성에 대한 세력을 과시하는 듯했다(伊東巳代治, 『翠雨莊日記』 1901년 10월 6일).

노자키 히로타野崎広太에 의하면, 그 외 정우회 창립을 위한 자금은 재계에 얼굴이 잘 알려진 이노우에 가오루가 별도로 30만 엔(약 45억 엔)을 마련했다고 한다(野崎広太, 『らくがき』, 184쪽). 노자키 히로타는 정우회 결성 때 원로 이노우에 가오루와 호시 도오루, 하라 다카시原 敬의 연락을 맡았었다. 그리고 이토가 당을 창립하고 한 달 만에 제4차 내각을 조직한 후 천황으로부터 거액의 정치자금이 이토에게 흘러갔다. 다나카 궁내대신에 의하면 20만 엔(약 30억 엔)에 달했다고 한다. 이토는 호시 도오루와 오자키 유키오尾崎行雄에게 각각 1만 엔, 와타나베 구니타케渡辺国武의 외유 여비로 1만 5천 엔, 정우회를 위해 3만 엔 정도 사용했다고 한다. 내각이 도산될 쯤에는 약 15만 엔이 이토 수중에 남아있었다(伊東巳代治, 『翠雨莊日記』 1901년 10월 6일).

명치 천황이 이토의 신당 창당과 제4차 내각을 금전적으로 지원하고 있었기 때문에 정우회는 이면적으로 '칙허勅許정당(어용정당─옮긴이)'으로 출발한 것이다(伊藤之雄, 「立憲国家創立期の議会」).

네 번째의 조각

중국의 의화단 사건이 진압되고, 정우회의 결성 준비가 진전되자, 1900(명치 33)년 8월 말에서 9월 초에 걸쳐 야마가타 수상은 이토에게 사임의 뜻을 전하고, 후임 수상이 되어줄 것을 요청했다. 그래서 이토는 정우회를 충분히 장악하지 못하고 준비가 부족한 상태에서 조각을 해야만

했다. 10월 19일 제4차 이토 내각이 성립했다.

이미 육군대신, 해군대신뿐 아니라 외무대신도 정당원이 아닌 전문가가 바람직하다는 관행이 형성되고 있었다. 수상 이토와 가쓰라 다로桂太郎 육군대신(유임), 야마모토 곤베山本権兵衛 해군대신(유임), 가토 다카아키加藤高明 외무대신(전 주영국 공사, 무쓰 무네미쓰陸奥宗光의 심복)을 제외한 각료 가운데 정당출신은 구 자유당에서 헌정당의 흐름을 이어받은 마쓰다 마사히사松田正久 문부대신, 하야시 유조林有造 농상대신, 호시 도오루 체신대신 등 세 명이다.

가토는 이토보다 오오쿠마 시게노부大隈重信 쪽에 가까웠지만, 이토는 40세의 가토를 외무대신이라는 요직에 발탁했다. 이토는 가토의 강직함과 외교수완에 기대를 걸었다(奈良岡聰智, 『加藤高明と政党政治』, 36~62쪽). 이토는 일본 정치도 성숙했으니 영국 모델을 도입해도 좋을 때가 되었다고 생각했다. 그런 의미에서도 영국을 좋아하는 가토에게 호감이 갔다. 이토계 각료는 와타나베 구니타케渡辺国武 대장상, 스에마쓰 겐쵸 내무대신(이토의 딸 이쿠코 남편), 가네코 겐타로 법무대신, 사이온지 긴모치 무임소 장관班列大臣 네 명이었다. 이토가 사이온지를 특정 각료에 임명하지 않은 것은 자신의 후계자로 키우려 했기 때문이다.

제4차 이토 내각은 번벌 각료의 최고유력자인 이토가 신당을 만들어 조각한 것이다. 육·해·외무대신을 제외하고는 정우회 회원이며 형식적으로는 정당내각이라고 할 수 있다. 또 내각성립 후, 구 헌정당원과 이토계 관료 그리고 그 부하 등 14명의 정우회 회원이 내각서기관장(현재 내각관방장관), 총무장관(차관), 관방장官房長, 대신(장관) 비서관으로 중앙관직에 취임했다. 이것은 제1차 오오쿠마 내각 때 연인원 42명이 중앙부서 및 지사 등 지방장관에 취임한 것에 비하면 꽤 억제된 것이다(伊藤之雄, 『立憲国家と日露戦争』, 60~61쪽).

야마가타계 관료의
반감을 극복

　　　　　　　　　　이토는 초대 귀족원 의장으로 정우회 창설 때
까지 귀족원에 상당한 영향력을 가지고 있었다. 그러나 이토가 정당을 배
경으로 조각을 한 데 대해 야마가타계 관료뿐만 아니라, 귀족원에서도 이
토와 이토 내각, 정우회에 대한 반감이 커져갔다. 먼저 귀족원의 공격 대상
은 구 헌정당계의 실력자 호시 도오루 체신대신이었다. 호시는 요코하마
매립지 스캔들 등 뇌물을 받았다는 소문이 있었다. 1900(명치 33)년 12월 도
쿄 시 의회 부정사건이 터지자 시의회의 실권을 장악하고 있던 호시에 대
한 의혹이 단숨에 커졌다.

　그리고 제15회 의회 소집을 앞두고 12월 17일 야마가타계가 앞장서 귀족
원의 핵심을 이루는 6개 회파會派 간부가 이토 수상에게 다음과 같이 권고했
다. (1) 호시가 체신대신으로 있으면 내각이 위신을 지키지 못하게 되므로
조치를 바란다. (2) 관리 선임을 신중히 하고 기강을 잡는다. (3) 국무와 당
무를 혼동하지 말 것 등이다. 결국 12월 22일 호시가 사임하고, 하라 다카시
原 敬가 후임으로 체신대신이 되었다.

　이토는 하라의 능력을 높이 평가했다. 그러나 귀족원에 의해 각료(호시
도오루)를 사임시킨 것은 굴욕이었다. 이에 반발하듯 1901년 1월 28일, 정
우회 의원 총회에서 이토는 행정, 재정 개혁에 대한 의욕을 밝히고, 2월 13일
귀족원에서도 같은 연설을 했다. 이토의 주장은 다음과 같다. (1)지금까지
행정에 관한 큰 개혁은 1885년 겨울에서 다음 해에 걸쳐 행해졌으나, 그 이
후 지엽적인 개혁 밖에 하지 못했으므로 근본적 개혁이 필요하다. (2) 작년
부터 충분히 조사를 하고 행정개혁을 준비하고 있다. 반년 혹은 1년을 목표
로 개혁을 실현하고자 하니 협력해주기 바란다. (3) 마찬가지로 재정 개혁
도 실현하고 싶다.

　앞에서 지적했듯이, 이토는 1898년에, 1890년에 만들어진 선거법을 대폭

수정하려는 구상을 했었다. 마찬가지로 1885~1886년에 만들어진 관료 제도의 대개혁도 생각하고 있었다.

이토는 재정개혁에는 동지 이노우에 가오루를, 행정개혁에는 심복인 이토 미요지伊東巳代治: 추밀고문관를 염두에 두고 있었다. 3개월 후 이토 내각이 붕괴했기 때문에 그의 행정, 재정개혁 구상의 내용은 밝혀지지 않았다. 그러나 이노우에 가오루는 같은 해 6월 제1차 가쓰라 다로桂太郎 내각 성립전후쯤의 시기에 행정, 재정 개혁 의견을 정리했다(「井上伯財政整理意見」, 「井上馨文書」). 여기에서 그 규모를 어느 정도 추정할 수 있다.

이노우에의 의견은 다음과 같다. 첫째, 행정·재정 개혁으로 잉여금을 만들고, 이미 결정된 증세를 합쳐 철도사업 등을 적극적으로 편다. 공채나 새로운 세금에 의존하지 않고도 할 수 있다고 보고 있었다. 둘째, 이를 위해 정부기관의 부처이기주의를 고치고, 문무관의 인원을 줄여 엄선된 인원으로 행정효과를 높이고자 했다. 셋째, 군수 공장을 민영화하거나 통합하고, 3년의 병사 복무 기간을 단축하고, 헌병을 점차 줄인다. 그리고 지방유년학교를 폐지하는 등 육·해군을 개혁한다. 내무부, 사법부, 문부, 외무부, 체신부, 농상부의 조직과 제도도 고친다. 이러한 이토의 의도는 1901년 1월 말, 행정·재정 개혁에 대한 의욕을 공언하기 전에 이미 야마가타계 관료에게 감지된 듯하다.

야마가타계 관료들이 귀족원에서 북청사변(의화단 사건-옮긴이)에 지출한 비용을 보충하기 위한 증세안에 반대하여 의회가 시끄러웠다. 그 때 이토 수상과 원로들은 천황의 조칙으로 위기를 넘기려 했다. 3월 12일 귀족원에 '묘모익찬廟謨翼贊', 즉 조정의 정치에 협력하고 천황을 도우라는 조칙이 내렸다. 3월 16일 귀족원은 중의원의 의결대로 증세법안을 가결했다(山本四郎, 『初期政友会の研究』, 96~134쪽; 「德大寺実則日記」(사본) 1901년 2월 27일~3월 14일).

재정 방침을 둘러싼 혼란

1901(명치 34)년 3월 24일, 제15회 의회는 무사히 종료되었다. 그러나 제2차 야마가타 내각에서 성립된 지조 증세법이 1899년도부터 실시되고 있었음에도, 1900년에 공황이 발생해 세수가 악화되어 정부의 재정난은 심각했다. 이토 수상은 앞에서 언급한 행정·재정 개혁에 더해 늦어도 1900년 12월에는 외채를 도입하려고 생각하고 천황께 상주했다. 이토의 구상은 재정통인 원로 마쓰카타 마사요시松方正義와 이노우에 가오루를 독일, 영국, 프랑스 등에 파견하여 외채도입을 타진하려는 것이었다(「德大寺実則日記」(사본), 1900년 12월 14일). 그러나 외채모집은 구체화되지 않았다.

그래서 1901년 4월 9일, 이토 수상은 각종 철도와 제철소, 전화 등의 사업을 중지해도 2,000만 엔밖에 삭감할 수 없고, 총 부족액은 7,500만 엔(현재 약 1조 1,250억 엔)이다, 공채모집의 가망도 없어서 내각을 계속 유지할 전망이 없다고 야마가타에게 편지로 어려움을 호소했다. 이토는 마쓰카타松方, 사이고, 이노우에 등 세 원로에게도 의논할 예정이었다(『山県有朋関係文書』1권). 11일에 이토 수상은 야마가타 등 원로에게 중국 북청에 군사를 파견한 비용을 빼고 약 3,000만 엔(현재 약 4,500억 엔)의 재원이 부족하다고 밝혔다(伊東巳代治, 『翠雨荘日記』 1901년 4월 12일).

한편 제15회 의회 종료 후, 와타나베 구니타케渡辺国武 대장상은 1901년도의 공채를 재원으로 하는 정부사업을 모두 중지해야한다는 의견서를 이토 수상에게 제출했다. 정우회의 많은 당원들은 공공토목사업 등 적극정책의 실시에 기대를 걸고 있었다. 와타나베 대장상의 의견서는 이러한 기대에 반하는 것이다. 그럼에도 불구하고 이토 수상은 후계자인 사이온지 긴모치西園寺公望: 반열대신에게만 와타나베 대장상을 경질하고 이노우에 가오루를 후임으로 할 의향을 비쳤으나(『原敬日記』 1901년 4월 6일), 와타나베의 의견을 강하게 부정하는 행동을 취하지는 않았다.

와타나베 구니타케 대장상에 대한 비판은 이토계 관료인 하라 다카시原 敬 체신대신이 중심이었다. 전술했듯이, 하라는 전년 12월에 당료 출신의 최고 유력자 호시 도오루 체신대신의 후임이다. 4월 7일 각의에서 공채사업을 중지하는 쪽으로 의견이 기울자, 하라는 사직을 암시하면서까지 사업을 차 년도 이후로 미루어 계속해야 한다고 주장해서 사업 중지를 막았다(『原敬 日記』 1901년 4월 5·7일).

4월 9일, 이토 수상은 원로 야마가타에게 국가 존속의 수단을 의논하고 싶다며 협력을 구했으나, 야마가타는 소극적이었다. 그리고 이토는 재정난 에 대해 협력을 얻기 위해 4월 11일, 야마가타, 이노우에, 마쓰카타를 초대 해 원로회의를 열었다. 이토는 재정난을 설명하고 원로들이 국가의 중책을 분담하지 않으면 내각에서 물러날 수밖에 없다고 했으나, 적극적으로 협력 하겠다는 원로는 없었다(伊藤之雄, 『立憲国家と日露戦争』, 72~73쪽).

이토가 후계자로 기대했던 사이온지 긴모치西園寺公望: 반열대신와, 내각 밖에서 는 실력자 호시가 하라와 연대하여 움직였다. 그러나 와타나베 대장상은 1902년도의 공채사업을 중지하는 의견서를 다시 이토 수상에게 제출했다. 4월 25일, 하라 체신대신이 이토 수상을 방문하자 이토는 1902년도 공채사 업을 중지할 수밖에 없다고 했다. 하라는 이토에게 반발했고 저녁에 사이 온지西園寺, 호시와 만나 와타나베가 자기들의 의견을 받아들이지 않으면 내 각 총사퇴를 각오해서라도 양보하지 않겠다는 방침을 정했다. 26일 이후, 하라 등은 마쓰다松田 문부대신, 가토 외무대신, 하야시 농상대신, 스에마쓰末松 내무대신 등의 지지를 얻어 내각에서 와타나베를 고립시켰다(『原敬日記』 1901년 4월 16~4월 30일).

한편 이토 수상은 행정개혁 총재를 이토 미요지伊東巳代治에게 위촉하려 했 으나 내각이 반대했다. 4월 하순경 자신이 직접 책임자가 되어 오쿠다 요시 히토奧田義人 법제국 장관에게 계획을 입안하게 했다. 그리고는 4월 27일까지 행정·재정 개혁에 대해 천황에게 몇 번이나 상주했다. 오쿠다는 곧 이토 수상에게 행정·재정 개혁 구상을 제출했다. 그 가운데에는 육해군의 군정을 개혁하여 군비를 절감하고, 문관 신분보장제 및 임용령 개정도 포함되어 있었다(伊藤之雄, 『立憲国家と日露戦争』, 73~74쪽). 이 구상은 야마가타와 야마가타계 관료에게는 도발적인 것이다 .

결국 5월 2일에 이토 수상은 각료의 사표를 모아 내각의 의견이 통일되지 않는다는 명목으로 천황에게 사표를 제출했다. 그러나 내각의 의견이 통일되지 않으면 와타나베 대장상의 사표를 받으면 끝나는 일이다. 이토의 본심은 사표제출로 다른 원로의 지지를 약속받고 내각을 재조직하려는 것이었다.

원로들의 비협조와 내각 붕괴

이토 수상이 사표를 제출하자 5월 4일, 천황은 사이온지西園寺 추밀원 의장(반열대신)을 임시수상 대리에 임명하고 야마가타, 마쓰카타松方, 이노우에 가오루, 사이고 쓰구미치 등 네 원로에게 뒤처리에 대해 하문했다. 사이온지도 원로회의에 참가시켰다. 이것은 야마가타 등 원로와 이토의 관계가 반드시 원만하지는 않다는 것을 천황이 배려했기 때문이다. 원로 회의에 이토의 의향을 반영시키기 위해 사이온지를 원로에 준하는 자격으로 참가시킨 것이다.

5월 5일, 원로와 사이온지는 궁중에서 원로회의를 열어 이토에게 유임을 권고하기로 했다. 그러나 원로들이 일치단결하여 협력하겠다는 자세를 보이지 않았기 때문에, 이토는 강하게 사직 의사를 전했다. 천황은 그 후에도 이토의 재조각을 기대했다. 천황은 5월 11일과 14일에 도쿠다이지德大寺를 야마가타와 마쓰카타에게 각각 보내 원로회의에서 빨리 이토 내각의 재조직을 결정하여 천황에게 추천하도록 암암리에 압력을 가했다. 그럼에도 불구하고 원로회의는 하나가 되어 이토에게 재조각을 요청하거나 협력하겠다는 자세를 취하지 않았다. 대신에 이노우에 가오루를 후계 수상으로 추천했다. 16일, 이노우에는 천황에게 조각의 명을 받았으나, 기대했던 각료를 확보하지 못해 23일에 사퇴했다.

5월 25일, 원로회의는 야마가타계 관료인 가쓰라 다로桂太郎 대장을 후계 수상으로 정했다. 가쓰라는 1898년 1월부터 4번의 내각에서 3년 가까이 육군대신을 맡으면서 야마가타의 후계자로 간주되었다. 5월 26일, 천황은 가쓰라에게 조각의 명을 내렸다(『立憲国家と日露戦争』, 120쪽). 원로들은 가쓰라를 추천하여 이토의 재조각의 싹을 잘라버렸다. 6월 2일, 제1차 가쓰라 내각이 성립했다.

가쓰라 내각은 야마가타계 관료가 중심이 된 내각이다. 하라 다카시原 敬는 일기에 "야마가타계와 이토계는 점점 멀어졌다"고 적었다(『原敬日記』 1901년 6월 2일). 주된 멤버는 수상인 가쓰라 외에 외무대신 고무라 쥬타로小村寿太郎: 9월 11일부터, 전 주청국 공사, 대장상 소네 아라스케曾禰荒助: 야마가타계, 이토와도 친함, 육군대신 고다마 겐타로児玉源太郎: 야마가타계, 해군대신 야마모토 곤베山本権兵衛: 사쓰마파, 법무대신 기요우라 게이고清浦奎吾: 야마가타계 등이다. 10명의 각료 중 야마가타계가 7명으로 제2차 야마가타 내각의 6명보다도 많았다.

이토는 정우회 창설 및 '헌법정치'의 완성을 목표로 하여 의욕이 강했으나, 7개월 만에 큰 성과 없이 내각을 그만둘 수밖에 없었다. 포부가 불완전 연소로 끝나 큰 좌절감을 느꼈을 것이다.

: 제16장

극동의 평화를
못 지키고

– 영일동맹·러일전쟁

러일협상 or 영일동맹

　　　　　　　의화단 사건(북청사변) 후 가장 큰 문제는 러시아군
의 만주 철수였다. 러시아는 의화단 사건으로 시베리아 철도(1891년 기공)
의 지선으로 공사 중에 있던 동청東淸철도에 인적, 물적으로 피해를 입고 있
었다. 동청철도는 시베리아 철도에서 갈라져 나와 (하얼빈에서—옮긴이)만
주를 남하하여 여순에 이른다. 제국주의 시대 열강들 간에는 이러한 피해
를 입은 나라에 대한 관례가 있었다. 영토나 이권 또는 배상금을 받고, 앞
으로 이러한 사태가 발생하지 않도록 보장을 받은 후 철군을 한다. 아니면
일정한 군대 주둔권을 얻는다. 이를 위해 러시아는 청나라에 압력을 가했
으나, 청나라는 다른 열강의 간섭을 부추겨 러시아의 요구를 피하고자 했
다. 청나라와 러시아의 교섭은 결실을 맺지 못하고, 러시아군은 만주에 계
속 주둔했다.
　1901(명치 34)년 2월까지 일본이 중심이 되어 영국, 독일, 미국 등은 청나

라에게 러시아의 요구에 응하지 말 것을 경고했다. 이것은 러시아에 대한 간접적인 항의였으나, 러시아는 정책을 바꾸지 않았다. 그러나 러시아군의 만주 주둔에 대해 열강들의 연대는 여기까지였다.

영국, 독일, 미국은 러시아의 만주 점령에 대해 일본만큼 이해관계가 없었다. 일본은 이것을 묵인하면 러시아가 한국을 지배하고 일본의 안전을 위협한다고 봤다. 그래서 같은 해 3월부터 4월에 걸쳐 러시아가 청나라와 맺으려는 청·러협약에 대해 단독으로 두 차례 항의했다. 이 협약은 철도 보호를 중심으로 러시아군에 의한 만주의 치안유지와 새로운 철도 이권을 승인하는 것이다. 그리고 청나라가 만주에서 러시아 이외의 나라에 이권을 주는 것을 제한하고 있다. 러시아에 의한 사실상의 만주지배를 보장한 것이다. 결국 러시아는 일본이 두 번째 항의를 하기 하루 전, 관보에 청·러협약의 철회를 공표하고, 3일 후에 일본에게 이 사실을 통고했다. 러시아의 람스도르프 외무대신과 비테Sergei Yulyevich Witte 재무대신이 일본과의 전쟁을 우려했기 때문이다. 러시아의 내부 사정은 알 수 없으나, 이토 수상과 명치천황은 러시아가 협약을 철회한 것에 만족했다.

종래의 러일협상 노선의 연장으로 러시아와 교섭하여 러일 간의 긴장을 완화할 것인가, 아니면 영국 등과 동맹하여 러시아에 대항하는 형태로 일본의 안전보장을 도모할 것인가. 1901년 봄 이후 일본 내부에 둘 중 어느 하나를 택해야 한다는 생각이 차츰 퍼지고 있었다. 만약 러일 협상을 한다면 교섭 상대국인 러시아를 어디까지 믿을 것인가, 러시아는 일관되게 만주에서 한국으로 남하하려는 것은 아닐까, 하는 의문이 있다. 그러나 협상을 해서 타협과 세력균형이 형성되면 러일전쟁을 피할 수 있는 이점이 있다. 원로인 이토와 이노우에 가오루井上馨는 이 입장이며, 중의원의 제1당인 정우회도 같았다. 이토 등의 외교 구상의 배경에는 러시아는, 이해관계를 둘러싸고 기본적으로 합리적 외교를 하는 교섭 가능한 상대라는 러시아관이 있었다.

러일협상 노선을 버리고 러시아와의 대결을 각오하고 영국과 동맹을 맺어야 한다는 사람들은 러시아는 일관되게 남하하려는 의지를 가지고 있으며, 협상을 맺어도 결국은 파기해 버릴 것이라는, 러시아에 대해 강한 불신을 가지고 있었다. 청일전쟁 직후에는 일본의 국력이 약했기 때문에 영국은 일본의 동맹타진에 대해 거들떠보지도 않았다. 그 후 일본이 극동에서 러시아에 대항 할 수 있을 정도로 군사력을 키웠기 때문에 영국이 일본을 동맹의 상대로 고려할 것이라는 기대가 생겼다. 제1차 가쓰라 다로桂太郎 내각의 외교를 리드한 가쓰라 수상, 고무라 쥬타로小村寿太郎 외무대신, 야마가타 아리토모山県有朋, 육해군의 수뇌 등은 대부분 이러한 입장이었다. 이토와 이노우에 가오루를 제외한 원로들도 마찬가지였다.

재정 문제를 둘러싸고 야마가타 등 원로들의 비협조와 정우회의 내분으로 이토 내각이 무너지고, 가쓰라 내각이 성립했다. 따라서 일본의 외교는 러일협상에서 영일동맹 노선으로 변화할 소지가 생긴 것이다(伊藤之雄, 『立憲國家と日露戰争』, 75~130쪽).

1899(명치 32)년 영국의 식민지 남아프리카에서 보아전쟁Boer War이 발발하자 영국은 막대한 희생과 부담을 안았다. 그것이 계기가 되어 영국은 동맹을 맺지 않는다는 종래의 고립정책을 수정해야 한다는 논의가 일었다. 영국은 세계 제일의 강국이지만 상대적으로 국력이 쇠퇴해, 이대로는 큰 타격을 받을 사태가 발생할지도 모른다는 불안 때문이었다. 1900년 2월 랜스다운Lansdowne이 외무대신이 되자 먼저 독일 또는 러시아와 동맹이나 협상을 검토하기 시작했다.

이때 독일은 유럽에서, 러시아는 이란과 인도를 둘러싸고, 영국과 대립하고 있었다. 둘 중 하나와 대립을 완화할 수 있다면 영국 본국과 식민지의 안전을 지키기가 훨씬 쉬워진다. 그러나 독일과 러시아가 적극적이지 않았기 때문에 협상은 진행되지 않았다. 그래서 랜스다운 외무대신은 1901년 8월 봄부터 일본이 제안해 온 영일동맹에 응하게 되었다. 그러나 영국에게 있어 영일동맹은, 러시아나 독일과 협상이 성립되지 않은 데 대한 차선책이다. 극동에서의 러시아와 일본의 경쟁에 영국은 필요이상으로 휩쓸리고 싶지 않았다(Keith Neilson, *Britain and Last Tear*, 205~219쪽). 이토를 포함해 일본은 이러한 영국의 의도를 알 턱이 없었다.

가쓰라 수상은 영일동맹의 체결 방침을 내각의 중요 정책의 하나로 삼았다. 8월 4일 이토는 하야마에 있는 가쓰라 수상을 방문해 영일동맹에 대한 경과를 듣고 의논했다. 그들은 영일 간에 협약을 맺는다는 방침에는 합의했다(伊藤之雄, 『立憲國家と日露戰爭』, 93~95 · 122~130쪽).

러일협상 우선 노선

1901(명치 34)년 8월 미국 예일대학은 창립 200주년을 맞아 각국 지도자들에게 명예박사 학위를 수여했다. 일본에서는 이토가 초대를 받았다. 이토는 일본 정치가 중에서 월등하게 서구 사회에 알려진 존재였다. 이토는 미국을 거쳐 유럽과 러시아를 순회하면서 외교뿐만 아니라 외채문제도 타진했다. 그런데 쵸슈 출신 야마가타계 관료로 가쓰라와 친한 고다마 겐타로児玉源太郞 육군대신이 야마가타 원수에게 전한 바에 의하면, 가쓰라는 이토의 미국 및 유럽 방문의 목적을 외채 문제로 한정하고 싶다고 생각하고 있었다.

1901(명치 34)년 9월 13일 가쓰라 수상은 사저에서 이토를 위해 조촐한 송별회를 열었다. 연회에서 야마가타와 가쓰라는 이토가 독단적인 행동은 삼가야 한다고 했다. 이토는 기분이 상했고, 이를 수습하기 위해 이노우에 가오루가 조정에 나서는 해프닝이 있었다. 이틀 전 이토와 가쓰라는 일본이 한국의 정치에 관여할 행동의 자유와 전권을 얻어야 한다는 큰 틀의 합의를 했었다. 그러나 그 권리에 군사적인 것까지 포함할 것인가, 또 러시아의 만주에 대한 권리를 어느 정도까지 인정할 것인가 등에 관한 교섭의 기

본적인 조건조차 정하지 못했다.

9월 18일 이토는 스즈키 게이로쿠都筑馨六: 이노우에 가오루(井上馨)의 사위, 전외무 차관와 함께 가가호에 승선해 요코하마 항을 출발했다. 10월 2일에 시애틀, 20일에 워싱턴에 도착해 시어도어 루스벨트 미국 대통령과 회견했다. 23일에는 예일대학 200주년 기념식에 참석해 명예 법학박사ᴸᴸ ᴰ· 학위를 수여받았다. 11월 4일에는 프랑스에 가서 대통령과 외무대신을 만났다. 같은 달 14일 파리에서 하야시 다다스林 薰 주영 공사로부터 영일동맹의 교섭 경과에 대한 설명을 들었다. 그 후 28일 이토는 러시아의 페테르부르크로 가서 러시아 황제를 알현했다.

이토는 12월 2일과 4일 람스도르프 외무대신 및 비테Sergei Yulyevich Witte 재무대신과 회견했다. 회견에서 이토는 한국을 군사적으로 이용하지 않는 등의 약간의 제한을 두고 한국을 일본의 세력권으로 하려했다. 그 대가로 러시아에게 동청철도의 안전을 위한 군대의 주둔 그리고 만주에서 어느 정도의 권익 확대를 인정하려고 했다. 이토는 러시아와의 협상이 가능하다고 생각했다.

하지만 10월 이후 영일동맹의 교섭이 급속도로 진행되고 있었다. 11월 28일 가쓰라桂 수상은 각의에서 일본의 수정안을 결정하고, 야마가타, 사이고 쓰구미치, 마쓰카타 등 원로들의 찬성도 확인했다. 이렇게 해서 30일 고무라 쥬타로小村壽太郎 외무대신은 일본은 영국의 안에 약간의 수정을 가해 승낙한다는 결정을 주일 영국 공사관에 전했다. 이토는 이 사실을 알고 "참으로 조급했군"이라며 불만을 표했다.

이노우에 가오루는 영일동맹에 대해 찬반을 밝히지 않았으나, 12월 7일 열린 원로회의에서는 야마가타, 마쓰카타, 사이고 원로와 가쓰라 수상, 고무라 외무대신의 영일동맹 추진설을 따랐다. 다음 날 이토가 베를린에서 보낸 장문의 편지가 도착했다. 내용은 다음과 같다. 첫째, 러일 양국이 한국을 '군사적 목적'으로 이용하지 않는다는 조건으로, 러시아가 한국에 대한 일본의 "공업, 상업, 정치 및 군사상" 독점적 자유행동을 인정할 가능성이 있다(다만 군사적 행동은 반란, 소란을 진정시키는데 한정한다). 둘째, 러시아의 요구는 만주에서 사실상 자유행동권을 가지는 것이다. 셋째, 영일동맹 체결은 러시아와의 협상 가능 여부, 독일의 감정을 상하게 할 우려가 없을 때까지 연기하는 것이 바람직하다, 등을 요구하는 것이었다.

천황은 7일의 원로회의 결과를 승인했지만, 이토의 전보 내용을 검토하기 위해 원로회의에 자문을 구하라고 가쓰라 수상에게 명했다. 다음 날 10일 마쓰카타의 사저에서 마쓰카타, 이노우에, 가쓰라 수상, 고무라 외상이 모여 이토의 전보를 의논하기 위해 소원로회의가 열렸다. 결론은 7일의 원로회의와 같았다. 이렇게 해서 영일동맹 체결이 확정되었다.

이토의 러일협상 교섭은 아무런 성과도 거두지 못하고 끝났다. 영국이 러시아와 일본의 연대를 경계한 것이 이토의 의도를 벗어나 영일동맹 체결을 촉진한 것이다. 제1회 영일동맹은 1902년 1월 30일 런던에서 조인되고, 2월 12일 교환공문을 제외하고 각국에 통보되었다(伊藤之雄, 『立憲國家と日露戦争』, 131~142쪽).

영일동맹의 내용과
러일협상의 가능성

영일동맹의 특징은 첫째, 영국과 일본의 이익 방어에 관해, 어느 한 나라가 열강과 전쟁을 할 경우에는 '엄정 중립'을 지키고, 다른 나라가 동맹국의 교전에 참가할 때는 원조를 하고 힘을 합쳐 전투에 임한다는 것이다(제2조, 제3조). 즉 극동에서의 전쟁에 휩쓸리고 싶지 않다는 영국의 의사를 반영하여 일본과 러시아의 전쟁에 영국은 참전 의무가 없다. 하지만 이 동맹은 프랑스 등이 러시아에 가담하는 것을 억제할 수 있다. 둘째, 영국의 요구로 한국과 청국을 같은 레벨로 취급하여, 한국과 청국은 '독립과 영토보전'의 기회를 유지하고 각국의 상공업자에게 균등하게 기회를 제공하도록 한다고 되어 있다(조약 전문前文).

셋째, 영국은 주로 청국에 대해, 일본은 청국에서의 이권에 더하여 한국에 대해 "정치, 상업, 공업에 특별한 이익"을 가지고 있기 때문에 열강이 침략행위를 하거나, 청국이나 한국에서 소동이 발생하면, 필요불가결한 조치를 취하는 것을 승인하는 것이다(제1조). 이렇게 해서 일본은 한국이 세력권이며 출병권을 포함해 이 권익의 유지를 영국으로부터 인정받았다. 또 영국이 유럽에서 독일 등과 전쟁을 할 경우 일본이 말려들 우려는 없었다.

한편 러시아는 영일동맹 교섭을 전혀 알지 못했다. 영일동맹의 통고를 받고 랜스도르프 외상은 경악했다. 그 후 러시아는 영일동맹의 압력으로 만주로부터의 철병에 관한 러청조약을 1902년 4월 8일 체결했다(伊藤之雄, 『立憲國家と日露戦争』, 139~146쪽). 그리고 2년 후 일본은 단독으로 러시아와 싸우게 되고, 가까스로 승리를 거뒀으나 희생은 컸다. 러일전쟁 후 제1차 세계대전이 발발하기까지 일본 경제는 피폐해지고, 막대한 외채 부담으로 파산직전의 상태에 빠지게 된다.

러일전쟁이 반드시 일어난다는 전제에서는 영일동맹은 전쟁에 이기기 위한 필수 조건이었을 것이다. 그러나 실제로 러일전쟁은, 뒤에서 언급하겠지만, 러시아 정부의 오만과 비효율성도 있지만, 러시아가 먼저 전쟁을 걸어올 것으로 믿어버린 일본의 선제공격으로 시작되었다.

이토가 목표로 했던 것처럼 어느 정도 제약을 가한 형태로 만주를 러시아의 세력권으로 하고, 다소 제약을 가한 형태로 한국을 일본의 세력권으로 하는 취지로 러일협상이 이루어졌다면, 러일전쟁은 피할 수 있었을 것으로 생각된다. 또한 러시아군은 유럽에서는 독일군과, 인도 및 이란에서는 영국군과 대치하고 있었다. 러일협상이 성립된 후에도 일본이 극동에서 러시아군에 대항할 수 있는 병력을 유지하면, 러시아가 극동으로만 군사력을 이동하여 전쟁을 걸어올 가능성은 그리 크지 않았을 것이다. 이러한 의미에서 원로인 이토와 이노우에 가오루의 러일협상 구상이 역사적 실패의 에 피소드로 취급되는 것은 부당하다. 오히려 그 시대의 국제규범 속에서 분쟁 당사국을 상대로 문제를 해결하려는 가능성을 평가해야 한다.

정우회가 타협을 수용

이야기를 가쓰라 내각이 성립된 해의 내정문제로 옮겨보자. 1901(명치 34)년 9월 단계에서 행정 · 재정 개혁이 실패하고 외채 모집도 진전이 없자 가쓰라 내각은 궁지에 몰렸다. 하라 다카시原 敬는 이토 의 유럽 순방 직전에 가쓰라 내각을 무너뜨리고, 정우회 내각을 만들기 위 해 이토 및 사이온지西園寺와 회담했다. 그때 하라는 당료파의 마쓰다 마사히 사松田正久와 함께 정우회의 중심인물이 되어 있었다.

이토는 하라와 마쓰다松田에게 차기 제16회 의회를 무사히 마치기를 요구 했다. 그러나 하라는 (1) 행정 · 재정 개혁이 되지 않으면 반대할 수밖에 없 으며, (2) 다음해 1902년은 지난 해산 이후 4년째로 총선거가 있기 때문에 정우회 내각으로 선거를 치르는 것이 바람직하다고 주장했다(『原敬日記』 1901년 9월 17일). 이토는 제4차 내각이 실패로 끝났음에도 불구하고, 최유 력 원로의 입장에서 가쓰라 내각을 배려하고 하라에게는 자중을 권한 것이 다.

그러나 이토가 일본을 떠나자 정우회는 제16회 의회에서, 가쓰라 내각이 의화단 사건의 배상금으로 예산을 짤 수밖에 없는 상황을 문제 삼아 내각 과 대결했다. 이에 대해 이토 미요지伊東巳代治가 정우회의 일부를 분리해서 정우회와 가쓰라 내각의 타협을 끌어내 예산안을 성립시켰다. 가쓰라 내각 은 이듬해 행정 · 재정 개혁을 반드시 이행한다고 공약했다. 이토 미요지의 움직임이 성공한 데에는 이토와 이노우에 가오루라는 두 원로가 내각 붕괴 에 반대한 배경도 있었다. 앞서 서술한 바와 같이, 가쓰라 수상과 내각은 영일동맹을 성립시키고, 제16회 의회를 무사히 마쳐서 권위를 높였다.

1902년 5월 중순쯤 가쓰라 수상은 해군 확장 계획의 재원을 확보하기 위해 1903년까지 5년 기한이었던 지조증세를 1904년 이후도 계속하려고 생각하고 있었다. 한편 같은 해 9월 런던에서 액면가 5,000만 엔(현재 7,500억 엔)의 공채 발행에 성공해서 당면한 재정난을 극복했다. 그러나 지난 의회에서 약속한 행정·재정개혁은 거의 이루어지지 않았다. 그럼에도 불구하고 가쓰라 내각이 지조증징을 계속하는 법안을 다음 의회에 제출하려 했다. 이에 대해 9월경부터 정우회 내에서도 비판의 소리가 높아졌다. 정우회는 이미 8월 10일 실시한 총선거에서 과반수를 확보하고 있었다.

그러나 러일 간의 긴장이 계속되는 가운데 이토와 정우회, 오오쿠마 및 헌정본당憲政本黨: 구 진보당, 오오쿠마 시게노부(大隈重信)가 사실상의 대표조차 해군 확장 계획에 반대하지 않았다. 그럼에도 불구하고 이처럼 중의원(입법부)과 내각(행정부)이 정면 대결하는 것은 이토 총재의 '헌법정치'의 이상이 아니었다.

제3기 해군 확장 계획을 실현하기 위해 이토 총재는 지난해에 이어 다시 한 번 타협의 길을 모색했다. 1902년 12월 16일 중의원의 위원회는 지조증징을 계속하는 정부안을 부결시켰다. 그러자 가쓰라 수상의 부탁으로 이토는 1902년 12월 25일 가쓰라, 야마모토山本 해군대신과 소네曾禰 대장상, 하라 다카시, 마쓰다松田: 정우회 및 이누카이 쓰요시犬養毅, 오오이시 마사미石正巳(헌정본당)의 회견을 실현시켰다. 이 회견에서 지조증징 계속안과 관련해 가쓰라 내각은 지가의 3.3퍼센트를 3퍼센트로 낮추는 타협안을 제시했다(증세를 계속하지 않는다면 2.5퍼센트가 됨). 그러나 정당 측이 이를 거절함으로써 12월 28일 중의원은 해산되었다(兒玉源太郎 앞 伊藤文書狀(사본) 1902년 12월 24일, 「伊藤博文文書」, 국립국회도서관 헌정자료실 소장; 『原敬日記』 1902년 12월 22일~25일).

그 후 1903년 1월 2일 이토는 가쓰라와 타협을 위한 교섭을 시작했다. 1월 말 이후 야마가타도 합세하여 2월 24일 이토와 가쓰라 내각 사이에 타협을 위한 밀약이 성립했다. 내용은 다음과 같다. (1) 가쓰라 내각은 다음 임시의회에 지조증징 계속안을 제출하되 상황이 여의치 않으면 철회한다. (2) 해군확장 비용은 행정개혁으로 600만 엔(현재 약 900억 엔)을 조달하고, 철도사업은 공채를 모집하여 실시한다, 등이다(「德大寺実則日記」(사본) 1903년 2월 24일). 이토는 이를 정우회 간부에게도 말하지 않고, 3월 1일 총선거 후 임시의회를 앞둔 4월 25일이 되어서야 겨우 정우회 최고 간부인 총무위원에게 모호한 형태로 타협조건을 내비쳤다. 그래서 5월 20일 정우회와 가쓰라 내각의 타협이 결정되었다. 그 내용은 지조증징을 계속하지 않는 대신에, 해군확장 재원을 철도 계획을 연기하는 비용 약 450만 엔, 철도경비 재원의 유용금 550만 엔 등 정우회가 중시하는 철도관계 재원에서 전용하는 것이다. 이 때문에 정우회 내에서는 타협에 반대하는 분위기가 고조되었고, 5월 19일부터 긴박한 상황이 계속된다.

이토 총재는 정우회가 타협을 받아들이게 한 일등공신이었다. 5월 21일 그는 당원들에게 총재직을 사임할 뜻을 내비치며 타협 반대 움직임을 가라앉혔다. 의회의 책임자였던 하라 다카시는 할 수 없이 이토의 의향을 받아들여 정우회를 타협으로 이끌었다. 이리하여 5월 24일 의원총회에서 타협안이 승인되었다.

그러나 이번 일로 정우회 내에서 이토의 권위는 추락했다. 정우회는 이토보다 하라 다카시와 마쓰다, 특히 하라가 장악하는 상황이 되어 버렸다(伊藤之雄, 『立憲國家と日露戦争』, 177~178쪽). 이토는 정우회 총재보다도 최고 유력 원로로서 행동하고 타협을 이끌어냈지만, 그 대가는 생각보다 컸다.

러시아의 제2기 철군 불이행

제3차 해군확장 계획 예산을 둘러싸고 가쓰

라 내각과 정우회의 대립이 계속되고 있을 때 러시아는 극동정책을 재검토하고 있었다. 황제 니콜라이 2세는 의심이 많고, 부하에게 암살당하거나 실권을 빼앗길까봐 불안해하고 있었다. 그래서 비테Sergei Yulyevich Witte 재무대신의 세력이 강해지는 것을 경계하고 그를 견제하기 위해 베조브라조프 Bezobrazov, A.M를 중용했다.

비테는 대일 유화정책을 주도하고 있었으며, 베조브라조프는 만주와 한반도를 하나로 하는 개발구상을 가지고 있었다(Andrew Malozemoff, *Russian far Eastern Policy* 1881-1904, pp.182~207; Dominic Lieven, *Russia's Rulers Under the Old Regine*, pp.141~145). 이 때문에 러시아는 1903(명치 36)년 4월 8일로 예정되어 있던 만주에서의 제2기 철군을 실시하지 않고, 청나라 정부에 대해 만주에서의 청나라의 행정권과 다른 나라의 만주 진출을 제한하는 새로운 요구를 했다. 또 5월이 되자 만주와 한국의 국경을 흐르는 압록강의 한국 측 하구의 토지를 매수하여 가옥 건설에 착수하는 등 한국 내에 거점을 마련하려는 움직임을 보이기 시작했다.

이에 대해 4월 21일, 교토 시에 있는 야마가타 아리토모의 별장 '무린안舞隣庵'에서 원로인 야마가타와 이토, 가쓰라 수상, 그리고 고무라 쥬타로小村寿太郎 등 네 명이 모여 러시아에 대한 방침을 검토했다. 그러나 러일전쟁 후에 각색되어 쓰여진 『가쓰라 자서전』의 서술과는 달리, 이 회의에서 러일전쟁의 방침이 결정된 것은 아니다. 러시아가 만주에서 철군하지 않으면 일본이 먼저 교섭을 개시하고, 조선문제에서는 러시아가 일본의 우월권을 인정하도록 한다는 등의 합의가 이루어진 정도였다.

그 후 4월 말이 되어도 가쓰라 수상(육군 대장), 데라우치 마사타케寺内正毅 육군대신, 오오야마 이와오大山巌 참모총장, 야마모토 곤베山本権兵衛 해군대신 등 군 수뇌들은 개전에 신중한 자세였다(원로이며 전 해군대신인 사이고 쓰구미치는 1902년 7월에 서거). 일본 해군은 극동에 배치된 러시아 해군보다 다소 우세했으나, 유럽 함대를 포함하면 러시아 해군은 일본의 약 두 배

정도로, 일본이 이길 가능성은 없기 때문이다.

그 후에도 러시아의 철군 기미는 보이지 않았다. 6월 17일 가쓰라 수상은 오오이소의 '창랑각'에 있는 이토를 방문하여, 러일 교섭에 관한 각서를 보여주고 의견을 물었다. 이토는 먼저 원로와 각료들이 참석하는 어전회의를 개최할 것을 제안했다(伊藤之雄, 『立憲國家と日露戰爭』, 125~127 · 172~174쪽; 『伊藤博文伝』 하권, 583~587쪽).

이때까지 육군의 작전 계획의 중심인 참모본부의 부장급(소장 또는 대령)에는 대러시아 주전론자들이 많았다. 오오야마 이와오 참모총장은 러시아와의 전쟁에 소극적이었으나, 어전회의 전날인 6월 22일 자기 이름으로, 일본이 전략적으로 우세한 지금이 한국문제를 해결하기에는 좋은 기회라는 의견서를 내각에 제출했다.

강경한 러일교섭을 묵인

다음 날인 1903(명치 36)년 6월 23일 어전회의에는 이토, 야마가타, 오오야마, 마쓰카타, 이노우에 가오루 등 다섯 명의 원로와, 가쓰라 수상, 고무라 쥬타로 외무대신, 데라우치 육군대신, 야마모토 해군대신 등 네 명의 주요 각료가 출석했다. 가쓰라 수상과 상담한 후 고무라 외상이 어전회의에 제출한 의견서는 다음과 같은 두 가지 특징을 가지고 있었다. 첫째, 이른바 만한滿韓: 만주와 조선-옮긴이교환론처럼 보였으나, 러시아의 만주 이권을 철도 경영에 한정하고, 한국 내정개혁에 대해 일본이 '전권'을 가지는 등 일본의 한국에 대한 '우월적 이익'만을 강조하고 있다. 둘째, 일본이 조선철도를 만주 남부까지 확장해 동청철도와 산해관山海關-우장선牛莊線에 연결하는 것을 러시아가 방해하지 않는 등 남부 만주에 대한 경제 진출을 목표로 하고 있다. 가쓰라와 고무라의 이 교섭 안은 '만한교환론'(러일전쟁 전에 러시아와 일본이 각각 만주와 조선의 지배를 서로 인정한다는 구상—옮긴이)의 골자를 벗어나는 강경한 것이었다. 23일 어전회의에서 이노우에는 이론적으로 비판을 했을 뿐만 아니라 "아무 고민이 없는 결정"이라고 비난했다고 한다(伊藤之雄, 『立憲國家と日露戦争』, 205~207쪽).

그 후 어전회의 결과는 대체적으로 그대로 각의에서 결정되었다. 1903년 8월 12일 가쓰라 내각은 구리하라 신이치로栗野愼一郎 주 러시아 공사를 통해 교섭의 기초 조건을 러시아에 제안했다. 일본의 제1차 제안은, 어전회의와 각의결정과 비교해 다음과 같은 두 가지 점에서, 일본의 한국 점유권을 보다 강화하는 내용이다. 첫째, 일본은 한국의 개혁 및 '선정善政'을 위한 조언과 원조에 대한 전권을 가질 뿐만 아니라, 여기에는 군사상의 원조도 포함하고 있었다. 둘째, 각의 결정에는 있었던 "조선해협의 완전한 자유 항해에 지장을 초래하는 군사시설을 한국 해안에 설치해서는 안 된다는 것을 상호 약속한다"는 조건을 삭제한 것이다. 이 조건은 러시아 함선이 여순 항과 블라디보스토크 군항을 최단거리로 항해하는 것을 보장하는 것으로 러시아에게는 필요한 것이었다. 이 두 번째의 조항은 람스도르프V. N. Lamsdorffs 외상이 요구할 경우에는 부활시킬 수 있도록 구리노 공사에게 훈령을 해놓고 있었다(『日本外交文書』 36권 제1책, 21~24쪽).

이 동안 이토에게는 개인적으로 정우회 총재를 사임해야 하는 큰 일이 발생했다. 이미 앞서 서술한 바와 같이, 가쓰라 수상은 이토의 덕분으로 정우회와의 타협을 통해 제18회 의회의 위기를 넘길 수 있었다. 그럼에도 불구하고 6월 초순 가쓰라 수상이 중심이 되어 야마가타계 관료와 야마가타 아리토모는 어떻게든 이토를 총재 자리에서 사임하도록 하고, 비밀리에 정우회를 해체하려는 움직임을 보였다.

다음 달 7월 1일 가쓰라 수상은 병을 이유로 천황에게 사표를 내고, 다른 각료의 사표도 이어졌다. 또 야마가타는 7월 2일경에 이토를 추밀원 의장에 임명하도록 천황에게 상주했을 것이다. 이처럼 이토와 야마가타라는 최고 유력 원로가 대립하자 원로회의는 그 기능을 상실하게 되었고, 명치 천황은 스스로 결단을 내려야만 했다. 정우회에 대한 이토의 생각을 알고 있는 천황은 망설였다.

더욱이 야마가타는 7월 4일에는 천황이 바로 결단을 하지 않으면 때를 놓쳐 수습이 불가능한 상황이 된다고 도쿠다이지德大寺 시종장에게 압력을 가했다. 같은 날 시종장은 천황에게 결단을 촉구하고, 천황이 동의를 했다. 이틀 후 6일 날 이토는 천황의 부름을 받았다. 천황은 (1) 만주와 한국문제에 관해 러시아와 교섭을 시작하는데 지금부터의 담판이 무엇보다 중요하다. (2) 따라서 이토를 곁에 두고 자문을 받고 싶으니, 추밀원 의장에 임명하고 싶다고 했다. 이토는 충분히 생각할 시간을 며칠 달라고 요청하고 물러났다.

결국 7월 8일 이토는 가쓰라 내각이 두 번 다시 사표를 내지 않는다는 조건 하에 추밀원 의장 자리를 받아들이고, 7월 13일 취임했다. 한편 후임으로 제2대 정우회 총재에는 이토의 추천으로 사이온지西園寺가 7월 15일 취임했다. 가쓰라 수상과 야마가타 등의 예상과 달리, 7월 20일 경에는, 이토의 사임으로 정우회가 해체 되는 등의 큰 위기가 일어날 가능성은 거의 없어지게 되었다(伊藤之雄, 『立憲國家と日露戦争』, 180~185쪽).

러시아의 비능률적 의사결정

다시 이야기를 러시아와의 교섭으로 옮겨보자. 일본의 강경한 제1차 제안이 1903(명치 36)년 8월 12일 제출될 즈음 러시아에서는 베조브라조프Bezobrazov, A.M도 비테Sergei Yulyevich Witte도 실각했다. 그들이 자기보다 더 큰 권력을 가질 것을 의심하고 두려워한 나머지 니콜라이 2세 황제가 저지른 결과였다. 그는 일본의 한국에 대한 이권과 러시아의 만주에 대한 이권을 상호 인정하는 '만한교환滿韓交換'의 입장에 있었다. 그러면서도 일본에게 약하게 보이고 싶지는 않았다.

일본의 제1차 교섭안에 러시아는 분노했다. 러시아의 회답이 50일 이상 걸린 것은 러시아가 비효율적 국가여서 의사결정에 시간이 걸렸기 때문이다. 한국 등으로 남하하기 위한 전쟁준비를 목적으로 의도적으로 늦춘 것은 아니다. 그러나 9월 말이 되자 언제나 신중한 야마가타 아리토모마저도 러일교섭을 비관적으로 보게 되었다.

10월 3일 이윽고 러시아의 제1차 회답이 주일러시아 공사를 통해 도착했다. 일본과의 의견 차이는 컸다. 러시아는 만주를 러일교섭의 범위 밖으로 하고, 한국에 대해서는 일본의 민정民政상의 지휘권만 인정했다. 게다가 한반도 북쪽의 3분의 1을 중립지대로 하여 일본의 세력권에서 제외하려 했다. 일본에게 더할 나위 없이 불만족스러운 안이었다.

그런데 이토는 이 회답에 대해 야마가타 등과 곧바로 의논하려고 하지 않았고, 도쿄를 떠나 오오이소의 창랑각으로 향했다. 10월 10일 이후 계속 도쿄에 머물러 있었기 때문에 4, 5일 간 오오이소에서 보내고 싶었던 것이다(山県有朋 앞 伊藤書状, 1903년 10월 5일『山県有朋関係文書』1권). 이때 이토의 모친 고토고琴子의 병세가 악화되었다. 10월 7일 그녀는 84세의 나이로 세상을 떠났다. 상중에 있던 이토는 그 후에도 얼마간 오오이소에 머물렀다. 이토의 여유 있는 행동에서 러일관계의 타개가 아직 비관적이지 않다는 것을 짐작할 수 있다.

한편 가쓰라 수상은, 고무라 외무대신과 주일러시아 공사의 회담을 보고 일본이 '만한교환'의 차원에서 한국에 한정하여 요구하면 타협의 가능성도 있다고 기대했다. 10월 30일 일본은 만주 남부에 대한 경제적 진출 요구를 철회하고, 한국에 대해서 군사와 민생民生 부분의 지배에 한정한다는 내용의 두 번째 안을 제안했다.

이번에도 러시아의 회답은 늦었다. 일본이 수차례 재촉한 후 12월 11일 겨우 도착했다. 일본은 러시아가 전쟁준비를 위해 시간을 끌고 있다고 생각해 불신이 점점 더 쌓여갔다. 그러나 회답이 늦은 원인은 황후가 병이 들어 니콜라이 2세에게 정부 관료들이 회답에 대한 이야기를 꺼내지 못했기 때문으로, 의사결정이 더욱 비능률적이 되어 버린 것이다.

회답의 내용은 지난 제1차 회답과 기본적으로 같은 내용이었다. 다만 이번에는 만주 및 그 연안은 일본의 이익 범위 밖이다라는 강경한 표현은 삭제되었다. 일본이 러시아와 진짜 전쟁을 하려는 것이 아닐까 하는 불안감에서 니콜라이 황제를 비롯한 러시아 측이 처음으로 보낸 양보 사인이었다. 영국의 랜스다운Lansdowne 외상은 이 변화를 주목했다.

러일 개전의 결단

그런데 가쓰라 수상도 이토를 포함한 원로들도 러시아가 보인 양보에 크게 실망했다. 대국 러시아와의 전쟁 위기를 느낀 일본은 여유가 없었다. 1903(명치 36)년 12월 16일 수상관저에서 원로와 주요 각료가 모인 회의가 열렸다. 가쓰라 수상과 고무라 외상은 먼저 러시아에게 재고를 요청하고 그것이 안 되면 '만한교환론'으로 최후 교섭을 한다는 의견이었다. 가쓰라 수상과 고무라의 주장으로 12월 23일 일본은 세 번째 제안을 하고, 1904년 1월 6일 러시아로부터 회답이 왔다. 하지만 전과 동일하게 한국 북부의 광범위한 지역을 중립지대로 설정한다는 내용이 들어 있었다. 1월 16일 일본은 다시 한국의 전 영토를 일본 세력권으로 요구하는 최후의 제안을 보냈다. 그 무렵에도 일본은 러시아에 이길 자신은 없었다.

그러나 러시아로부터 회답은 오지 않고 2월 4일 이토 등 5명의 원로와 가쓰라, 고무라 등 주요 각료가 어전회의를 열어 개전을 결정했다. 이리하여 5일 전시 동원령이 내리고, 8일에는 전투를 개시, 10일에는 러시아에 선전포고를 했다(伊藤之雄, 『立憲國家と日露戦争』, 207~226쪽; 같은 책, 『山県有朋』, 336~343쪽).

한편, 일본이 전쟁을 각오하고 준비를 하는 긴박한 분위기가 러시아에도 전해졌다. 그러자 원래 전쟁을 원하지 않았던 니콜라이 2세와 각료의 태도가 유연하게 바뀌었다. 1904년 1월 28일 러시아는 중립지대를 설정한다는 조건을 삭제하고, 일본이 한국 영토를 군사상의 목적으로 사용하지 않는다는 조건만을 넣은 네 번째 회답을 정했다. 이것은 일본이 요구한 '만한교환'이라는 조건을 대체적으로 만족시키는 것이다. 그러나 이 회답 안이 황제의 승인을 얻어 주일러시아 공사에게 전해진 것은 2월 7일이다. 하지만 다음 날인 8일 전투는 이미 시작된 상태여서 이 회답은 결국 일본에 전해지지 못했다.

만약 러시아의 네 번째 회답이 며칠 빨리 도착해서 2월 4일의 어전회의에서 거론되었다면 이토와 이노우에 가오루 두 원로는 러시아의 안을 받아들이자고 주장했을 것이고, 야마가타도 지지했을 것이다. 아무리 가쓰라 수상과 고무라 외무대신이 러시아에 대한 불신으로 개전을 주장해도 명치 천황의 결단으로 전쟁은 피했을 가능성이 높다(伊藤之雄, 『立憲國家と日露戦争』, 224~226쪽; 『山県有朋』, 342~343쪽). 그렇게 되었다면 일본은 극동에서 러시아에 대응할 수 있는 군사력을 유지하는 부담을 안은 채, 러일전쟁 없이 제1차 세계대전을 맞이했을 것이다.

러일전쟁에서 일본군은 8만 4천 명의 사망자와 44만 명의 부상자를 냈다. 또 제1차 세계대전이 발발하여 일본이 호황을 맞기 전까지 러일전쟁의 피폐로 일본경제는 침체를 벗어나지 못하고 외채상환으로 파산 직전이었다. 나아가 러일전쟁과 일본의 승리가 없었다면, 한국이 보호국이 되고 병합되는 일도 없었을 것이다.

이러한 사정을 고려해 이토는 러시아에 대한 과도한 불신감에 빠져들지 않고, 교섭 가능한 나라로 생각했다. 먼저 가까운 이웃 나라와의 대립을 해소하고 전쟁을 피해야 한다는 현실주의적 외교관에서 영일동맹을 맺기 전에 러시아와 새로운 협상을 맺으려고 했던 것이다. 이러한 이토의 행동은 오늘날에도 그 의의가 적지 않다.

한국 특파대사

　　1904(명치 37)년 2월 8일 전투가 시작되자, 2월 12일에는 전쟁의 최고지도 기관으로 대본영이 설치되었다. 구성원은 참모총장, 육군대신, 해군 군령부장, 해군대신 등 군인뿐이었다. 문관인 이토 추밀원 의장은 청일전쟁 때와는 달리 그 일원이 되지 못했다. 헌법의 통수권統帥権독립조항 (제12조)이 육·해군이 자립하는 형태로 운용됨으로써 정착된 것이다.

　그 대신 이토에게는 한국에 일본의 방침을 이해시키고, 일본의 행동에 협력하도록 하는 역할이 맡겨졌다. 그 이전에 2월 9일 하야시 곤스케林権助 주한공사는 한국으로부터 병력 투입에 대한 승낙을 얻어냈다. 이어서 같은 달 23일 하야시 공사는 한국 정부와 한일의정서를 체결했다. 일본이 한국의 독립과 영토를 보장한다는 명목 하에 일본이 러시아와 전쟁을 수행하기 위해 군사상 필요한 지점을 수용할 수 있도록 하기 위한 것이다.

　그 후 3월 7일 이토는 한국 황실을 위문하기 위한 특파대사로 임명되었다. 그는 13일 도쿄를 출발해서 고베에서 배를 타고 17일 인천을 거쳐 한성 (서울)에 도착했다. 이어서 18일과 20일 한국 황제 고종을 알현했다.

　이 날 그는 (1) 동양의 평화를 유지하는 의의는 일본, 청나라 그리고 한국 세 나라가 각각 '문명'을 증진하고 서구국가 들과 나아갈 길을 같이하여 자립하는 것이다. (2) 동양의 평화를 유지하고 자립을 확고히 하기 위해서는 인종과 종교의 차이를 배제하고 같은 종種을 병합하여 '서양 문명에 대항하려'는 것이 아니다. (3) 국가의 존립을 도모하기 위해서는 각자의 '풍속 습관'이라도 방해되는 것은 '개량'하거나 버릴 필요가 있다. (4) 일본은 '30여 년간 취해온 방침으로 자립의 기초를 닦았다. (5) 청나라, 한국 두 나라가 일본과 '같은 주의主義'로 자립을 도모한다면 서로 도와 서양문명의 취지에 반하지 않고 조화롭게 병립하고, '자강의 길'을 걸어 '동양 인민'을 생존시킬 수 있다. (6) 이상의 취지에 반한 '고유의 완고한 배외주의'를 국가 방침으로 하면 동서양을 불문하고 국가는 멸망했다, 등을 논했다(『伊藤博文伝』하권,

639~642쪽).

　이토는 고종황제에게 일본이 명치유신 이후 행해 온 근대화를 위한 개혁
과 원조를 제안하고, 그것을 실시하면 한국도 청나라도 독립을 유지할 수
있다고 했다. 그 정신은 다른 인종과 종교를 배척하는 편협한 것이 아니며
서구 문명을 적대시하는 것도 아니라고 단언했다. 이토의 주장은 한국을
합병해 일본 문명을 강요하려는 것이 아니다. 한국과 청나라의 인종과 종
교를 존중하면서, 일본이 행해 온 것처럼, 서구를 모델로 하여 근대화하려
는 것이다. 뒤에서 언급하는 바와 같이, 이와 같은 그의 논리는 1년 8개월
후 이토가 제2차 한일협약(을사조약—옮긴이)을 체결하기 전후와 그 후에도
같았다. 또 일본 정부의 유력자와의 밀담에서도 같은 논리를 폈다. 여기에
서 이토의 진의를 알 수 있다.

　어쩌면 이토는 일본이 주도하는 형태로 근대화 된 한국과 청나라와 연합
해 가는 것을 이상으로 삼았을 것이다. 그것은 서양 국가들과의 무역 등을
배제하지 않는 느슨한 지역연합이다. 한국이 일본의 제안에 저항하고 근대
화의 길을 택하지 않는다면, 멸망할 수밖에 없다는 것을 암묵적으로 이야
기하고 있다. 이 점에서 엄중한 제국주의 시대를 고려하여, 근대화가 진전
되지 않을 경우에는 합병도 있을 수 있다고 생각했다고 할 수 있다.

　고종황제는 표면상으로는 이토의 제언을 받아들이고, 멀리서 온 공적에
대해 대훈위금척대수장大勳位金尺大綬章을 수여했다. 이토는 3월 26일 서울을 떠
나 4월 1일 동경으로 돌아왔다. 그는 곧바로 입궐하여 명치 천황에게 고종
을 알현한 사정을 보고했다.

한국 보호국화의 길

　　　　그 후 1904(명치 37)년 5월 1일 일본군은 한국과 만주
(중국 동북지방)의 국경에 있는 압록강을 건너 구련성九連城을 점령했다. 이

승리 소식이 외국에 보도되자, 영국에서 처음으로 외채모집이 가능하게 되었다. 이러한 서전의 승리는 러시아가 전쟁이 실제로 일어날 것으로 상정하고 충분한 준비를 하지 않았기 때문이기도 하다. 이어서 8월 10일 황해 해전의 승리, 9월 4일 요양遼陽점령, 10월 10일부터 20일의 사하회沙河会 전투에서 승리했다. 12월 중순까지 지상 포격으로 여순 항에 있던 러시아 함대에 큰 타격을 입혔다. 다음해 1905년 1월 1일은 여순의 러시아군이 항복했다. 이렇게 해서 일본의 승리가 어느 정도 눈앞에 보였다.

이 동안 일본에서는 1904년 5월 30일 원로회의를, 다음 날인 31일은 각의를 열어 '대한對韓(국)방침'을 결정했다. 모두에는 일본은 한국에 대해 정치 및 군사상 '보호의 실권'을 장악하고, 경제적 '이권의 발전'을 더욱 도모한다고 명기되어 있다. 또 한국의 정치와 인심은 부패해 있으며, "도저히 오래동안 독립을 유지할 수 없는 것은 명확하다"고 논했다. 더욱이 일본은 한국 문제를 둘러싸고 러시아와 전쟁을 하는 형국이 되었지만, 일본의 기반을 한국에 확립하여 후에 다시 분쟁이 일어날 위험을 없애고 일본 '자위의 길'을 확고히 해야 한다고 주장했다(外務省編,『日本外交年表並主要文書』상권, 224~225쪽). 이 '대한방침'이 이루어지는 데에는 (1)한국을 보호국으로 하여 자립에 제약을 가하면서도 독립을 시킬 것인가, (2) 한국을 병합하는 방향으로 준비해 갈 것인가에 대한 양자택일이 있었다.

'대한방침'에 따라 8월 22일 제1차 한일협약(한일 외국인 고문 용빙에 관한 협정서-옮긴이)이 체결되었다. 한국 정부는 일본 정부가 추천하는 일본인 재무 고문 한 명과 외국인 외교 고문 한 명씩을 고용하게 되었다. 재무 고문에는 10월에 메가타 다네타로目賀田種太郞: 대장성 주세국장가 취임했다.

한국을 보호국화 하려는 가쓰라 내각의 방침은, 영일동맹을 맺었을 때의, 군사적인 부분도 포함하여 한국 전체를 자유로운 세력권으로 한다는 목표의 연장선상에 있었다. 이 방침은 미국의 지지도 얻었다. 루스벨트 대통령은 만주에 대한 문호개방과 기회균등을 주장했지만, 늦어도 6월 하순에는 전쟁 전의 요구에 한정될 필요 없이 일본은 한국 전체를 세력권으로 해도 좋다고 생각했다. 8월에는 한국이 일본의 보호국이 되는 것도 인정했다 (Raymond A. Esthus, Theodore Roosevelt and Japan, pp.42~46).

1905년 3월 1일부터 10일까지의 봉천奉天: 瀋陽의 옛 이름-옮긴이 전투는 러일전쟁 최대의 육상 전투였다. 이 전투에서 일본군은 승리를 거두었다. 그러나 패배하고 달아나던 러시아군을 추격하여 타격을 가할 여력은 남아있지 않았다. 원로인 야마가타 아리토모 참모총장, 오오야마 만주군 총사령관 등 군 최고 간부들 사이에서도 전쟁을 종결해야 한다는 기운이 높아졌다. 최고원로인 이토 추밀원 의장도 가쓰라 수상과 고무라 외상에게 강화를 권했다.

그러나 황제 니콜라이2세가 기대를 걸고 있는 발틱함대가 인도양에서 싱가포르를 지나 일본으로 향하고 있었으며, 러시아는 강화 교섭을 하려 하지 않았다. 5월 27일부터 28일에 걸쳐 일본 해군과 발틱 함대는 쓰시마(원문에는 일본해-옮긴이) 해전을 벌였다. 일본은 러시아의 주력 전함 여덟 척 모두를 침몰시키거나 포획했다. 일본은 유력 함선을 한 척도 잃지 않았다. 예상외의 대승리였다. 발틱함대가 괴멸되자 강화를 향한 움직임도 급속도로 빨라졌다. 6월이 되자 러시아는 루스벨트 대통령의 강화 중개를 받아들였다. 미국 동부 해안의 포츠머스에서 강화회의를 열기로 하고, 7월 초 고무라 쥬타로小村寿太郎 외상과 다카히라 고고로高平小五郎 주미공사가 강화조약의 전권대사로 임명되었다(伊藤之雄, 『立憲國家と日露戦争』, 124~261쪽).

9월 5일 러일 강화조약은 포츠머스에서 조인되고, 10일 비준을 거쳐 다음 날 11일 공포되었다. 이 결과 일본은 한국의 보호권, 산동반도의 조차권, 사할린 북위 50도 이남, 동청철도의 장춘-여순구 구간, 연해주의 어업권 등을 얻었다. 이것은 원로인 이토를 비롯해 일본 정부 수뇌의 요망을 대체로 만족시키는 내용이었다.

사이온지 긴모치
내각의 성립

러일 강화조약의 내용이 알려지자 1905(명치 36)년 9월 5일부터 6일에 걸쳐 도쿄와 그 주변에서 조약에 반대하는 폭동이 일어나고, 계엄령 발포로 겨우 진정되었다. 8월 31일부터 약 1개월 동안 전국 각지에서 일어난 반대집회는 165건에 달했다. 국민들은 승리의 소식만 알고 일본이 처한 어려운 사정을 모르고 과도한 조건을 기대했기 때문이었다. 중의원의 제2당인 헌정본당(구 개진당, 진보당계)은 강화반대 운동에 적극적으로 관여했지만, 제1당인 정우회 지도부가 억제방침을 표했기 때문에 정우회는 적극적으로 동조하지 않았다. 이 결과 원로회의가 열리지 않고 사이온지 긴모치西園寺公望가 조각을 하는 방향으로 흐름이 잡혔다. 이듬해 1906년 1월 7일 신내각이 발족했다.

제1차 사이온지 내각은 정우회에서 사이온지首相, 하라 다카시原 敬: 내무대신, 마쓰다 마사히사松田正久: 법무대신 세 사람이 입각했다. 이토의 희망으로 사카타니 요시로阪谷芳郎: 전대장성 차관가 주요 각료인 대장상이 되었다. 육군대신은 데라우치 마사타케寺内正毅: 야마가타계 관료가 유임되고, 해군대신은 야마모토 곤베山本権兵衛의 추천으로 사이토 마코토齊藤實: 후에 조선총독-옮긴이가 취임했다. 그 외의 각료는 원로 야마가타 아리토모와 마쓰카타 마사요시에 대한 배려와 가쓰라의 추천으로 결정되었다(伊藤之雄, 『立憲國家と日露戦争』, 264~267쪽). 이토가 아니라 사이온지 내각이라는 형태로 정우회를 중심 세력으로 하는 내각이 탄생했다. 실력자인 하라가 내무대신이라는 주요한 자리에 앉은 의미는 크다. 이렇게 해서 정우회는 이토로부터 확실히 자립했다.

: 제17장

한국 통치에 대한 포부

– 이토 한국통감

'제2차 한일협약' 체결

일본은 러일전쟁 중에 미국과 영국(영일동맹의 개정)으로부터 한국의 보호국화를 사실상 승인받았다. 포츠머스강화조약에서 러시아로부터도 한국의 보호권을 인정받았다. 그래서 이에 관해 한국과 조약을 맺을 필요가 있었다. 고무라 쥬타로小村寿太郎 외무대신 등이 이토에게 한국 특파대사가 되어주기를 요청하자 이토는 흔쾌히 승낙했다.

1905(명치 38)년 11월 5일, 이토는 한성(서울)으로 출발했다. 10일에 서울에 도착해 11일, 15일에 한국 황제(고종)를 알현했다. 15일에는 제2차 한일협약(을사조약-옮긴이) 안을 제시하고 일본에게 외교권을 위임하도록 요구했다.

고종은 외교권을 위임하면 오스트리아 황제가 헝가리 왕을 겸하듯, 오스트리아와 헝가리의 관계처럼 되거나 열강이 아프리카를 대하는 것과 같다. 그렇게 되면 한국은 최열등국이 된다며 저항했다. 이에 대해 이토는 한일양국은 각자 군주를 가지고 독립을 유지할 것이며, 한국이 오스트리아에 병합된 헝가리나 열강의 식민지가 된 아프리카처럼 될 리가 없다고 반론했다.

그리고 이토는 한국 인민이 '미숙'하여 외교에 어둡고, '세계의 대세'를 알지 못해 일부 사람이 인민에게 무익하게 일본을 반대하도록 하고 있을 뿐이라며, 황제를 지목하지는 않았지만 한국의 상황을 비판했다. 그리고 일본이 한국 외교를 대행함으로써 청일·러일 전쟁과 같은 전쟁의 원인을 근절할 것이라고 주장했다(『伊藤博文伝』하권, 680~690쪽). 이토는 한국(조선)이 독립을 유지하기 위해 청국, 일본, 러시아의 대립을 이용하려 했고, 삼국 사이를 왔다 갔다 한 것을 비판한 것이다. 많은 식민지 연구자들은 이러한 이토의 생각을, 이토가 한국 침략의 의도를 감추기 위해 한 허언이라고 해석했다.

그러나 약 1개월 뒤, 이토는 정우회 최고 간부의 한 사람인 하라 다카시原敬와의 밀담에서도 비슷한 생각을 밝혔다. "(이토는) 통감이 해야 할 방침 및 관계를 이야기하고, 문무 양자를 통할하고 동시에 조선을 도와 누가 되지 않기를 바란다는 취지의 말을 했다"(『原敬日記』1905년 12월 24일). 이토는 조선을 '도와', 일본의 '누가 되지 않기를'(걱정을 끼치지 않기를) 진심으로 바라고 있었던 것이다.

이토의 한국통치의 첫 번째 목표는 위와 같으며, 한국을 병합하여 일본이 경제이익 등을 얻는 것이 아니었다. 지정학적으로 조선반도를 (일본의-옮긴이)안전보장 문제로서 중시했다. 한국과 조선민주주의인민공화국(북한)의 내정까지 관여하려는 생각은 제국주의 시대가 끝난 제2차 세계대전후에도 미국과 소련(러시아), 중국에서 볼 수 있다. 이토의 착상은 제2차 세계대전 후의 상황에도 통한다고 할 수 있다.

이토가 고종을 두 번째 알현한 15일에도 한국 측은 신협약(을사조약—옮긴이)을 체결하는 결정을 지연시켰다. 그리고 17일에도 일본 측은 협약 체결에 압력을 가했다. 이토는 하세가와 요시미치長谷川好道 한국주둔군 사령관을 데리고 입궐하여 고종을 알현한 뒤, 대신들에게 협약 체결을 강하게 설득했다. 결국 이토는 일본이 한국 황실의 '안녕과 존엄'의 유지를 보증하는 것을 조문에 추가하는 것을 인정했다. 그리고 전문前文에 '(일본이–옮긴이)한국의 부강의 결실을 인정할 때'까지 라는 형태로 조약 기한을 암시하는 문구를 넣는 수정도 승인했다. 이렇게 하여, 이토가 18일 오전 0시 20분에 궁을 나온 뒤, 같은 날 오전 1시에 하야시 곤스케林權助 특명전권공사와 박제순 외무대신 사이에 협약이 조인되었다.

협약(을사조약–옮긴이)의 내용은 다음과 같다. 첫째, 한국의 외교를 도쿄의 일본 외무성이 담당하고, 일본 공사와 영사 등이 외국에서 한국인과 그 이익을 보호하는 등, 한국의 외교권을 일본이 행한다(제1조, 2조). 둘째, 한국에 일본 대표로 1명의 통감resident general을 두고, 통감은 '오로지 외교에 관한 사항'을 관리하기 위해 한성(서울)에 주재하며, 개인적으로 한국 황제를 알현內謁할 권리를 가진다. 그리고 한국의 각 개항장, 그 외 일본 정부가 필요하다고 인정하는 곳에 이사관resident을 둔다. 이사관은 종래의 주한 일본 영사의 역할을 한다(제3조). 그 외, 앞서 말한 대로, 한국 정부의 수정 요구를 받아들여 '한국 황실의 안녕과 존엄'을 유지한다는 보증도 있다(제5조).

초대 한국통감
–한국의 가능성을 기대

제2차 한일협약(을사조약–옮긴이)은 일본이 한국의 외교권을 행사하는 것을 중심으로 하고 있다. 그러나 통감의 직무를 '오로지 외교에 관한 사항'과 외교 이외의 것도 행할 수 있는 조문의 장치가 있다. 협약 체결 후, 1905(명치 38)년 11월 22일, 이토는 수원 팔달산에 사냥을 하러 갔다가 돌아오는 기차에서 투석을 당해 창문 파편에 맞아 가벼운 상처를 입었다. 한국인의 제2차 한일협약에 대한 반감이 강했기 때문이다(『伊藤博文伝』하권, 702쪽).

같은 달 28일, 이토는 한성(서울)과 인천의 일본인 관민의 환영회 석상에

한복을 입은 이토 히로부미(1906년)
(뒷줄 왼쪽부터 박의병, 이토, 이지용, 앞줄 왼쪽부터 박의병 부인, 이토 부인, 이지용 부인, 스에 마쓰 겐쵸[이토 사위] 부인)

서, 이토 나름으로 해석한 협약 정신을 강조하는 언급을 했다. (1) 현재 한국인이 '미개'하다 하더라도, (일본이 그들을―옮긴이)모욕이나 '기만(속이다)'하는 것은 천황의 '뜻'이 아니다. (2) 한국인을 지도하여 발전을 도모해야 하며, '열강이 주시'하고 있기 때문에 만약 한국인을 모욕하는 일이 있다면 바로 일본의 '권위'를 잃게 되어, 일본의 불이익은 매우 크다. (3) 자신은 신조약의 수행을 주저하지 않으며, 한국인의 처지에 대해 진심으로 가슴 속으로는 '많은' 눈물을 흘리고 있다(『伊藤公演説全集』, 277~278쪽).

이것은 재한 일본인에게 한 연설이다. 한국의 가능성에 기대하고 있으며, (한국의―옮긴이)근대화에 일본이 진력하고 싶다는 이토의 마음이 표현되어 있다. 그리고 열강이 일본의 한국 통치를 보는 눈도 강하게 의식하고 있으며, 외교권을 빼앗긴 한국인들의 원통함도 이해하려 했다. 이토는 이 단계에서 초대 한국통감으로 취임할 마음을 가지고 있었다고 생각된다. 이토는 64세였으며, 수 년 전부터 몸이 쇠약해져 있었다. 이토는 노령에도 가능한 추밀원 의장이라는 한직 그대로 일본에 있는 편이 겨울 추위가 매서운 한국에 가는 것보다 훨씬 편하다. 그러나 야마가타계 관료인 육군 군인(한국 주차군—옮긴이) 등을 제어하고, 위의 이상을 실현하기 위해서는 자신이 해야 한다고 마음먹었을 것이다.

12월 3일 이토는 귀국 도중에 시모노세키에 도착해, 환영회에서 한일관계에 대해 연설했다. 여기서도 이전에 서울과 인천 환영회에서 했던 연설과 같이 '외교권 및 국방권'을 일본에 양도하여 독립마저 유명무실하게 된 한국민의 심정에 동정을 표했다. 또 한국인은 아프리카의 흑인, 미국의 '토인(인디언—옮긴이)', '남태평양의 말레이 인종' 등과 동일시할 수 없으며, (한국은) 3천 년의 문화를 가지고 있으며 문학에도 조예가 깊다고 한국인을 평가했다. 그리고 시모노세키 시민이 한국민에게 친절하게 하여 서로 친해져서 '같이 발달된 문명의 은혜'를 받기를 바란다고 했다(『伊藤公演説全集』, 278~281쪽). 이것은 이토가 한국에서 일본으로 돌아와서 행한 첫 연설로, 신문에 게재되어 전국으로 전파될 것을 의식했을 것이다.

1905(명치 38)년 12월 21일, 이토는 초대통감에 취임했다. 그 후 다음해 1월 14일, 명치 천황은 데라우치 마사타케寺内正毅 육군대신과 오오야마 이와오大山巖 참모총장을 불러 직접 칙어를 내려, 이토 통감에게 한국 수비군을 사용할 권한을 주므로 국방용병의 계획에 지장이 없게 대응하라고 명했다(『明治天皇紀』 11권, 435~461쪽). 이것은 문관 통감의 명령을 받는 데 대한 육군성과 참모본부 내의 비판을 억제하기 위해서였다.

천황의 강한 신뢰와 함께 이토는 자신이 가지고 있는 특수한 입장을 이용해 이상을 실현하기 위해 책임감을 가지고 한국을 통치하려 했다. 통감으로서 한국 주재 일본육군에 대한 명령권을 가졌으며, 한국주재 헌병대로부터 일상적으로 치안정보를 얻게 되었다. 1908년 2월부터는 이토가 한국을 떠나있을 때도 통감대리가 받는 치안정보가 이토에게 보내졌다(古谷久綱 앞 明石元二郎書狀, 1908년 2월 18일, '古谷久綱文書' 동경대학대학원 법학정치학연구과 소장). 이러한 이토 통감의 권력에 대해 어느 재한국 일본 신문은, 이토가 부재중에도 부통감 이하 모두가 전보로 이토의 허가를 받지 않으면 아무것도 할 수 없다고 표현했다(『朝鮮新報』 1908년 4월 16일·9월 14일). 이토는 통감부 내에서 절대적인 권력을 가졌다.

이토의 한국 통치구상

정우회를 여당으로 한 제1차 사이온지 긴모치西園寺公望 내각 출범 2개월 후, 1906(명치 39)년 3월 2일, 이토는 통감으로서 서울(한성) 땅을 밟았다. 이토의 한국통치 구상의 큰 틀은 (1) 전년 11월 18일 한국 황제의 알현과, (2) 통감취임 후 처음으로 일본 신문 기자회견에서의 연설(1월 30일)로 명백해졌다. 그리고 서울 도착 후 (3) 3월 9일의 고종 알현, (4) 3월 13일에 한국 각료를 소집하여 행한 통감과 대신 회의(제1회 한국시정에 관한 협의회), (5) 3월 21일의 제2회 '한국시정에 관한 협의회'에서도 나타나 있다(『日韓外交資料集成』 6권 상, 121~162쪽).

첫째, 한국에 일본 군대가 주둔하는 데 필요한 비용이나, 한국의 '시정개선'을 위한 경비는 되도록 한국 인민에게 그 비용을 부담하게 해야 한다(1). (한국 통치의-옮긴이)비용이 점점 더 필요하게 되기 때문이다.

둘째, 당면한 자금은 상당액을 차관으로 충당하여 우선 급한 불을 꺼야 한다고 이토는 생각했다(3). 이토는 차관 금액을 1,000만 엔(현재 약 1,300억 엔)으로 보았다. 이토 통감과 메가타 다네타로目賀田種太郎 재정고문은 관세 수입을 차관의 담보로 설정하는 것을 생각했다. 그리고 담보가 불충분하더라도 실시할 각오였다(4).

첫째와 같이, 이토는 한국인이 근대화를 위해 스스로 비용을 부담한다는 자립심을 중시했다. 그러나 우선 필요한 자금은 일본이 책임진다는 생각이다. 나중에 서술하겠지만, 최고 유력원로인 이토의 영향력은 강했고 재원은 확보할 수 있었다. 그러나 1906년 11월이 되자 세수 확보를 위해 재한 외국인에 대한 과세도 문제가 되었다. 그러나 치외법권이 있는 동안은 실시할 수 없기 때문에 1907년 가을 이후, 이토는 한국의 사법제도개혁을 적극적으로 추진하여 치외법권 철폐를 목표로 했다. 치외법권 철폐는 한국에 있는 일본인 거류민의 특권도 없애는 것이다.

셋째, 이토는 차관으로 확보한 자금을 먼저 농사개량, 도로정책, 배수, 관개, 식림과 같은 농업생산력을 높이는데 사용해 농민에게 이익을 주려고 생각했다. 한국의 공업은 미숙한 단계이기 때문에 한정된 자금을 농업에 투자하는 편이 효과적이라고 보았다(4).

넷째, 차관으로 얻은 자금을 간이簡易교육에 사용하는 것이다(2). 교육은 유년의 연소자부터 해야 하기 때문에 시간과 부담이 든다. 먼저 큰 마을에 학교를 세우는 것이 급선무이며 건축비와 교사敎師·교과서 비용이 필요하다. 그러나 지금 일본과 같이 정부, 지방 및 인민이 협동하여 교육비를 부담하는 것은 어렵다. 때문에 먼저 정부 자금으로 학교를 만들어 조금씩 추진해 가는 수밖에 없다고 이토는 논했다. 교육을 하면 아동이, 왜 국민이 조세를 부담해야하는지를 스스로 이해할 수 있게 된다고 이토는 말했다(4).

셋째와 넷째의 점에서 보면, 이토는 한국에는 공업과 고등학교보다 농업과 초등교육이 중요하다고 생각하고 있었다. 이처럼 이토는 한국의 발전 현실을 중시하고 먼저 근대화의 토대를 만들려했다는 것을 알 수 있다. 그리고 교육의 힘으로 조세 부담의 의미를 가르치듯, 자립심을 양성하는 것을 중시했다.

다섯째, 경찰력을 확대하고 치안을 유지해야 한다. 이토는 일본군은 주로 국방 목적으로 사용하며 평소에 충분한 훈련을 쌓아 유사시에 대비하게 한다. 그리고 치안은 경찰이 담당하도록 구상했다(松田利彦, 『日本の朝鮮植

民地支配と警察——1905~1945年』).

여섯째, 치외법권하의 영사재판 제도와 감옥 제도를 고쳐 한국인의 부담을 경감하고, 동시에 열강의 사법제도에 가까워지도록 하려 했다. 예를 들면, 종래에는 일본의 영사재판에 관한 항소는 나가사키 항소원(현재 고등법원)에 제출해야 했다. 제2차 한일협약으로 영사제도가 없어지고 대신에 이사청의 판결에 대한 항소를 서울(한성)에 설치한 통감부 법무원에서 하도록 구상했다(4). 이토는 당초부터 치외법권의 철폐도 염두에 두고 있었으며, 근대적 사법제도와 감옥 제도는 치외법권을 철폐하기 위한 필요조건이었다.

(통감부시대의 사법제도 개혁과 치외법권 철폐에 관한 연구는 근래 왕성하다. 주된 연구는 浅野豊美·松田利彦編, 『植民地帝国日本の法的構造』 제3부; 李英美, 『韓国司法制度と梅謙次郎』; 浅野豊美, 『帝国日本の植民地法制——法域統合と帝国秩序』 제2편; 伊藤之雄·李盛煥編著, 『伊藤博文と韓国統治——初代韓国統監をめぐる百年目の検証』 제2부 등이 있다.)

이 외 한국의 황실과 정부를 구분하고, 지방관의 권한을 명확히 하며, 지방관의 봉급을 적절하게 개선하여 관리의 규율을 엄정히 하려 했다(1, 5). 이토는 1880년대 일본의 궁중(황실)과 부중府中(정부)을 구분하는 제도를 만들고, 명치 천황을 군주기관설적 천황으로 교육하여 성과를 거두었다(제9장~제11장). 한국의 궁중제도에 이를 적용하여 고종의 권력행사도 억제하려 했다.

그리고 그 나름 발달하고 있는 한국의 도시에는 근대화를 목표로 한 도시개량사업을 실시하려 했다. 예를 들면, 서울의 무역항인 인천에 상수도 사업을 하여 위생, 공업, 상공업의 발전을 도모하는 것이다. 도시는 행정과 유통의 중심이며, 거기에 콜레라 등 전염병이 유행하여 도시기능이 마비되는 것을 우려했다.

이토는 이상과 같은 근대화 사업에 대해 한국인 중에는 불평하는 사람이 있을 것을 알고 있었다. 그러나 3~5년 후 실제 두드러지게 효과가 나타나면 그들은 기뻐할 것이라 확신하고 있었다(4).

1907년 5월 30일에 이토가 이완용李完用 신내각 각료들에게 행한 연설에는 근대화에 대한 이토의 솔직한 마음이 다음과 같이 노골적으로 나타나 있다.

> 어느 나라도 타국을 위해 자국의 재력과 국민의 생명을 제공하지는 않는다. 만약 그렇다고 해도 먼저 자국을 생각하고 다음으로 타국을 생각한다. 국가는 스스로 독립할 요소가 없이 그저 타국에만 의지하여 존속할 수는 없다. 한국이 지금과 같이 나아간다면 한국을 망하게 하는 것은 타국이 아닌 한국 자신일 것이다(林外相 앞 伊藤統監通報, 1907년 6월 4일, 『日本外交文書』 40권 제1편, 563쪽).

즉, 이토는 한국의 근대화가 일본의 이익이 되는 것을 제일로 생각했다. 그러면서도 그것이 한국의 이익으로 이어진다고 믿고, 한국인의 저항을 각오하고 추진했다(伊藤之雄, 「伊藤博文と韓国統治」).

만주문제도 걱정

러일전쟁 후 포츠머스강화회의가 끝나고 그 다음 해까지 일본 육군은 청나라 영토인 남만주를 그대로 점령하고 있었다. 이토는 열강과 청국의 관계를 생각하니 신경이 쓰였다. 그래서 통감취임 후 처음으로 서울(한성)에 가기 위해 오오이소大磯를 출발하기 4일 전, 1906(명치 39)년 2월 16일, 어수선한 가운데 창랑각에서 남만주에서의 육군의 태도에 대해 논의했다. 창랑각에는 야마가타와 이노우에 가오루 두 원로, 사이온지西園寺

수상, 가토 다카아키加藤高明 외상 및 오오야마 이와오大山巖 원수전 만주군 총사령관, 고다마 겐타로児玉源太郎 대장전 만주군 총참모장이 모였다.

3월 31일에는 주일 영국대사가, 남만주의 일본군은 러시아가 만주를 점령했던 때보다도 구미인에게 더 폐쇄적으로 행동하고 있다며, 이토 통감에게 선처를 요구했다. 이토가 서울에 체재하면서 '한국 시정에 관한 협의회' 등에서 한국의 근대화에 대해 지시, 검토를 하고 있을 때였다. 청국도 일본의 군정이 계속되고 있는 데 대해 강한 불만을 가지고 있었다(栗原健, 『対満蒙政策史の一面』, 12~14쪽).

그래서 원로인 이토 통감은 일본에 돌아와 외무성에 만주문제 해결안을 작성케 하고, 5월 22일 사이온지 수상에게 '만주문제에 관한 협의회'를 열도록 했다. 출석자는 이토, 사이온지와 원로인 야마가타 아리토모, 마쓰카타 마사요시, 이노우에 가오루, 오오야마 이와오 원수, 데라우치 마사타케寺内正毅 육군대신, 사이토 마코토斎藤実 해군대신, 사카타니 요시로阪谷芳郎 대장상, 하야시 다다스林董 외무대신, 가쓰라 다로桂太郎 대장전 수상, 고다마 겐타로児玉源太郎 참모총장, 해군의 원로인 야마모토 곤베전 해군대신 등 13명이었다.

회의에서 사이온지 수상보다도 이토가 리더십을 발휘했다. 남만주 군정의 중심인 관동총독부關東總督府: 중국 요동반도의 조차지(여순·대련 지역)인 관동주를 통치하기 위해 일본이 설치한 기관 옮긴이를 평시조직으로 고치고, 군정서軍政署: 조차지 이외의 만주 점령 지역에 설치된 일본의 군정기관 옮긴이를 순차적으로 폐지할 것 등을 결정했다. 사이온지 내각은 원로 이토 등의 도움을 빌려 남만주의 군정을 폐지하여 열강과 청국의 비판을 완화시켰다. 그 후, 6월 20일 이토 통감은 오오이소를 출발하여 23일 한성(서울)에 도착했다. 그리고 5개월 동안 체재하고, 일본에서 신년을 맞이하기 위해 11월 21일에 한성을 떠났다. 이토 통감 1년차에 한국통치는 어떻게 전개되었을까를 살펴보자.

통감도(2008년 옮긴이 촬영)
(한국통감시기 이토가 창랑각 저택에서
오오이소 역까지 이용했던 도로명. 현재도
명칭이 사용됨)

한국 통감 1년차의 전개

통감부는 한국과 일본흥업은행 사이에 1,000만
엔의 차관계약을 맺게 했다. 반은 즉시 나머지 반은 필요할 때 한국 정부가
인출하도록 했다. 이자를 뺀 실 수령액은 약 900만 엔(현재 약 1,200억 엔)
이다. 그리고 한국 정부는 1905(명치 38)년에 제일은행과 일본 정부를 상대
로 국채 650만 엔을 발행했다. 일본흥업은행의 차입금 중 절반인 500만 엔
을 합쳐 1906년 말 한국의 국채 총액은 1,150만 엔이 되었다. 1906년 한국
정부의 세입(지조, 관세 등) 560만 엔의 약 2배에 달하는 거대한 금액이었다
(度支部 '韓国財政概況'(1908년 2월 1일 조사), 『勝田家文書』 70권, 재무성 재
정사실 소장).

이 재원 가운데 1906년에 약 125만 엔을 사용했다. 주로 농공은행 보조금

으로 약 100만 엔, 학사學事 확장에 약 10만 엔, 인천의 수도사업에 약 10만 엔이다. 이토 통감의 분발에도 불구하고 1년 차에는 자금이 있어도 국채를 사용할 실제 사업을 하지 못했다. 사업을 하기 위해서는 실정을 조사하고 계획을 세울 필요가 있었다. 그것이 생각한 것 이상으로 시간이 걸렸다.

또 1907년에는 전년의 약 2.3배인 약 291만 엔을 사용했다. 주로 인천의 수도사업에 약 45만 엔, 농공은행 보조금 약 43만 엔, 도로공사에 약 35만 엔, 학사확장에 약 35만 엔 등이다. 1906년 8월에 보통학교(초등학교—옮긴이)령 등이 발표되고 학사 확장비 50만 엔 가운데 34만 엔은 보통학교의 신축, 개축을 위해 사용할 계획이었다. 이토가 중시한 초등교육의 개혁이 나름대로 전개되기 시작했다.

경찰력 확장에 관해서는 제1기 경무警務 확장이 1906년 6월부터 시작되었다. 그 결과 13도 관찰부 소재지에 경무고문警務顧問 지부를 설치하여 경시警視를 배치했고, 전국에 26개의 분견소와 122개의 분파소를 설치하여 일본인 경찰관을 배치했다. 한국 정부는 13도의 경무서 외에 26개의 경무 분서, 122개의 분파소를 두고 있었다. 그러나 한국의 전국 면적 평균으로 20평방리(1平方里는 15.4㎢—옮긴이)당 일본인 순사 1명, 4평방리 당 한국 순검이 있을 뿐이다. 1906년 가을부터 다음 해에 걸쳐 의병이 봉기하자 경찰력 부족이 분명해졌다(『日韓外交資料集成』 8권, 137~139·176~177쪽; 松田利彦, 『日本の植民地支配と警察』 제1부 제1장).

다음은 황실과 정부의 구별에 관해서이다. 이토 통감은 고종이 반일주의 유생들의 조언을 듣는 것을 불쾌하게 생각했다. 그래서 1906년 7월 7일에 궁금령宮禁令을 발표하여 황궁의 여섯 곳의 문에 일본인 순사를 배치하고 출입을 통제했다. 같은 해 12월에는, 일본인 궁내부 고문이 황실 재산과 국유재산의 정리와 궁내부 관리의 잉여 직원을 정리하기 위한 조사에 착수했다(『日韓外交資料集成』 6권 상, 242~244쪽; 8권, 123~133쪽).

지방제도에 대해서도 1906년 한국 정부는 이토 통감의 지시와 일본인 경찰의 조언을 통해 개혁안을 정리해 10월 1일부터 신관제를 실시했다. 일본의 지사에 해당하는 관찰사(전국 13도), 군수(전국 333개 군)의 임명권을 각각 황제에서 내각, 내각에서 내부대신으로 바꿔 정부의 감독권을 강화했다. 전제군주인 황제의 권한을 약화시켜 내각책임제로 하려는 목적에서이다. 그리고 관찰사와 군수의 봉급을 올렸다. 관찰사는 행정권뿐만 아니라 재판권도 가지고 있으며, 군수도 행정권과 어느 정도의 재판권을 가지고 있었기 때문에 '부정'을 방지하기 위해서였다.

그리고 징세는 종래 군수의 임무였다. 군수 밑에 약 20~60명이 징세를 맡고 있었으며, 그들은 세습되었다. 1906년 10월에 조세징수규정이 발포되면서 징세는 군수의 업무에서 빠졌다. 세금은 일본의 통신관리국 소관의 우편국에 납부하도록 했다. 일을 빼앗긴 군의 징세 청부인들은 일본인이 한국인의 세금을 일본으로 가져간다고 비판했고, '반일사상의 조장'에 적잖은 영향을 미쳤다(韓国駐箚軍司令部,「韓国暴動ノ景況」1908년 1월, 방위성 방위연구소 도서실 소장).

1906년 11월 16일 일본으로 귀국하기 전, 이토 통감은 제12회 시정개선협의회에서 지금까지의 성적으로 만족해서는 안 된다고 했다. 그리고 세제개혁, 증세, 관세수입의 증가를 꾀하고, 불필요한 비용을 없애야 한다고 논했다. 이토는 한국의 근대화를 위해서는 한국에서 시급히 재원을 마련할 수 있어야 한다며 개혁에 의욕을 보였다.

'병합'이 목표인가

1907(명치 40)년 3월 20일, 이토 통감은 정월을 일본에서 보내고 4개월 만에 서울(한성)로 돌아왔다. 이토는 한국의 정세가 크게 변하고 있는 것을 곧바로 알았다. 한국인 단체인 자강회, 교육회, 청년회, 서우회, 그리고 2, 3개의 한글신문, 영국인이 주관하는 『대한매일신보』(원문

에는 『대한매일신문』–옮긴이) 등이 곳곳에서 한국의 내각을 공격했다. 정부 비판을 빙자한 반일 움직임이다(『日本外交文書』 40권 제1편, 556~561쪽). 그리고 이토 통감이 알선한 국채를 상환하자며 국채보상회가 각지에서 모금활동을 하고 있었다(李盛煥, 「伊藤博文の韓国統治と韓国ナショナリズム」).

이토는 일본에 돌아가 있는 동안에도 의병을 크게 위험하다고는 생각하지 않았다. 의병은 일본 경찰관 십 수 명을 파견하면 금세 흩어지며, '도적 같은 빈민의 무리'에 '소영웅주의자'들이 몰려 '정치적 운동을 흉내'내고 있다고 보았다. 그러나 한국은 오랫동안 독립국가였으며 한나라라는 관념이 강해 '매우 신중한 인민'이다. 그렇기 때문에 일본이 한국을 병합하려 한다고 의심하는 자도 많다고 자각하고 있었다(『朝鮮新報』 1907년 2월 2·7일).

이토의 한국 통치는 한국인이 이토를 신용하고 그의 구상을 이해하여 주체적으로 협력하는 것을 전제로 하고 있다. 그 기반이 이루어지지 않은 것은 물론이고 오히려 반일 분위기가 강해지고 있는 것을 알고 크게 불안을 느꼈을 것이다. 나중에 언급하겠지만, 병합을 하지 않을 수 없는 가능성도 있다고 생각했을 것이다.

그 무렵 제1회 러일협상의 교섭이 전개되고 있었다. 4월 13일, 이토는 하야시 외무대신에게 보낸 전보에서 일본과 한국 사이의 "'장래의 발전'이라는 말은 '애넥세이션annexation: 병합'까지도 포함한다는 취지를 (러시아에게–옮긴이)분명히 하는 것이 최선책이다"라고 했다. 나아가 한국의 형세가 지금과 같이 진행되면 시간이 지남에 따라 '병합'은 점점 곤란해질 것이다. 그래서 지금 일본 정부의 생각을 분명히 하여 한국병합에 대한 러시아의 승낙을 확보해야 한다는 의견을 제시했다(『日本外交文書』 40권 제1편, 124쪽).

이 전보는 이토가 한국병합을 적극적으로 생각하고 있는 것처럼 해석될 수도 있다. 그러나 2년 후 1909년 4월 10일에 가쓰라 수상과 고무라 외무대신에게 병합을 동의해주기 이전에 이토가 병합에 적극적인 자세를 보였다는 다른 사료는 지금까지 발견되지 않고 있다.

(森山茂徳, 『日韓併合』, 106~108·121~131쪽; 海野福寿, 『伊藤博文と韓国併合』, 103·106·173~174쪽; 小川原宏幸, 「伊藤博文の韓国併合構想と第三次日韓協約体制の形成」 등. 단 모리야마森山 씨는, 이토는 1907년 4월에 병합을 결심했으나 러시아의 동의를 얻지 못하고, 같은 해 7월에 한국의 내정 전반을 장악한 제3차 한일협약군대해산을 가져온 정미7조약-옮긴이 체결에 즈음해서는 '병합이라는 형식의 목표'를 폐기했으나, 이 협약에서 '실질적인 병합'을 달성했다고 주장하고 있다(『日韓併合』, 140쪽). 이 견해를 주장하는 사람들은 1909년 10월까지 가쓰라 수상과 고무라 외무대신이 이토는 병합에 반대한다고 생각하고 있었던 사실에 대해 아무런 설명을 하지 않고 있다.

이토와 가쓰라는 1908년경부터 한국통치를 둘러싸고 연대를 강화해 왔고, 서로 의사소통이 아주 좋았다(伊藤之雄, 「伊藤博文の韓国統治と韓国併合」). 고무라도 외무대신으로서 외무성의 정보를 장악할 수 있었다. 이토가 정말로 1907년 4월에 한국병합을 결심했다면 가쓰라와 고무라가 이토의 진심을 오해하고 있었다는 것은 부자연스럽다.

그리고 1907년 4월에 이토가 병합을 결심했다면, 왜 병합을 실행하려고 하지 않았는지에 대해서도 충분히 설명하지 않고 있다. 이점에 대해서 모리야마 씨는 러시아의 동의를 얻지 못한 것을, 오가와라小川原 씨는 일본의 재정부담 증가를 들고 있다. 그러나 모리야마와 오가와라는 다 같이, 나중에 이토가 가쓰라 수상 등의 병합책에 동의했던 1909년 4월 단계에서, 러시아로부터 병합의 동의를 얻지 않은 점이나, 일본의 재정상황이 특별히 호전되지 않은 점에 대해 언급하지 않고 있다. 즉 이토가 한국병합을 바라지 않은 첫째 이유는 두 사람의 주장과는 다른 부분에 있었으며, 그 조건을 기대할 수 없게 되어 병합에 동의했다고 생각하는 편이 자연스럽다. 그 조건이라는 것은, 본서에서 언급하고 있듯이, 한국 국민들이 차츰 이토의 통치구상을 이해하고, 자발적으로 (이토의 구상을-옮긴이) 지지하게 될 것이라는 기대였다.)

이토가 '병합'이라는 용어를 사용한 것을 보면, 한국 내의 상황에 동요하고 있었고, 이전과 비교해서 병합 가능성을 현실로 생각하게 되었다고 할 수 있다. 그러나 그 후 2년간은 병합에 동의하지 않았기 때문에, 이토가 반드시 병합을 목표로 하고 있지 않았다는 것도 분명하다.

그렇다면 왜 이토는 '병합'까지를 사전에 러시아의 승낙을 얻도록 외무대신에게 지시한 것일까. 그러한 지시를 통해 육군과 고무라 쥬타로小村寿太郎 주영국 대사전 외무대신 등의 관심을 한국과 만주 남부로 한정하고 싶었기 때문일 것이다. 육군과 고무라 대사 등은 일본이 몽골을 러시아 세력권으로 인정하면, 러시아는 만주 전체를 일본의 세력권으로 인정해야 한다고 생각하고 있었다. 그러나 러시아는 일본의 세력권을 만주 남부와 한국으로 한정하려 했다. '병합'의 용어를 사용한 같은 전보에서 이토는, 일본은 "한국문제를 근본적으로 해결하는 것이 현재 급무"이기 때문에 "몽골 문제에 관해서는 되도록 러시아의 요구를 수용하는 것이 긴요하다"고 제언하고 있다. 이토는 일본의 지도자들이 뿌리 깊이 가지고 있는 대륙팽창 욕망을 억제시키고, 러시아와 협조를 유지하고 대결을 피하기 위해 (1907년 4월에—옮긴이)한국에 대해 '병합'이라는 용어를 사용한 것이다(伊藤之雄,「伊藤博文と韓国統治」).

이완용 내각 - 조화를 지향

앞서 서술하였듯이, 1907(명치 40)년 봄 이후 한국 내에서 반정부, 반일 분위기가 강해지자 박제순 참정(수상)은 이토 통감에게 종종 사임 의사를 표했다. 그래서 이토는 학부대신 이완용李完用을 참정으로 하는 내각을 구성해 한국인을 중심으로 한 친일단체 일진회와 연대하여 작년부터 시작된 '시정개선'을 추진하려 했다.

이완용 학부대신은 1905년 11월에 이토가 대사로서 제2차 한일협약(을사조약—옮긴이)을 체결할 때, 외교권을 일본이 장악한다는 이토의 요구를 '만부득이한' 것으로 받아들이고 협조적이었던 인물이다. 그 후 이토는 이완용을 한국 측과 연대하는 상대로 주목했다. 그리고 이토는 한국의 구 엘리트 층인 양반을 중심으로 유교를 신봉하는 폭넓은 층도 지지기반으로 만들려고 생각하고 있었다. 그래서 벼락출세를 한 신흥 집단인 일진회의 대표를 곧바로 입각시키려는 생각은 없었다.

그러나 참정(수상)이 될 것으로 주목받은 이완용은, 이토에게 일진회 회장 송병준宋秉畯을 농상공부대신으로 할 것을 요구했다. 이토는 송병준의 입각을 거절하고 5월 22일 고종에게 이완용을 수상으로 할 것을 상주했다. 고종은 거부했다. 그러자 이토는 고종이 뒤로 거액의 활동비를 대어 네덜란드의 헤이그 (만국—옮긴이)평화회의에서 한국이 국권회복운동을 하고 있는 사실을 들어 한일협약(을사조약—옮긴이) 위반의 책임을 따지지 않을 수 없다고 위협했다. 그러자 고종은 '매우 당황'하는 모습으로 애써 변명하였으며, 결국 이완용의 조각을 승인했다.

그런데 송병준이 농상공부대신에 임명된다는 소문이 퍼지고 말았다. 이토는 송병준과 일진회의 체면을 고려하여 송병준을 입각시킬 수밖에 없었다. 이렇게 해서 5월 25일 이완용 내각이 출범했다(伊藤之雄, 「伊藤博文と韓国統治」). 5월 30일, 이토는 이완용 내각의 각료들을 통감 관사로 불러 연설했다. 이토는 첫째 "지금처럼 진척되면 한국은 자멸할 수밖에 없다"고 병합의 위험성을 암시했다. 그리고 한국이 존재하는 데 있어 가장 적절하고 긴요한 방침은 일본과 성실하게 친목을 도모하고 존망을 함께 할 결심을 하는 것이라고 했다.

둘째, "자신이 어디까지나 다른 사람을 속이지 않는 이상, 다른 사람이 자신을 속이는 것은 참을 수 없다"며 자신의 성실성을 강조하고, 직접 말을 하지는 않았지만, 고종의 면종복배 태도를 강하게 비판했다.

셋째, 재한 일본인 가운데 악행을 행하는 자가 있으면 추방을 명령하거나 처벌을 할 것이라며 공평한 단속의 결의를 보였다. 그리고 송병준 농상공부대신에게도 각료가 된 이상 일진회의 힘을 이용하여 내각을 협박하는 등의 행동은 결코 용서하지 않는다고 경고했다(『日本外交文書』 40권 제1편, 561~565쪽).

이러한 이토의 발언에서 다음과 같은 점을 확인할 수 있다. 이토의 자세는 병합을 목적이나 전제로 하고 있는 것이라기보다, 한국인의 자발적인 협력을 얻어 일본의 비용 부담을 되도록 적게 하여 효율적으로 한국의 근대화를 도모하려는 것이다. 앞서 언급한 바와 같이, 이토는 그것이 일본의 이익이고, 다음으로 한국의 이익이 된다고 확신하고 있었다.

신하로서 최고의 영광

1906(명치 39)년 4월 1일, 이토 히로부미 통감(쵸슈 출신)은 야마가타 아리토모 원수(쵸슈 출신), 오오야마 이와오大山巖 원수(사쓰마 출신)와 함께 대훈위국화장경식大勳位菊花章頸飾: 목에 거는 훈장 옮긴이을 받았다. 이것은 1890년대 후반 이후 독일 빌헬름 2세 등 열강의 원수급 인물과, 1900년 5월 10일에 결혼을 계기로 황태자 요시히토嘉仁 친왕후의 대정大正 천황에게 주어진 것으로, 최고의 훈장이다. 신하에게는 처음 하사한 것이다. 그리고 1907년 9월 21일, 이토는 야마가타 및 오오야마 두 원수와 함께 공작으로 승격했다. 러일전쟁에 관련한 영전을 하는 가운데 이토, 야마가타, 오오야마에게 하사된 것이다. 이토는 1904년 3월에 특파대사로 한국에 파견되어 이듬해 11월에 제2차 한일협약을 체결하는 등 한국 통치에 관련하여 러일전쟁의 전후 처리를 한 점이 평가를 받았다.

무엇보다도 이토는 1895년 8월에 신하로서 가장 빨리 대훈위국화대훈장을 받았다. 야마가타, 오오야마보다 7년 정도 빨랐다. 후작의 작위는 1895년 8월 5일에 야마가타, 오오야마와 같이 받았으나, 의식 등 궁중 의전은 훈장이 중시된다. 이 때문에 이토는 야마가타, 오오야마에 비해 항상 궁중 서열이 높았다(伊藤之雄, 「山県系官僚閥と天皇·元老·宮中」).

노년의 건강과 가정

이토의 몸은 매우 강건했으나, 1899(명치 32)년 전후부터 장과 위가 나빠져 뇌빈혈을 앓았다(末松謙澄, 『孝子伊藤公』, 411쪽). 이토는 원래 술을 좋아했고, 특히 청주를 즐겼다. 그러나 건강을 염려하여 청주를 절제하기 시작했으며, 1899년 5월 여행 중에 우메코 부인에게 청주는 지금까지 한 방울도 마시지 않았다고 보고했다. 그럼에도 불구하고 1901년 가을부터 이듬해 3월 초순까지 러일협상의 가능성을 찾는 유럽여행에 동행한 의사는 런던에서, 지금 이렇다 할 병이 있는 것은 아니나 3, 4년 전에 비하면 원기가 없다고 알려주었다(앞의 책, 340~341·355쪽). 이토는 60살을 앞두고 전체적으로 예전처럼 건강한 몸은 아니었다. 통감이 되어 서울(한성)에 부임했을 때는 예전과 같은 건강한 몸이 아니었다. 그래서 감정의 기복이 심해지기도 했다.

러일전쟁 중에 도쿄제국대학 학생이 된 분키치文吉: 예절 학원의 여성과 이토 사이에서 태어난 자식에 의하면, 그럼에도 불구하고 이토의 수면 시간은 매우 불규칙했다고 한다. 밤에는 매일 늦게까지 일어나 있었으며, 새벽 2~3시까지 깨어 있는 경우도 적지 않았다. 그러나 아침에는 아무렇지 않게 매우 일찍 일어났다(伊藤文吉, 「父博文の私生活」, 『中央公論』 1939년 2월호).

그때까지 오오이소의 이토 家가 아닌 다른 곳에서 자라고 있던 분키치와 신이치真一가 러일전쟁 중인 1904년 이토 집으로 들어왔다(伊藤真一, 「父·博文を語る」, 『日本文化を考える〈村松剛 対談集〉』, 30~39쪽). 그래서 1908년 11월 우메코 부인의 환갑기념일 때도 두 사람은 참석을 했고, 기념 가족사진도 찍었다(『伊藤博文伝』 하권, 속표지 사진). 우메코는 이토가 다른 여성들과 낳은 두 아들을 받아들이기로 허락한 것이다.

1907년 1월 17일자로 이토는 명치 천황으로부터 옛 임시 궁전의 연회장 건물과, 그것의 이전 개축비용으로 2만 1,000엔을 하사받았다. 이 건물은 헌법제정을 위해 추밀원에서 심의를 할 때 사용된 곳으로 천황과 이토에게 추억이 깊은 곳이다. 아카사카赤坂 황거가 황태자의 궁으로 되었기 때문에 개축해서 이토에게 하사한 것이다.

이토는 도쿄의 오오이무라大井村: 현재 시나가와 구에 땅을 구입하여 구 연회장을 이축移築하여 은사관恩賜館이라 이름 짓고, 이토와 장손 히로쿠니博邦(勇吉)의 주택(별장)을 지었다(稻葉和也,「伊藤博文公の大井別邸について」). 1908년 2월, 헌법발표 20년 축하연(『孝子伊藤公』, 418~420쪽)과, 같은 해 11월에 우메코 부인 환갑기념 잔치가 여기에서 열렸다.

헤이그 밀사사건

1907(명치 40)년 6월 하순, 네덜란드 헤이그에서 열린 제2차 만국평화회의에 고종황제가 밀사를 파견해 열강에게 '보호'조약의 무효를 확인시키려 했다. 그러나 밀사들은 회의 주최 당국으로부터 한국의 정식 대표로 인정받지 못했다. 이토는 7월 2일 일본 외무성으로부터 이를 통보받았다.

앞서 말한 바와 같이, 이토는 밀사 사건을 사전에 알고 있었다. 이토의 경고에도 불구하고 고종이 이를 실행함으로써, 이토는 자신의 성의가 한국측에 전해지지 않았다며 매우 감정적이 되었다. 7월 3일 하야시 다다스林 薫 외무대신 앞으로 보낸 전보에서 이토는, 밀사가 고종의 칙명에 의한 것이 확실하다면 세권稅權, 병권兵權 그리고 재판권을 일본이 확보하는 데 좋은 기회라고 제안했다.

그 후 밀사가 고종의 위임장을 가지고 있다고 공언하고, 한국에 대한 일본의 행동을 신문지상에 비판한 것이 밝혀졌다. 이토는 7월 7일에 사이온지西園寺 수상 앞으로 편지를 보냈다. 고종에게 국내 정치상 얼마간의 권리를 양여하도록 하는 조약을 맺는 등의 조치를 취하는 데 대해 원로와 대신들이 협의한 후 명치 천황의 승인을 얻은 다음, 훈시를 보내주도록 요구했다.

이토는 고종의 양위도 고려하고 있었다. 이토의 요구를 받아들여, 7월 10일 야마가타 원수 등 원로와, 원로에 준하는 가쓰라 다로桂太郎, 사이온지 긴모치西園寺公望 수상, 하라 다카시原 敬 내무대신, 하야시 외무대신, 데라우치 마사타케寺內正毅 육군대신 등 유력 각료들의 회의가 열렸다.

하라 내무대신에 의하면 다음과 같은 것이 결정되었다. (1) (고종은-옮긴이)내정의 실권을 일본에 넘기고, (2) 그것이 불가능하면 일본인을 각료로 하고, 각료는 (임면에 대해) 반드시 통감의 동의가 있어야 하며, (3) 대체적인 방침을 적절히 실행하는 것은 이토에게 일임한다.

하라는 필요하다면 고종이 양위를 해도 좋지만, 이토에게 일임해야 한다고 말하고, "최종 목적은 보호국이 되었을 때 이미 결정된 것"이라는 애매한 말로 이토 위임론을 강조했다. 하라의 말은 병합이 합의되어 있는 것처럼 받아들일 수도 있으나, 다른 사료적 근거는 없기 때문에 이토를 지원하기 위한 수사적 발언으로 이해해야 할 것이다.

야마가타와 데라우치 육군대신은 '한국 황제'가 천황에게 양위한다는 논리를 폈으나, 지금 바로 단행할 수는 없는 것이었다(『原敬日記』1907년 7월 10일). 야마가타와 야마가타계열 관료는 한국병합을 구체적인 목표로 생각하기 시작했으나, 이토에게는 알리지 않았다. 고종 양위의 건은 이완용 내각이 결정했고, 7월 16일에 이완용 참정參상은 고종에게 어쩔 수 없음을 아뢰었다. 고종은 이를 바로 받아들이지는 않았으나, 19일에 결국 동의했다.

오가와 헤이키치小川平吉: 대외경파 중의원 의원는 고종이 양위한 다음 날 7월 20일에 이토와 만나 다음과 같은 대화를 나눴다고 회상했다.

병합을 단행해야 한다는 오가와에 대해 (이토는) "만약 무슨 일이 있어도 하라고 한다면 오늘날 열강과의 관계는 물론, 성가신 일이 없어 충분히 병합도 가능하다. 또 주권을 전부 위탁하게 하는 것도 어렵지 않다. 아주 쉽게 가능하다. 가능하지만 병합을 하면, 우선 상당한 돈이 필요하다". 조선은 예로부터 한나라를 이루었기 때문에 "너무 급하게 극단적인 처분을 하면 후에 여러

곤란한 상황이 생겨 불이익을 초래하지는 않겠는가" 라고 답했다(小川平吉文書
研究会編, 『小川平吉関係文書』 1권, 555쪽).

이 사료는 언뜻 보면, 이토가 병합을 실행하지 않는 이유는, 병합을 하지
않는 것이 일본의 재정 지출을 줄이기 때문인 것으로 볼 수 있다. 그러나
이토가 가쓰라 수상과 고무라 외무대신의 병합에 동의하는 1909년 4월 시
점에서도 일본의 경제상황은 호전되지 않았다. 따라서 오가와小川의 대화를
근거로 이토는 병합을 결의했으나, 재정부담 증가를 꺼려 병합하지 않았다
는 의견은 타당하지 않다. 즉 이토는 병합을 피하고, 한국민의 자발적인 협
력도 얻고, 이토 자신의 강한 리더십으로 한국의 근대화와 경제성장을 달
성하며, 통감부 통치에 대한 한국민의 지지를 확대해 가려고 했다. 그렇게
되면 통치비용도 절약된다. 이토는 병합론자인 오가와를 자신에 대한 비판
세력이 되지 않도록 납득시키려 했을 뿐이다.

'제3차 한일협약' 체결

헤이그밀사 사건 후 처리로서 1907(명치 40)년 7월
24일, 이토 히로부미 통감이 주도하여 제3차 한일협약(정미7조약–옮긴이)
이 체결되었다. 내용은 (1) 조직은 미리 통감에게 자문한다. (2) '시정개선'
은 통감의 지도를 받는다. (3) 법제 제정과 중요한 행정상 처분은 사전에 통
감의 '승인'을 얻는다. (4) 사법 사무와 보통 행정사무를 구별한다. (5) 관리
의 임면은 통감의 '동의'를 얻어 시행한다. (6) 통감이 추천하는 일본인을 한
국 관리로 임명한다. (7) 통감의 동의 없이 외국인을 '용빙招聘하여 고용하다'하지
않는다. 등이다. 그리고 이 협약규정 실행에 관한 각서에서는 한국 군대의
해산도 결정되었다.

이것은 한국의 외교권에 더해 내정권까지도 박탈하는 것일 뿐만 아니라

이토가 통감으로서 추진해 온 한국인의 자발성을 중시하려는 통치정책과는 크게 다르다. 그러나 앞서 기술했듯이, 병합을 목표로 한 것이 아니라 황제권력의 축소, 사법과 행정의 분리 등 남겨진 '시정개선'의 과제를 이토의 강력한 리더십으로 실행하려는 것이다. 헤이그밀사 사건 직전에도 이토는 "요즘 들어 비로소 나도 당초의 생각이 잘못되었다는 것을 느꼈다"고 오가와 헤이키치에게 이야기했었다(『小川平吉関係文書』 1권, 550쪽).

고종의 양위로 그의 아들 순종純宗: 이척李坧이 즉위하고, 제3차 한일협약을 맺은 후에도 이토의 초조함은 없어지지 않았다. 7월 29일, 경성(서울) 일본 인클럽에서 신문기자들에게 이토는 "세계는 나를 통감으로 치켜세우지만 이런 벽창호분별력이 없는 사람를 상대로 정치를 한다는 것은 참으로 어려운 일이다. 나는 이제 진저리가 났다"고 한국 유생들을 비판했다. 한편, 이토는 프러시아의 베르텐부르크Württemberg: 독일 남부의 왕국-옮긴이나 독일 제국의 바이에른처럼, 일본은 한국에 대해 '아량'을 보여야 한다는 구상도 공언했다(『伊藤公演説全集』, 223쪽).

고종 양위로부터 8월 1일의 한국군 해산 이후, 반일 게릴라투쟁인 의병운동이 확산되어 갔다. 한국통치에 대한 불안과 함께 이토는 더욱 초조해졌다.

한국 경영에 관한 원로·대신 회의

한국 경영에 관한 원로·대신 회의에서 행한 이토의 연설은, 그가 이 시점에서 장래에 한국을 병합하기로 결단하지 않았다는 사실을 잘 보여주는 1차 사료이다. 이 회의는 1907년 8월 30일 도쿄시 나가타쵸의 총리대신 관사에서 열렸다. 참석자는 원로 이토 히로부미 통감, 야마가타 아리토모山県有朋 원수, 마쓰카타 마사요시松方正義, 이노우에 가오루井上馨와 가쓰라 다로桂太郎 대장(전 수상), 사이온지 긴모치西園寺公望 수상

이하 각 대신들이다. 회의는 오전 9시에 시작되어 오후 4시에 끝났다(통감 비서관 古谷久綱筆記, 「韓国経営に関する元老大臣会議に於ける伊藤統監演説要領」(秘) 1907년 8월 30일, 「牧野伸顕文書」523, 국립국회도서관 헌정자료실 소장). 이 회의에서 이토는 한국 경영에 관한 연설을 했다. 일본 정부 수뇌만의 비밀회의였으며, 병합문제와 한국통치에 대한 이토의 본심이 나타나 있다고 할 수 있다.

이토 연설의 특색은 (1) 한국 정부의 존재를 전제로 하고 있으며, (2)긴 연설임에도 불구하고 장래 병합 운운 등, 이토가 장래에 병합을 결의하고 있다는 것을 엿볼 수 있는 것은 아무것도 없다는 점이다. 그리고 이토는 재한 일본인과 한일 무역업자(일본인)의 이익을 억제해서라도 한국의 재원을 확보하려는 의욕을 보였다.

먼저 이토는 다음과 같이 한국의 실정을 지적했다. (1) 한국에 있는 외국인이 '치외법권을 향유'하고 있기 때문에 외국인과 한국인의 재판도 모두 '국제문제'로 처리되는 형태이다. (2) 한국에도 법률이 있으나 그것은 "문자대로 시행되지 않고 거의 전적으로 정부 관리의 재량에 좌우되고 있는 상태이며", (3) 광산채굴 허가를 얻은 자는 한국의 '내지(內地)'에 거주하며 많은 노동자를 쓰고 있으나, 경찰력이 '미미해' 충분한 단속이 안 된다. 모 미국인이 경영하는 광산은 일본인, 한국인, 청국인, 미국인 등 7~8천 명의 광부를 고용하고 있어 싸움, 살인 등이 없을 수 없으나, "한국으로서는 거의 손을 쓸 수 없으며, 단속은 광업자의 자유에 일임하지 않을 수 없는 상태가 되었다". (4) 한국 정부의 허가를 얻어 한국 내에서 사업을 경영하는 자에 대해서 상당한 보호를 하지 않으면 '한국의 위신'을 유지할 수 없다. (5) 청일·러일전쟁 후에 한국으로 이주한 자가 증가했고, 대부분이 일본인이며, 그들 중 많은 사람들이 한국 '내지'에 들어와 농업을 하거나 행상인이 되어 토지와 가옥을 소유하는 자가 적지 않다. 근래에는 (한국인도─옮긴이) 공공연하게 일본인 명의를 쓰는 자가 있어 세금을 내는 자와 내지 않는 자가 있으며, 외국인도 내지에 토지를 소유하지만 납세를 하고 있는지는 명확하지 않다.

이러한 상태에서 한국이 발달하면 "한국의 장래는 국내 정치상 큰 혼란을 초래하지 않을 수 없"기에 "건전한 한국의 개발을 기하기 위해서는" 치외법권의 철폐를 조금이라도 빨리 실행할 필요가 있다고, 이토는 작년부터 항상 생각해 왔다.

한국의 식산흥업에 대해서도 도로건설, 하천 제방 축조, 황무지로 되어 있는 토지의 측량 등 긴급을 요하는 각종 사업이 있으며, 자금이 필요하다. 그러나 "한국의 재정은 일본의 재정과 밀접한 관계에 있기는 하지만 독립적이기 때문에 한국이 부담할 수 있는 범위 안에서 시행을 해야 한다"는 등, 이토는 한국 정부의 존재를 전제로 논의를 하고 있었다. 일본은 한국에서 영사재판권을 행사하기 위해 12곳에 이사청理事廳을 두고 있다. 이에 대해서도 오늘날 한국은 치외법권 철폐에 이르는 "중간 과정에 있으므로", "한일 양국 간의 조약을 개정하고 재판권 이동을 분명히 하지 않으면" 이사청을 폐지할 수 없다고 이토는 논했다.

세금에 대해서도 심한 경우 "한국인이 부담하는 조세를 일본인이 부담하지 않는 것도 있다. 이렇게 되면 일본인이 발달함에 따라 한국 정부의 재원은 감소할 수밖에 없다"고 보았다. 그리고 이토는 한일 관세동맹을 만들어 관세를 철폐하려는 논의에 대해서도 일본은 관세 수입이 약간 감소할 뿐이지만 한국에는 많게는 매년 250만 엔이 감소된다고 논했다. 계속해서 이토는 일본의 외국무역은 8억 내지 9억에 달하기 때문에 겨우 약 3천만 엔밖에 안 되는 한일 무역의 종사자를 위해 관세를 철폐하여 특별 보호를 할 필요가 있는지 "궁리하기를 바란다". 관세동맹 때문에 한국의 세입이 250만 엔 감소할 경우, 이토의 입장에서는, 이것을 보충할 방법을 "요구할 수밖에 없다"고 했다(통감비서관 古谷久綱 필기, 「韓国経営に関する元老大臣会議に於ける伊藤統監演説要領」(秘)).

그 후 의병운동은 약 1년 동안 활발했으며, 일본군과 경찰이 진압에 노력했다. 그래서 1908년 7월을 정점으로 1909년 초에는 전라남·북도, 경기도, 황해도 등 특정 지역으로 국한되었으며, 같은 해 중반에는 거의 평정되었다(韓國駐箚憲兵隊, 「賊徒ノ近況」, 방위성 방위연구소 도서실 소장).

헌법체제 수정의 실패

　　　　　이토는 통감으로서 한국 통치와 관련된 열강과의 관계에 힘쓰면서도 국내문제에 한 가지 마음에 걸리는 것이 있었다. 육·해군, 특히 육군이 청일전쟁 후 내각으로부터 자립화 경향을 보이기 시작하고, 러일전쟁 후에는 그러한 경향이 더욱 강해졌다. 만주 철병을 둘러싸고도 이토는 사이온지 긴모치西園寺公望 수상을 다그쳐 1906(명치 39)년 5월에 '만주문제에 관한 협의회'를 열어 만주에서의 군정을 겨우 중단시킬 수 있었다.

이토에게 가장 바람직한 것은 헌법을 개정하여 육·해군을 내각의 통제하에 두는 것이다. 앞서 말했듯이, 1900년 전후에는 군주(천황)의 계통을 바꿀 수 없다는 점에서 일본과 영국은 다르다며 신중히 말을 가려하면서도, 영국의 정당정치에 강한 관심과, 말로는 표현하지 않았지만, 이상을 보였었다(제15장).

대일본제국 헌법 제73조에는 개헌이 규정되어 있다. 먼저 칙명으로 헌법 개정안을 제국의회에 상정한다. 그 다음 귀족원과 중의원이 각각 3분의 2 이상 출석, 출석 의원의 3분의 2이상의 찬성 다수로 개정이 된다.

앞서 살폈듯이, 이토 히로부미의 지도로 명치 천황은 군주기관설을 이해하고, 헌법제정 후에도 군주기관설의 천황으로 행동하고 있다. 따라서 천황 개인의 의사만으로 헌법개정을 제국의회에 상정하는 것은 생각할 수 없다. 예상되는 개헌 과정은 다음과 같다. 러일전쟁 후에 정당이 대두했기 때문에, 그에 맞춰 헌법을 개정하려면, 먼저 이토 등 원로가 천황에게 개헌을 제기한다. 천황은 이토, 야마가타, 이노우에 가오루, 마쓰카타 마사요시, 오오야마 이와오 등 다섯 명의 원로에게 하문하고, 원로들이 합의하여 개정으로 의견이 모아지면 그것을 천황에게 상주한다. 원로가 일치하여 개헌을 제안하면 천황은 그것을 제국의회에 상정한다.

그러나 러일전쟁 후에도 최고유력 원로인 이토와, 1900년경에는 이토와 나란히 최고유력 원로가 된 야마가타는 정당과 육·해군의 국가적 위치를 둘러싸고 물밑에서 대립하고 있었다. 따라서 개헌을 제기하는 원로회의에서 의견일치는 어렵고, 천황은 개헌을 제국의회에 상정할 수 없다. 또 중의원에서 3분의 2 이상의 찬성을 얻는다 하더라도, 야마가타계 관료파가 주도하는 귀족원에서 3분의 2의 찬성을 얻는 것은 어렵다. 러일전쟁 후에도 현실적으로 개헌은 거의 불가능한 상황이었다.

그래서 이토는 헌법을 보완하는 새로운 법령을 만들어 수상의 권한을 강화하려 했다. 정당을 배경으로 한 내각에서도 육·해군, 특히 야마가타계 관료의 지배하에 있는 육군에 대한 통제를 강화하고자 했다.

황실제도조사국帝室制度調査局 총재이기도 했던 이토는 부총재인 이토 미요지 伊東巳代治에게 칙령 문서양식을 정하는 공식령公式令을 입안하도록 명령했다. 칙령은 제국의회를 통과한 법률을 보완하기 위해 천황의 명으로 공포하는 법령이다. 공식령은 1907년 2월 1일에 공포되었다. 공식령에 따르면 종래 칙령은 천황의 서명과 담당대신의 부서(천황의 서명 왼쪽에 표기하는 서명)만으로 충분했으나, 수상의 부서도 필요하게 되었다. 이에 따라 육·해군에 관한 칙령도 수상의 부서가 필요하게 되었다. 그러면 문관 수상이라도 서명하지 않겠다고 위협하여 육·해군에 대한 통제를 강화할 수 있게 된다. 이것은 청일전쟁까지는 확실했던 문관에 의한 육·해군 통제를 재확인하려는 것이었다.

공식령은 명치 천황의 재가를 얻어 교부되었으나, 천황은 야마가타 등

군관계자에게 특별히 하문하지는 않았다. 천황은 이토의 의도를 이해하고 암묵적으로 지원하고 있었다고 할 수 있다. 이상하게도 원로 야마가타 아리토모 원수를 비롯해 데라우치 마사타케寺內正毅 육군대신 등 야마가타계 관료들은 공식령이 가진 의미를 당초에 알지 못했다. 공식령이 공포되고 3개월 이상 지난 5월 중순, 야마가타는 데라우치 육군대신에게 수상의 부서는 군령의 성격을 띤 것에는 실시해서는 안 되며, 만약 그것이 실행되면 통수統帥계통에 혼란을 일으켜 군정의 기초가 파괴된다고 위기감을 보였다.

그래서 야마가타 그룹은 군사에 관해 칙령을 대신하는 군령軍令을 새로 제정하고, 수상의 부서 없이 담당 대신(육군대신 또는 해군대신)의 부서만으로 실시할 수 있도록 하려고 했다. 공식령이 공포된 후 이렇게 대립이 발생해 천황도 마음 아파했다. 그러나 이토와 야마가타라는 양 거두의 대립에는 천황도 함부로 개입하지 못했고, 두 사람이 타협점을 찾는 것 외에는 방법이 없었다. 천황은 이 문제를 이토와 야마가타 두 원로에게 자문했다.

9월 2일, 이토와 야마가타가 회견을 하여 두 사람은 거의 타협이 되었다. 야마가타는 자세한 마무리를 데라우치 육군대신에게 맡겼다. 이렇게 해서 같은 해 9월 12일 군령 제1호가 공포되었다. 군령제도가 생김으로써 수상이 군을 통제할 수 있다는 공식령의 취지는 알맹이가 빠져버렸다.

앞서 말했듯이, 이토는 한국통감으로서 헤이그 밀사사건을 근거로 고종을 퇴위시키고 제3차 한일협약(정미7조약—옮긴이)을 맺었기 때문에 의병운동이 활발해져 괴로워하고 있었다. 8월 11일에 서울(한성)을 출발, 16일에 오오이소로 돌아갔으나 9월에 곧 귀임해야 했다(9월 26일에 오오이소를 출발, 10월 3일 서울에 귀임).

의병운동을 진압하는 데에는 야마가타 원수와 육군의 전적인 협력이 필요했다. 어쩌면 이토는 군령을 인정하는 것으로 야마가타와 육군에게 공식령 문제에서 양보한 것이다(伊藤之雄,『山県有朋』, 357~358쪽). 헤이그밀사사건이 일어나지 않았다면, 혹은 이토가 통감이 되지 않았다면 군령은 공포되지 않았을 것이다. 그렇다면 수상이 공식령으로 육해군을 강하게 통제할 수 있는 새로운 명치헌법체제가 전개되었을 것이다.

한국의 궁중개혁과 황태자의 일본유학

제2차 한일협약으로 이토는 통감 전제專制체제를 만들어 한국의 궁중과 부중(정부)의 분리를 추진했다. 동시에 염원이었던 궁중을 축소하는 궁중 개혁을 본격화했다. 먼저 1907(명치 40)년 12월 1일 궁내부 관제개혁으로 한국인 관리 가운데 칙임 18명, 주임 81명 이하 총 4,400명을 파면하고(「李王職財産整理大要」1925년, 「斎藤実文書」, 국립국회도서관 헌정자료실소장), 일본인 고등관 10명을 채용했다. 일본인 고등관은 곧 25명이 되었다.

동시에 황실 재산 정리국을 설치하고, 일본인 두 명을 임명하여 한국 황실 재산을 정리했다. 12월에는 1899년부터 궁내부 관할이었던 개성인삼전매를 정부로 이관했다(연평균 수입 약 22만 엔). 다음 해 1908년 6월에는 황실재산 중, 궁궐, 대묘大廟 및 능묘의 내외해자內外垓字를 제외하고 약 2,700만 엔을 정부로 이관했다. 그리고 1년에 1,500~1,600회 정도 열렸던 궁중 의식을 200회 정도로 줄이고, 제전祭典 자체도 간소화하여 제관 약 5,000명을 삭감했다.

그리고 1907년 11월 13일에 황제 순종純宗과 황태자李垠를 창덕궁으로 옮겼다. 같은 서울(한성) 시내이지만 가장 먼 경운궁(덕수궁으로 개칭)에 있는 태황제(전 황제인 고종)와 갈라놓은 것이다. 그리고 순종과 고종의 별거를 기회로 하여 고종의 경비를 1년에 30만 엔으로 제한했다. 이것은 태황제 고종의 영향력을 없애고, 국가재정과 궁중재정을 구분하여 궁중재정을 삭감하려는 것이었다.

그리고 이토는 통감으로서 순종과 천황의 동의를 얻어 일본 황태자 요시히토嘉仁: 나중에 대정(大正) 천황친왕의 한국 방문을 1907년 10월에 실현시켰다. 이토는 요시히토 친왕을 맞을 준비를 하기 위해 1907년 9월 26일에 오오이소를 출발해 10월 3일 서울에 귀임했다. 의병운동이 활발했던 당시로서는 요시히토 친왕에게 언제 폭탄이 날아올지 알 수 없었다. 이토에게 요시히토 친왕의 한국 방문을 맞이하는 것은 목숨을 건 일이었다. 조금이라도 한국민의 지지를 얻어 한국의 근대화를 달성하고 싶었던 이토의 강한 집착을 보여주는 것이다.

요시히토 친왕은 10월 10일에 도쿄를 출발, 우지나宇品항(히로시마시)에서 군함 '가토리香取'호를 타고 16일 인천에 상륙하여 서울(한성)에 있는 통감 관사에 숙박했다. 동행자는 천황의 신뢰가 두터운 아리스가와노미야 다케히토有栖川宮威仁 친왕이었다(「金子·子爵謹話」, 『「明治天皇紀」談話記録集成』 4권, 26쪽). 가쓰라 다로桂太郎 대장과 쓰시마(원문에는 일본해―옮긴이) 해전의 영웅 도고 헤이하치로東郷平八郎 대장 등도 수행했다. 17일, 요시히토 친왕은 순종과 황후를 알현하고, 황태자이은(李垠)도 만나 점심을 함께 했다. 그리고 태황제고종도 알현했다. 요시히토 친왕은 서울(한성)에서 볼일을 마치고 20일에 출발, 나가사키, 가고시마, 미야자키, 오오이타, 고치 등 4개 현을 시찰한 뒤, 11월 14일, 도쿄에 무사히 귀환했다. 황태자가 해외로 나간 것은 일본 역사상 처음이다. 이것은 명치 천황이 이토를 매우 신뢰하고 있었기 때문에 가능한 일이다(『伊藤博文伝』 하권, 772~778쪽).

요시히토 친왕의 한국 방문은 한국 황태자 이은의 일본 유학과 관련이 있다. 이토는 같은 해 봄부터 이은의 일본 유학을 생각하고 있었다. 요시히토 친왕이 서울을 다녀간 뒤 약 1개월 후인 11월 23일, 순종은 이토를, 황태자를 보도輔導하는 태자대사太子大師에 임명했다.

통감으로 있으면서 이토는 한국의 추운 겨울을 피해 정월을 일본에서 보내고 봄에 서울로 돌아오는 것으로 하고 있었다. 건강뿐만 아니라, 제국 의회의 회기 중에 일본에 있는 것은 정치적으로도 의미가 있었다. 통감 1년째도 그랬고, 2년째인 1907년은 12월 5일에 서울을 떠났다.

이번에는 한국 황태자 이은을 데리고 귀국했다. 군함 '만주호'를 이용했다. 이토는 전 황제 고종의 행동이 한국 통치에 큰 장애가 되었던 점을 생각해, 이은을 한일 연대의 상징으로 만들려는 것이었다. 이토와 명치 천황의 배려로 이은은 일본에서 일본 황태자 요시히토에 준하는 높은 대우를 받았다. 이은을 동반하여 일본으로 돌아온 이토는, 일본인은 한국에서 나쁜 짓을 했지만 일본 황태자가 한국까지 왔기 때문에 한국은 일본의 '분가分家'라고 해도 좋다고 했다(『報知新聞』 1907년 12월 24일).

일본의 친족관계에서 본가, 분가라고 하는 경우, 본가는 분가보다 신분상 우위이며 지도권을 가지고 있다. 그래서 분가는 본가를 따를 의무가 있지만 일단 분가는 독립적 존재이다. 그리고 본가는 분가가 몰락할 것 같으면 도울 의무가 있다. 하물며 본가가 분가를 수탈하는 일은 있을 수 없다. 제3차 한일협약을 맺은 뒤에도 이토는 한국을 일본의 분가로 보고 전제권력을 이용하여 근대화와 발전을 도우려고 생각했다(伊藤之雄, 「伊藤博文の韓国統治と韓国併合」).

한국의 사법제도 개혁

제3차 한일협약에는 사법과 행정의 분리가 명기되었고, 이토 통감이 한국 내정에 개입하는 권한이 커졌다. 때문에 궁중개혁과 이은李垠의 일본유학에 더하여 사법제도 개혁이 급속히 진전되었다. 그전에 이토 통감은 전년 6월 25일 제6차 시정개선협의회에서 우메 겐지로梅謙次郎 박사를 통감부 법률고문으로 소개했다. 우메는 법전편찬을 준비하고 있었다(李英美, 『韓国司法制度と梅謙次郎』 제1장~3장).

1907(명치 40)년 9월, 법률통으로 도쿄 공소원 검사장(고등 검사장에 해당-옮긴이)으로 있던 구라토미 유자부로倉富勇三郎가 한국 법(무)부 차관으로

취임한다. 제3차 한일협약 이후 신체제에서는 법전을 정비하고 행정권으로부터 사법권을 독립시켜 치외법권을 철폐하는 것이 내각의 목표였다(淺野豊美, 『帝国日本の植民地法制』 제II편). 1907년 12월, 재판소 구성법, 동 시행법, 동 설치법이 공포되고, 1908년 1월부터 시행되었다. 이렇게 해서 한국 사법제도의 골격이 만들어졌다. 거의 일본을 모델로 하여 대심원(현재의 최고재판소), 항소원(현재의 고등재판소), 지방재판소 및 구區재판소를 두었다. 그러나 재판소 구성법 등의 실제 시행은 곤란하여 대심원, 항소원 및 지방재판소 전부, 구재판소 113곳 중 16곳을 제1차로 개청하여 8월 1일부터 겨우 실무를 시작할 수 있었다(李英美, 『韓国司法制度と梅謙次郎』, 104~ 112쪽).

이토 통감은 한국 사법사무의 개선을 위해 많은 비용을 일본 정부에 요구했다. 그러나 사카타니 요시로阪谷芳郎 대장상은 불필요하다고 생각했으나, 결국 이토의 주장에 굴복하여 승인했다. 법(무)부 차관이었던 구라토미가 약 20년 후의 회상에서 밝힌 내용이다(「倉富勇三郎日記」 1928년 8월 6일, 「倉富勇三郎文書」, 국립국회도서관 헌정자료실 소장). 한국의 근대화를 위한 재원 마련을 위해 외국인에게도 과세할 수 있도록 치외법권 철폐를 목표로 하여 일본 정부에게 한국의 사법제도 개혁을 위한 자금을 대도록 한 것이다. 사이온지 수상은 이토의 후계자이며 이토는 사이온지 내각의 최고 유력 후원자였다. 이러한 점도 사카타니阪谷의 결단에 영향을 미쳤을 것이다.

또한 이토는 통감으로 부임하고부터 한국 정부의 조세 수입의 증가를 중시했다. 1907년은 전년도에 비해 조세수입이 334만 엔 증가하여 전년의 1.6배인 894만 엔이 되었다(度支部, 「韓国財務槪況」(1908년 2월 조사), 「勝田家文書」 70책, 재무성 재정사실 소장). 이토의 구상은 진전되었다. 그러나 이토에게 가장 큰 문제는 많은 한국민이 그를 신용하지 않고 그의 개혁을 지지하지 않는다는 것이었다.

가쓰라 다로와의 제휴

헤이그밀사 사건에 대한 대응에서 원로 야마가타 원수와 데라우치 육군대신은 한국병합론자인 것이 확인되었다. 이토 통감은 병합을 하지 않을 수 없는 가능성을 부정하지는 않았으나, 가능하면 병합을 피하고 싶다고 생각하고 있었다.

이토는 명치 천황의 두터운 신임을 받고, 사이온지 수상과 정우회 실력자인 하라 다카시原 敬 내무대신 등 정우회 관계자를 지지기반으로 하고 있었다. 그러나 사이온지 내각이 언제까지 계속될 것이라고는 기대할 수 없었다. 그래서 정우회 외에 일본에서 자기를 지원해 줄 상대를 찾을 필요가 있었다. 그 무렵 이토는 특별히 한국 주차군의 지휘권을 부여받고 있었지만, 일본 육군의 핵심부에 대한 직접적인 영향력은 거의 없었다.

한편 가쓰라 다로桂太郎 육군대장은 야마가타계 관료로 야마가타에 준할 정도의 지위와 실력을 쌓고 있었다. 그러나 러일전쟁 후 새로운 상황에 적응하는 관점에서 가쓰라는 야마가타에게 불만이 많았으며, 야마가타와의 관계도 이면에서는 악화되고 있었다. 1907(명치 40)년 5월에는 하라 내무대신에게까지 야마가타에 대한 비판을 흘렸다(『原敬日記』 1907년 5월 26일; 伊藤之雄, 『山県有朋』 제12장; 小林道彦, 『桂太郎』 제5장).

가쓰라는 이토와 정우회의 지원을 받아 야마가타계 관료 안에서 입지를 강화하려고 했다. 이토 통감으로서는 가쓰라와 연대가 강해지면, 일본 정부로부터 한국 통치에 대해 재정적으로 안정된 협력을 얻을 수 있다. 가쓰라 대장의 영향력으로 한국통치에 대한 육군의 협력도 기대할 수 있다. 이렇게 해서 1908년에 한국통치를 둘러싸고 이토와 가쓰라의 연대가 전개된다.

우선 나중에 동양척식회사가 되는 척식회사 설립문제에서 이토와 가쓰라의 연대가 시작되었다. 이 회사는 한국의 농업개발 등을 목적으로 했다. 척식회사는 동양협회 회장이기도 한 가쓰라 대장의 발의로 설립되었다. 1907년 10월, 황태자 요시히토 친왕을 모시고 한국을 방문했을 때 가쓰라가 이토 통감에게 이에 관한 이야기를 했다. 그 후 12월에 대장성 안이 완성되자 1908년 1월 10일자로 이토는 정부에 다음과 같은 요구를 했다. 한국인을 회사의 출자자와 임원으로 배정하고, 한일 양국에서 동양척식회사법(동척법)을 공포하여 한일공동관리로 해야 한다. 한국 정부 및 일반 한국민의 '동정과 협력'이 없으면 회사의 목적을 달성할 수 없다고 생각했기 때문이다(黒瀬郁二,『東洋拓殖会社』, 17~50쪽). 소네 아라스케曾禰荒助 부통감도 척식회사를 한국법으로 설립해야한다는 의견을 가지고 있었다.

가쓰라는 이토와 소네曾禰의 의견을 기꺼이 받아들였다. (1) 부총재는 한국인과 일본인을 각각 한 명씩 한다. (2) 이사는 한국인과 일본인을 1대 2로 한다, (3) 감사는 5명 중 2명을 한국인으로 한다. (4) 한일 양국에서 자본금을 모으고, 한국에서는 토지 출자를 인정한다 등의 '각서'를 대장성에 제출했다.

같은 해 2월, 창립조사위원회는 이토의 요구를 많이 반영한 가쓰라 '각서'의 의견에 따라 보고서를 작성했다. 위의 대장성 안을 만든 것은 야마가타계 관료가 아니라 제국대학을 졸업한 일반 관료들이다. 대장성 안에 비해 한국인이 적극적으로 관여할 수 있는 법안으로 수정되었듯이, 이토 통감 개인의 권력은 강했다. 그러나 일반 관료들까지 한국과 한국인을 존중하지 않는 형태로 동척법안을 만들었듯이, 1907년 말에는 일본 내에서도 한국과 한국인을 업신여기는 분위기가 강해졌다(伊藤之雄,「伊藤博文の韓国統治と韓国併合」).

1908년 3월에 동척법안이 제국의회에 제출되었다. 이토는 수정된 의회 제출안에도 불만스러웠다. 3월 10일에 가쓰라에게 다음의 세 가지 의문을 전했다. (1) 한국 정부 및 한국 인민이 안중에 없는 안이라는 의문이 든다. (2) 그래서 실제로 한국민에게 이익이 되지 않을 우려가 있다. (3) 한일 양국은 정치적 관계에서 다른 나라와 다른 점이 있으나, 토지 소유권(개인의 권리 의무) 관계에서는 다를 것이 없으며, 일본인에게만 토지소유권을 허가할 경우 다른 나라 인민이 같은 요구를 해올 경우에는 어떻게 할 것인가(桂宛伊藤書狀, 1908년 3월 10일, 「桂太郎文書」 국립국회도서관 헌정자료실 소장).

이토는 수정된 안에 대해 한국 정부와 인민을 생각하지 않고 한국민에게 충분한 이익이 되지 않는다고 비판했으며, 한국과 한국민의 입장에서 더 많은 수정을 요구했다. 이러한 이토의 의견은 일반 한국인을 비롯해 일반에는 공개되지 않은 편지에 나타나 있다. 한국의 근대화를 지향하는 이토의 개혁이 한국을 위한 것이기도 하다는 지금까지의 이토의 공언公言이 진심이라는 것을 알 수 있다. 열강과의 관계에 주의를 기울인 점도 포함하여 이토가 병합을 전제로 하지 않았다는 것을 다시 확인할 수 있다.

그러나 법안은 이토의 바람대로 재수정되지는 않았다. 동척법은 약간의 수정을 거쳐 의회를 통과해 8월에 공포되었다. 앞에서 살펴본 바와 같이, 이토 등의 요구를 수용하여 당초 대장성 안 보다는 많이 수정되었다. 이토 통감은 실력자이지만, 가쓰라와 사이온지西園寺 내각과의 연대를 생각해 더 이상 수정요구를 강하게 밀어붙일 수 없었다. 그렇게 하면 그들과의 관계에 큰 상처를 남길 우려가 있다. 그리고 노경에 접어든 이토는 작년 12월에 일본으로 돌아와 있었으며, 건강을 해쳐 충분히 회복되지 못한 상태였기 때문에 동척법의 수정을 위해 정치적 공작을 할 수 있는 상황이 아니었다.

동양척식회사는 같은 해 11월 1일부터 주식모집을 시작해, 12월에 창립 총회를 열었다. 육군 예비역 중장의 야마가타계 관료인 우사가와 가즈마사宇佐川一正: 쵸슈 출신가 초대 총재가 되었다. 부총재는 가쓰라와 관계가 좋은 소네曾禰 부통감이 요시하라 사부로吉原三郎: 전 내무 차관를 가쓰라 수상에게 추천하여 취임하였다(桂 앞 曾禰書狀, 1908년 10월 27일, 「桂太郎文書」).

이토 통감은 의병진압도 병력증강과 유지에 대해 가쓰라 수상(대장)과의 연대를 중시하면서 해결했다. 이토 통감과 관계가 좋지 않은 하세가와 요시미치長谷川好道 조선주차군 사령관(야마가타계 관료)은 1908년 12월 21일 사실상 해임되었다. 여기에도 가쓰라가 깊이 관여하였으며, 후임 사령관도 이토의 의향을 존중하여 '위압'적이지 않은 인품의 인물을 골랐다(伊藤之雄, 「伊藤博文の韓国統治と韓国併合」)(후임으로 오오쿠보 하루노大久保春野 대장이 임명됨-옮긴이).

한국통감 사직

1908(명치 41)년 6월 12일, 이토 통감은 한국주차군의 육군 장교를 초대하여, (1) '한국의 폭도'는 결코 내란이 아니고 지방의 '소동'에 지나지 않으니 이를 토벌할 때에 '양민'에게 위해를 가하지 않도록 해야 한다. (2) '일반 국민'은 "뇌리 속에 다소 반일사상을 품어도 공공연히 방패와 창(무기)을 들고 일본에 반항하는 것은 아니다". (3) "양민을 애호愛護하여 우리에게 열복悅服시키고 우리 폐하의 덕을 입도록 하는 책임이 있다'며, 의병 진압에 주의를 촉구했다(「陸軍將校招待席上伊藤統監演説要領筆記」, 1908년 6월 12일, 「倉富勇三郎文書」). 통감으로 한국에 와서 2년이 지났음에도 이토는 일반 한국인들도 반일사상을 가지고 있는 것을 인정하지 않을 수 없었다. 그러나 그들을 친일화 할 수 있다는 희망을 버리지는 않았다.

이토 통감은, 같은 해 7월 5, 6일경에 하세가와長谷川 조선주차군 사령관에게 돌연 통감을 사임하고 소네 부통감을 후임으로 하고 싶다는 의향을 전했다. 이 말은 곧바로 하세가와로부터 데라우치 육군대신에게, 데라우치로부터 야마가타 원수 등에게 전해졌다. 사임 이유는 이미 그 해 겨울부터 봄에 걸쳐 일본과 한국을 왕복하는 생활이 이토의 건강에 타격을 주었기 때문일 것이다. 같은 해 7월을 정점으로 의병운동이 한풀 꺾인 상황도 은퇴의 적기로 여겼을 것이다.

이토는 1908년 귀국해 있는 동안(7월 21일~11월 14일)에 통감 사임을 요청했다. 그러나 사쓰마계 유력자인 야마모토 곤베山本権兵衛: 전 해군대신를 시작으로 가쓰라 수상과 고무라 외무대신도 이토의 유임을 바랐다. 이전에 이토가 통감을 그만두고 일본으로 돌아오면 추밀원 의장을 이토에게 양보하기로 한 야마가타마저도 이토의 사임을 반대했기 때문에, 이토는 사임을 철회하지 않은 채 서울에 귀임했다.

그 후 이토의 행동을 보면, 이토의 통감 사임은 한국통치에 대한 의욕을 상실했기 때문이 아니다. 이토는 통감을 사임해도 원로이며 명치 천황의 두터운 신임을 얻고 있었다. 가쓰라와 사이온지 등의 협력을 얻어 후임 통감의 후원자가 되어 지금까지 추구해 온 한국통치 정책을 실행시킬 생각이었다.

이토 통감은 같은 해 11월 25일 서울(한성)에 귀임한 후, 약 한달 사이에 시정개선협의회에 4번 출석하여 한국 각료들을 지도하는 등 정력적으로 일했다. 그 사이 이토는 12월 8일 제63회 시정개선협의회에서 일본인 경찰관을 조금씩 줄이고, 한국인 순사를 늘려가는 방침을 밝혔다. 일본에서 경찰관을 전입시키면 급여와 수당 등으로 경비가 들며, "3년 후에 일본의 보조"가 없어지면 재정적으로 궁지에 빠질 수 있기 때문이다. 한국인 순사는 '인민을 박해'할 우려가 있다는 의견에 대해서도 이토는 철도, 전신, 우편 등 교통편이 좋아지면 일본인이나 한국인이나 부정은 바로 알려지기 때문에 차이가 없다고 반론했다(『日韓外交資料集成』6권 하, 1119~1123쪽).

이토가 병합을 전제하고 있었다면, 1908년 12월 시점에서, 3년 후에 일본으로부터 보조가 없어지는 등의 걱정은 하지 않았을 것이다. 그리고 이토는 순사 채용 문제에서 되도록 일본인과 한국인을 근접하게 생각하려 했다는 것을 새삼 확인할 수 있다(伊藤之雄, 「伊藤博文の韓国統治と韓国併合」).

한국 황제의 남북 순행

이토는 1909(명치 42)년 1월 1일을 서울(한성)에서

1909년 순종황제의 남북 순행 기념사진(仁政殿 앞)
왼쪽부터 고쿠부 쇼타로, 이재완, 박제순, 송병준, 고영희, 임선준, 이완용, 이토 히로부미,
윤덕영, 순종 황제, 이병무, 의양군, 민병석, 이재곤, 조중응, 김윤식, 이지용, 조민희, 고의성

맞았다. 통감이 되고 처음이다. 늙은 몸으로 따뜻한 오오이소가 아닌 추위
가 매서운 한성에서 정월을 보내게 된 데에는 이토의 결의가 있었다. 의병
운동이 수습되어 가는 상황에서, 어쩔 수 없다며 이토의 한국통치책에 대
해 한국인이 적극적으로 지지하는 분위기가 만들어지고, 변혁을 위해 그들
이 변화해 가기를 바라는 이토의 희망이 있었다. 이토는 그 기폭제로 순종純
宗 황제에게 기대를 건다.

　1909년 1월 2일, 이토 통감은 이완용 수상을 불러 명치초년에 일본 천황
이 각지를 순행했던 예를 들어 순종의 순행巡幸을 제안하고, 자신도 배종하
겠다고 알렸다. 이완용은 찬성했고, 주청하여 순종도 동의했다. 1월 4일에
순행에 대한 조칙이 내렸다.

　우선 1월 7일에서 13일에 걸쳐 남부지방 순행이 이루어졌다. 서울을 출
발해 대구, 부산, 마산 등을 방문했다. 대구는 약 5만 명, 부산은 약 7만 명,
마산은 약 3만 명, 길가와 역 부근에도 천에서 수천 명의 환영 인파와 구경

꾼들이 나왔다. 황제는 단발을 했고, 대전에서는 종래의 문인 지도자 층인 양반 등에게 순종의 칙유와 이토 통감의 훈계가 있었다. 그 후 단발을 하는 자가 많아 졌다. 일부 한국인은 황제가 일본으로 가는 게 아닌가하고 불안해하거나, 전대미문의 순행은 관례를 깨는 것이라며 비판적으로 보는 자도 있었다. 그러나 전체적으로 눈에 띄는 반일 움직임은 없었다(松田利彦監修, 「南韓巡幸の部」, 『韓国「併合」期警察資料』). 이에 이토 통감은 기분이 좋아져 북부(서부 한국) 지방 순행을 황제에게 주청해 동의를 얻었다. 1월 27일부터 2월 3일까지 순행을 했다.

이에 앞서 1월 25일에 이토는 가쓰라 수상에게 편지로 황제는 기력이 충실하여 혈색이 좋고 이전과는 크게 달라졌다. 얼굴에도 정말로 일본을 신뢰하는 기색이 비친다는 등 기쁨을 표했다. 그리고 이번 남북 순행의 효과는 충분히 알 수는 없지만, "바라건대 남북 한(국)민이 일제히 우리(일본)를 신뢰하는 것 외에는 방법이 없다는 것을 알게 되기를 바란다"며, 통치에 대한 한국민의 협력이 확대되기를 기대한다고 전했다(「桂太郎文書」, 국립국회도서관 헌정자료실 소장).

남부 순행 때, 대구에서 있었던 일이다. 도착했을 때에는 인민들이 황제와 통감을 '다 같이 환영'했다. 떠날 때는 황제에게만 만세를 제창했으나(杉山茂丸 앞 内田良平書状, 1909년 1월 20일, 『内田良平関係文書』 1권), 불온한 사건은 없었다. 북부 순행에서는 평양, 신의주, 개성 등을 방문했다. 엄중한 경계를 폈음에도 불구하고 폭탄 소동과 이토 통감 암살 계획 등 반일운동이 있었다. 그리고 통감부는 학교 생도들이 한일 양국의 국기를 들고 환영하도록 지시했으나, 한국 학생은 일본 국기를 들지 않고, 일본 학생은 한국국기를 들지 않고 환영을 나온 곳도 적지 않았다. 행차가 지나간 후, 한국인은 일본 국기를 버리고 한국 국기만을 가지고 돌아가는 경우도 있었다(「西韓巡幸の部」, 「公立普通学校教監の西南韓巡幸ニ対スル民情及教育ニ対スル影響調査」, 松田利彦監修, 『韓国「併合」期警察資料』).

이처럼 북부 순행에서는 일본의 통치에 대한 한국인의 반감이 적잖이 감지되었다. 남부 순행과 비교해 북부 순행이 불온했던 것은 재한 일본어 신문에 까지 보도되었다. 이토 통감은 북부 순행을 배종陪從한 후, 2월 10일 서울을 출발, 17일에 오오이소에 돌아왔다. 북부 순행 후에 한국민이 이토의 통치정책을 적극적으로 지지하지 않고 있다는 사실을 다시 생각했다. 아마 이토는 한국을 병합하지 않을 수 없다고 생각하게 되었을 것이다(伊藤之雄, 「伊藤博文の韓国統治と韓国併合」).

병합에 동의하고 통감을 사직

1909(명치 42)년 3월 30일, 고무라 쥬타로小村寿太郎 외무대신은 가쓰라 다로桂太郎 수상에게 한국병합에 관한 방침을 제시했다. 4월 10일, 가쓰라와 고무라는 이토 통감을 방문하여 병합에 대해 이야기했다. 이토는 '의외로' 병합에 이론異論이 없다고 답했다. 이토가 병합을 승인하면, 이것은 지금까지의 그의 발언과 모순되기 때문에 통감을 그만둘 필요가 있었다.

이토는 늦어도 4월 14일 이전에 가쓰라 수상에게 통감을 그만 둘 결의를 다시 전했다. 가쓰라 수상은 이를 인정했다. 후임으로는 데라우치 육군대신이 적당하나 내각에서 유일한 의논 상대이기 때문에 보낼 수 없다고 이토에게 전했다(『原敬日記』 1909년 4월 14일). 그 해 10월 이토가 암살되기까지 이토와 연대하고 있던 가쓰라 수상의 권력도, 야마가타의 권력에 못지않았다. 데라우치는 야마가타의 심복이었으나 권력을 가진 가쓰라에게도 충분히 신경을 쓰며 행동했다. 그래서 데라우치는 가쓰라에게도 신뢰를 얻고 있었다.

그 후 가쓰라 수상은 데라우치 육군대신, 고무라 외무대신 등의 동의를 얻어 4월 17일, 야마가타에게 한국병합과 이토의 통감 사임, 그리고 소네를 후임으로 하고 싶다고 의논했다. 다음 날, 야마가타는 이토의 사임은 당연하며, 소네를 후임으로 하는 수밖에 없다고 가쓰라에게 답했다(桂 앞 山県書状, 1909년 4월 18일, 「桂太郎文書」). 작년 7월 이래 이토는 소네를 후임으로 하고 싶었다. 가쓰라의 배려로 야마가타도 이에 합의를 했다. 이토는 2개월 후인 6월 14일 통감을 사임하고, 소네 부통감이 통감으로 취임했다. 이토와 가쓰라가 연대하면 일반 정무에 대해서는 야마가타도 거의 무력했다.

약 3년 반 정도의 이토 통감시대에 대해, 이토와 반대되는 한국 통치관을 가진 오오쿠마 시게노부大隈重信계열의 신문에서조차, 식민지 대만과 다르게 (한국에서–옮긴이)관리의 부패가 없는 것은 이토의 '영향'이라고 각계에서 인정하고 있다고 평했다(『報知新聞』 1909년 7월 17일). 이토는 자신을 포함해 통감부의 관리를 엄격하게 다스렸다. 그 후 가쓰라 내각은 7월 6일 각의에서 병합 방침을 결정하고, 같은 날 명치 천황의 재가를 받았다.

병합 방침은 적당한 시기에 '한국병합을 단행'할 것, '병합의 시기'가 올 때까지는 '병합의 방침'에 근거하여 충분히 '보호국의 실권'을 장악하여 (일본의–옮긴이)실력을 확실히 쌓을 것 등이다. 병합 방침에는 빠른 시기에 강압적으로 병합할지, 차분히 준비하여 한국인에게 어느 정도 '자치'를 인정하는 형태로 병합을 할지 등은 애매하게 되어 있다. 이토와 야마가타라는 양 거두의 의견이 달랐기 때문이다(병합은 1910년 8월에 강압적으로 실행되었다-옮긴이).

또 하나의 병합

(이토가-옮긴이)병합을 승인하고 그것이 일본의 방침이 된 후, 이토는 1909(명치 42)년 8월 19일 야마가타 시에서 조선은 지금 거의 일본과 친화하여 대체로 '한 집'과 같다(『伊藤公演説全集』, 317쪽)고 연설했

다. 한국의 독립 보전에 대한 가능성을 없애는 뉘앙스의 발언을 한 것이다. 이토는 솔직했다.

병합이 불가피하다고 해도, 이토는 한국통치에 대해 이제껏 가지고 있던 이상을 모두 버린 것은 아니었다. 병합을 전제로 이토는 다음과 같은 새로운 통치구상을 생각했다. (1) 한국 8도로부터 각 10명의 의원을 선출하여 '중의원衆議院'을 조직한다. (2) 문무양반 가운데 50명의 '원로'를 호선으로 뽑아 '상원'을 조직한다. (3) '한국 정부대신'은 한국인으로 조직하고, '책임내각'으로 한다. (4) 정부는 '부왕副王' 밑에 둔다(『公刊明治天皇御記編修委員会資料·末松子爵家所蔵文書』 하권, 389쪽). 이 문서는 계속해서 한국병합을 전제로 다음의 한 세 가지 조문을 덧붙였다. "완전한 병합이 되면 협상의 필요도 없고, 선언으로 족하다", "한국 황실을 어떻게 처분해야 할까", "각국에 취해야할 조치는 무엇인가" 등이다.

(4)에서 이야기하는 '부왕'은 이토가 영어를 잘하고 영국의 식민지 통치에 대해 잘 알고 있었으며, 또 인도통치 등의 예를 종합해 보면, 일본인 총독을 가리킨다. 이 자료는 병합을 전제로 하고 있기 때문에 1909년 4월 이후에 집필된 것이다.[4]

---

[4] 이토 히로부미의 이른바 자치식민지에 관한 메모이다. 메모의 내용은 다음과 같다. 1. 한국팔도에서 각 10명의 의원을 선출하여 중의원을 조직한다. 2. 한국의 문무 양반 가운데에서 50명의 원로를 호선으로 선출하여 상원을 조직한다. 3.한국 정부의 대신은 한인으로 조직하고 책임내각으로 한다(韓国政府大臣ハ韓人ヲ以組織シ, 責任内閣トス為スヘキコト). 4. 정부는 부왕(副王)의 지배 아래(配下) 속한다(번호는 원문에는 없으나 옮긴이가 임의로 붙였다). 이 메모를 이용하여 일본 연구자들은 이토의 한국병합구상을 자치식민지로 규정하는 경우가 많으나, 이에 대해서는 다소의 의문이 있으며 자료비판의 필요성이 제기된다. 우선 메모의 작성 시기가 매우 불분명하다. 또, 이 문서의 내용과 문체에도 의문의 여지가 있다. 당시 조선은 8도가 아니고 13도였다(한국 내정을 장악하여 통치하고 있던 통감으로서는 이러한 기본적 사실을 틀리게 기술하기는 어렵다). 마지막으로 1, 2, 4번은 정확한 문장으로 기술되어 있으나, 3번 문장은 일본어로서는 매우 이해하기 어려운 난해한 문체로 되어 있다. 그 외 이 메모의 원본을 확인할 수 없을 뿐만 아니라, 이토의 서명도 없는 등의 점에서 이 메모가 반드시 이토가 작성했다는 확증이 없다. 내용에서도 식민지통치기간 동안

(海野福寿, 『伊藤博文と韓国併合』, 173~174쪽; 小川原宏幸, 「伊藤博文の韓
国併合構想と第三次日韓協約体制の形成」은 이토가 병합을 결의한 시기
를 1907년 4월경부터 7월경으로 비교적 빠르게 보고 있다. 그래서 이
사료를 1907년 12월부터 다음해 4월까지 일시 귀국했을 때나, 1907년
7월 이후의 비교적 이른 시기의 것으로 본다. 이 책에서 말하는 것보
다 1년에서 1년 9개월 정도 빠른 시기이다. 그러나 이 책에서 살펴본
바와 같이, 이토가 병합에 동의한 시기는 1909년 4월이므로 그들의 추
정은 옳지 않다.)

한국의 병합을 불가피하다고 결심한 후에도, 이토는 한국에 '책임내각'과
식민지 의회를 두는 형태로 어느 정도 지방 '자치권'을 주어 병합에 대한 한
국인의 비판을 완화시키려고 생각했다. 이러한 그의 태도는 그가 통감으로
서 가지고 있었던 구상과 유사하다. 병합하지 않고 한국인민의 자발적인
협력을 얻어 일본의 지출을 되도록 적게 하여 한국의 근대화를 달성한다.
그렇게 되면 일본이 이익을 얻음과 동시에 일본에 준하여 한국의 이익도
도모할 수 있다는 것이었다. 병합 후에 식민지 의회 등 한국인에게 일정한
'자치'를 인정하는 제도를 만들기 위해서는 준비가 필요하다. 그러므로 실
제로 실행된 것과 같은, 1910년 8월이라는 조기의 한일병합은 불가능하다.
　이로부터 십 수 년 후에 조선초총독부의 내무국장 오오쓰카 쓰네사부로
大塚常三郎는, 1920년대 전반에 조선에 중의원 의원 선거법 시행 여부를 검토
한다. 오오쓰카는 식민지 의회로서 조선 의회의 설치가 필요하다고 제안했
다. 그러나 영국에서의 아일랜드인과 같이, 조선인이 단결하여 정당을 만들
고 독립을 요구하여 큰 영향을 미칠 우려가 있다고 하여 국정 참정권은 주

실현되지 않았던 의회를(대만도 마찬가지) 이 시점에서 구성하려 했다는 점은
메모 내용이 현실성이 없는 것으로 보인다. 이 메모가 이토 히로부미의 한국통
치 이미지에 큰 영향을 미치고 있는 만큼 보다 면밀한 자료 검증이 있어야 겠
다(이성환 「이토 히로부미의 문명론과 한국통치」, 『일본사상』 제20권, 2011년).

지 않는다는 결론을 내렸다(大塚内務局長私案, 「朝鮮議会(参議院)要綱」, 「斎藤実文書」, 국립국회도서관 헌정자료실 소장).

이토의 생각은 먼저 지방자치에서 참정권을 주고, 그리고 국정으로 옮겨가자는 것이었을 것이다. 이토는 영국의 역사와 아일랜드 등의 식민지 상황도 잘 알고 있었다. 이토는 일본에서 가장 먼저 조선에 식민지 의회를 설치할 것을 구체적으로 생각할 정도였기 때문에, 먼 훗날의 이야기이지만, 한국인을 일본 국정에 참가시킬 생각도 했을 가능성이 있다. 결국 이토의 죽음으로 그 후에 조선에서는 식민지 의회조차 구성되지 못했다.

사법권 위임에 노력

1909(명치 42)년 6월 14일 통감을 사임한 후, 원로 이토는 야마가타로부터 추밀원 의장직을 물려받았다. 야마가타는 강등되어 추밀원 평고문이 되었다. 그러나 이토는 활동을 추밀원에 한정하지 않았다.

이토는 한국의 사법권을 일본에 위임시키기 위해 움직였다. 일본 정부가 한국의 사법권을 대행하는 것이다. 한국 측에서 보면 일본에게 사법권을 빼앗기는 것처럼 보인다. 이토는 한국에 독자적인 법전을 정비하려는 노선을 1909년 2월 귀국한 뒤로 포기했다. 이토가 한국을 병합하지 않을 수 없다고 결심한 것과 관계가 있다.

7월 3일 이토는 가쓰라 수상, 고무라 외무대신에게 한국 정부가 일본에게 사법권 위임을 쉽게 승인하지 않을 것이라는 예상을 전했다. 그리고 만일 확답이 자꾸 지연되면 일본으로서는 선언적으로 (한국의―옮긴이) 승낙 여부에 상관없이 이를 실행하지 않을 수 없다고 (한국 정부에―옮긴이) 전할 예정이라고 강한 결의를 보였다(桂·小村 앞 伊藤書狀, 1909년 7월 3일, 「桂太郎文書」). 약 2주 후인 7월 17일, 이토는 사법권 위임으로 한국의 치외법권은 당연히 철폐될 수 있다고 일본인 기자에게 말했다. 병합에 합의한 이토가 가장 걱정한 것 중 하나가 한국과 열강 사이에 맺어진 불평등조약이 오래 지속되는 것이었기 때문이다. 병합 후 이토의 이상대로 한국의 식민지 경영을 하기 위해서는 비용이 든다. 이 재원을 확보하기 위해서는 한국(또는 병합 후의 조선)에서 빠른 시기에 치외법권을 철폐하고 재류 외국인에게도 과세를 할 필요가 있었다.

한국에서 사법제도의 근대화 없이, 열강에게 무리하게 치외법권의 무효를 통보하면 열강과의 관계가 악화된다. 일본의 사법제도를 한국에 거주하는 외국인에게 적용한다고 해도, 그것을 운용하는 사법관과 재판소를 서둘러 정비해야 한다. 그러기 위해서는 한국의 사법제도를 무리한 수단을 써서라도 지금 이상으로 빨리 정비하고, 열강에게 승인을 받을 필요가 있다. 이토는 초조했을 것이다.

이토는 통감 사무를 인계한다는 명목으로 7월 4일에 시모노세키를 출발하여 다음 날 5일 서울(한성)에 도착했다. 7월 12일 이토는, 통감부와 한국정부 사이에 한국의 사법 및 감옥 사무위탁에 관한 각서(기유각서 또는 한국사법 및 통감사무 위탁에 관한 각서라고 함—옮긴이)를 체결하는 데 성공했다. 한국의 사법권은 일본에 위탁되었다(이로 인하여 법부와 재판소가 폐지되고 그 사무는 통감부의 사법청司法廳으로 옮겨졌다—옮긴이).

여름의 무더위에도 불구하고 서울 체재 중 이토는 매우 정력적으로 움직였다. 각 방면으로부터의 초대에 응하고, 한국에 대해 다양한 강연을 했다. 그 가운데 한 두 곳에서 이토는 소네曾禰 통감과의 관계를 '양아버지와 양아들'에 비유했다(『報知新聞』 1909년 7월 17일). 이토는 그 후에도 한국에 계속 관여할 것을 공언한 것이다. 7월 14일, 이토는 서울을 뒤로 하고 일본으로 향했다.

심복인 고마쓰 미도리小松綠에 의하면, 이토가 일본으로 돌아간 후에는 "태풍이 지나간 후의 적막감" 같았으며, 특히 외(무)부의 사무는 일단락되어 "매우 한산"했다(古谷久綱 앞 小松書狀, 1909년 8월 16일, 「古谷久綱文書」, 도쿄대학대학원 법학정치학연구과 소장). 이토는 한여름에도 아랑곳하지 않고, 일본으로 돌아오자, 8월 1일부터 23일까지 한국 황태자 이은李垠의 동북지방과 홋카이도 행계行啓에 동행했다. 이은의 견문을 넓힐 뿐만 아니라, 정계 실력자로 명치 천황의 신임이 두터운 이토가 이은을 귀하게 대하는 것을 보여줌으로써, 일본 국민에게 병합 후 한일융합의 바람직한 모습을 보여 주려는 것이었다.

그래서 이은은 공식적으로 일본 황태자 요시히토 친왕(후에 대정 천황)에 준하는 형태의 대우를 받게 되었다. 예를 들면 1909년 10월 이은의 12번째 생일을 축하하기 위해 황태자 요시히토 친왕과 황족들이 도쿄 시 도리이자카鳥居坂에 있는 이은의 저택을 방문했다. 식당에서 열린 축하연은 중앙에 황태자 요시히토가 앉고, 그 다음 상석인 왼쪽에 이은이 그리고 히가시쿠니노미야東久邇宮, 다케다노미야竹田宮의 순으로 앉았다. 황태자 요시히토의 오른쪽으로 아사카노미야朝香宮, 기타시라카와노미야北白川宮 순으로 앉았다 (『報知新聞』 1909년 10월 21일).

제18장

암살

극동문제에 대한 관심과 만주행

1909(명치 42)년 8월, 가쓰라 내각의 고토 신페이後藤新平 체신대신은 이토에게 유럽을 여행하면서 관계 열강의 지도자들과 회견을 하면, 일본의 진의를 이해시키는 데 큰 효과가 있을 것이라고 권했다. 그리고 그 전에 러시아의 동양사무 주관자이자 최고 유력 각료인 고고프체프Nikolayevich Kokovtsov 재무대신을 만나 극동문제, 특히 한국 처리 문제에 대해 일본의 방침을 미리 암시해 두면 좋겠다고 제안했다. 이토가 이에 동의하여 고토가 외무성을 통해 준비를 해서 10월 하순 하얼빈에서 이토와 고고프체프가 회견하게 되었다. 이토는 9월 말에 가쓰라 수상과 고무라 외무대신에게도 고고프체프와의 회담에 대해 양해를 얻었다.

10월 11일, 야마가타 아리토모 원수가 이토의 레이난자카霊南坂 저택을 방문하여 앞으로의 일에 대해 의논했다. 그날 밤, 가쓰라 다로桂太郎 수상이 주최한 만찬회에서 이토는 영국 기자의 질문을 받고 (1) 시간에 상관없이 위험에 노출되어 있다. (2) 옛날에는 목숨이 조금은 아까웠지만, 지금은 여생이 얼마 남지 않아 나라를 위해서라면 언제라도 기꺼이 죽을 것이다. (3) 걱정되는 가장 마지막 문제는 한국이며, 이것만 정리되면 안심이라고 했다(『伊藤博文伝』하권, 855~864쪽).

이토가 걱정하는 마지막 문제가 한국이라고 한 데에는 이유가 있다. 그는 '헌법정치'(입헌정치)의 완성을 위해 전력을 다 했다. 이토가 이상적인 정당으로 생각하고 만들었던 입헌정우회도 몇 번의 위기를 넘겼고, 사이온지 긴모치西園寺公望를 총재로 하여 하라 다카시原敬가 당무를 도맡아 순조롭게 발전하고 있다. 러일전쟁 후에는 2년 반 이상 제1차 사이온지 내각이 계속되었다. 이를 대신하는 제2차 가쓰라 내각은 야마가타계 관료를 배경으로 한 내각이지만, 정우회의 실력을 인정하여 정우회와 연대하여 정권운영을 할 정도가 되었다. 이처럼 '헌법정치'는 정착되고 있었으며, 1909년 10월 단계에서 군을 통제하는 법제도를 만드는 골치 아픈 문제를 제외하면 이토에게 특별히 신경 쓰이는 내정문제는 없었기 때문이다.

이토는 한국문제가 걱정이 된다고 했지만, 비서관으로서 마지막까지 이토를 모셨던 후루야 히사쓰나古谷久綱는 이토가 암살당하지 않고 몇 개월 더 살았다면 "다음 계획은 필시 북경행이 되었을 것이라 믿어야 할 이유가 있다"고 회상했다(『藤公余影』, 277쪽). 그리고 이토는 측근인 무로타 요시아야室田義文에게도 "내년은 청국의 고문으로" 북경에 가니까 함께 가자고 했다(『室田義文翁譚』, 257쪽).

같은 해 8월 28일, 이토가 청국의 헌정대신憲政大臣 이가구李家駒를 도쿄의 오오이무라大井村의 은사관恩賜館으로 불러, 송별 오찬회를 열었다. 이것으로도 이토의 북경행 이유를 추정할 수 있다. 이가구 대신은 일본의 헌정 조사를 마치고 귀국하게 되어 있었다. 이가구의 헌법조사에는 이토를 대신해 미요지 추밀고문관, 호즈미 야쓰카穗積八束 박사(도쿄제국대학 법과 교수), 아루가 나가오有賀長雄 박사 등이 협력했다(『報知新聞』 1909년 8월 29일).

청국은 러시아와 일본이 전쟁 강화교섭을 시작한 1905년 7월, 입헌제 도입을 위해 해외시찰단을 파견했다. 1905년 12월에는 재택載澤 일행의 해외정부 시찰단이 일본에 왔다. 이듬해 1월 4일 이토는 재택 단장과 회담했다.

이토는 재택에게 천황이 통치권은 가지고 있으나 실제 행정상 책임은 내각에 있다고 설명했다. 일본의 경우처럼, 먼저 군주의 군주권을 억제하는, 행정권이 강한 국가를 지향해야한다고 조언한 것이다. 청국의 정치 시찰 대신들은 10~15년 후에 입헌국가로 이행할 구상을 하고 있었던 같다.

이처럼 이토는 한국통감이 되었을 때부터 청국의 입헌제에로의 이행에 관심을 갖고 있었다. 이토는 1910년에 이토 미요지伊東巳代治와 함께 청국으로 갈 예정으로 있었다고 한다(曽田三郎, 『立憲国家中国への始動』, 29~86쪽).

이가구 대신 일행을 위한 송별 오찬회에는, 이토와 이가구, 이토 미요지, 호즈미穂積, 아루가有賀와 함께 가쓰라 수상, 데라우치 육군대신, 고무라 외무대신도 내빈으로 참석했다. 이토의 인사말에 이가구는 이토에게 받은 헌법 지도에 대한 감사의 말로 답했다. 산회 후, 이토는 가쓰라 수상과 이토 미요지를 배석시킨 별실에서 이가구에게, 청나라의 헌정 실시에 관해 충고했다. 이가구는 이토의 자세한 충고에 감사하며 돌아갔다고 한다(『報知新聞』 1909년 8월 29일).

같은 해 8월 19일과 20일, 이토는 청나라에서 전개되고 있는 '개혁론'과 '입헌정체론'에 대해, 나라가 너무 커서 교통수단, 징세, 지방자치 등이 불충분하며, '내란'이 일어나면 세계적으로도 큰일이다라는 연설을 했다. 그는 청국의 정세에 대해 낙관적이지 않았다. 그리고 이토는 '극동의 평화'가 깨지면 일본이 제일 손해이기 때문에 '강 건너 불구경'할 수는 없다. 일본의 행동이 열강의 이익을 무시한다는 의혹을 받지 않도록 '평화유지'를 위해 활동해야 한다고 논했다(『伊藤公演説全集』, 316~325쪽).

약 2년 뒤, 청국에서 신해혁명이 일어나고, 1912년 2월 12일, 청나라는 멸망했다. 이토는 청나라의 헌정개혁에 위태로움을 감지하고 직접 북경으로 건너가 개혁에 협력하려고 생각하고 있었던 것이다. 이토는 한국을 병합하지 않을 수 없었으나, 우선 식민지에 '책임내각'과 식민지 의회를 만들어 한국에 조금이라도 '헌법정치'를 보급하려 했다. 그리고 청나라의 '헌법정치'

도입을 도우려고 생각했다. 이토는, 어렵지만, 일본에서부터 극동으로 '헌법정치'를 확산시켜가는 것이 '극동의 평화'로 이어진다는 원대한 이상을 가지고 있었다.

그러나 청나라에 대한 지도를 잘못하면 열강으로부터 청나라마저 보호국화하려 한다는 의혹을 초래한다. 그래서 이토는 유럽으로 가서 관계 열강의 지도자를 만나 청나라에 '헌법정치'를 도입하여 근대화하는 것이 열강과 일본의 무역을 안정시키고 확대시킬 수 있어 상호이익이 될 것이라 설득하려 했을 것이다.

만주에서 평화를 결의

1909(명치 42)년 10월 14일, 이토 히로부미 추밀원 의장은 무로타 요시아야室田義文: 귀족원의원, 무라타 아쓰시村田惇 중장축성(築城) 본부장, 전 한국통감부 소속, 후루야 히사쓰나古谷久綱: 추밀원 의장 비서관 등과 의사인 오야마 젠小山善, 시인 모리 가이난森槐南: 모리 다이지로(森泰二郎), 궁내부대신 비서관을 수행원으로 하여 오오이소에서 기차로 출발했다. 15일에 바칸馬関: 시모노세키下関의 슌판로春帆楼에서 1박을 하고, 16일에 모지門司: 현재의 북큐슈 시 모지에서 승선했다(『伊藤博文伝』 하권, 864쪽; 『藤公余影』, 280쪽). 18일에는 중국의 대련에 도착했다. 이토에게 만주는 처음이다. 다음날 19일에는 대련의 관민 환영회에 참석하여 다음과 같은 연설을 했다.

최근 드디어 청나라는 '열심히 문명 정치'를 받아들이려 하고 있다. 나는 "청나라가 각종 개혁에 성공하기를 매우 희망한다". 만약 불행하게 성공하지 못하고 끝나면 "극동의 평화에 크게 영향을 미칠 것을 우려 한다". 청나라의 개혁을 성공시키기 위해 일본 정부가 직접 원조를 할 수 없다면 간접적으로라도 원조를 해야 한다고 믿고 있다(『伊藤公演説全集』, 867~868쪽).

이토는 만주에 도착한 직후, 청나라의 입헌제 도입을 위한 개혁을 도울 열의를 다시 표명한 것이다. 20일, 이토는 여순旅順에 가서 (러일전쟁의—옮긴 이) 전적지를 둘러보고 그 감개를 한시 3개에 담았다(『藤公余影』, 283쪽). 그 중 하나는 러일전쟁 격전지인 '203 고지'라는 제목이다.

久聞二百三高地 一万八千埋骨山 今日登臨無限感 空看嶺上白雲還
(203고지에 대해서는 이전부터 들었다. 일만 팔천 구의 유골을 묻은 산이
다. 오늘 올라가 아래를 내려다보니 감개무량하다. 산봉우리의 흰 구름이 사
라지는 것을 허망하게 바라본다)

이토의 시에는 (러일전쟁 때 여순 항을 공략하기 위한—옮긴이) 203고지 점령 때 전사한 1만 8천 명의 일본 병사들에 대한 통한이 담겨있다. 또 격전지 '이룡산二龍山'을 노래한 다른 시에서도 혈흔이 땅에 배어 있다며 전투의 흔적을 생생하게 묘사하고 있다. 세 번째의 시는 '러시아 충혼비'에 꽃을 바치며 이름도 모르는 몇 만 명의 죽은 러시아병사를 생각하니 절로 눈물이 난다며 지은 것이다. 전쟁의 덧없음과 일본인뿐만 아니라 러시아 병사들의 희생도 깊이 배려하는 감수성이 있다. 그것이 한국의 질서 있는 근대화와 발전, 청나라를 포함한 '극동의 평화'를 추구하는 마음으로 이어지는 것이다.

이 날, 이토는 여순의 관민 환영회에 출석하여 빈번한 전쟁은 국가에 불이익이며 인도적으로도 바람직하지 않다고 연설했다. 그리고 무엇보다 평화리에 필요한 준비를 하여 '국운 신장'을 도모해야 하지만 현재 세계는 평화를 주장하면서 실제로는 서로 군비경쟁을 강화하고 '국운 발달'을 도모하고 있다. 그렇기 때문에 '무장武裝의 평화'는 피할 수 없고 '많은 군사비'는 국민이 부담할 수밖에 없는 의무라고 생각한다고 결론지었다(『伊藤公演説全集』, 868쪽). 이토는 제1차세계대전 후의 국제협조주의 시대와 현대에도 통하는 평화론과 세계관으로 연결되는 무엇을 가지고 있었으나, 현재 세계는 그러

한 상황이 아니라며 현실주의적 입장에서 '무장의 평화'를 설파한 것이다.

그 후 21일에 이토는 여순에서 승차하여 요양遼陽, 봉천奉天: 현재의 瀋陽, 무순撫順: 당시 동양 최대의 탄공도시로 알려짐 옮긴이을 지나 25일 오전 7시에 장춘에 도착했다. 이 날, 차안에서 만주 풍물을 감상하고 다음의 마지막 시 한수를 지었다.

万里平原南滿洲 風光濶遠一天秋 当年戦迹(跡)留余憤 更使行人牽暗愁
(만리 평원 남만주. 멀리까지 펼쳐진 풍광은 하늘 전체가 마치 가을 같구나.
이 나이가 되어도 전장의 흔적에는 아직 가라앉지 않은 분노가 남아있다. 그
것이 나그네를 남모르는 슬픔에 사로잡히게 하는구나.)

이 날도 이토는 러일전쟁의 희생을 회상했다. 두 번 다시 그런 일이 일어나지 않도록 하자고, 내일 예정되어 있는 고고프체프 재무대신과의 회견에 임할 결의를 새롭게 했다.

10월 26일 아침 하얼빈 역 앞

고고프체프 재무대신은 1909(명치 42)년 10월 24일 하얼빈에 와서 이토를 기다리고 있었다. 26일 오전 9시, 이토가 탄 기차가 하얼빈 역에 도착했다. 고고프체프는 곧바로 살롱차에 올라 이토를 영접하고, 두 사람은 첫 대면 인사를 교환했다. 그리고 두 사람은 플랫폼에 내렸다. 고고프체프의 희망으로 이토 일행은 러시아군 수비대를 열병하고, 각국 영사단이 정렬한 곳으로 가서 악수를 나눴다(『伊藤博文伝』하권, 870~872쪽).

그리고 이토 일행은 줄 서있는 일본인 앞으로 다가가 군대와 환영인파를 오른쪽으로 보면서 두 세 걸음 내딛은 후, 선두에 있던 이토 혼자 휙 돌아서 원래 왔던 쪽으로 되돌아가려던 참이었다. 그 때 시각은 오전 9시 30분.

군대의 한쪽 후방에서 갑자기 한 청년이 나타나 이토에게 다가가 총을 수 발 쏘았다. 안중근安重根이었다. 오른쪽 3발이 이토에게 명중했고, 수행원 모 리 다이지로森泰次郎 비서관, 가와카미 도시쓰네川上俊彦 총영사, 다나카 세이지 로田中淸二郎 만철 이사 등 세 사람은 왼쪽에서 각각 한 발씩 총을 맞았다. 이 토는 즉시 둘러싸여 열차 안으로 옮겨졌다. 주치의인 오야마 젠小山善이 역에 마중 나와 있던 러시아인 의사와 함께 응급처치를 했다. 그러나 폐를 관통 한 두 발의 총알이 치명상이 되어 오전 10시에 이토는 서거했다. 향년 68세 였다(小山善談, 「臨終の光景」, 『伊藤公全集』 3권, 292~203쪽; 古谷久綱, 『藤 公余影』, 288~294쪽).

(이토의 암살에 대해서는 안중근 이외에 저격범이 있었다는 설이 있다. 이 토를 수행했던 무로타 요시아아室田義文는 역 2층 식당에서 대각선 아래를 향해 프랑스 기마총으로 쏜 자가 있었다고 한다(『室田義文翁譚』). 그리고 가미가이 토 겐이치上垣外憲一는 이토의 열강과의 협조정책에 반발하여 우익인 스기야마 시게마루杉山茂丸, 아카시 모토지로明石元二郎: 한국 주차군 참모장 등이 계획의 중심이 었으며, 데라우치 마사타케寺內正毅 육군대신, 다나카 기이치田中義一 대령육군성 군 사과장 등도 알고 있었다고 한다(『暗殺·伊藤博文』). 오오노 가오루大野芳는 스기야 마 시게마루와 고토 신페이를 저격 계획자로 보고 있다(『伊藤博文暗殺事件』). 이에 대해 운노 후쿠주海野福壽는 가미가이토와 오오노의 두 책은 (이토 암살을-옮긴이) 일본의 권력범죄로 하여 이중저격 사실을 해명하는 시각과 단서를 제 공했다고 평가하고, "이토 살해로 득을 본 것은 야마가타, 가쓰라, 데라우치, 아카시 등 한국병합추진파=대륙침략파였다"고 지적했다(『伊藤博文と韓国併合』, 144쪽). 이러한 복수 암살자설은 무로다 요시아야가 약 30년 후에 회상을 정리한 『室田義文翁譚』에서 "작은 남자(안중근)가 마치 커다란 러시아병사의 넓적다리 사이를 빠져나가는 듯한 모습으로 총을 내밀었다", "이토를 저격한 것은 이 남 자가 아니었다. 역 2층 식당에서 대각선 밑을 향해 프랑스 기마총騎馬銃을 쏜 자가 있다, 그가 바로 이토 암살의 진범이다"고 기술(270~271쪽)한 것을 전

제로, 무로타가 말한 탄환이 박힌 각도는 대각선 아래라는 증언(1909년 11월 20일, 사건으로부터 약 1개월 후)을 연결하여 안중근 이외의 '진범' 찾기를 하고 있다.

사건 당일 오후 6시, 이토를 수행했던 후루야 비서관이 전보로 가쓰라 수상에게 오야마 의사의 진단서와 후루야의 사건 증언을 보냈다. 그것에 의하면 한 청년이 이토에게 다가와 사격을 했고, 탄환은 수평으로 꽂혔다고 적혀 있다(『藤公余影』, 287~294쪽). 이토의 수행 의사와 비서관 등에 의한 사건 직후의 정보로서 오야마 의사와 후루야의 정보 쪽이 무로타 쪽보다 신빙성이 있다.

그리고 복수의 암살범설을 제기하는 필자들은 (1) 이토와 가쓰라가 연대하고 있었으며, (2) 이토와 야마가타는 한국병합책 등에서 의견을 달리했지만, 야마가타는 생애 세 번이나 이토로부터 위기에서 도움을 받았고, 야마가타의 성실한 성격으로 이토를 어려워하는 경우가 많았으며, 서로 이해하고 보완하는 관계였다. (3) 따라서 야마가타와 가쓰라 측근의 인물이 이토를 암살했다고 생각할 수 없다. 또 만일 그렇다고 해도 그것이 새어 나갔을 경우 그들은 모든 것을 잃어버리기 때문에 계획했을 리가 없다.

필자들은 이 책에서 서술한 기본적인 권력구도를 이해하지 못하고 있다. 한국문제 등을 포함하여 이토, 야마가타, 가쓰라, 데라우치 등 권력자 상호간에 주고받은 편지 등 1차 사료를 꼼꼼히 읽지 않고 이토 암살의 '진범' 찾기만을 했기 때문이다.)

고고프체프는 러시아 경찰이 심문한 결과 보고를 후루야 히사쓰나古谷久綱 비서관에게 다음과 같이 전했다. (1) '범인'(안중근)의 '흉행兇行' 목적은 이토 때문에 "한국의 정치적 명예가 더럽혀졌"으므로 이토를 살해하여 얼마간의 명예를 회복하려 했다. (2) 범인은 개인적으로는 이토에 대해 아무런 '원한'이 없으나 자신의 친구 중에 이토 때문에 중형에 처해진 자가 몇 명 있다. (3) '범인'은 어느 정당과도 관계없으며, 이 흉행은 전적으로 독단적인 것이며 누구와도 공모한 것이 아니라고 하나, 그 말은 믿을 수 없다. 어제 저녁

늦게 그곳에서 몇 리 남쪽에 있는 '채가구蔡家溝' 역에서 다른 두 명의 한국인을 체포했는데, 모두 '총'을 소지하고 있었다는 정보가 있다. (4) '범인'은 '가톨릭' 교도이며 몸에 십자가를 지니고 있었다. 검사 앞에 끌려왔을 때 무릎을 꿇고 목적을 달성한 것을 '하나님'께 감사했다고 전했다(桂太郎首相 앞 古谷久綱電報(사본), 1909년 10월 26일 오후 5시 50분 장춘발,「故枢密院議長公爵伊藤博文国葬書類」하, 1909년 국립공문서관 소장). 이처럼 안중근은 이토 저격 후에도 냉정했으며 의지가 강한 확신범이었다고 할 수 있다.

그리고 고고프체프는 '범인'의 국적이 한국이라는 것이 명백하기 때문에 일본을 거쳐 한국에 인도해야 하므로 보고는 일본 총영사에게 회부한다고 후루야에게 전했다(위의 자료).

국장(國葬)

10월 26일자로 이토에게 종1품이 수여되었다. 그리고 다음날 27일, 이토의 장례는 국장으로 하기로 되었다. 이토는 죽어서 종1품인 이와쿠라 도모미(전 우대신)와 쵸슈 번주인 모리 모토노리毛利元德 공작과 같은 반열이 되었다. 그리고 지금까지 국장은 이와쿠라가 최초이고, 아리스가와노미야 다루히토, 기타시라카와노미야北白川宮, 고마쓰노미야小松宮와 산죠 사네토미三条実美: 전 태정대신, 시마즈 히사미쓰島津久光: 전 좌대신, 모리 모토노리 공작 등, 궁중과 최고의 조정 신하公家와 사쓰마·쵸슈의 번주뿐이었다. 번주를 모신 신하 출신으로는 이토가 처음으로 파격적인 대우이다. 여기에는 이토에 대한 명치 천황의 평가가 큰 영향을 미쳤을 것이다.

이토의 시신은 특별열차로 대련까지 운반된 후, 대련에서 군함 '아키쓰시마秋津洲'로 옮겨져 11월 1일에 요코스카横須賀 항에 도착했다. 요코스카 항에는 스에마쓰 겐쵸(전 내무대신, 이토의 딸 이쿠코의 남편), 이토 분키치, 니시 겐시로西源四郎: 이토의 딸인 아사코의 남편 등 근친과 가쓰라 수상, 사이토 해군대신

1909년 11월 4일 히비야공원 장례식장으로의 운구행렬

등 각료가 이토를 맞았다. 그리고 이날 명치 천황과 황후는 이토의 생전 공훈을 기려 이토의 후사인 히로쿠니에게 공작을 이어받도록 하기에 앞서 분키치에게 특별히 남작을 수여했다.

이토의 국장은 4만 5,000엔(현재의 약 5억 9,000만 엔)을 국고에서 지출하여 1909(명치 42)년 11월 4일 도쿄의 히비야공원에서 치러졌다. 장례 위원장은 쵸슈 출신으로 이토와 친했던 스기 마고시치로杉孫七郎 추밀고문관이 맡았다(「故枢密院議長伊藤博文国葬書類」 상, 1909년 국립공문서관 소장). 장남인 히로쿠니博邦가 유럽 출장 중으로 귀국하지 못했기 때문에, 상주는 대리로 분키치가 맡았다. 하루 전날은 명치 천황의 탄생일인 천장절天長節로 맑은 가을 하늘이 57세가 된 천황을 축하했다. 그러나 11월 4일에는 아침부터 구름이 낮게 깔리고, 쓸쓸한 바람이 불어 하늘도 이토의 죽음을 슬퍼하는 것 같았다.

오전 9시, 시신이 들어있는 관을 실은 차는 레난자카의 궁내성 관저를 출발했다. 육해군 군악대, 근위보병 1연대, 제1사단 보병 2연대, 해군 소총부대 2개 대대, 그리고 수천 명의 육해군이 영구차의 앞뒤를 따랐고, 또 도중에도 도열하여 배웅을 했다. 10시가 넘어서 영구차 행렬의 선두가 히비야 공원으로 들어갔다. 11시 10분에 장례식이 시작되었다. 명치 천황은 시종侍從을 칙사로 식장에 파견했다. 황후도 황후궁의 궁내 관료를 대리 참배케 하고, 다마구시玉串: 비쭈기나무 가지에 형겊 또는 종이 오리를 달아서 신전에 바치는 것_옮긴이를 바쳤다. 12시 10분에 장례가 끝나자 낮은 구름 사이로 갑자기 굵은 빗방울이 떨어졌다(『報知新聞』 1909년 11월 5일).

식이 끝나자 관은 오후 1시에 히비야공원을 출발하여 오후 2시 40분에 오오이무라大井村의 다니다래谷垂에 준비되어 있던 1,400평 남짓한 장지에 도착했다. 독경 후에 유족들이 마지막 이별을 하고 관이 매장되었다. 오후 4시경에 모든 것이 끝났다.

이토의 장례는 도쿄 시민의 많은 관심을 모았다. 예를 들면 관의 출발지인 레이난자카 관저에서 에노키차카, 다메이케, 아오이바시 방면에 걸쳐 이른 새벽 5시경부터 많은 사람들이 연도에 늘어서기 시작하여 인산인해를 이루어 혼란이 극심했다. 러일전쟁의 '개선凱旋 소동 이상'이었다는 평이다. 히비야 공원에서 오오이무라의 묘지까지도 초중학교 학생, 대학 및 전문학교 학생, 소방대, 마을회 등이 줄을 서서 그를 배웅했다. 묘지 내의 공지도 기증받은 수천 개의 생화와 조화로 메워졌다. 이토의 그림엽서도 길가 곳곳의 노점상에서 팔렸으며, 오전 10시전에 매진되었다(『報知新聞』 1909년 11월 5일; 『東京日日新聞』 1909년 11월 5일). 장례 모습에서 이토는 천황과 고관뿐만 아니라 많은 일본 국민들로 부터 사랑을 받은 정치가였다는 것을 알 수 있다.

이토의 죽음으로 변한 것

　　　　　　직접적으로 가장 큰 영향을 받은 것은 한국병합의 방법과 시기였다. 야마가타는 이토를 조심스러워 했다. 그렇기 때문에 이토 생전에 야마가타는 한국 통치정책에 직접 개입하는 것을 삼갔다. 이토와 야마가타 사이에는 병합을 위한 한국 통치책의 큰 틀조차 합의가 없었으며, 가쓰라 수상의 협력을 얻어 이토가 주도하는 형태였다.

　그러나 이토 암살 후, 야마가타는 데라우치에게 지시하여 공세를 시작했다. 데라우치도 야마가타와 가쓰라 사이에서 중립적인 자세를 버리고 야마가타를 따랐다. 이렇게 하여 친일단체인 일진회의 한일 '합방' 청원을 둘러싸고 야마가타 및 데라우치 육군대신 노선과 가쓰라 수상 및 소네曾禰 통감 노선이라는 형태로, 한국 통치책을 둘러싸고 대립과 혼란이 생겼다. 야마가타는 1909년 12월 10일경에 데라우치 육군대신의 지지를 전제로, 일진회의 한일 '합방'론에 가세하는 형태로, 경우에 따라서는 소네 통감을 사임시켜도 좋다고 생각했다. 이즈음에 한국정책은 야마가타와 데라우치가 주도해 가게 되었다. 조기에 강압적으로 병합을 해야 한다는 노선이 강해진 것이다. 따라서 병합 후 조선에 직선제 식민지 의회를 만들어 조선인에게 일정한 '자치'를 인정하고, 조선인에 의한 '책임내각'을 조직하여 일본이 간접 통치를 한다는 이토의 구상이 실현될 가능성은 없어졌다.

　야마가타 원수와 데라우치 육군대신은 1910년 1월 초, 일진회 등 한국인 정파와 한국 거주 일본인의 의향을 특별히 고려할 필요 없이, 한국의 정세에 따라 일본 정부가 독자적으로 판단하여 병합을 실행하기로 결정했다. 그리고 가능하면 일진회 등 한국인 정파와 서울(한성)의 일본인 기자단 등을 해산시킨다는 방침을 확고히 한 것 같다(大久保春野 앞 寺內正毅書狀, 1909년 1월 3일(추정), 「寺內正毅文書」, 국립국회도서관 헌정자료실 소장; 伊藤之雄, 「伊藤博文の韓国統治と韓国併合」). 야마가타와 데라우치는 1910년 1, 2월경에, 가까운 장래에 한국을 병합할 것을 큰 과제로 삼고, 야마가타는 한국 정세에 매우 신경을 썼다.

이에 대해 가쓰라 수상과 소네 통감은 야마가타와 데라우치 노선에 불만을 가졌다. 가쓰라와 소네는 명치 천황의 도움을 얻어 대항하려고까지 생각했다. 그러나 그 해 겨울부터 봄에 걸쳐 소네 통감의 병이 악화되어 가쓰라와 소네는 결정적으로 열세에 놓이게 되었다.

4월이 되자 야마가타는 소네 통감을 경질할 의사를 보였다. 그 결과 5월 30일 데라우치가 통감(육군대신 겸임)이 되고, 야마가타의 양자로 장손인 전 체신대신인 야마가타 이사부로山県伊三郎가 부통감이 되었다. 이 새로운 체제로 8월 29일 병합이 실시되었다. 그것은 조선총독부가 관료기구만을 통해서 식민지 조선을 통치하는 병합으로 이토의 구상과는 큰 차이가 있었다 (伊藤之雄, 「伊藤博文の韓国統治と韓国併合」).

이토의 죽음으로 영향을 받은 또 한 가지가 있다. 이토가 만년에 생각했던 청국에 '헌법정치'가 가능하도록 조언하여 극동의 질서를 안정시키고 평화를 유지한다는 과제였다. 이토가 북경에 가서 청국에 조언을 하고, 이토의 지시로 일본 고문단이 파견되었다고 해도 청국은 너무 거대해서 완전히 변화를 못하고 2년 후 신해혁명이 시작되어 청의 조정이 무너질 가능성은 적지 않았다. 그러나 중국(청)의 존재양식에 대해, 이토의 주도로 중국(청)과 관계되는 열강과 협의하고, 신해혁명 후에 일본의 대중국정책에 큰 영향력을 행사했다면 제1차 세계대전을 포함해 그 이후의 중일관계나 열강과의 관계는 훨씬 원활했을 것이다.

명치 천황은 러일전쟁 후에 성인병으로 건강이 더욱 악화되었다. 그리고 이토의 암살로 낙담하여 건강 상태가 점점 더 나빠져 갔다(伊藤之雄, 『明治天皇』 제7장, 3쪽). 천황은 1912년 7월 29일 밤(공식적으로는 7월 30일)에 요독증尿毒症으로 인한 심장마비로 서거했다. 이토보다 9살 어린 향년 59세였다.

이토와 명치 천황의 죽음으로 두 사람이 만든 대일본제국헌법(명치헌법)

개정을 추진할 인물이 없어져버렸다. 그리고 청일, 러일 두 전쟁의 승리로 인해 천황의 사후, 위대한 명치 천황이 발포한 헌법의 권위가 너무 커져버려서 헌법 개정에 대한 발상조차 정치적으로 위험한 것이 되었다.

이토는, 러일전쟁 후에 공식령으로 육해군대신에 대한 수상의 권한을 강화하려 했듯이(제17장), 명치헌법의 불완전성을 의식하고 있었다. 헌법을 개정하거나, 다른 법령으로 사실상의 수정이 이루어지지 않은 채, 일본은 소화昭和: 1930년대 옮긴이 초기를 맞게 된다. 이러한 헌법상의 문제가 일본이 만주사변, 중일전쟁과 태평양전쟁으로 나아가는 한 원인이 되었다(伊藤之雄, 『昭和天皇と立憲君主制の崩壊』제I부).

이토 히로부미와 안중근

이토를 평가하는 저술에 대해 설사 그것이 실증적인 것이라 해도, 많은 한국 사람들은 경계심을 보이는 것이 보통이다. 안중근에게 암살된 이토는 한국병합을 앞장서 추진했던 식민지주의자로 비판받아 왔다. 그렇지 않으면 한국독립운동의 영웅으로서 한국 민족주의의 큰 기둥인 안중근의 명예가 훼손되는 것이 아닐까라고 생각하기 때문이다. 이 결과, 한국인은 안중근을 칭찬하고 이토를 비판하면서 만족해하고, 많은 일본인은 한국인으로부터 이토와 일본의 근대를 비판받아 좌절과 실망을 쌓아가게 된다. 한편 한국인은 안중근이 '동양평화론'을 외치고, 정의감이 강한 지성적인 청년이라는 것을 일본인이 충분히 인정하지 않는 것에 대해 불만을 가진다.

중요한 것은 안중근이 이토의 이상을 충분히 이해하지 못하고 이토를 암살했다고 해도, 독립운동가로서 안중근의 평가는 폄하될 리가 없다는 것이다. 일반적으로 이異문화 간의 상호이해는 매우 어렵다. 한 독립운동가가 통치국의 최고 권력자 이토의 생각과 성품을 이해하지 못해도 그것은 안중근의 책임이 아니다.

한편 안중근이 이토를 암살한 동기에 대해서는 "통감부의 명령에 따라 조국에서 압학壓虐받는 국민이 처형되고 있기 때문에 복수했다" 등으로 비교적 객관적으로 보도되었다. 그러나 안중근(이라는 인물—옮긴이)에 대해서는 항상 '흉한兇漢' 등의 표제어로 보도되었다(『東京日日新聞』 1909년 10월 28일·11월 1·2·3·5일 등).

식민지 통치를 포함한 이토의 전 생애를 되도록 사료에 근거하여 실증적으로 묘사하고, 안중근에 대해서 같은 형태로 이루어지는 것이 중요하다고 생각한다. 그 위에 한일 양국민이 이전보다 이토와 안중근에 대한 이해를 깊이하고 제국주의 시대의 식민지 지배에 관해 교차하는 두 사람의 인생의 의미에 대해 생각해야 한다.

이상하게도 이토의 전기를 쓰는 작업을 진행하던 중에 안중근의 성품을 알게 되었다. 입장이 다르긴 하지만, 정의감과 강한 의지 등, 이토와 안중근이 닮은 면이 많다는 것을 알게 되었다. 그래서 이토의 암살자인 안중근에게 신념으로 살았던 인간으로서, 이토와 공통되는 친밀감을 느꼈다.

이 책이 이토 히로부미와 일본의 근대화를 이해하기 위해서뿐만 아니라, 한일과 동아시아의 상호이해와 영속적인 연대를 위해 조금이라도 도움이 되면 기쁘겠다.

| 주요 참고문헌 |

1. 사료

(「日本外交文書」나 외무성 외교사료관, 국립국회도서관 헌정자료실 및 방위성방위
연구소 도서관 소장 등의 자료는 필자의 저서나 논문에서 사용하였으며, 이 책에서 직
접 언급하지 않은 것도 포함하고 있다.)

(1) 미간행 사료

青木周蔵外相, 「条約改正記事」(「陸奥宗光関係文書」 수록)[본문에서는 「関係文書」의
「関係」를 생략해서 표기함. 다른 사료도 같음.] 국립국회도서관 헌정자료실
소장.
「伊東伯爵家文書·朝鮮王妃事件関係資料」(「憲政史編纂会収集文書」 수록), 국립국회
도서관 헌정자료실 소장.
伊藤博文, 「清国事件に関し大命を奉したる以来の事歴」(「伊藤博文関係文書」 수록), 국
립국회도서관 헌정자료실 소장.
「伊藤博文遺書」 1898년, 伊藤博昭 씨 소장.
「伊藤博文遺書」 1907년, 伊藤博雅 씨 소장.
「伊藤博文遺書」, 伊藤公 자료관 소장.
「伊藤博文関係文書」, 국립국회도서관 헌정자료실 소장.
「伊東巳代治関係文書」, 국립국회도서관 헌정자료실 소장.
「井上馨関係文書」, 국립국회도서관 헌정자료실 소장.
「井上伯財政整理意見」(「井上馨關係文書」 수록).
「岩倉具視関係文書」(사본)〈川崎本〉 마이크로필름, 국립국회도서관 헌정자료실 소장.
「岩倉具視関係文書」(사본)〈岩倉公旧蹟保存会対岳文庫所蔵〉 마이크로필름, 국립국회
도서관 헌정자료실 소장(본문에서는 「岩倉具視文書」〈対岳〉으로 약함)
「大江卓関係文書」, 국립국회도서관 헌정자료실 소장.
「大木喬任関係文書」, 국립국회도서관 헌정자료실 소장.
「大山巌関係文書」, 국립국회도서관 헌정자료실 소장.

「桂太郎関係文書」, 국립국회도서관 헌정자료실 소장.

韓国駐箚軍司令部, 「韓国暴動ノ景況」, 방위성 방위연구소 소장.

韓国駐箚憲兵隊, 「賊徒ノ近況」, 방위성 방위연구소 소장.

「倉富勇三郎関係文書」, 국립국회도서관 헌정자료실 소장.

「黒田清隆関係文書」, 국립국회도서관 헌정자료실 소장.

「故枢密院議長公爵伊藤博文国葬書類」, 국립공문서관 소장.

「斎藤実関係文書」, 국립국회도서관 헌정자료실 소장.

「阪谷芳郎関係文書」, 국립국회도서관 헌정자료실 소장.

佐佐木高行「佐佐木高行日記」(사본)(「憲政史編纂会収集文書」 수록), 국립국회도서관
　　　헌정자료실 소장.

「三条家文書」, 국립국회도서관 헌정자료실 소장.

「杉孫七郎関係文書」, 국립국회도서관 헌정자료실 소장.

「寺内正毅関係文書」, 국립국회도서관 헌정자료실 소장.

「寺島宗則関係文書」, 국립국회도서관 헌정자료실 소장.

「徳大寺実則日記」(사본)〈旧渡辺文庫所蔵〉, 와세다대학 도서관 소장.

度支部, 「韓国財政概況」(「勝田家文書」 수록), 재무성 재정사실 소장.

中田敬義記, 「条約改正事件日記」第1冊(「陸奥宗光関係文書」 수록), 국립국회도서관
　　　헌정자료실 소장.

「年度別書翰集」, 야마구치현 문서관 소장.

「野村靖関係文書」, 국립국회도서관 헌정자료실 소장.

平田東助, 「伊藤内閣交(ママ)迭事情」(末定稿)(「憲政史編纂会収集文書」에 수록된 「平
　　　田東助関係文書」), 국립국회도서관 헌정자료실 소장.

平田東助, 「山県内閣」(미완성 원고)(「憲政史編纂会収集文書」 수록의 「平田東助関係
　　　文書」), 국립국회도서관 헌정자료실 소장.

「古谷久綱文書」, 동경대학 대학원 법학정치학연구과 부속 근대일본법정사료센터 原
　　　資料部 소장.

「牧野伸顕関係文書」, 국립국회도서관 헌정자료실 소장.

「松方家文書」(「憲政史編纂会収集文書」 수록), 국립국회도서관 헌정자료실 소장.

「松方正義関係文書」, 국립국회도서관 헌정자료실 소장.

「三島通庸関係文書」, 국립국회도서관 헌정자료실 소장.

「陸奥宗光関係文書」, 국립국회도서관 헌정자료실 소장.

「山本権兵衛関係文書」, 국립국회도서관 헌정자료실 소장.

「吉井友実関係文書」, 국립국회도서관 헌정자료실 소장.

「芳川顕正関係文書」, 국립국회도서관 헌정자료실 소장.
「内閣より在朝鮮警備兵を内地派遣方の件」(密受第83号, 1895年10月3日, 「密大日記」
　　　　明治28年, 방위성 방위연구소 도서실 소장)(アジ歴C03023051300).

(2) 간행 사료

安在邦夫・望月雅士編, 『佐佐木高行日記・かざしの桜』, 北泉社, 2003.
伊藤博邦監修・平塚篤編, 『続伊藤博文秘録』, 原書房, 1982(원본은 春秋社, 1930).
伊藤博文編, 『秘書類纂・兵政関係資料』, 原書房, 1970.
伊藤博文関係文書研究会編, 『伊藤博文関係文書』(全9巻), 塙書房, 1973~1981.
伊東巳代治自筆, 「憲法67条に関する井上毅子の意見」, 『井上毅伝・史料篇』2巻, 333~
　　　　337쪽.
伊東文書を読む会, 「『伊東巳代治関係文書』 수록・伊藤博文翰翻刻」 上・下(『参考書
　　　　誌研究』 47号, 1997年 3・10月).
井上馨関係文書講読会, 「『井上馨関係文書』所収伊藤博文翰翻刻—明治16年3月から明
　　　　治26年4月まで」正・続(『参考書誌研究』 56・68号, 2002年 3月・2008年 3月).
井上馨談話・末松謙澄編, 『伊藤・井上二元老直話・維新風雲録』, 哲学書院, 1900(복각
　　　　판은 マツノ書店, 1994年).
井上毅伝記編纂委員会, 『井上毅伝・史料篇』4・5巻, 国学院大学図書館, 1971・1975.
内田良平文書研究会編, 『内田良平関係文書』1巻, 芙蓉書房, 1994.
エルヴィン・ベルツ著・若林操子監修・池上弘子訳, 『ベルツ日本再訪—草津・ビー
　　　　ティハイム遺稿/日記篇』, 東海大学出版会, 2000.
大山梓編, 『山県有朋意見書』, 原書房, 1966.
大山梓・稲生典太郎編, 『条約改正調書集成』 上・下, 原書房, 1991.
小川平吉文書研究会編, 『小川平吉関係文書』1巻, みすず書房, 1973.
外務省編, 『日本外交年表並主要文書』 上, 原書房, 1965.
我部政男他編, 『大津事件関係資料集』 上・下, 山梨学院大学社会科学研究所, 1995・
　　　　1999.
神川彦松監修・金正明編, 『日韓外交資料集成』6巻 上・中・下, 巌南堂書店, 1964~1965.
木戸孝允関係文書研究会, 『木戸孝允関係文書』1~4巻, 東京大学出版会, 2005~2009(본
　　　　문에서는 『木戸孝允関係文書』〈東〉로 약함).
慶応義塾, 『福沢諭吉全集』 全21巻, 岩波書店, 1958~1971.
坂根義久校注, 『青木周蔵自伝』, 平凡社, 1970.

尚友県楽部山県有朋関係文書編纂委員会, 『山県有朋関係文書』 全3巻, 山川出版社, 2004~2008.

末松謙澄, 『増補・藤公詩存』, 博文館, 1911.

妻木忠太編, 『木戸孝允日記』 全3巻, 日本史籍協会, 1032~1933.

妻木忠太編, 『木戸孝允文書』 全8巻, 日本史籍協会, 1929~1931.

東京大学史料編纂所編, 『保古飛呂比-佐佐木高行日記』 4~12巻, 東京大学出版社, 1973~1979.

日本史籍協会編, 『大久保利通日記』 전2권, 日本史籍協会, 1927.

日本史籍協会編, 『大久保利通文書』 전10권, 日本史籍協会, 1927~1929.

日本史籍協会編, 『大隈重信関係文書』 4권, 日本史籍協会, 1934.

沼田哲・元田竹彦編, 『元田永孚関係文書』, 山川出版社, 1985.

野村治一良, 『米寿閑話: 言論の自由と「二十六世紀」事件』, 私家本, 1963.

原奎一郎編, 『原敬日記』 전6권, 福村出版, 1965~1967.

原敬, 「山県侯爵との対話筆記」, 「松方伯との対話要概」, 原敬文書研究会, 『原敬関係文書』 6권, 日本放送出版協会, 1986.

原田態雄述, 『西園寺公と政局』 전9권, 岩波書店, 1950~1956.

堀口修・西川誠監修・編集, 『公刊明治天皇御記編修委員会資料・末松子爵家所蔵文書』・『末松子爵家所蔵文書ー公刊明治天皇紀編集委員会史料』 下, ゆまに書房, 2003.

松田利彦編監修, 『松井茂白紙記念文庫旧蔵・韓国「併合」期警察資料』 3・5・8巻, ゆまに書房, 2005.

『「明治天皇紀」談話記録集成』(전9권), ゆまに書房, 2003.

山口県教育会編, 『吉田松陰全集』(전11권), 大和書房, 1972~1974.

立教大学日本史研究室編, 『大久保利通関係文書』 전5권, 吉川弘文館, 1965~1971(본문에서는 『大久保利通関係文書』〈立〉로 약함).

山川雄巳編注, 『児島惟謙・大津事件手記』, 関西大学出版部, 2003.

早稲田大学大学史資料センター編, 『大隈重信関係文書』 1~5권, みすず書房, 2004~2009 (본문에서는 『大隈重信関係文書』〈早〉로 약함).

2. 신문·잡지

『大阪朝日新聞』・『京都日出新聞』・『日出新聞』・『東京朝日新聞』・『東京日日新聞』・『報知新聞』・『東京横浜毎日新聞』・『官報』・『国民新聞』・『日刊人民』・『中央新聞』・『朝鮮新

報』・『太陽』.

3. 이토 히로부미를 직접 다룬 문헌

阿部眞之助, 「伊藤博文」(阿部眞之助, 『近代政治家評伝』, 文藝春秋新社, 1953).

「伊藤博文公」, (『太陽』 임시 증간호 50권 15호, 1909년 11월 10일).

岡義式, 「初代首相・伊藤博文」(岡義式, 『近代日本の政治家』, 文藝春秋新社, 1960(신판은 岩波書店, 1979 수록).

伊藤真一, 『父逝いて50年』, 伊藤博文追頌会, 1959.

伊藤真一, 「父・博文を語る」(村松剛他『日本文化を考える〈対談集〉』, 日本教文社, 1979.

内藤憲補編, 『伊藤公演説全集』, 博文館, 1910.

伊藤博文述・小松録編, 『伊藤公直話』, 千倉書房, 1936.

伊藤文吉, 「父博文の私生活」, 『中央公論』 1939년 2월호.

金子堅太郎述, 『伊藤公を語る』, 興文社, 1939.

小松緑編, 『伊藤公全集』(全3巻), 昭和出版社, 1928.

春畝公追頌会編, 『伊藤博文伝』 上・中・下巻, 統正社, 1940.

末松謙澄, 『孝子伊藤公』, 復刻版マツノ書店, 1997(초판은 博文館, 1911).

鈴木安蔵, 『評伝伊藤博文』, 昭和刊行会, 1944.

中村菊男, 『伊藤博文』, 時事通言社, 1958.

馬場恒吾, 『伊藤博文』, 潮文閣, 1942.

古谷久綱, 『藤公余影』, 民友社, 1910.

4. 단행본

浅野豊美, 『帝国日本の植民地法制ー法域統合と帝国秩序ー』, 名古屋大学出版会, 2008.

浅野豊美・松田利彦編, 『植民地帝国日本の法的構造』, 信山社, 2004.

有泉貞夫, 『星亨』, 朝日新聞社, 1983.

安藤照述・小久江成子稿, 『お鯉物語』, 福永書店, 1927.

李英美, 『韓国司法制度と梅謙次郎』, 法政大学出版局, 2005.

家永三郎・松永昌三・江村栄一編, 『新編・明治前期の憲法構想』, 福村出版, 2005.

五百旗頭薫, 『大隈重信と政党政治ー複数政党制の起源・明治14年~大正3年ー』, 東京大学出版社, 2003.

石井孝, 『明治初期の国際関係』, 吉川弘文館, 1977.

伊藤博文, 『憲法義解』, 丸善, 1889.

吉野信次追悼緑刊行会, 「伊藤文吉」, 『吉野信次』, 1974.

『伊藤文吉君を偲ぶ』, 日本鉱業株式会社, 1552.

伊藤之雄, 『立憲国家の確立と伊藤博文一内政と外交・1889~1898一』, 吉川弘文館, 1999.

伊藤之雄, 『立憲国家と日露戦争一外交と内政・1898~1905一』, 木鐸社, 2000.

伊藤之雄, 『昭和天皇と立憲君主制の崩壊一睦仁・嘉仁から裕仁へ』, 名古屋大学出版会, 2005.

伊藤之雄, 『明治天皇一むら雲を吹く秋風にはれそめて一』, ミネルヴァ書房, 2006.

伊藤之雄, 『元老西園寺公望一古希からの挑戦』, 文春新書, 2007.

伊藤之雄, 『山県有朋一愚直な権力者の生涯一』, 文春新書, 2009.

伊藤之雄・李盛煥編, 『伊藤博文と韓国統治一初代韓国統監をめぐる百年目の検証一』, ミネルヴァ書房, 2009(이성환・이토 유키오 편저, 『한국과 이토 히로부미』, 도서출판 선인, 2009).

伊藤之雄, 『伊藤博文をめぐる日露関係』, ミネルヴァ書房, 2011.

稲田正次, 『明治憲法成立史』 상・하권, 有斐閣, 1960~1962.

稲生典太郎, 『条約改正論の歴史的展開』, 小峯書店, 1976.

井上馨侯伝記編纂会, 『世外井上公伝』 전5권, 内外書籍, 1933~1934.

井上勝生, 『幕末維新政治史の研究一日本近代国家の生成について』, 塙書房, 1994.

井上光貞他編, 『日本歴史大系』 4권, 山川出版社, 1987.

海原徹, 『高杉晋作』, ミネルヴァ書房, 2007.

海野福寿, 『伊藤博文と韓国併合』, 青木書店, 2004.

大石一男, 『条約改正交渉史・1887~1894』, 思文閣出版, 2008.

大石眞, 『日本憲法史・第2版』, 有斐閣, 2005.

大磯町教育委員会, 『伊藤博文と大磯町(逝去50年に当って)』, 大磯町教育委員会, 1959.

大谷正, 『近代日本の対外宣伝』, 研文出版, 1994.

大津淳一郎, 『大日本憲政史』 전10권, 宝文館, 1927~1928.

大野芳, 『伊藤博文暗殺事件』, 新潮社, 2003.

大庭みな子, 『津田梅子』, 朝日新聞社, 1990.

大橋昭夫, 『後藤象二郎と近代日本』, 三一書房, 1993.

小川原正道, 『西南戦争』, 中公新書, 2007.

笠原英彦, 『天皇親政一佐々木高行日記にみる明治政府と宮廷』, 中公新書, 1995.

笠原英彦, 『明治国家と官僚制』, 芦書房, 1991.

柏原宏彦, 『工部省の研究ー明治初年の技術官僚と殖産興業政策ー』, 慶応義塾大学出版会, 2009.

上垣外憲一, 『暗殺・伊藤博文』, ちくま新書, 2000.

木戸公伝記編纂所編, 『松菊木戸公伝』 상・하권, 明治書院, 1927.

金文子, 『朝鮮王妃殺害と日本人』, 高文研, 2009.

木村毅監修, 『大隈重信は語るー古今東西人物評論ー』, 早稲田大学出版部, 1969.

楠山永雄, 『伊藤博文公と金沢別邸』, 金沢郷土史愛好会, 2009.

宮内庁編, 『明治天皇紀』 전13책, 吉川弘文館, 1968~1977.

栗原健, 『対満蒙政策史の一面』, 原書房, 1966.

黒瀬郁二, 『東洋拓殖会社ー日本帝国主義とアジア太平洋ー』, 日本経済評論社, 2003.

小林和幸, 『明治立憲政治と貴族院』, 吉川弘文館, 2002.

小林道彦, 『日本の大陸政策1895~1914ー桂太郎と後藤新平ー』, 南窓社, 1996.

小林道彦, 『桂太郎ー予が生命は政治であるー』, ミネルヴァ書房, 2006.

小松緑, 『春畝公と含雪公』, 学而書院, 1934.

財団法人文化財建造物保存技術協会編, 『山口県指定有形文化財旧伊藤博文邸保存修理工事報告書』, 山口県熊毛郡大和町, 2004.

斎藤聖二, 『北清事変と日本軍』(芙蓉書房出版, 2006.

坂根義久, 『明治外交と青木周蔵』, 刀水書房, 1985.

坂本一登, 『伊藤博文と明治国家形成』, 吉川弘文館, 1991.

酒田正敏, 『近代日本における対外硬運動の研究』, 東京大学出版会, 1978.

佐々木克, 『幕末政治と薩摩藩』, 吉川弘文館, 2004.

佐々木隆, 『藩閥政府と立憲政治』, 吉川弘文館, 1992.

佐々木隆, 『伊藤博文の情報戦略』, 中公新書, 1999.

清水伸, 『明治憲法制定史』 상・중・하, 原書房, 1971~1974.

清水唯一朗, 『政党と官僚の近代ー日本における立憲統治構造の相克ー』, 藤原書店, 2007.

ジョージ・アキタ, 『明治立憲政と伊藤博文』, 東京大学出版会, 1971.

進藤玄敬, 『明治の元勲伊藤博文公と我大磯』, 私家本, 1938.

曽田三郎, 『立憲国家中国への始動ー明治憲政と近代中国ー』, 思文閣出版, 2009.

高橋光, 『ふるさと大磯探訪』, 郷土史研究紀, 1991.

高橋秀直, 『日清戦争への道』, 東京創元社, 1995.

高橋秀直, 『幕末維新の政治と天皇』, 吉川弘文館, 2007.

瀧井一博, 『ドイツ国家学と明治国制ーシュタイン国家学の軌跡ー』, ミネルヴァ書房, 1999.

瀧井一博, 『文明史のなかの明治憲法ーこの国のかたちと西洋体験ー』, 講談社, 2003.

田中彰, 『岩倉使節団の歴史的研究』, 岩波書店, 2002.

田谷広吉・山野辺義智編, 『室田義文翁譚』, 常陽明治記念会東京支部, 1938.

徳富蘇峰, 『東西史論』, 民友社, 1933.

内藤一成, 『貴族院と立憲政治』, 思文閣出版, 2005.

中尾定市, 『伊藤博文公と梅子夫人』, 亀山八幡宮社務所, 1996.

仲小路廉, 『新旧一新』, 日本書院, 1919.

中西洋, 『日本近代化の基礎過程・上ー長崎造船所とその労資関係・1855~1900年ー』, 東京大学出版会, 1982.

中原邦平, 『井上伯伝』 全3巻, マツノ書店, 1994(원본은 저자 간행, 1907).

奈良岡聰智, 『加藤高明と政党政治ー二大政党制への道』, 山川出版社, 2006.

野崎広太, 『らくがき』, 実文館, 1931.

野依秀一, 『短刀直入緑』, 実業之世界社, 1910.

萩原延壽, 『遠い崖ーアーネスト・サトウ日記抄ー』 전6권, 朝日新聞社, 1998~1999.

坂野潤治, 『明治憲法体制の確立ー富国強兵と民力休養』, 東京大学出版会, 1971.

樋田千穂, 『草もみぢ』, 生活百科刊行会, 1954.

藤井宗哲編, 『自伝音二郎・貞奴』, 三一書房, 1984.

藤原明久, 『日本条約改正史の研究ー井上・大隈の改正交渉と欧米列国』, 雄松堂出版, 2004.

保谷徹, 『戊辰戦争』, 吉川弘文館, 2007.

堀口修, 『明治立憲君主制とシュタイン講義ー天皇, 政府, 議会をめぐる論議ー』, 慈学社出版, 2007.

前田愛, 『幻景の明治』, 朝日選書, 1978.

升味準之輔, 『日本政党史論』 전7권, 東京大学出版会, 1965~1980.

松尾正人, 『木戸孝允』, 吉川弘文館, 2007.

松田利彦, 『日本の朝鮮植民地支配と警察・1905~1945』, 校倉書房, 2009.

松村正義, 『日露戦争と金子堅太郎ー広報外交の研究ー』, 新有堂, 1980.

松村正義, 『ポーツマスへの道』, 原書房, 1987.

御厨貴, 『明治国家をつくるー地方経営と首都計画ー』, 藤原書店, 2007(원본은 御厨貴, 『明治国家と地方経営』, 東京大学出版会, 1980).

宮他ゆう, 『密船留学生「長州ファイブ」を追って』, 萩ものがたり, 2005.

室山義正, 『近代日本の軍事と財政ー海軍拡張をめぐる政策形成過程ー』, 東京大学出版会, 1984.

毛利敏彦, 『明治6年政変の研究』, 有斐閣, 1978.

毛利敏彦, 『明治6年政変』, 中公新書, 1979.

森山茂徳, 『日韓併合』, 吉川弘文館, 1992.

森山茂徳, 『近代日韓関係史研究―朝鮮植民地化と国際関係―』, 東京大学出版会, 1987.

山口玲子, 『女優貞奴』, 新潮社, 1982.

山辺健太郎, 『日韓併合小史』, 岩波新書, 1966.

山本四郎, 『初期政友会の研究―伊藤総裁時代―』, 清文堂出版, 1975.

山本四郎, 『評伝原敬』 上・下, 東京創元社, 1997.

レズリー・ダウナー, 『マダム貞奴―世界に舞った芸者―』, 集英社, 2007.

Andrew Malozemoff, *Russian Far Eastern Policy, 1881-1904*, Octagon Books, New York, 1977.

Dominic Lieven, *Russia's Rulers Under the Old Regime*, Yale University Press, 1991.

Ian Nish, *The Origins of the Russo-Japanese War,* Longman, 1985.

Keith Neilson, *Britain and Last Tsar: British Policy and Russia, 1894-1917*, Oxford, 1995.

Raymond A. Esthus, *Theodore Roosevelt and Japan*, University of Washington Press, 1967.

5. 논문

李盛煥, 「伊藤博文の韓国統治と韓国ナショナリズム―愛国啓蒙運動と伊藤の挫折―」
(伊藤之雄・李盛煥編, 『伊藤博文と韓国統治』, ミネルヴァ書房, 2009).

伊藤之雄, 「元老の形成と変遷に関する若干の考察」(『史林』 60권 2호, 1977년 3월).

伊藤之雄, 「立憲政友会創立期の議会」(古屋哲夫他編, 『日本議会史録』 제1권, 第一法
規出版, 1991년 2월).

伊藤之雄, 「日清戦後の自由党の改革と星亨」(『名古屋大学文学部研究論集』 116호, 1993년
3월).

伊藤之雄, 「元老制度再考―伊藤博文・明治天皇・桂太郎―」(『史林』 77권 1호, 1994년
1월).

伊藤之雄, 「山県系官僚閥と天皇・元老・宮中―近代君主制の日英比較」(『法学論叢』 140권
1・2호, 1996년 2월.

伊藤之雄, 「韓国と伊藤博文」(『日本文化研究』・17집, 2006년 1월(한국)).

伊藤之雄, 「伊藤博文の韓国統治と韓国併合―ハーグ密使事件以降―」(『法学論叢』 164

권 1~6호, 2009년 3월).

伊藤之雄, 「伊藤博文の韓国統治ーハーグ密使事件以前ー」・(앞의 책, 伊藤之雄・李盛煥編, 『伊藤博文と韓国統治』).

稲葉和也, 「伊藤博文公の大井別邸について」(萩市役所所蔵).

大石眞, 「井上の憲法私案について」(『国学院法学』 19권 2호, 1981년 9월).

小川原宏幸・「伊藤博文の韓国併合構想と第3次日韓協約体制の形成」(『青丘学術論集』 25집, 2005년 3월).

小川原宏幸, 「伊藤博文の韓国統治と朝鮮社会ー皇帝巡行をめぐってー」(『思想』 1029호, 2010년 1월).

川口雅昭, 「吉田松陰の天皇観」(『藝林』 58권 1호, 2009년 4월).

桐原健真, 「吉田松陰における『忠誠』の転回ー幕末維新期における『家国』秩序の超克」 (『日本思想史研究』 23호, 2001년 3월).

須賀博志, 「大津事件という『神話』」(1)・(2)(『法学論叢』 142권 3호・144권 1호, 1997년 12월・1998년 10월).

鈴木由子, 「慶応4年神戸事件の意味ー備前藩と新政府-」(『日本歴史』 733호, 2009년 6월).

高橋秀直, 「廃藩政府論ークーデタから使節団へー」(『日本史研究』 356호, 1992년 4월).

高橋秀直, 「征韓論政変の政治過程」(『史林』 76권 5호, 1993년 9월).

高橋秀直, 「防穀令事件と伊藤内閣」(朝尾直弘教授退官記念会編, 『日本国家の史的特質・近世・近代』, 思文閣出版, 1995).

奈良岡聰智, 「イギリスから見た伊藤博文統監と韓国統治」(앞의 책, 伊藤之雄・李盛煥編, 『伊藤博文と韓国統治』).

萩市歴史まちづくり部文化財保護課柏本秋生, 「伊藤博文別邸に係る経緯」(2009년 6월).

方光錫, 「明治政府の韓国支配政策と伊藤博文」(앞의 책, 伊藤之雄・李盛煥編, 『伊藤博文と韓国統治』).

檜山幸雄, 「明治天皇と日清開戦」(『日本歴史』 539号, 1893년 4월).

堀口修, 「侍従藤波言忠とシュタイン講義ー明治天皇への進講に関してー」(『書陵部紀要』 46호, 1994).

水野直樹, 「植民地期朝鮮における伊藤博文の記憶」(앞의 책, 伊藤之雄・李盛煥編, 『伊藤博文と韓国統治』)(2009).

中塚明, 「NHKスペシャル・日本と朝鮮半島・第1回・『韓国併合への道』を見て」. http://www.inaco.co.jp/issac/shiryo/china/NHK_SP_nakatsuka.html.

이토 히로부미에 대해 관심을 가지게 된 지 벌써 20년이 지났다. 초기 의회에서부터 러일전쟁까지의 정당 발전과 의회정치의 정착, 그에 얽힌 근대 외교의 전개라는 새로운 테마로 연구를 시작한 지 1, 2년이 경과했을 때였다. 기존 연구에서는 그 시기의 이토에 대해 명확한 상像을 제시하지 않았다. 이토는 주역임에도 불구하고 조연으로 밀려나 있다는 위화감을 가졌다. 그리고 이토라는 거물 정치가에 대해 1차 사료를 이용한 본격적인 전기가 나오지 않은 것도 이상하게 생각했다. 그 후 나는 이토의 전기를 쓰기 위해 명치유신기부터 명치 말까지의 정치, 외교사 연구를 했고, 2권의 연구서와 몇 편의 논문을 썼다. 마지막으로 남겨진 과제는 한국통치 부분이었다.

다행히도 2006~2008년도의 과학연구비 보조금을 받아 이성환(한국계명대학교 일본학과 교수) 씨와 연대하여 한일공동으로 3년간에 걸쳐 '이토 히로부미와 한국통치' 연구회를 가졌다. 이것은 이토의 전기를 쓰는 데 큰 용기를 주었다(성과는 伊藤之雄·李盛煥編著, 『伊藤博文と韓国統治』, ミネルヴァ書房, 2009로 출간).* 연구회의 연구 분담자이며 사무국을 맡은 나라오카 소치奈良岡聰智: 현재 교토대학대학원 법학연구과 준교수 씨는 이토 관련 사료를 폭넓게 수집하였으며, 개인적으로 모은 사료의 일부도 제공해주었다.

이상과 같이 이토의 전기를 쓰는 데 준비기간은 꽤 길었다. 그러나 막상 쓰기 시작하자 집필과 관계없는 무리한 문제들이 닥쳤다. 그럴 때 누구보다도 나를 격려해주었던 사람은 사료를 읽는 동안 나의 마음속에 그려진

---

* 한국에서는 이성환·이토 유키오 편저, 『한국과 이토 히로부미』(도서출판 선인, 2009)로 출판되었다.

이토 히로부미였다. 기도 다카요시木戸孝允가 '강릉강직'이라고 표현했던 이토조차도 명치 14년 정변으로 헌법을 만들어 1890년까지 국회를 열겠다고 국민에게 약속해야만 했고, 그 후 유럽으로 헌법조사를 위해 떠나기 전에 그는 정신적으로 불안정했다. 서구와 전혀 다른 문화를 걸어온 일본에 서구식 헌법을 정착시키는 것이 얼마나 어려운지를 이해하는 사람은 이토뿐이었기 때문이다. 영국 풍을 이상으로 한 오오쿠마 시게노부와 후쿠자와 유키치福沢諭吉도 독일 풍을 이상으로 한 이와쿠라 도모미와 친구 이노우에 가오루, 이노우에 고와시도, 헌법만 만들면 간단하게 헌법에 입각한 정치를 할 수 있을 것이라 생각했다. 이토는 고독과 책임감 앞에 무너질 것 같았다.

이러한 사실을 알았을 때 내가 놓인 상황을 의연하게 타파할 각오가 생겼다. 이렇게 일본어판 『이토 히로부미』(『伊藤博文』, 講談社, 2009년)를 집필, 간행할 수 있었다. 그 후 나는 한국의 독자들이 본격적인 이토 히로부미의 전기를 꼭 읽어주었으면 하는 데 생각이 미쳤다. 그래서 이 책을 집필하게 되었으며, 일본어판 『伊藤博文』 출간 후의 새로운 연구 성과를 추가했다.

이토의 리더로서의 자질은 다음과 같은 것이라 하겠다. (1) 견실한 학식에 근거하여 장기적인 전망을 가졌으며, (2) 당시 일본이 놓인 현실의 엄중함을 잘 알고 있었다. (3) 그럼에도 불구하고 현실의 엄중함에 절망하지 않는 낙천적인 성격이었기 때문에 강한 결의로, 그것도 현실적인 방법으로 문제를 하나하나 해결해 나갔다.

이렇게 이토 히로부미와 일본 근대의 여정 속에서 앞으로의 한일관계와 국가의 변혁을 위해 정치가 등의 리더나 우리들의 자세가 어떠해야 하는가에 대한 힌트를 얻어야 할 것이다.

마지막으로 본서 출판을 위해 출판사와 교섭하고, 한국어 번역 감수 등 모든 것에 노력을 아끼지 않는 이성환 교수님께 감사의 말씀을 전하고 싶다.

2014년 11월

이토 유키오(伊藤之雄)

옮긴이는 2006년부터 2008년까지 이 책의 저자 이토 유키오(교토대학 법학부) 교수팀과 이토 히로부미에 관한 공동연구를 했다. 때로는 얼굴을 붉히는 일도 있었으나, 연구자로서의 기본 입장을 상호 존중하면서 연구를 진행했다. 그 성과는 한국에서는 『한국과 이토 히로부미』(도서출판 선인, 2009), 일본에서는 『이토 히로부미와 한국통치』(伊藤博文と韓国統治』, ミネルヴァ書房, 2009)라는 제목으로 출간되어 일정한 평가를 받았다.

공동연구가 끝난 후 이토 유키오 교수는 이토 히로부미의 진면목을 한국에 알리고 그것을 통해 상호인식의 폭을 넓혀가고 싶다며, 이 책을 집필하여 한국에서의 출간을 희망했다(이 책의 원본은 일본에서는 아직 출판되지 않은 한국어판을 위한 저술임). 원고를 일독 한 후 이토에 대한 미화와 과장, 그리고 논쟁을 불러일으킬 만한 부분이 있다고 느꼈다. 한국과 관련해서는 한국인이 납득하기 힘든 무리한 해석과 '정당화'도 엿보였다. 이토는 한일 병합론자가 아니라 대한제국에 대한 미완성의 선의의 보호자로서 묘사되고 있다. 러일전쟁이 없었다면 한일병합도 없었을 것이라는 가정도 쉽게 수긍하기 어려운 점이었다. 만약에 이토가 의도한 대로 러일 간의 협상이 진행되었다면, 일본은 러일전쟁이 없이도 한국을 자기의 세력권으로 넣고 보호국화와 식민지화의 길을 치달았을지 모른다. 일본의 일관된 팽창주의 속에 한국문제가 놓여있었다는 점을 간과하더라도, 만주의 이권을 지키기 위해 만주사변을 일으켜 만주를 식민지화한 사실에서도 이를 유추할 수 있다.

그러나 한국인의 호오好惡를 떠나, 그리고 뚜렷한 시각의 차이가 있음에도 불구하고 근대 일본의 그랜드 디자이너이며 한국과 동아시아 근대사에 매우 큰 영향을 미친 이토 히로부미를 한국에 소개하는 것도 나름의 의미가 있을 것으로 판단했다. 한국 근대사와 매우 밀접하게 관련되어 있는 일본 근대사를 이해하고, 또 일본 근대사 속에서 한국이 어떻게 취급되었는가를 아는 데에도 도움이 될 것이라는데 생각이 미쳤다.

2000년대 이후, 특히 아베 신죠阿部晋三 정권 성립 이후, 일본의 우경화(옮긴이는 이를 군사화 또는 과거 군국주의 시대로의 회귀현상으로 본다)의 진행과 함께 역사 인식문제를 둘러싸고 일본과 주변국 간의 갈등이 더욱 첨예해지고 있다. 독도, 센카쿠/댜오위다오의 영유권을 둘러싼 대립도 격화하고 있으나, 이 역시 역사인식 문제의 성격을 강하게 내포하고 있다.

역사인식 문제에 관해서는 한국과 중국은 궤를 같이하는 측면이 있다. 이를 상징하듯 2014년 1월 19일 중국의 하얼빈 역에 200㎡ 규모의 안중근 의사 기념관이 공식적으로 개관했다. 이에 대해 일본 정부는 안중근은 사형판결을 받은 '범죄자'이기 때문에 기념을 해서는 안 된다는 취지로 반발했다. 일본 정부의 이러한 태도는 실정법적으로는 안중근은 이토를 죽인 '범죄자'이다는 의미를 넘어 일본의 과거 침략역사를 미화하려는 의도를 포함하고 있다. 근현대사를 둘러싼 한일 간의 역사인식의 대척점에 안중근과 이토 히로부미가 상징적으로 위치하고 있다는 것을 알 수 있다.

이토는 당시 동서양에 가장 잘 알려진 일본 정치가이다. 일본은 제2차 세계대전 이전 비非서구 지역에서 유일하게 근대 국가 건설에 성공했다. 그 중심에는 이토가 있었다. 총리를 4번 역임하고 비서구에서는 처음으로 근대적인 헌법을 만들었고, 일본의 근대 천황제를 창출했다. 이토가 근대 국가 일본의 건설자로 평가받는 이유이다. 안중근 의사는 한국에서 가장 존경받는 독립운동가이다. 두 사람은 자국에서는 가장 위대한 인물들이나 상대 국가에서는 원흉으로 인식되고 있으며 그 간극이 메워지기는 쉽지 않을 것이다. 어떻게 보면 근대 한일관계에 대한 역사인식의 차이는 이 두 인물에 대한 상호 존중과 이해라는 인식의 폭을 넓혀가는 것에서부터 시작될지도 모른다.

안중근 의사와 이토는 동양평화라는 같은 세계관을 갖고 있었다. 하지만 그 내용은 전혀 달랐다. 이토의 동양평화는 자국의 이익을 위해 대한제국과 중국을 식민지화하는 것이었으며, 안중근 의사의 동양평화는 삼국이 협력, 공존하는 것이었다. 안중근 의사는 이토를 사살함으로써 대한제국의 운명이 바뀌리라고는 생각하지 않았을 것이다. 그럼에도 동양평화라는 시대적 대의를 위해 총을 쏴야 했다. 중국에서도 안중근을 의사로 기념하고 있는 이유이다. 만주 방문길에 나선 이토는 암살되기 1주일 전인 1909년 10월 19일 여순에서 행한 연설에서 '무장武裝의 평화'는 피할 수 없고 '많은 군사비'는 국민이 부담할 수밖에 없는 의무라고 했다(『伊藤公演説全集』, 868쪽). 제국주의적 동양평화론을 설파한 것이다.

역사는 현재를 보는 창窓이다. 동시에 역사는 현재적 의미로 재해석된다. 21세기 초엽의 하토야마 유키오鳩山由紀夫 정권 때 일본은 새로운 국가적 침로針路를 동아시아 공동체에서 찾았다. 이를 위해서는 한중일 삼국의 상호이해와 협력이 핵심이다. 이 책이 그러한 목적에 다소라도 부합되기를 바라는 것이 저자의 바람이다. 이 책을 읽은 독자에게 맡겨서 평가를 받아야 할 부분이다.

그래서 번역은 가능하면 저자의 용어 및 문체 등을 살리려고 노력했으며, 옮긴이의 설명이나 주석은 필요 최소한으로 했다. 번역서가 범하기 쉬운 한계를 의식해서이다. 번역에 의해 저자의 의도와 다르게 전달되는 위험을 줄이고 동시에 독자들이 선입견 없이 읽고 판단하도록 하는 것이 중요하다. 번역에는 대학원생(김윤주, 김혜경)의 도움이 있었다.

덧붙여 저자의 이름에서 풍기는 독자들의 엉뚱한 오해를 피하기 위해서 밝혀둔다. 이 책의 저자 이토 유키오 교수의 선조는 도쿠가와 막부 편에 서서 마지막까지 명치유신에 저항했던 구와나桑名 번의 무사였다. 반면에 이토는 하야시林 가의 후손으로 태어났으며, 명치유신의 핵심 세력인 쵸슈 번의 하급 무사 출신이다. 이토 히로부미 및 그의 자손들과 저자는 혈연이나 지연 관계가 전혀 없다는 말이다.

2014년 11월

이성환(李盛煥)

야마구치 현 히카리 시(光市)에 있는 이토 히로부미 자료관(伊藤公資料館)
에서 배부하는 팸플릿을 사용하여 작성.

서기 및 연호	연령	이토 히로부미 관련 사항	일본 관련사항
1841 天保12	1	9월 2일, 구마게군(熊毛郡) 쓰카리(束荷) 촌에서 하야시(林) 집안의 장남으로 출생. 증조부 리하치로(利八郎)와 조부 스케자에몬(助左衛門)의 머리글자를 따서 리스케(利助)라 함.	덴포(天保)의 개혁 (1830~1843년)
1846 弘化3	6	아버지 주조가 하기(萩)로 옮김. 어머니 고토코와 어머니의 친정 아키야마 가(秋山家)에 맡겨짐.	2월 고메이(孝明) 천황 즉위
1849 嘉永2	9	어머니와 함께 하기(萩)에 있는 아버지에게로 감.	종두법 시행
1850 嘉永3	10	쓰카리 촌의 생가 폭풍우로 붕괴.	7월 중국의 태평천국의 난. 9월 캘리포니아 주 미국 31번째 주가 됨
1853 嘉永6	13	1월 구보 고로자에몬(久保五郎左衛門)의 사숙에 다님.	6월 미국 페리 제독 우라가(浦賀)에 내항하여 개국 요구
1854 安政원년	14	1월 아버지 주조가 쵸슈 번(長州藩)의 하급 군졸인 이토 나오에몬(伊藤直右衛門)의 양자로 들어가 이토(伊藤)가 됨.	3월 막부 이국선견물금지령(異国船見物禁止令)포고, 미일화친조약체결
1856 安政3	16	9월 데쓰키(手付)로 사가미(相州, 현 神奈川県)에 출장.	7월 미국 총영사 하리스 일본 부임
1857 安政4	17	2월 토목감독관 구루하라 료조(来原良蔵)의 수행원이 됨. 9월 구루하라의 소개로 쇼카송 숙(松下村塾)에 입문하여 요시다 쇼인(吉田松陰)에게 배움.	11월 요시다 쇼인(吉田松陰) 쇼카송 숙(松下村塾) 개설
1858 安政5	18	7월 나카무라 미치타로(中村道太郎)의 수행원으로 교토 정세를 시찰. 10월 구루하라 료조의 수행원으로 나가사키에서 양식 병술을 배움.	막부와 천황의 협력을 위한 공무합체론 등장 6월 미일수호통상조약조인. 안세이(安政)의 대옥(大獄, 1858-1859)

1859 安政6	19	9월 기도 다카요시(桂小五郎, 木戸孝允)를 따라 에도에 출장.	10월 요시다 쇼인(吉田松陰) 사형
1860 万延원년	20	이 무렵부터 슌스케(俊輔)라는 이름을 사용.	3월 사쿠라노몬가이(桜田門外)의 변
1862 文久2	22	12월 다카스기 신사쿠(高杉晋作) 일행과 함께 시나가와(品川) 고텐야마(御殿山)에 있는 영국 공사관에 방화. 국학자 하나와지로(塙次郎)를 참살.	1월 사카모토노몬가이(坂本門外)의 변 8월 나마무기(生麦) 사건
1863 文久3	23	3월 무사 계급으로 발탁. 쵸슈번 무사 이리에 구이치(入江九一)의 여동생 스미(すみ)와 결혼. 5월 이노우에 가오루(井上馨), 야마오 요조(山尾庸三), 엔도 긴스케(遠藤謹助), 이노우에 마사루(井上勝)와 함께 영국 밀항(5명을 쵸슈파이브라 함).	4월 막부는 5월 10일 양이결행을 상소 5월 시모노세키사건(쵸슈 번 외국선 포격) 6월 기병대(奇兵隊) 결성 7월 사쓰마-영국(薩英)전쟁 8월 8월 18일의 정변
1864 元治원년	24	6월 쵸슈 번의 외국선 포격을 알고 영국에서 귀국, 강화 공작으로 분주. 8월 4개국 연합군과의 강화회의에 대표인 다카스기 신사쿠의 통역으로서 참석, 4국 연합군과 강화 5조건을 체결. 12월 역사대(力士隊)를 이끌고 다카스기 신사쿠와 함께 속론파(俗論派)에 대항해 거병.	6월 이케다야(池田屋)사건 7월 금문의 변(禁門의 變) 8월 4개국 연합함대 시모노세키 포격. 제1차 쵸슈정벌 11월 쵸슈 번 막부군에 굴복
1865 慶應원년	25	2월 다카스기 신사쿠와 함께 쵸슈 번의 권력을 장악. 쵸슈 번의을 방침을 막부타도로 통일. 5월 쓰카리의 아키야마 가(秋山家)에 1박(마지막 귀향) 7월 무기구입을 위해 나가사키에 출장.	7월 팍스 주일 영국공사 부임(이후 18년 간 재임) 11월 천황의 조정이 개국으로 정책전환
1866 慶應2	26	3월 스미(すみ)와 이혼. 4월 시모노세키 기다 고스케(木田幸助)의 양녀 우메코(梅子)와 재혼. 6월 군함 구입을 위해 나가사키에 출장. 12월 장녀 사다코(貞子) 출생.	1월 삿쵸(薩長, 사쓰마 번과 쵸슈 번) 연합 성립 6월 제2차 쵸슈정벌(6월-8월) 12월 도쿠카와 요시노부(徳川慶喜) 제15대 장군 취임.
1867 慶應3	27	8월 정보 수집을 위해 나가사키에 출장. 사카모토 료마 일행과 회견. 교토 등 각지로 출장.	4월 다카스기 신사쿠 서거 10월 대정봉환 11월 사카모토 료마(坂本竜馬), 나카오카 신타로(中岡慎太郎)암살 12월 막부를 폐지하고 왕정복고에 의한 신정부수립 선언
1868	28	1월 외국사무담당으로서 외국사무총독 히가시쿠제 미치토	1월 보신(戊辰)전쟁(1868~69년)

慶應4		미(東久世通禧)를 수행하여 고베에서 영, 미 등 6개국 공사와 회견하고 국서를 수교, 왕정복고를 통고. 5월 효고 현(兵庫県) 지사가 됨. 8월 차녀 이쿠코(生子) 출생, 훗날 스에마쓰 겐쵸(末松謙澄)의 부인이 됨.	3월 5개조 맹세문 반포 4월 게이오기쥬쿠(慶應義塾)개교 (현 게이오대학) 7월 에도를 도쿄(東京)로 개칭
明治 원년		이 무렵부터 히로부미(博文)라는 이름을 사용.	9월 한 대의 천황에 하나의 원호 사용 (1世 1元制)
1869 明治2	29	5월 회계관 권판사(會計官權判事) 취임. 7월 오쿠라 소보(大蔵少輔) 취임(차관급). 후에 민부 소보(民部少輔)를 겸임.	6월 판적봉환(版籍奉還)
1870 明治3	30	10월 재정제도조사를 위해 미국 출장.	1월 쵸슈 번 탈번(脱藩)소동
1871 明治4	31	5월 미국에서 귀국. 9월 공부대보(工部大輔, 차관)이 됨. 12월 이와쿠라 사절단(岩倉使節団)의 출발. 이토 특명전권 부사로 미국, 영국, 프랑스, 벨기에, 네덜란드, 독일, 러시아, 오스트리아, 이탈리아 방문.	6월 조선의 신미양요 7월 폐번치현(廃藩置県) 9월 청일수호조규체결
1872 明治5	32	3월 (불평등)조약개정 전권위임장을 가지러 일시 귀국.	9월 신바시(新橋)-요코하마(横浜) 사이 철도 개통 12월 태양력 실시
1873 明治6	33	9월 이와쿠라 사절단 귀국. 기도(水戸), 오쿠보(大久保)와 정한론 논의. 10월 참의(参議) 겸 공부경(工部卿) 취임.	1월 징병령 공포 7월 지조(地租)개정 10월 정한론에 패한 사이고 다카모리(西郷隆盛) 하야.
1874 明治7	34	기도(水戸), 오쿠보(大久保)와 대만 출병 논의. 7월 지방장관회의 의장 취임.	2월 사가(佐賀)의 난 5월 대만 출병
1875 明治8	35	2월 이노우에 가오루(井上馨)와 함께 기도(水戸), 오쿠보(大久保), 이타가키 다이스케(坂垣退助)의 회합을 주선. 3월 정체(政體)조사 담당, 후에 법제국장관에 취임.	2월 오사카 회의 9월 강화도 사건(운양호사건)
1876 明治9	36	2월 삼녀 아사코(朝子) 출생. 후에 니시 겐시로(西源四郎)와 결혼. 10월 상훈사무국장관 겸임.	2월 한일수호조규(강화도조약) 10월 게이신토(敬神党)의 난, 아키즈키(秋月)의 난, 하기(萩)의 난
1877 明治10	37	11월 훈일등욱일대수장(勲一等旭日大綬章) 수여 받음. 12월 형법초안심사 총재에 취임.	2월 서남(西南)전쟁, 사이고 다카모리 자결. 5월 기도 다카요시(水戸孝允) 서거
1878 明治11	38	5월 내무경 취임. 6월 이노우에 가오루의 형의 4남 유키치(勇吉, 博邦)를 양자로 들임.	5월 오쿠보 도시미치(大久保利通) 불평 사족(士族)에 의해 암살

이토 히로부미 연보 · 423

1879 明治12	39	12월 이와쿠라 도모미(岩倉具親) 우대신(右大臣)에게 원로원의 헌법초안을 중지하도록 진언	4월 오키나와 현 설치(류큐처분) 9월 교육령 제정
1880 明治13	40	11월 오오쿠마 시게노부(大隈重信)와 함께 농상무성 설치 건의. 12월 입헌체제에 관한 의견서 제출. 오오쿠마의 저택에서 후쿠자와 유키치(福沢諭吉)와 신문발행 계획 협의	3월 국회기성동맹결성 5월 일본어 신약성서 출간
1881 明治14	41	1월 아타미(熱海)회의에서 국회개설문제 등 협의 7월 오오쿠마의 조기 국회개설론에 반대 사의 표명. 10월 이와쿠라에게 국회개설 시기를 명치 23년으로 하는 칙어선포의 필요성을 역설.	10월 국회개설 칙유 반포. 오오쿠마 추방(명치 14년의 정변). 자유당 결성 회의개최.
1882 明治15	42	3월 헌법제도 조사를 위해 유럽 출장.	3월 입헌개진당결성. 6월 일본은행 설립. 10월 도쿄전문학교 설립(현 와세다대학)
1883 明治16	43	8월 유럽에서 귀국.	11월 로쿠메이칸(鹿鳴館) 준공
1884 明治17	44	3월 궁내성제도 조사국장 취임. 7월 백작으로 승격.	7월 화족령 제정
1885 明治18	45	2월 특파전권대사로 청국에 가서 천진(天津)조약 체결. 12월 초대 내각총리대신 취임(궁내대신 겸임)(1885년 12월~1888년 4월)	11월 오사카 사건. 12월 태정관제 폐지. 내각제도 발족.
1886 明治19	46	12월 독일황제로부터 붉은 독수리 훈장(赤鷲大綬章) 수여 받음.	3월 제(諸)학교령 제정 7월 표준 시각 설정(동경 135도선)
1887 明治20	47	6월 가나가와현 나쓰시마(夏島)의 별장에서 헌법초안을 기초.	4월 로쿠메이칸에서 가장 무도회.
1888 明治21	48	4월 헌법초안 봉정. 초대 추밀원 의장 취임.	4월 시(市)제, 읍면(町村)제 공포. 추밀원 설치.
1889 明治22	49	2월 헌법 발포식 참석. 훈일등욱일동화대수상(勲一等旭日桐花大綬章)을 수여 받음.	2월 헌법발포. 중의원의원선거법, 귀족원령 공포. 황실전범 제정. 7월 도카이도선(東海線)전선 개통. 12월 내각관제 공포.
1890 明治23	50	7월 신이치(真一) 출생. 초대 귀족원 의원 취임. 10월 초대 귀족원 의장 취임.	5월 부현(府県)제, 군(郡)제 공포 7월 제1대 중의원 의원 총선거 10월 제1회 제국의회 개원
1891 明治24	51	6월 다시 추밀원 의장에 취임.	5월 오쓰(大津)사건, 10월 노비(濃尾)대지진, 12월 중의원에서 민당의 주장으로 예산 삭감안 가결. 첫 중의원 해산.
1892	52	8월 제2차 이토 내각 조각(1892년 8월~1896년 8월)〉	2월 중의원선거실시 정부의 선거개입

明治25				에 대한 투쟁으로 25명 사망.
1893 明治26	53	4월 법전조사회 총재 취임.		2월 의회의 군비삭감을 천황의 내정비와 관리의 봉급1할납부로 해결 5월 방곡령문제로 조선이 일본에 배상
1894 明治27	54	7월 청국에 대해 선전(宣戦)의 조칙 주청. 9월 대본영 히로시마에 설치.		2월 갑오농민전쟁(동학혁명) 7월 영일통상항해조약 조인(치외법권 철폐) 일본군 조선 왕궁점령 8월 청일전쟁(1894~1895년)
1895 明治28	55	4월 시모노세키에서 전권변리대신으로서 청국과의 강화조약 조인(시모세키조약) 6월 대만사무국 총재가 됨. 8월 대훈위국화대수상(大勲位菊花大綬章)을 수여받음. 후작으로 승격.		4월 시모노세키 조약 체결, 러시아, 프랑스, 독일의 삼국 간섭. 6월 타이완 총독부 업무시작 11월 청국과 요동반도 반환협정 조인 12월 조선 단발령 단행
1896 明治29	56	3월 아버지 주조(十蔵) 81세로 서거.		4월 민법공포 7월 청일통상항해조약 조인.
1897 明治30	57	5월 아리스가와노미야 다카히토(有栖川宮威仁) 친왕(親王)의 수행원으로 빅토리아 여왕 즉위 60주년 기념식에 참석하기 위해 영국 방문.		3월 화폐법 공포(금본위제)
1898 明治31	58	1월 제3차 이토 내각 조각(1898년 1월~1898년 6월). 6월 원로회의에서 신당조직 제의. 내각총리대신 사임.		6월 제1차 오오쿠마(大隈重信)내각(와이한(隈阪)내각, 첫 정당내각)
1899 明治32	59	6월 야마구치현을 방문, 성대한 환영을 받다. 8월 황실제도조사국 총재 취임.		의화단 사건(1899~1900년)
1900 明治33	60	6월 헌정당 간부로부터 당대표 취임을 요청받았으나 거절하고 신당에 대한 협력을 요청. 9월 입헌정우회 결성, 초대총재 취임. 10월 제4차 이토 내각 조각(1900년 10월~1901년 5월)		3월 치안경찰법 공포 6월 북청사변(의화단 사건을 이용해 서태후가 구미열강에 선전포고)
1901 明治34	61	10월 미국에서 예일대학 명예박사 수여받음.		1월 시베리아철도 완공 2월 야하타(八幡)제철소 조업개시
1902 明治35	62	1월 외유 도중에 영국외무상 란스다운스와 회견, 영일동맹에 대한 의견 교환.		1월 제1회 영일동맹 조약 조인
1903 明治36	63	7월 입헌정우회 총재를 사임하고 3번째 추밀원 의장에 취임. 10월 어머니 고토코(琴子) 85세로 서거.		6월 동경대학 7박사 대러시아 강경의견서 수상에게 제출
1904 明治37	64	3월 특파대사로 한국에 옴.		2월 러일전쟁(1904~1905년) 8월 한일의정서 조인
1905 明治38	65	12월 초대 한국통감에 취임.		9월 러일강화조약 조인(포츠머스 조약)

			11월 을사조약 조인
1906 明治39	66	4월 대훈위국장경식(大勳位菊花章頸飾) 수여받음.	2월 한국통감부 설치
1907 明治40	67	7월 헤이그 만국평화회 밀사사건으로 고종황제의 책임을 추궁(헤이그 밀사사건), 고종황제 퇴위. 9월 공작으로 승격. 10월 요시히토 친왕(후에 대정 천황)과 한국방문. 12월 유학을 명분으로 한국 황태자 이은과 함께 일본 귀국.	6월 헤이그 밀사사건 7월 제1차 러일협약 조인 제3차 한일협약(정미7조약)조인 8월 군대해산 명령으로 한국군반일투쟁
1908 明治41	68	7월 오오이무라(大井村)의 은사관(恩賜館)에 이은 황태자 초대.	8월 보신조서(戊申詔書) 발포
1909 明治42	69	1월 한국 황제 순종을 모시고 남북순행. 3월 이토공 기념관 착공, 공사비용 총 21,291엔. 6월 한국통감을 사임하고 4번째 추밀원의장에 취임. 10월 만주시찰과 러일관계 조정을 위해 만주행. 　　26일 하얼빈역에서 안중근에게 저격받아 서거. 11월 1일 군함 아키즈시마(秋津島)호로 유해가 요코스가(橫須賀)항에 도착. 　　4일 히비야(日比谷)공원에서 국장, 도쿄 오오이(大井)에 매장. 종(從)1위의 서훈을 받음.	7월 일본정부 한국병합방침 결정, 기 유각서 교환 9월 청일 간 간도협약 및 만주협약 체결 10월 한국은행설립(후에 조선은행) 12월 일진회 한일합방 요구 성명서 발표
1910 明治43		5월 이토공 기념관 낙성. 이토의 선조 하야시 아와지노카미미치오키(林淡路守通起) 300년제 거행.	7월 제2차 러일협약 조인 8월 한일병합
1924 大正13		4월 부인 우메코(梅子) 77세로 서거.	
1963 昭和38		1월 1000엔 지폐에 이토 히로부미 초상화 등장.	

글쓴이_ 이토 유키오(伊藤之雄)

1953년, 후쿠이 현 출생 교토대학교 문학부 사학과 졸업. 교토대학 대학원 문학 연구과 수료, 박사(문학). 나고야대학교 문학부 조교수 등을 거쳐, 현재 교토대학교 대학원 법학 연구과 교수. 1995~97년, 하버드 대학교 옌칭연구소, 하버드대학 라이샤워 일본연구소에서 연구. 전공은 근·현대일본정치 외교사.

■ 주요 저서: 『立憲国家の確立と伊藤博文』(吉川弘文館), 『伊藤博文をめぐる日韓関係』, 『明治天皇』(이상 ミネルヴァ書房), 『昭和天皇伝』(文芸春秋社, 司馬遼太郎賞受賞), 『政党政治と天皇日本の歴史 22』(講談社), 『昭和天皇と立憲君主制の崩壊』(名古屋大学出版会), 『元老 西園寺公望』 『山県有朋』(이상 文春新書), 『原敬』上巻·下巻(講談社) 등 다수.

옮긴이_ 이성환(李盛煥)

1957년생 영남대학교 정치외교학과 졸업. 일본 쓰쿠바(筑波)대학 정치학박사. 동아시아일본학회 회장, 대한정치학회 회장, 동북아역사재단 자문위원 등 역임. 현 계명대학교 교수.

■ 주요 저서: 『近代東アジアの政治力学』(錦正社), 『近代日本と戦争』(光陽出版社), 『伊藤博文と韓国統治』(공저, ミネルヴァ書房), 『近代朝鮮の境界を越えた人びと』(공저, 日本經濟評論社), 『日露戦争研究の新視点』(공저, 成文社), *Rethiking the Russo-Japanese War 1904-5*: Vol.2(Coauthor, London, Global Oriental), 『전쟁국가 일본』(살림출판사), 『간도는 누구의 땅인가』(살림출판사), 『슬픈 일본과 공생의 상상력』(공저, 논형), 『한국과 국제정치』(공저, 법문사), 『일본 태정관과 독도』(공저, 지성인출판), 『한국과 이토 히로부미』(공저, 선인출판사), 『일본의 독도 영유권 주장의 허상』(공저, 동북아역사재단), 『독도 영토주권과 국제법적 권원』(공저, 동북아역사재단) 등.

■ 역서: 『일본의 외교』(푸른산 출판), 『일본정치의 이해』(푸른미디어).